한국교통사연구총서②

조선시대 경기지역의 關防과 交通 연구

조병로 지음

국학자료원

책머리에

　조선시대의 경기도는 15세기 초부터 개경에서 한양으로 천도한 이래 광주, 개성, 강화 및 수원과 함께 도성을 방어하기 위한 중요한 關防지역이었다.[1] 특히 남한산성과 화성은 청계산, 광교산을 연결하여 掎角之勢를 이루어 경기 남부지역이 하삼도로 통하는 관방의 요충지이자 교통로로서 큰 구실을 하였던 畿輔의 重鎭이었다.

　남한산성은 신라시대에 주장성으로 신축되었으나 조선시대에 이르러 임진왜란과 호란을 겪으면서 관방으로서의 중요성이 더욱 증대되었다. 그리하여 인조때부터 원성이 재수축 되었고 숙종대에 이르러서는 봉암성, 한봉성, 신남성의 외성을 신축하였으며, 영·정조대의 증개축을 통해 京都의 保障處로서 역할을 다하였다. 그리고 이를 지키기 위해서 중앙에 수어청을 설치하고 3영 2부의 5군영체제를 편성하여 방어체계를 확립하였으며, 광주유수부의 이설과 더불어 남한산성은 수도권을 방어하는 군사·행정의 중심적 軍營이 되었던 것이다.

　한편, 화성은 사도세자의 능원인 영우원의 화산 천봉 이후 현륭원을 조성함으로써 능침의 보호와 전배에 따른 원행과 숙박 제공을 위해 행궁과 더불어 축성되었다. 화성의 축성은 정조의 지극한 효성의 발로였으며 동시에 자연재해로 인한 유이민 백성의 安集 및 시·벽파의 당쟁을 극복하

---

1) 차용걸, 「조선전기 관방시설의 정비과정」, 『韓國史論』 7, 1980 참조.
　강성문, 「조선전기의 관방론 연구」, 『육사논문집』 50, 육군사관학교, 1996 참조.

기 위한 탕평정치의 구현과 산업 진흥의 커다란 모티브를 제공했던 대역사였다.

특히 화성 축성은 당시 요역제의 변화에 따른 雇立制에 의한 募軍·雇軍制 의 시행, 신도시 건설을 통한 상업 진흥, 제언 및 둔전의 개발을 통한 농업 발달, 유형거 등 수레 개발과 녹로 및 거중기 등의 제작 보급으로 노동력 절약 등 애민정신과 실학사상이 반영된 공공사업의 산물이었던 것이다.

이와 같이 경기지역의 중요 관방의 하나인 남한산성과 관련된 연구는 먼저 축성과정과 방법 및 관방과 관련하여 이현희,[2] 민덕식,[3] 유승주,[4] 홍성욱,[5] 백종오,[6] 강성문,[7] 이천우,[8] 전영준[9] 등의 연구가 있으며, 남한산성의 역사지리 및 천주교,[10] 풍수입지론 분석,[11] 사찰건립[12]과 산성도시 형성,[13] 관아의 변천[14] 그리고 남한산성 행차[15]외에 광주부의 지휘체

---

2) 이현희, 「朝鮮南漢築城釐測」, 『사총』 7, 1962.
　　　　, 「남한산성의 축성」, 『동국사학』 33, 1999.
3) 민덕식, 「仁祖初의 南漢山城 修築」, 『역사와 실학』 32, 2007.
4) 유승주, 「南漢山城의 行宮·客館·寺刹建立考」, 『한국사연구』 120, 2003.
5) 홍성욱, 「조선 肅宗代 南漢山城 정비와 外城 築造의 의미」, 『동학연구』 29, 2010.
6) 백종오, 「南漢山城 新南城의 構造와 築城 意味」, 『文化史學』 35, 2011.
7) 강성문, 「남한산성에 대한 관방론적 고찰」, 『陸士 論文集』 54, 1998.
8) 이천우, 「남한산성의 築城法」, 『건축역사연구』 18-5, 2009.
　　　　, 「南漢山城 築城法에 관한 硏究」, 명지대학교 산업대학원석사학위논문, 2006.
9) 전영준, 「碧巖 覺性의 남한산성 축성과 사원 중창」, 『韓國人物史硏究』 12, 2009.
10) 최완기, 「남한산성의 역사지리적 고찰과 천주교 신앙의 전파」, 『교회사학』 1, 2004.
　　하성래, 「≪광영계록≫의 천주교인 동향보고서 ―남한산성 순교자를 중심으로―」, 『교회사학』 1, 2004.
11) 홍승혁, 「韓國의 山城立地에 對한 風水論的 硏究: 南漢山城을 中心으로」, 西京大學校 大學院 석사학위논문, 2011.
　　윤해근, 「朝鮮時代 行宮의 風水立地 硏究: 남한행궁과 북한행궁을 중심으로」, 대구한의대학교 사회개발대학원 석사학위논문, 2007.
12) 김세민, 「南漢山 法華寺와 楊古利」, 『文化史學』 38, 2012.
13) 김헌규, 「임진왜란 이후 성곽도시의 대안으로서 정비된 산성도시 "남한산성"에 관한 연구」, 『대한건축학회 논문집』 21-11, 2005.

계,16) 남한산성 재정,17) 송덕비 등 금석문 분석,18) 남한산성의 승군제도
와 의승방번전19) 등에 대한 연구가 진행되어 왔다.

　필자 또한 위와 같은 선행연구를 바탕으로 남한산성을 사랑하는 모임
(약칭 남사모)을 결성하여 남한산성을 정기적으로 답사하면서 발굴한 축
성관련 금석문을 분석하였으며,20) 이어서 남한산성 주변의 교통로와 산
성 취락21)을 분석하여 관방과 교통에 대한 인식을 확대하였다.22)

　다른 한편, 화성에 대한 연구는 손정목23)의 연구를 시작으로 최홍규는
실학자 우하영의『千一錄』과『觀水漫錄』을 중심으로 신도시 건설과 화
성축성론,24) 현륭원 천봉과 신도시화성 건설, 성역의 경과와 운영 그리고

　홍금수,「산성취락연구: 남한산성 광주읍치의 형성과 쇠퇴」,『한국지역지리학회
　　지』10-2, 2004.
14) 김기덕,「조선후기 남한산성 관아건축의 변천」,『건축역사연구』20-6, 2011.
15) 김문식,「조선후기 국왕의 남한산성 행차」,『朝鮮時代史學報』60, 2012.
16) 서태원,「조선후기 廣州의 군사지휘체계 변천」,『역사와 실학』29, 2006.
17) 조낙영,「19세기 광주유수부의 남한산성 재정운영-세입(稅入)항목을 중심으로」,
　　『大東文化硏究』76, 2011.
18) 이재우,「南漢山城 金石遺物에 關한 書藝史的 硏究」, 경기대학교 미술 · 디자인대
　　학원 석사학위논문, 2013.
19) 김갑주,「남북한산성 의승번전의 종합적 고찰」,『불교학보』25, 1988.
　　_____,「조선후기의 승군제도」,『용암차문섭교수 화갑기념논총 조선시대사연구』,
　　1989.
　　정찬훈,「南漢山城 義僧軍制의 成立과 運營」, 韓國敎員大學校 大學院 석사학위논
　　문, 1998.
　　강형광,「조선중기 불교계와 義僧軍」, 동국대학교 대학원 석사학위논문, 2010.
20) 조병로,「조선후기 南漢山城의 수축과 방어시설(Ⅰ)」,『城南文化硏究』3, 城南文化
　　硏究院, 1995.
　　_____,「17, 8세기 南漢山城의 재수축에 대한 일고찰-최근 발견된 金石文을 중심
　　으로-」,『京畿史論』1, 京畿大史學會, 1997.
　　_____,「조선후기 南漢山城의 수축과 방어시설(Ⅱ)」,『城南文化硏究』5, 城南文化
　　院, 2000.
21) 조병로,「조선후기 廣州지역의 交通路와 山城聚落의 발달-廣州留守府와 南漢山
　　城을 중심으로-」,『人文科學』7, 서울시립대 인문과학연구소, 2000.
22) 조병로 외 공저,『숲과 역사가 살아 있는 남한산성』, 경기농림진흥재단, 2008.
23) 손정목,「세계 최고의 계획된 신도시-화성」,『조선시대 도시사회연구』, 일지사, 1977.

성곽부대시설[25] 및 화성과 현륭원에 대한 식목조경[26]에 대하여 집중적
으로 분석하여 화성 연구의 초석을 마련하였다. 그리고 유봉학은 정조시
대 정국의 동향과 화성성역의 의의와 문화유산적 관점에서,[27] 김동욱은
18세기 건축사상적 측면에서 화성 축성을 분석함으로써[28] 당시의 축성
론과 화성의 건축 배경, 시설규모와 건축양식, 향촌사회 및 읍민대책을
포함하여 농업과 상업 진흥책에 대한 폭넓은 이해를 가능하게 해주었다.

이 뿐만 아니라 강문식은 화성의 방어체제,[29] 염정섭은 수리시설 축조
와 둔정 경영문제,[30] 노영구는 화성의 성제, 성곽사적 특징을 분석하였
고,[31] 정연식은 방어시설과 총포 및 공심돈의 기능을,[32] 이달호는 화성
건설과 부역노동적 측면을 규명하였으며,[33] 정해득 역시 수성체제와 현

---

24) 최홍규,「조선후기 확성 축조와 향촌사회의 제양상-정조대 수원지방 문제와 관수
   만록을 중심으로」,『국사관논총』30, 1991.
25) 최홍규,『정조의 화성 건설』, 일지사, 2001.
   _____,『조선후기 향촌사회연구-정조시대의 화성을 중심으로』, 일조각, 2001.
26) 최홍규,「정조대 화성에 대한 식목과 조경정책-현륭원을 중심으로-」,『정조사상
   연구』3, 2000.
   _____,「정조대 화성경영과 장용외영 문제-특히 읍민대책과 관련하여」,『경기사
   학』1, 1997.
   _____,「18세기말 화성지방의 번영과 산업진흥정책-특히 정조의 민생대책과 관
   련하여」,『경기사학』2, 1998.
27) 유봉학,『꿈의 문화유산-정조시대 역사문화 재조명』, 신구문화사, 1996.
   _____,「정조대 동국동향과 화성 성역의 추이」,『규장각』19, 1996.
28) 김동욱,『18세기 건축사상과 실천-수원성』, 발언, 1996.
   _____,「수원성곽에서의 벽돌의 활용에 대하여」,『경기대논문집』13, 1983.
   _____,「화성성역의궤의 건축사적 의의」,『진단학보』93, 2002.
29) 강문식,「정조대 화성의 방어체제」,『한국학보』82, 1996.
30) 염정섭,「정조후반 수리시설 축조와 둔전경영-화성성역을 중심으로」,『한국학보』
   82, 1996.
31) 노영구,「조선후기 성제 변화와 화성의 성곽사적 의미」,『진단학보』88, 1999.
   _____,「정조대 화성축조와 성곽의 특징」,『18세기연구』3, 2001.
   _____,「정조대 5위체제 복구시도와 화성 방어체제의 개편」,『진단학보』93, 2002.
32) 정연식,「화성의 방어시설과 총포」,『진단학보』91, 2001.
   _____,「화성공심돈의 유래와 기능」,『역사학보』169, 2001.

륭원 연구34)를 통해 현륭원과 화성의 방어체계에 대한 인식의 외연을 넓히는데 크게 기여하였다. 그리고 필자는 화성성역에 필요한 물자의 확보와 운송 및 부역문제,35) 현륭원 원행에 따른 수가호위와 역참36)을 중심으로 교통사적 측면에서 화성과 원행을 분석하여 화성 연구의 시각과 폭을 확장하였다.

또 다른 시각에서 관방과 통신은 불가분의 관계이다. 봉수는 지방과 중앙, 지방의 각 진보와 감·병영 및 수영 그리고 읍치를 연결하는 군사통신 수단으로서 중앙집권체제를 유지하는데 중요하였다. 이에 조선시대 봉수제도의 확립과 조직, 거화 방법과 재료, 봉수군의 신분과 근무실태, 임진왜란 전후 변통론으로 통해 봉수복구를 시도한 노력들을 개괄해 보았으며37) 내지봉수의 하나인 광주소속의 천림산봉수의 연혁과 연조 구조 및 출토 유물38)을 분석해보았다.

필자는 일찍이 1984년부터 경기대학교 사학과에서 후학을 가르치면서 지역의 역사문화 유적에 대한 관심을 갖고 연구 결과를 향토역사문화 교실 운영과 전통문화 아카데미를 개설·운영하면서 보급하는 데 앞장섰으며 지역주민들의 역사의식과 문화정체성 형성에 진력해 왔다. 그 과정의 하나로 근무지에 가까이 있는 남한산성과 화성 및 봉수제도를 중점적으로 연구하는 계기가 되었다.

---

33) 이달호, 『화성건설 연구』, 상명대 박사학위논문, 2003.

34) 정해득, 「화성의 수성체제에 대한 일고찰」, 『경기사론』6·7, 2003.

_____, 『정조시대 현륭원 조성과 수원』, 신구문화사, 2009.

35) 조병로, 「18세기 화성 성역의 물자확보와 운송실태-석재, 목재 및 철물을 중심으로」, 『경기사학』1, 1997.

_____, 「조선후기 화성 성역에서의 물자확보와 부역노동」, 『진단학보』93, 2002.

36) 조병로, 「조선후기 현륭원 원행의 御駕護衛와 驛站운영-園幸乙卯整理儀軌를 중심으로」, 『경기사론』8, 2004.

37) 조병로 외, 『한국의 봉수-옛날 우리조상들의 군사통신네트워크-』, 눈빛, 2003.

38) 조병로, 「조선시대 天臨山烽燧의 연혁과 위치」, 『城南文化研究』7, 2000.

_____, 「조선시대 天臨山烽燧의 구조와 출토 유물」, 『京畿史論』4·5합집, 2001.

이에 그 동안의 연구 결과물을 한데 모아 부분적으로 수정, 보완을 거쳐 지역사회와 학계에 조그마한 기여가 있기를 하는 기대하는 마음으로 본서를 간행하게 되었다. 이를 통해 경기지역의 남한산성과 화성을 중심으로 관방과 교통 및 통신에 대에 재인식하는 계기가 되었으면 하는 바램이다.

2013년 4월 광교산 六園齋 書室에서

필자 씀

목 차

■ 제2장 _ 수원 華城 축성과 교통

▌제3장 _ 조선시대 봉수제도의 확립과 天臨山 봉수

제1장
남한산성의 축성과 교통

I. 조선시대 남한산성 수축과 시설규모

1. 머리말

남한산성은 신라 문무왕 12년(672)에 한산주 동쪽에 신축된 晝長城(또는 日長城)에 기원[1]을 둔 석축산성으로 당시 대북방 전진기지 및 대당 전쟁 수행의 요충지 역할을 하였다. 이후 고려시대 몽고 침입시에는 광주성으로서 기능하였으며 특히 조선시대에 이르러 京都를 보장하고 지방의 여러 진을 방어하는 중요한 關防 구실을 하였다. 그리하여 남한산성은 임진왜란과 병자호란을 겪으면서 수원의 禿城山城과 안성의 竹州山城 그리고 江都와 더불어 都城을 수호하는 방어체계의 중요한 산성으로 인식되어 先江都保障論과 後南漢山城修築論은 조정의 중심 국정과제의 하나가 되었던 것이다.

따라서 남한산성 수축에 대한 축성 인력이나 물자의 확보, 축성 이후 군사전략상 군제 편성과 방어 지휘체계 수립 그리고 군량미 비축이나 산성 거민의 모집 문제가 중요하게 대두되었다. 그 결과 元城과 外城을 축성

---

1) 洪敬謨, 『重訂南漢志』 권1, 上篇, 南漢.

하게 되었다. 그리하여 남한산성은 조선시대 수도권 방어에 있어서 중요한 관방체계였을 뿐만 아니라 유사시 국왕의 駐蹕處로서 기능하였으며 때로는 영릉 참배에 따른 행차시 행궁으로서의 임시 숙소 역할을 수행하였던 것이다.

이와 같은 남한산성에 대한 종래의 연구는 대부분 산성의 축성 시기 및 축조방식에 대한 연구[2]나 복원관련 발굴조사[3] 그리고 義僧軍 및 義僧防番錢에 관한 분석[4] 등이 추진되었으며 최근에는 국왕의 행차,[5] 남한산성 관리와 관련 수어청 및 수어청·총융청 통합문제,[6] 외성의 축성 배경과 기능[7] 등에 대해서도 연구 외연을 넓혀가고 있는 추세이다.

필자는 그간의 남한산성 연구를 바탕으로 임진왜란 이후 攻城術의 발달에 따른 산성의 수축기술이나 방어 기술에 대하여 군영 편제와 군량 확보 등에 대하여 관심을 갖게 되었다. 그리고 편년자료와 산성 현지 답사를 통해 몇 개의 금석문을 발견하게 되었다. 이른바 남장대옹성무인비와 병암남성신수기비 그리고 봉암신성병인마애비가 그것이다. 이들 금석문은 대부분 남한산성 재수축과 관련된 것이지만 문헌자료상의 결핍을 채

2) 이현희, 「朝鮮南漢築城蠡測」, 『사총』 7, 1962.
　　　　, 「남한산성의 축성」, 『동국사학』 33, 1999.
　유승주, 「남한산성의 행궁·객관·사찰건립고」, 『한국사연구』 120, 2003.
　이천우, 『남한산성 축성법에 관한 연구』, 명지대학교 산업대학원 석사학위논문, 2006.
　민덕식, 「인조초의 남한산성 수축」, 『역사와 실학』 32, 2007.
3) 한양대 박물관, 『남한산성-지표조사보고서』, 1986.
　한국토지공사, 『남한산성행궁지-시굴조사보고서』, 1999.
　　　　　　, 『남한산성-발굴조사보고서』, 2002 .
4) 김갑주, 「남북한산성의승번전의 종합적 고찰」, 『불교학보』 25, 1988.
　정찬훈, 「남한산성 義僧軍制의 성립과 운영」, 한국교원대학교 대학원 석사학위논문, 1998.
5) 김문식, 「조선후기 국왕의 남한산성 행차」, 『조선시대사학보』 60, 2012.
6) 차문섭, 「수어청 연구(상·하)」, 『동양학』 6·9, 1976, 1979.
　김준혁, 「정조대 군제개혁론과 守禦兩營 통합정책」, 『중앙사론』 23, 2006.
7) 홍성욱, 「조선 숙종대 남한산성 정비와 외성 축조의 의미」, 『동학연구』 29, 2010.
　백종오, 「남한산성 신남성의 구조와 축성 의미」, 『문화사학』 35, 2011.

워준다는 의미에서 사료적 가치가 크다고 하겠다.

이에 본고에서는 남한산성의 원성과 외성 축성에 대하여 그 배경과 시설규모를 개괄하면서 특히 임진왜란, 병자호란을 전후한 산성 수축재론과 인조·정조시기 개축문제 그리고 산성에서의 방어전략과 군사체계를 중심으로 살펴보고자 한다.

2. 조선 초기 일장산성의 수축과 군사시설 이용

남한산성은 일찍이 신라 문무왕 12년(672) 8월에 축조된 日長山城(또는 晝長城)에서 유래하였는데,[8] 조선 초기에 이르러 중요하게 인식되었다. 그것은 여말선초에 왜구가 서남해안 지역에서 창궐하고 여진족이 변경을 자주 침략하자 국경 및 鎭堡를 방어하기 위하여 연해지역의 읍성과 산성, 특히 4군 6진 지역의 방어체계를 수립하자는 여론 때문이었다. 그리하여 태종은 중앙집권체제를 확립하고 점차적으로 왕권을 안정시킨 가운데 남한산성 수축문제를 처음으로 제기하였다. 직접적 계기는 태종 10년(1410) 1월, 요동을 다녀온 通事 李子英의 정세보고에서 비롯되었다. 이자영이 요동지역에서 달단(韃靼; 여진족)의 군사와 관군과의 패전 사실과 요동 북문을 공격하여 성 밖의 주민들을 노략질해간다는 사실을 보고하자 이 지역에 대한 武備를 정비하도록 지시한 태종은 동시에 星山君 李稷을 보내어 광주의 日長城 수축 가부[9]에 대하여 의논케 하였다. 그러나 이 지시가 곧바로 일장성 수축으로 이어지지는 않은 것 같다.

그런데 태종은 13년(1413) 7월, 각 고을에 산성을 하나씩 수축하고 창

---

8) 홍경모,『중정남한지』권1, 상편 성지조.
　『삼국사기』권7, 신라본기, 문무왕 12년 8월조.
9)『태종실록』권19, 태종 10년 1월 신사.

고를 짓도록 조치하여 변경과 국내를 물론하고 산성을 중심으로 한 방어체제를 갖추게 되었다.[10] 이유는 조선을 둘러싼 동북아시아의 정세가 급변하여 전쟁위기감이 고조되었기 때문이다. 특히 명나라가 왜구를 정벌하리라는 사신 林密의 첩보[11]는 명군이 조선을 거쳐 왜구를 토벌하게 되면 이로 인해 조선의 피해는 커질 뿐만 아니라 명의 조선에 대한 침략 의구심마저 들었기 때문이다. 이에 따라 전국적인 山城入堡 전략에 의한 방어체계를 구축하고 실행하기 위하여 각 城堡와 군기를 점검하고 군량미를 수납하며 각 고을의 산성 옛터를 수리하거나 축조할 곳을 조사하도록 조치하여[12] 그 결과 태종 14년(1414) 8월에는 평안도의 郭山城, 能化城, 靑山城 및 藥山城과 함경도의 咸州城을 개축하였다.

그리하여, 광주 일장성도 이러한 국내외 상황 속에서 세종대에 이르러서 강화의 喬桐산성과 함께 수축하도록 하였다. 세종 즉위년(1418) 10월 京畿軍器點考察訪의 건의에 따른 것이다.[13] 당시 수축의 규모나 구체적 사실은 기록이 없어 알 수 없으나『세종실록』지리지에 의하면 "일장산성은 주치(州治; 광주 읍치)의 남쪽에 있어 높고 험하며 둘레가 3천 9백 93보이며, 안에는 軍資庫와 우물이 7개 있으며, 또 밭과 논이 모두 1백 24결 있다"고[14] 전하고 있는 것으로 보아 세종 당시 일장성(또는 일장산성)이 비로소 군사시설로 사용되고 있음을 알 수 있다.

그러나 이러한 일장산성은 그 뒤에 南漢山城으로 개칭되어 사용되었다. 이와 같은 주장성, 곧 일장산성 위치는 문무왕 12년(672)에 漢州 동쪽에 축성하였으며 한주는 바로 漢山州[15]를 말한다. 경덕왕 16년(757)에 한산주를 한주로 고치고 1개의 州와 1개의 小京 그리고 28郡과 47縣을 관할

---

10)『태종실록』권26, 태종 13년 7월 무술.
11)『태종실록』권25, 태종 13년 3월 기해.
12)『태종실록』권26, 태종 13년 7월 계묘.
13)『세종실록』권1, 세종 즉위년 10월 계묘.
14)『세종실록』지리지, 경기 광주목.
15)『삼국사기』권7, 신라본기 문무왕 28년.

하였다. 그 후 고려 태조 23년(940)에 이르러 한주는 다시 廣州로 개칭되었던 것이다. 그러면 이와 같은 주장성이 어떻게 남한산성으로 불려지게되었을까? 이에 대해서는 다음 사료가 참고된다. 즉 『重訂 南漢志』에 따르면,

> 남한산성은 백제의 옛터이며 신라의 晝長城이다. 본조(조선: 인용자)에서 그대로 수리하여 廣州府治를 성안으로 옮기고 府尹을 설치하였다가 뒤에 留守로 승격하여 守禦使를 겸하여 鎭撫토록하여 保障의 땅으로삼았다.…(중략)…상고해 보면 南漢山은 금일의 日長山이다. 史에 이르기를 백제의 溫祚王이 도읍을 漢山 아래로 옮겼다하였으니 광주의 옛읍치가 바로 그곳인데 山下라고 말하였으니 城을 山上에 쌓고 도읍한것은 아닌 것 같다. 대개 한산은 그 도읍에서 5리쯤에 있는데, 뒤에 신라가 그 땅을 빼앗아 비로소 성을 산상에 쌓은 것이지 이 성을 백제가 쌓은 것은 아닌 것 같다. 그러나 혹 백제가 천도한 뒤에 산상에 柵을 세운것을 신라가 그 옛터대로 성을 고쳐 쌓은 것이 아닌가 한다. 그 땅이 漢水의 남쪽에 있기 때문에 南漢이라 한 것이요, 그 뒤 漢山郡 또는 南漢山州라고 부른 것은 모두 한수때문에 그렇게 불려진 것이다.[16]

라고 한 데서 알 수 있듯이 남한산성은 옛 신라의 주장성으로서 백제 溫祚王 13년(기원전 6)에 한산 아래로 도읍을 옮긴 곳이며, 광주의 옛 읍치가 있었던 곳임을 파악할 수 있다. 그런데 당시의 도읍이었던 河南慰禮城은 한산으로부터 5리쯤 떨어진 곳에 있었다. 이 한산은 오늘날의 광주로서 당시 온조왕이 樂浪과 靺鞨의 환난을 피하여 한수 이북에서 한남으로천도하게 되었고 이곳이 한수 이남에 있기 때문에 南漢이라고 부르게 되었다.[17] 이후 고구려, 신라에 영토를 빼앗기면서 이곳의 명칭은 漢山 →新興州 → 新川停 → 南川停 → 漢山州 → 南漢山州 → 漢州 등으로 개칭되었

---

16) 『중정남한지』 권1, 상편 남한.
17) 홍경모, 앞의 책 권1, 상편 건치.

으며 결국 신라 문무왕 12년(672)에 주장성을 축조하게 되었던 것이다. 그 후 일장성[18]을 거처 오늘의 남한산성에 이르게 되었다.[19] 이와 같은 남한산성의 형세에 대해서 일찍이 李頤命은 그의 <關防圖說>에서 "남한은 天險함이 있으니 동쪽으로는 여러 개의 봉우리가 겹쳐 있고 서남쪽은 갑자기 두절되어 광야에 임하였다"[20]고 하였고, 沈象奎의 <座勝堂記>에서는 "한산의 성은 옛부터 백제 溫祚의 도읍지로 일컬어져 왔는데 서북쪽은 깎아지른 듯한 협곡과 한수로 막혀 있고 동남쪽은 영호남을 제어하고 京師를 막아낼 정도로 하늘이 만들어 낸 높은 산은 長子의 기상이요 棧橋와 劍閣과 같이 험한 형세는 앉아서 싸우지 않아도 이기지 않을 수 없는 땅"[21]이라고 하였다.

따라서 이와 같은 남한산성에 대해서는 '內曠外載 天作高城 北帶漢水 南拱列郡'하여 畿輔의 보장처로 그 중요성이 일찍부터 인식되어 왔던 것이다. 그러나 남한산성의 용어가 주장성 대신에 사용되기 시작한 것은 『조선왕조실록』에 따르면 임진왜란 직후 선조 26년(1593) 10월 왜적에 대한 대책을 논의할 때 류성룡이 광주의 南漢山城과 수원의 禿城 등을 수축하자고 주장할 때[22]였다고 생각된다. 그러다 현재 필자가 파악한 바에

---

18) 日長城(또는 日長山城이라고 함)은 ≪重訂 南漢志≫ 卷1, 上篇 城池條에 "…(前略)…磻溪隨錄日 輿地勝覽 廣州 日長山城 新羅文武王所築 畫長城 卽南漢山城也… 按 漢州 今廣州古邑 而百濟之舊城也 百濟衰 漢州爲高句麗所得 及句麗亡 新羅得其南界 置漢州 築城於此 盖溫祚舊都在漢山之下 非此城也 稱之日長城者 以城於日長山 而或謂山勢據高 早見日出 晩見日入也"라고 한 바와 같이 신라 문무왕 때 廣州古邑인 漢州에 축조된 것을 보아 畫長城이 곧 日長城임을 알 수 있는데, 그것은 당시의 漢山이 日長山으로 개칭되어 이곳에 축성되었기 때문이 아닌가 생각된다.
19) 南漢山은 漢山 日長山 등으로 사용되어 오다가 百濟 近肖古王 26년(371)에 하남위례성에서 다시 南平壤(당시의 京都, 현재의 서울)으로 移都한 후 신라~고려에 걸쳐 거의 천년의 세월이 흐르는 동안 城의 興廢를 고찰할 수 없게 되었으나 조선중엽에는 한 때 淸凉山으로도 불리우게 되었다(『重訂 南漢志』 卷8, 下篇 題詠, <南漢山城記> 및 같은 책 卷1, 上篇 山川 참조).
20) 홍경모, 앞의 책 권1, 상편 형승.
21) 『세종실록』 권1, 세종 즉위년 10월 계묘.

의하면 삼국 이후 고려[23])를 거쳐 조선시대에 이르러 언제부터 정확하게 주장성이 남한산성으로 고쳐 부르게 되었는지는 정확히 알 수는 없으나 앞에서 조선 초기 『세종실록』 지리지 편찬 이전까지는 일장산성으로 부르다가 임진왜란 이후부터 남한산성으로 고쳐 부르게 된 게 아닌가 판단된다.

3. 조선 후기 선조시대 남한산성 수축론의 대두

조선 초기에 태종~세종 시기에 남한산성 수축의 필요성이 제기되었으나 구체적인 축성 사실은 거의 찾아볼 수 없다. 그 이유는 張維의 「南漢山城記」에 "(백제)근초고왕으로부터 백제 · 신라 · 고려를 거치는 천여 년 동안 城의 흥폐를 참고할 길이 없고, 본조(조선: 인용자)가 천명을 받으면서 국가대계가 무력을 중요시하지 않아 산골짜기의 성곽 같은 것이 쓸모없는 것으로 여기다 임진왜란 이후 訂謨石畵의 선비들이 축성의 뜻을 가진 바 있었으나 당국자들은 나라에 건의하지 못하였으니 어찌 또한 기다릴 것이 있겠는가"[24])라고 한 데서 드러난 바와 같이 明과의 사대외교 정책으로 말미암아 북방민족의 위협에 대해서 뿐만 아니라 도성이 안전한 곳이라 여기고 특별히 각 지방의 산성에 대한 방비의 필요성을 절감하지 않았기 때문이 아닌가 생각된다. 그 뿐만 아니라 선초에 있어서 관방시설의 기본방향이 압록강 · 두만강의 연변에 4군 6진 등 새로운 영토를 개척

---

22) 『선조실록』 권43, 선조 26년 10월 임신.
23) 고려시대 몽고군의 침입시 살례탑이 이끄는 주력부대가 광주성을 포위, 공격해 왔으나 당시 광주부사를 지낸 李世華가 격퇴하였다는 기록(『동국이상국집』 후집, 이세화 묘지명)에 의하면 고려시대에도 일장성이 광주성으로 인식되고 있음을 알 수 있다.
24) 홍경모, 앞의 책 권8, 하편 제영 남한산성기.

함에 따라 鎭堡를 설치하여 북방방어에 큰 비중을 두게 되었으며 한편으로 고려 말에 왜구 창궐을 경험한 정부 당국자의 입장에서는 연해지방의 防守를 계획하지 않으면 안 되었다. 반면에 내륙지방의 경우 소수의 읍성이나 산성의 개축에 의존하였을 뿐 북방 및 연해 진보의 방비보다는 훨씬 소홀히 했던 때문이라고 생각된다. 사실 도성의 경우 동대문에는 옹성이 시설될 정도의 소극적 방어시설이 있었으며, 각 지방에도 많은 성지가 있었으나 북방이나 연해 진보만큼은 못하였다. 다시 말해 임란 이전 내륙지방에서의 관방시설은 한마디로 '外固內虛'의 상태였다.[25] 당시 내륙지방의 산성으로서 군령을 가진 것은 富山城(麗州), 城隍山城(梁山), 英陽山城(寧海), 德峰山城(醴泉), 龜山城(榮州), 北山城(禮安), 龍飛山城(龍宮), 西山城(玄風), 俗門山城(金山), 黃石山城(安陰), 東山城(丹城), 沙斤山城(咸陽) 등이 고작이었다.

그러나 임진왜란으로 도성이 쉽게 함락되자 전통적인 淸野入保 전략상 중요한 위치를 차지하였던 산성 축조의 필요성이 증대되었다. 그것은 옛 성을 수축하는 데서부터 나타났다.

임진왜란의 와중에 경기지방의 행주산성이나 독성산성에서 일본과의 싸움에 승리한 정부는 산성의 효능에 대해 크게 고무되면서 옛 성이나 성지를 수축 또는 개축하는 방안을 모색하였던 것이다. 그 결과 선조 27년(1594) 수원의 禿城山城을 수축하였고,[26] 파주의 馬山古城, 양주의 儉岩山古壘, 여주의 波娑城,[27] 죽산의 竹州古城 등을 새로 쌓았던 것이다. 이와 같이 경기 지방에서 읍성보다는 옛 성을 수축하여 사용함으로써 커다란 효능을 인식하게 되자 하삼도지방에서도 산성을 수축하자는 논의도 활발해졌다. 특히 전라도지방에서는 남원의 蛟龍山城, 담양의 金城山城,

---

25) 차용걸, 「조선후기 관방시설의 변화과정—임진왜란 전후의 관방시설에 대한 몇 가지 문제」, 『한국사론』 9, 1981, 44~52쪽 참조.
26) 『선조실록』 권55, 선조 27년 9월 갑오.
27) 『선조실록』 권75, 선조 29년 5월 무진.

순천의 乾達山城, 강진의 修仁山城, 정읍의 笠巖山城, 동복의 甕城山城 등이 수축된 것[28]이 그것이다.

그런데 남한산성이 임진왜란의 와중에 산성으로서 점차 전략적으로 중요하게 인식되었으나 수축보다는 방어문제가 먼저 논의되었다. 선조 26년(1593) 10월이었다.[29] 파죽지세로 쳐들어 온 왜구로 인하여 도성을 포기하고 의주로 피난하지 않을 수 없었던 선조는 명나라 군대의 원조 아래 환도하여 도성 방어에 대한 대책을 의논하게 되었다. 이에 柳成龍은 광주·이천 등의 군사를 취합하여 남한산성을 지킬 것을 주장하게 되었다. 이때에 여러 대신들은 산성수비책과 함께 왜적 방어책으로써 조령, 추풍령, 죽령 등지에 關門을 설치하고 화포·조총의 제조와 포루 등을 설치하도록 하였다. 특히 류성룡은 수원의 독성산성과 용인의 석성산성을 수축함으로써[30] 남한산성과 함께 서울 도성 방어의 중요한 관방구실을 할 것이라 판단한 것이다.

한편, 선조 29년(1596) 12월에 비변사는 한강 방어의 하나로 여주·양근·광주 등으로부터 도성에 이르는 강변의 여울을 파수하기 위하여 堡를 쌓거나 토성을 축조하여 木柵을 설치하도록 하였다. 그리고 남한산성에는 惟政이 거느린 승군 60여 명을 보내어 산성을 수비토록 하였다.[31]

그 후 선조 30년(1597) 정월에 왜군이 다시 침입하자 남한산성의 방어와 수축의 필요성은 더욱 증대되었다. 이에 따라 경기지방의 방어를 더욱 강화하고 한강 연변에는 목책을 세우는 한편 남산, 백악 등의 산성을 조사하여 미진한 곳은 다시 쌓게 하였다.[32] 그리하여 류성룡은 남한산성에 경기 백성들이 들어가 방비도 하고 농사도 지으면서 산성을 지키게 하려

---

28) 차용걸, 앞의 논문, 54~56쪽 참조.
29)『선조실록』권43, 선조 26년 10월 임인.
30)『선조실록』권74, 선조 29년 4월 계축.
31)『선조실록』권83, 선조 29년 12월 경오.
32)『선조실록』권84, 선조 30년 정월 을미.

는 의지를 표명하고 유사시 피난처로써 남한산성을 중요하게 생각하였다. 당시 남한산성의 형세를 조사한 동지사 盧稷의 보고[33]에 따르면 남한산성의 둘레는 布帛尺으로 1만 7천 4백여 척의 석축으로 축성된 천험의 요새지였으나 거의 3분의 2가 퇴락한 상태이고 曲城을 쌓았으며 큰 개울과 6개소의 우물이 있고, 전답이 상당히 개간되어 있었던 것 같다.

그러나 수축문제는 동문과 남문 그리고 수구문은 이미 수리를 끝마친 상태이나 성역의 공사가 너무 거창하고 방대하였기 때문에 광주의 군사를 동원하여 돌을 운반하고 성지를 수축하려 했으나 농사철이라 실시하지 못하였다. 그리하여 선조 36년(1603) 2월에 이르러 비변사로 하여금 다시 의논케 함으로써 수축의 논란이 재연되었으나 선조 임금이 "남한산성의 형세는 동방의 으뜸이며 광주의 巨鎭으로 남쪽지방을 왕래하는 요충지로써 여기에 산성을 수축하여 군사를 조련하고 지키게 한다면 京都의 保障이 되고 밖으로는 여러 陣을 제어할 수 있다"[34]고 했음에도 불구하고 비변사는 다소 신중한 편이었다. 남한산성을 축성하여 군사를 조련하면 경도의 보장이 되고 여러 진을 제어할 수 있는 계책이라고 인정하면서도 부근 고을이 피폐하고 인력이 부족한 것을 이유로 소극적이었다.

비변사의 입장은 많은 인력을 동원해야 하는 문제와 수성의 어려움 때문에 남한산성 축성은 반대하는 입장이었다. 결국 선조시대에 도성방어책으로써 남한산성을 수축해야 한다는 필요성은 크게 인식되었지만 왜란 후 국가부흥과 민생안집을 도모해야 할 당시의 형편상 넓은 산성을 수축하는데 있어서 많은 인력을 동원해야 수선할 수 있고 만약 수선한다 하더라도 수만 명의 군사가 없으면 지키기 어렵다는 현실론에 떠밀려 논의만 분분하고 남한산성의 수축은 실시되지 못한 채 일단락되었다.

---

33) 『선조실록』 권85, 선조 30년 2월 병술.
34) 『선조실록』 권159, 선조 36년 2월 기사.

4. 인조대 남한산성 元城의 수축

1) 남한산성 원성의 수축 배경

(1) 인조반정과 이괄의 난

남한산성의 수축에 대한 논의가 다시 활기를 띠기 시작한 것은 仁祖反正 이후였다. 광해군시대의 大北정권이 임해군과 영창대군을 살해하고 심지어는 인목대비까지 유폐시키는 사건이 일어나 성리학적 윤리관에 크게 벗어나자 이러한 폐륜행위는 사림세력으로부터 크게 지탄을 받게 되었다.[35] 그리하여 율곡 이이의 문하생인 李貴를 중심으로 李曙 · 金瑬 · 申景禛 · 具宏 · 具仁垕 · 張維 · 沈器遠 · 金自點 등이 광해군 15년(1623) 3월 13일 광해군을 폐위하고 綾陽君 倧을 추대한 것이 이른바 인조반정이다. 인조반정으로 말미암아 새로운 정치세력으로 등장한 것은 서인들이었다.[36] 서인들은 '崇用士林'의 기치를 내세워 붕당정치를 구현한다는 뜻에서 李元翼 등 남인을 등용하여 정국의 안정을 꾀하는 한편 중앙군사력의 강화와 親明排金의 외교노선을 표방하였다.

임진왜란 이후 훈련도감을 제외한 호위청의 설치를 포함한 총융청 · 어영청 · 수어청의 설치는 서인정권의 군사력을 장악하는 계기를 만들었고 [37]외교정책의 변화는 후금(後金; 淸)을 자극하여 서북방 변방의 방어에 소홀할 수 없게 되었다. 張晩을 도원수, 李适을 부원수로 삼아 하삼도로부터 赴防軍 15,000여 명을 동원하여 서북 방어를 강화한 것은 그런 이

---

35) 한명기, 「광해군대의 大北세력과 정국의 동향」, 『한국사론』 20, 1988.
36) 이태진, 『조선후기의 정치와 군영제 변천』, 한국연구원, 1985, 81~85쪽.
37) 최효식, 「인조대의 국방시책」, 『동국사학』 19 · 20, 1986.
_____, 「총융청 연구」, 『동국대논문집』 4, 1985.
_____, 「어영청 연구」, 『한국사연구』 40, 1983.
차문섭, 「수어청 연구」, 『동양학』 6 · 9, 1976, 1979.

유에서였다. 반면에 경기군사는 서북 방어를 위한 부방군에서 제외시키고 도성 방어와 국왕의 호위병으로 만들려고 노력하였다. 특히 장단, 양주, 이천 등의 군사들도 인조반정에 직접 가담하였기 때문에 유사시를 대비하는 국왕 호위 병력의 증강은 불가피하였다.[38]

따라서 남한산성의 수축문제는 인조반정 이후의 서인세력의 대두와 밀접한 관련이 있었던 것이다. 그 중 가장 적극적으로 주장한 사람이 李貴였다. 그는 京畿軍을 禁衛軍으로 삼아 국왕호위병으로 하자고 주장하는[39] 한편 도성 이외의 지켜야할 곳으로 남한산성을 미리 수축할 것을 주장하였다. 이에 인조도 금위군 창설 문제를 의논토록 하고 광주목사 林檜로 하여금 산성을 수축할 뜻을 비쳤다.

이와 같이 인조 초기에 남한산성을 적극 수축하자고 주장하게 된 배경에는 안으로 국왕과 도성을 방어하고 밖으로는 유사시 왕실의 피난처로서 적합한 보장처[40]였기 때문이었다. 특히 당시 조정에서는 서쪽 변방의 방어에 세심한 우려를 나타내고 있었다. 인조반정 이후 서인정권이 들어서자 그들의 외교정책이 광해군시대의 중립외교 노선을 포기하고 崇明反淸으로 돌아섰기 때문에 이것은 후금을 크게 자극하게 되었다. 그리하여 인조 원년(1623) 윤10월에 비변사는 서쪽변방을 우려한 나머지 그 대응책으로서의 도성 수어를 담당할 인물과 대책을 수립할 것을 언급하고 나아가 도성호위를 李曙와 申景禛에게 위임하여 사태의 완급에 따라 외방 출신과 군병을 모집하여 방어토록 하였다. 아울러 도성 수어뿐만 아니라

---

38) 차문섭, 「금위영의 설치와 조직 편제」, 『대구사학』 7 · 8, 1973.
39) 『인조실록』 권3, 인조 원년 윤10월 임인.
40) 이 보다 앞서 광해군 13년(1621)에 남한산성이 비로소 保障之地로 선정되었으며, 安邦俊의 『黙齊日記』 卷3, 備禦論辨에 따르면 李貴는 仁祖 원년(1623) 9월에 西邊防禦策으로 ① 경기의 군사를 훈련시켜 근본을 견고히 할 것 ② 남한산성을 수축하여 미리 保障을 정해둘 것 ③ 여러 堡의 군사를 합쳐 큰 鎭을 견고하게 지킬 것 ④ 변방에 屯田을 설치하여 군량을 마련할 것 등의 8가지 군목을 열거하여 남한산성을 수축하여 保障으로 삼을 것을 주장한 바 있다.

동시에 강화도를 지키자는 江都保障論을 제시하기도 하였다. 그 결과 남한산성 수축문제는 현장조사 후에 의논하여 조치토록 하였다.[41]

그러나 인조 2년(1624년) 정월에 이괄의 역모가 뜻밖에 일어남으로써 임회는 경안역에서 피살되고 산성수축 문제는 물거품이 되고 말았다. 원래 이괄은 인조반정시 홍제원 집결지에서 대장의 지휘권 문제로 金瑬와 다툰 바 있었으며, 논공행상에 있어서도 2등공신 밖에 되지 않고 한성판윤에 제수되었다. 이후 조정에서는 서북지방의 오랑캐의 후환을 두려워하며 이괄로 하여금 평안병사겸 부원수로 삼게 되자 더욱 불만을 품게 되었다. 그리하여 인조 2년(1624) 정월 22일 귀성부사 韓明璉과 공모하여 거병하였다. 이때의 군사력은 15,000명의 병력으로써 중앙의 금위군보다 훨씬 수적으로 우세했다.

당시 중앙군은 훈련도감군 외에 장단군 1천 명 미만, 수원군 2천여 명, 어영군 200여 명, 4대장 군관 500여 명 정도에 불과하였다. 이괄의 반란군은 관군과의 충돌을 피하기 위하여 서북대로인 영변 → 안주 → 평양 → 황주 → 평산 → 개성으로 남하하지 않고 영변 → 자산 → 상원 → 평산 → 개성의 사잇길을 택하여 도성으로 입성하였다. 반란군의 남하소식을 들은 평양의 도원수 張晩은 이를 중간에서 차단하려 했으나 실패하였다. 끝내는 송도 청석동을 지키던 경기감사 李曙의 군사력마저 교란시키면서 임진강까지 압박해 왔다. 임진강은 도성방어의 최후 보루였다. 이곳은 이귀의 어영군, 이홍립의 수원군 그리고 파주목사 박효립의 군사력까지 배치되었으나 박효립의 내통으로 마지막 방어선도 쉽게 적의 수중에 들어가 버렸다. 이에 어영군 이귀는 황급히 도성으로 들어와 남쪽으로 피난할 것을 건의하게 되었다. 결국 인조는 2월 9일 훈련도감과 어영군의 호위를 받으며 공주로 피난하였다. 이괄의 반란군은 10일 도성을 점령하고 흥안군(興安君; 瑅)을 국왕으로 추대까지 할 정도였다. 그러나 이에 대한 관군

---

41)『인조실록』권3, 인조 원년 윤10월 병오 및 정미.

의 대응 또한 만만치 않았다. 평산에서 크게 패한 도원수 장만의 군사는 적을 뒤쫓으면서 경기감사 이서의 군대와 합세하여, 임진강을 넘어 서울 입구인 안현(鞍峴; 길마재)에서 반란군과 접전 끝에 크게 이겼다. 이 안현싸움은 반란군에게 결정적으로 타격을 주었으며 그 결과 이괄은 수구문 → 삼전도 → 광주 → 이천으로 퇴패하던 중 광주 경안역 부근에서 부하 奇益獻, 李守白 등에 의해 살해되었다.[42]

그러나 이괄의 난이 비록 짧은 시일 내에 진압되었지만 도성의 함락과 왕의 공주 파천까지 초래하여 도성방어 대책은 어느 때보다 절실히 요구되었다. 그리하여 이괄의 난은 어영군의 증강과 총융군의 성립 이외에 수도방어를 위해 남한산성 수축을 더욱 가속화시키는 계기가 되었다. 특히 이서는 경기군을 정비하고 江都 經營과 남한산성 수축을 병행하여 적극적으로 추진하게 되었다. 이것은 남한산성을 단순히 국왕의 피난처로만 삼으려 했던 것이 아니라 전략적인 면에서 강도(江都; 강화도)와 함께 그 중요성을 인식한 것이라 생각된다.

(2) 남한산성 축성론의 대두

남한산성은 후금 방어전략 뿐만 아니라 남방의 倭寇방어 측면에서도 중요시되었던 것이다. 일찍이 임진왜란의 전란 중에 류성룡이 경기의 關防으로서 수원의 禿城산성과 광주의 남한산성을 중요하게 생각하였던 것은 이와 같은 이유에서였다. 결국 이괄의 난을 진압한 정부는 강도(江都; 강화도)와 서로 의지하여 협공할 수 있는 남한산성의 수축에 대하여 군사적 측면에서 뿐만 아니라 국가의 大計로써 추진하지 않을 수 없었다. 그리하여 이것은 인조 2년(1624) 3월 5일 임금이 여러 대신들과 資政殿에서 당면한 국정현안 문제에 대해 의논하는 가운데 더욱 구체성을 띠기 시작

---

42) 이태진, 앞의 책, 94~96쪽 참조.
　　김경숙, 「이괄의 난과 『호남모의록』」, 『숭실사학』 28, 2012.

하였다.[43)]

영의정 李元翼이 강화도의 방어대책은 李聖求에게, 남한산성의 수축은 李曙로 하여금 전담케 하자고 제안함으로써 축성에 대한 논의는 본격화 되었다. 이에 대해 좌의정 尹昉만이 동조하였을 뿐 우의정 申欽, 병조판서 金瑬, 우찬성 張晩, 그리고 호조판서 沈悅 등은 수축의 필요성은 인정하면서도 백성을 동원함에 따라 민심이 이반되어서는 안 된다는 현실론에 입각하여 다소 소극적인 편이었다. 오히려 예조판서 李廷龜는 산성 수축보다는 방어책으로써 1만 명의 군사를 뽑아 騎兵을 양성하고 군량미를 확보하는 것이 더 시급하다는 입장이었다.

반면에 영의정 이원익은 대신들의 이러한 소극적이고 신중한 태도와는 달리 적극적으로 산성을 수축하자고 주장하였다. 같은 해 3월 8일 임금과 別殿에서 산성의 형세와 옛 성곽의 훼손문제, 그리고 산성수축의 방법을 의논하는 가운데 남한산성은 '천험의 형세로써 가히 보장할 만한 땅이 될만하다'고 대답하자 임금께서도 성을 1년 이내에 수선하는 데는 반드시 백성을 모아(募民入居) 안정시킨 뒤에 능력을 헤아려 점차 수축하는 것이 좋다고 하였다.

그리하여 이원익은 이서로 하여금 우선 축성을 담당케 하고, 점차적으로 주민을 모집하여 수축하는 한편, 4,500석의 곡식을 貿穀하여 축성비용에 충당하자고 제안하였다.[44)] 이와 함께 완풍군 李曙 역시 경기 군사의 정비 문제와 短兵接戰에서의 鞭棍을 조련시켜야 한다는 필요성을 임금과 의논하면서, 아울러 남한산성의 축성 방법에 대해서는 300석의 쌀로써 축성군의 품삯을 주며(雇役), 또 훈련도감 포수들도 함께 축성역에 동원시키면 일반 백성에게 피해를 주지 않고 성역을 끝마칠 수 있다고 하였다.[45)]

---

43)『인조실록』권5, 인조 2년 3월 기미.
44) 이원익,『梧里集』別集 권1, 引見奏事, 甲子 3월 초8일.
45)『인조실록』권5, 인조 2년 3월 계해.

이 당시 논의의 초점은 이괄의 난 이후 흩어진 민심을 수습하고 백성을 안정시키면서 동시에 남한산성을 수축하는데 있었기 때문에 당연히 축성 비용과 축성군의 확보가 문제였다. 영의정 이원익의 구체적인 방안이 제시[46]되었음에도 불구하고 남한산성의 수축 결정은 쉽지 않았다. 적극론과 신중론이 팽팽하게 대립되어 있었기 때문이다.

그 후 인조 2년 3월 16일 여러 대신들과 또 한 차례 심층적으로 논의하게 되었는데,[47] 영의정 李元翼, 부제학 鄭經世, 徐渻, 좌의정 尹昉, 대사헌 鄭曄 등은 적극적인 편이었고 호조판서 沈悅, 예조판서 李廷龜, 서평부원군 韓浚謙, 형조판서 李時發 등은 신중한 편이었다. 한편 인조도 先江都保障, 後南漢山城修築을 지지하는 입장이었다. 이때까지만 해도 산성수축 문제는 민심수습과 경비조달의 어려움으로 신중론이 우세하였다. 그러나 이러한 추세는 인조 2년 4월에 이르러 점차 수축론 쪽으로 기울어지게 되었다.[48] 결국 특진관 이귀의 제안으로 沈器遠을 남한산성 수축 담당 당상으로 임명하게 되었고, 이어 같은 해 6월 27일에는 남양부사 柳琳을 광주 목사로 차출하여 실무를 담당케 함으로써 남한산성을 수축하게 되었던 것이다.[49]

2) 남한산성 元城의 수축과 축성군 동원

남한산성은 축성시기에 따라 元城과 外城으로 구분되었다. 숙종 12년(1686)에 외성인 봉암성, 19년(1693)에 한봉성을 축조함으로써 원성과 외

---

46) 당시 이원익은 호조로부터 1,000석의 산성역량을 대출받은 후 체부의 상납미로 갚는 방안, 八百罰軍(이괄의 난 때 鳳駕에 응하지 않은 훈련도감군)의 축성군 활용방안 등을 제시하였다(이원익, 앞의 책, 甲子 3월 14일).

47) 『인조실록』 권5, 인조 2년 3월 경오.

48) 『국역 비변사등록』 3책, 인조 2년 4월 30일.

49) 『국역 비변사등록』 3책, 인조 2년 6월 27일.

성의 구별이 있게 되었다.[50] 먼저 남한산성 원성의 수축에 대한 논의는 앞에서 서술한 바와 같이 인조 즉위년부터 2년 3월까지 의견이 분분하였다. 그러나 이제 더 이상 갑론을박할 수만은 없었다. 드디어 인조는 2년 7월 남한산성 수축을 명령하였다. 이에 대해서는 수어사를 지낸 洪敬謨가 쓴 『重訂南漢志』에서 잘 알 수 있다. 여기에 의하면 인조 2년(1624) 7월에 이원익, 이귀 등의 의견을 받아들여 총융사 이서가 覺性과 應聖 등의 명승을 불러 각각 승도들을 거느려 지역을 나눠 맡도록 하고 別將 文希聖, 李一元과 神將 李光春 등으로 감독케 하여 수축되었던 것이다. 또한 인조 4년 (1626)에 이르러서는 廣州鎭 등의 군사업무를 담당할 京廳, 즉 守禦廳을 설치하였다.[51] 처음에 남한산성 수축의 주관에 대해서는 沈器遠을 임명하였으나 부친상을 당하자 조만간에 李曙로 교체되었던 것이다. 그런데 남한산성 수축 기간에 대해서는 두 가지 견해가 있다.

하나는 인조 2년 9월에 시작하여 인조 4년 7월에 완공하였다[52]고 한 것과 또 다른 하나는 인조 2년 7월에 시작하여 인조 4년 11월에 완공되었다[53]는 기록이다. 필자가 연구한 바에 의하면 비변사의 기록[54]으로 볼 때 아마도 인조 2년 6월 27일부터 7월 27일을 전후하여 남한산성차지당상 심기원을 대신하여 총융사 이서가 임명됨으로써 이 시기에 축성이 시작되었을 가능성이 높다고 생각된다.

한편, 남한산성의 수축에 있어 무엇보다 먼저 해결해야 할 것은 축성군의 동원과 그에 따른 군량미의 확보였다. 그것은 산성수축 논의 과정에서 신중론 내지 소극론이 나타난 요인이기도 하였기 때문에 산성 축성에서의 인력확보와 재원조달은 그만큼 중요한 문제였던 것이다.[55] 이때 제시

---

50) 홍경모, 앞의 책 권1, 상편 성지.
51) 홍경모, 앞의 책 권1, 상편 직관.
52) 홍경모, 앞의 책 권8, 하편 남한산성기.
53) 홍경모, 앞의 책 권9, 하편 성사.
54) 『국역 비변사등록』 3책, 인조 2년 6월 27일.
55) 일찍이 비변사는 광해군 10년(1618) 6월에 오랑캐 침입에 대응키 위하여서는 남한

된 방법으로써 募民入居制에 의거하거나 또는 給價雇役하여 축성할 것을 주장하였으나 그 중에서도 남한산성 수축에 동원된 인력으로써 우선 들수 있는 것이 僧軍이다. 승려가 산성축성에 동원된 것은 특히 임진왜란 이후 많았다.56) 류성룡이 임진왜란의 와중에서 남한산성의 수비와 축성에 대비토록 하기 위하여 惟政으로 하여금 승군 60명을 이끌고 산성방어를 하도록 한57) 것이 그 예이다. 그러나 승군들의 축성역은 매우 힘들었다. 다음 글이 이를 증명해 주고 있다. 즉,

僧徒들이 남한산성의 축성역 때문에 원망이 그치지 않습니다. 대체로 남한산성의 성역은 나라의 큰 역사로서 오로지 승도들에게 取辦하니그 役의 무거움을 가히 알 수 있습니다. 무릇 중으로 전토를 가지고 생업한 자는 매우 적습니다. 빌어먹으면서 살아가고 있는 그들로 하여금양식을 싸가지고 수백 천리 밖에 부역하게 하고 있습니다. 예부터 役僧이 있었습니다만 각 도에는 정한 숫자가 있어 역에 동원된 자가 많지 않습니다. 지금 역에 따라 度帖을 지급하고 도첩이 없는 자도 역에 동원케하니 나라의 중들이 모두 성역에 동원됩니다. 이것은 진실로 중들이 전에 없었던 무거운 부담입니다. 대저 남한산성의 수축은 비상시를 대비하기 위하여 부득이 한 데서 나온 역사입니다. 그러나 걸식하는 중들로서는 그 능력이 감당할 수 없어 원망 또한 당연한 것입니다.58)

라고 한 것처럼 효종 원년(1650)에 趙翼이 승도들의 산성역 이후 군역을

산성의 수축의 필요성을 제기하면서도 경기도내 물력의 결핍과 백성의 모집, 그리고 糧餉과 器械확보의 難易 등의 문제를 먼저 해결해야 한다고 역설한 것이 그 한 예이다(『비변사등록』2책, 광해군 10년 6월 1일).
56) 선조 29년(1596) 3월 비변사가 中興山城에 대한 축성의 필요성을 주장하면서 근실하고 유능한 중을 모집하여 僧任을 제수하고 僧徒를 많이 모아 먼저 사찰을 창건한후에 산성을 수축할 것을 제시한 것에서 알 수 있다(『선조실록』권73, 선조 29년 3월 계유).
57) 『선조실록』권83, 선조 29년 12월 경오.
58) 趙翼, 『浦渚先生集』권3, 請山城已役僧人許還俗勿定軍役疏.

폐지하고 환속을 허락해 줄 것을 상소한 내용인데 당시 승도들의 산성역이 얼마나 고역이었는가 하는 점을 알려주는 대목이다. 이와 같이 승군의 입역은 이외에도 山陵役, 造紙署 立役 그리고 각 지방에서 소요되는 백금지 등을 납부해야 할 정도로 무거웠던 게 사실이다.[59]

그러나 남한산성의 승군이 어느 정도의 규모로 동원되었는지는 정확히 알 수 없다. 사찰의 대소와 승려의 다과에 따라 일정한 인원을 調發하였을 것으로 생각된다. 그것은 인조 2년(1624) 10월 남한산성 축조에 있어서 승려를 입역시키는 문제에 대해 의논하는 중에 知事 金瑬가

> 그리고 남한산성을 쌓는 것이야말로 현재 나라의 대역사인데 승려를 관군과 함께 입역케 하는 것은 폐단이 있을 듯 합니다. 요즈음 듣건데 승려에게 聽攝이라는 이름을 붙여주어 마치 국가가 각 도에 분부하듯 독자적으로 각처에 호령을 행하게 하고 있다 하는데, 어찌 국가가 직접 외방에 호령하지 못하고 일개 총섭의 손을 빌린단 말입니까. 道臣으로 하여금 사찰의 대소와 승려의 다과에 따라 인원을 정하게 한 뒤 差員에게 영송하게 하도록 한다면 편리할 것입니다.[60]

라고 말한 데서 살필 수 있다. 그리하여 승군의 동원은 覺性, 應聖[61]과 같은 총섭에 주관 아래 각 도의 鄕僧을 上番立役시키도록 하였으나 총섭의 폐단 또한 컸다. 인조 3년(1625) 2월 창덕궁을 지을 때 총섭 惟政이 승군 수 천명을 거느리고 家舍 등을 건설하였으나 이때 총섭이 각 지방의 사찰에 횡행하여 승도들에게 끼친 폐해도 적지 않았다. 그래서 총섭으로 하여금 도첩을 지급하고 각 도의 승군을 조발하여 부역케 하려고 했으나 폐단이 많아 각 도의 수령이나 관찰사로 하여금 주관케 하였다.[62] 그러나 뜻

---

59) 趙翼, 위의 책 권15, 啓辭 論僧人收布事狀啓.
60) 『仁祖實錄』 卷7, 仁祖 2年 10月 丁酉.
61) 『인조실록』 권25, 인조 9년 7월 갑술.
62) 『승정원일기』 4책, 인조 3년 2월 2일.

대로 각 지방의 승군이 제때에 산성역에 종사한 것은 아니었다. 인조 3년 (1625) 3월 특진관 李曙에 따르면

> … 각 도의 승군이 곧 바로 올라오지 않고 있습니다. 충청도의 경우 단지 76명만이 올라왔으나 鴻山, 靑山 등의 고을에서는 승려가 없어 전혀 올려 보낼 수 없다고 보고 하였습니다. 臣이 비록 산성에 갈지라도 監董할 것이 없을 듯 합니다. 경상감사가 장차 내려 가려하니 승군의 일은 政院으로 하여금 조치하여 착실히 거행하는 것이 나을 듯 합니다.[63]

라고 한 바와 같이 각 도의 사찰의 규모와 승려의 수에 따라 산성역에 동원될 승군을 배정하였지만 충청도의 경우 겨우 76명만이 상번하게 되자 타 지방의 승군 차출을 독려하고 있는 데서 알 수 있다. 남한산성의 體城이 어느 정도 마무리되었을 때에 女墻이나 暗門 등의 역사가 지극히 커서 역군이 더욱 필요했음에도 불구하고 각 도의 승군들이 陰漏하여 상경하지 않은 자가 오히려 더 많을 정도였다.[64] 그리하여 남한산성의 축성군이 거의 없어 磻灰나 磻礨 그리고 女墻 등의 성역이 중단되고 암문이 미처 다 완성되지 못한 경우도 있었다. 그것은 각 도의 승군으로서 도첩이 없는 자가 거의 없어서 입역하지 않기 때문이다. 따라서 수원, 독성산성에 도첩이 없는 승군 3,000여 명을 차출하기도 하였다.[65]

남한산성의 경우 아쉽게도 축성 당시의 기록이 상세하게 전하지 않기 때문에 축성에 동원된 승군의 규모는 자세히 알 수 없다. 단, 축성 이후 승군의 편제[66]에 따르면 僧軍 摠攝 1명, 僧中軍 1명, 敎鍊官 1명, 哨官 3명, 旗牌官 1명, 原居僧軍 138명, 義僧 356명으로 편성되었음을 알 수 있다. 원래 義僧은 남한산성 축조시 산성에 거주하는 승려가 적어 산성을 수직

---

63) 위의 책 5책, 인조 3년 3월 26일.
64) 위의 책 7책, 인조 3년 7월 21일.
65) 위의 책 8책, 인조 3년 9월 4일.
66) 홍경모, 앞의 책, 상편 영제.

하는데 고단하였기 때문에 부득이 지방의 鄕僧을 교대로 상번하여 助役케 한 데서 성립된 것이다. 그러나 향승의 상번수직은 원거승군의 침해 등의 각종 폐단이 야기되어 드디어 義僧防番錢制[67]를 실시하게 되었던 것이다. 즉, 지방의 향승이 일정한 防番錢을 납부하면 그 경비로써 의승을 雇役하여 수직케 한 대신에 향승의 上番은 면제하였던 것이다.[68]

그리고, 산성의 축성에 각 지방의 軍兵을 징발하기도 하였다. 일찍이 류성룡은 임진왜란 이후 남한산성의 수축을 주장하면서 군사를 보내어 城池와 樓櫓를 수선케[69] 하였던 것에서 알 수 있듯이 일반적으로 임진왜란 이후 도성이나 강화도 그리고 남한산성을 포함하여 각 지방의 산성을 축성할 때에는 관군을 많이 동원했다. 이 사실은 광해군 9년에 황주산성을 축성할 때에 上番軍을 차출한 것[70]이나 인조 당시의 남한산성 축성시에도 승군과 함께 동원되었다.[71] 경기의 양주, 광주, 여주, 죽산 및 이천 등의 군사를 남한산성의 入防軍에 편성시켰던 것에서 잘 알 수 있다. 인조 14년(1636) 7월 당시 남한산성의 입방군은 12,700명이었다.[72] 이러한 입방군은 유사시에 山城守堞軍으로서 각각의 담당구역(信地)를 지켰으며, 평상시에는 操練과 산성수축을 맡았던 것이다. 승군과 군병 이외에 기타 각종 匠人과 潰軍 등도 축성에 동원되었다.

그리고 남한산성의 수축과 방어에 따른 군량미 조달문제는 시급히 해결하지 않으면 안 될 과제였다. 따라서 이 문제는 산성수축 문제가 거론될 때마다 제기 되었다. 앞에서 살핀 바와 같이 이원익이 쌀 3,000석으로써 축성군을 雇役하거나 훈련도감 도망군(潰軍) 800명으로 축성케 하자

---

67) 『국역 비변사등록』 130책, 영조 32년 정월 12, 남북한의승방번변통절목.
68) 김갑주, 「남북한산성 의승번전의 종합적 고찰」, 『불교학보』 25, 1988.
_____, 「조선후기의 승군제도」, 『차문섭교수 확갑기념논총』, 1990 참조.
69) 『선조실록』 권159, 선조 36년 2월 을사.
70) 『국역 비변사등록』 1책, 광해군 9년 1월 8일.
71) 『인조실록』 권7, 인조 2년 10월 정유.
72) 『인조실록』 권33, 인조 14년 7월 정사.

는 방안을 제시한 것도 그런 까닭에서였다. 그리하여 인조뿐만 아니라 성역을 총괄하고 있는 이서도 군량의 비축과 軍器의 확보에 지대한 관심을 기울였던 것이다.[73] 특히 이서는 三穴銃 1,000자루, 鳥銃 1,000자루를 만들어 기내의 군병에게 나누어 주고 나머지는 남한산성에 저장케 하였으며[74] 한편으로 남한산성을 수호하고 양식을 저장할 대책으로서 삼남지방의 생선과 소금을 덜어내어 곡식을 사들여 군량을 비축케 하였다.[75] 그래서 이 당시 산성군량의 확보 방안은 다각도로 검토되어 시행되었다. 甲士牧場을 屯田으로 삼아 산성군량의 근본으로 삼자는 방안이나[76] 남한산성 축성에 동원된 공장이나 별장 등의 급료를 지급하기 위해서 광주에서 선혜청에 납부할 春等米 500석과 秋等米 300석을 산성에 비축케 하자는 방안[77]등이 그것이다.

또한 인조 3년 10월 호조가 비변사에 이문한 내용에 따르면 남한산성에 糧餉을 儲峙하는 일이 당시 제일의 급선무으로 여주, 이천, 양근, 저평, 광주, 등의 田稅와 可興倉에 저장한 米豆를 운송하여 산성의 양향으로 삼을 것을 제안하였으며[78] 심지어는 서쪽 지방 즉, 椵島에 주둔하고 있는 毛文龍軍營에 보낼 광주의 西糧米까지 산성으로 옮겨 바치게 하였다.[79] 그리하여 남한산성의 군량확보 방법은 대체로 광주의 田結에서 징수한 田稅, 三手粮 그리고 毛兵粮 및 宣惠廳作米를 충당하는 방안을 선택하게 되었다.

이상 살핀 바와 같이 남한산성의 수축은 도성을 방어하기 위한 보장처로써 그 중요성이 넓게 인식되어 여러 차례에 걸친 논의 끝에 1624년(인

---

73) 『인조실록』 권8, 인조3년 3월 갑자.
74) 『인조실록』 권9, 인조 3년 8월 기묘.
75) 『인조실록』 권9, 인조 3년 8월 신사.
76) 『승정원일기』 7책, 인조 3년 7월 21일.
77) 위의 책 5책, 인조 3년 4월 10일.
78) 위의 책 9책, 인조 3년 10월 7일.
79) 『인조실록』 권11, 인조 4년 2월 계사.

조 2) 7월에 시작되어 승군과 군병 등의 축성군을 동원하고 魚鹽의 판매세나 田結稅 및 屯田 경작을 통해 군량을 확보하면서 드디어 1626년(인조 4) 11월에 완료되었다. 그리고 산성수어책의 하나로 광주부를 이설하고 입거민을 확보하는 등 여러 가지 대책을 마련하였다.

5. 남한산성의 개축과 축성 비문 분석

1) 인조 16년(1638)의 개축

(1) 개축 배경

남한산성의 개축문제가 거론된 것은 병자호란[80]을 겪은 뒤였다. 조선은 청의 침입으로 항전하였으나 군량의 부족과 후방 지원군의 차단, 그리고 강화도의 함락으로 말미암아 성 밖을 나와 항복하게 되었고, 그 결과 丁丑和約을 맺게 되었다. 조선은 이 화약의 체결로 말미암아 군신의 예와 청나라 연호의 사용을 강요받게 되었을 뿐만 아니라 명과의 단교는 물론 명나라 정벌시에 구원병을 파견하지 않으면 안 되었다. 특히 성지를 개축하거나 신축하지 못하도록 함으로써 군비의 증강은 일체 금지되어 무장해제 된 것이나 다름없는 지경이 되었다.

그럼에도 불구하고 조선에서는 오랑캐라 멸시해 온 이민족에게 임금이 몸소 出城降服하게 되자 민족의 자존과 체통이 짓밟히게 된 것에 대하여 심각한 반성을 하게 되었다. 그리하여 만주족으로부터 받은 치욕에 대한 민족적 각성은 반청의식으로 나타났으며 그 결과 尊王攘夷的 대의명분론에 입각한 북벌운동이 나타나기도 하였던 것이다.[81]

---

80) 국방부전사편찬위원회, 『병자호란사』, 국방부국군홍보관리소, 1986.
81) 이영춘, 「우암 송시열의 존주사상」, 『청계사학』 2, 1985.
　　조종업, 「북벌과 춘추대의」, 『백제연구』 10, 1979.

이러한 반청의식의 고양과 함께 御營廳의 병력을 종래의 6천 2백 명에서 7천 명 수준으로 증가시키고[82] 精抄軍을 창설하였을 뿐만 아니라 훈련도감군을 정예화시키기 위해 6천 5백 명의 무과합격자로서 局出身이라는 훈련도감 정예군을 편성하여 궁성수비의 임무를 맡기는 등의 군제개편도 단행하였다.[83]

또 이러한 반청의식은 丁丑和約의 군비증강 조항을 무시한 채 호란으로 파손된 남한산성을 재수축하자는 논의를 대두하게 하는데 크게 작용하였다. 즉 1637년(인조 15) 7월 좌의정 崔鳴吉이 江都와 南漢은 모두 보장지로써 한 곳에 전념하여 전쟁에 대비할 계책으로 삼자고 제안하자, 특진관 李時白은 강도는 호란으로 여지없이 무너졌으므로 수습하고 싶지만 청나라에 번거롭게 소문이 날까 염려되기 때문에 남한에 전념하여 우선 대피할 곳으로 삼아 불의의 사건에 대비하자[84]고 제기함으로써 남한산성의 개축 문제는 조정의 큰 관심거리로 대두되었다.

이와 같이 남한산성의 개축문제가 제기되자 조정의 중론은 청나라를 자극하게 될 것이라는 우려 때문에 반대의사도 만만치 않았다. 그러나 수어사 이시백 등이 왜구의 침입에 대비하기 위해서는 불가피하게 남한산성을 수축해야 한다는 구실 아래 남한산성 개축은 점차 인조의 지원을 받아 실현을 볼 수 있었던 것이다.

사실상 남한산성을 개축해야 한다는 필요성은 청이 명을 정벌할 때 조선은 지원병을 파견한다는 화약조건 때문에 대두되었다. 당시 반청의식이 고조되어 있던 조선의 여론은 비록 정축화약에서 원병을 파견한다는 약속을 했다 할지라도 親明反淸 외교정책을 오랫동안 고수해 온 조선의

이경찬, 「조선 효종조의 북벌운동」, 『청계사학』 5, 1988 참조.

82) 최효식, 「어영청 연구」, 『한국사연구』 40, 1983.

83) 육군본부, 「병자호란과 군영체제의 변화」, 『한국군제사-근세조선후기편』, 1977, 120~132쪽.

84) 『인조실록』 권35, 인조 15년 7월 정해.

입장에서 쉽게 명을 정벌하는데 청나라를 원조할 수는 없는 분위기가 지배적이었다. 그러므로 청의 원병요구에 응하지 않을 경우 청과의 무력충돌은 불을 보듯 뻔한 일이었으며 이에 대비하기 위해서라도 남한산성의 개축은 불가피한 조치였던 것이다.

(2) 산성의 개축 추진

그리하여 남한산성의 개축은 수어사였던 李時白이 주도하였다. 이시백은 1637년(인조 15) 10월, 농사철에 민심을 잃지 않으면서 일반 백성 대신에 궤군(潰軍; 병자호란 당시 도망간 훈련도감 소속군병－필자)을 동원하여 수축케 하자고 제안하였다.[85] 뿐만 아니라 호란 당시 고립무원의 상태에서 군량미 부족으로 커다란 타격을 입었던 경험을 되살려 산성 군량미 확보에도 만전을 기하였다. 1638년(인조 16) 1월 이시백은 호란 이후 산성의 식량확보 상태가 겨우 4천여 석 밖에 되지 않는 현실을 지적하고[86] 京倉에 보관중인 3만 석 중에서 大米 9천 석, 小米 천 석과 한강변에 있는 각 읍으로 부터 거둬들인 田稅 7천 석을 산성에 운송함으로써[87] 목표 물량 2만 석을 확보하기도 하였다.

또한 이때에는 砲樓의 설치와 대포와 같은 火器의 비치에도 심혈을 기울였다. 일찍이 1603년(선조 36) 2월 행부호군 李箕賓이 남한산성의 수구문과 남문사이에 포루를 설치하여 화기를 비치하자[88]고 주장한 바도 있으나 남한산성을 수축할 때 포루가 없는 결점을 인조가 지적하자 당시 축성책임자였던 李曙는 포루는 방포시에 연기와 불꽃으로 말미암아 사방이 어두워 수성에 방해가 되기 때문에 설치하지 않고 단지 우마장(牛馬墻;

---

85) 『인조실록』 권35, 인조 15년 10월 계묘.
86) 『인조실록』 권36, 인조 16년 정월 무진.
87) 『인조실록』 권36, 인조 16년 정월 신미.
88) 『선조실록』 권159, 선조 36년 2월 갑인.

성곽시설의 일종) 같은 시설을 설치하였다.[89] 그러나 호란 당시 청의 기병에 의한 기습공격과 우수했던 포격술에 대응하기 위해서는 대포 등의 화기 비치와 함께 포루의 설치를 적극 검토하지 않으면 안 되었다. 그 결과 1638년(인조 16) 1월에 이르러 우의정 申景禛은 이전에 수어사 李時白과 남한산성의 望月臺와 東格臺를 조사하고 난 뒤 포루를 설치하는 공역이 매우 크지만 재정형편이 어렵다고 해서 폐지하고 설치하지 않으면 안된다고 하면서 축조할 산성지도(山城圖)를 제시하였다.[90] 당시에 적을 막는 데는 대포만한 것이 없다고 인식하게 되었으며 銅鐵 등의 부족으로 여건이 충분하게 조성되지 않았지만[91] 언젠가는 포루와 함께 구비하지 않으면 안 되었다.

이와 같은 인식 아래 남한산성 개축문제가 본격화된 것은 1638년(인조 16) 1월 16일 우의정 신경진과 병조판서 이시백과의 논의에서였다.[92] 우의정 신경진이 그려 바친 산성지도를 펴놓고 수축할 곳을 구체적으로 물으면서 계획대로 증축한다면 성이 완전하고 견고하리라 판단하고 성첩을 지키는 군사도 2만 명 정도 확보토록 하면서 1차 산성증축의 책임을 이시백에게 맡기게 되었던 것이다. 그러나 이시백은 수축해야 할 필요성을 느끼면서도 다소 주춤하였다. 그것은 정축화약 가운데 성지를 수축하지 말라는 말이 있는데 혹시라도 축조한 이후에 이로 인하여 청의 힐책하는 단서가 될까 봐 청에 알린 다음 그들의 태도에 따라 성역을 시작하는게 좋다는 입장이었다.

인조는 倭賊을 대비하기 위해서 성을 쌓는데 대해 청나라가 의심할 여지가 없다고 판단했기 때문에 증축에 적극적이었다. 그리하여 왜적에 대비하기 위하여 특진관 任絖을 경상도에 파견하여 주사(舟師; 오늘날의 해

---

89) 『인조실록』 권25, 인조 9년 7월 병자.
90) 『인조실록』 권36, 인조 16년 정월 정축.
91) 『인조실록』 권36, 인조 16년 정월 무진.
92) 『인조실록』 권36, 인조 16년 정월 경진.

군)를 점검케 하고[93] 전라도의 주사는 통영에, 충청도의 주사는 전라우도에서 방어케 하고, 서북지방의 군량을 남방에 운송케 하였으며[94] 특히 남쪽 관문의 요충지인 鳥嶺과 御留山城의 수축을 통하여 남방에서의 防倭대책을 강구하였다.[95] 반면, 다른 한편에서 특진관 曹文秀는 천험의 요새지요 나라의 보장처인 강도(江都; 지금의 강화도)를 수습해야 한다[96]는 견해를 주장하기도 하였다.

이와 같이 대외 방어책에 대하여 조정의 의논이 분분하였음에도 불구하고 인조는 역시 강도보다는 남한산성을 더 우선시하여 이의 개축에 보다 적극적이었다. 그리하여 남한산성의 개축은 같은 해 1월 26일 병조판서 이시백이 수축에 필요한 성역군으로써 앞에서 언급했던 潰軍 천 명을 우선 징발하여 종사관 洪瑑의 감독 아래 망월대에서부터 성역을 시작한다고 보고함으로써 더욱 구체적으로 진행되었다. 이 당시 광주부윤은 70세 고령의 許徽였다. 허휘는 병자호란 이듬해 1637년(인조 15) 1월 광주목사를 부윤으로 승격시키자마자 최초로 임명되었다. 그런데 조정에서는 남한산성 증축의 중요성이 증대함에 따라 반드시 부윤을 젊고 재능있는 사람을 필요로 하였다. 이에 인조는 이시백의 건의를 받아들여 종사관인 홍전을 광주부윤에 제수하고[97] 남한산성 개축의 실질적인 감독관으로 임명하게 되었던 것이다.

(3) 南將臺甕城戊寅碑의 발견과 의의

그런데 1638년(인조 16)에 남한산성을 개축한 역사적 사실을 뒷받침하는데 결정적 단서를 제공할 비문이 발견되었다.[98] 일명 '南將臺甕城戊寅

---

93) 『인조실록』 권36, 인조 16년 정월 신사.
94) 『인조실록』 권36, 인조 16년 정월 경인.
95) 『인조실록』 권36, 인조 16년 정월 병술.
96) 『인조실록』 권36, 인조 16년 정월 기축.
97) 『국역 비변사등록』 5책, 인조 16년 1월 20일.

碑'가 그것이다. 이 비문은 성남문화원부설 향토문화연구소의 연구원 일행과 '남한산성을 사랑하는 모임'의 교수들이 주축이[99] 되어 남한산성을 정기적으로 답사하는 과정에서 발견된 것이다. 이것은 南將臺址 및 1, 2, 3 甕城을 조사하던 중 남장대지 2차 옹성의 홍예문을 축조하는데 사용된 長臺石에 새겨진 것이다.

<사진 1> 남장대옹성 무인비 탁본

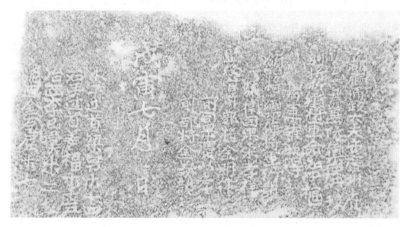

이 비의 형태와 내용을 분석한 바에 따르면 비의 크기는 가로 115cm, 세로 60cm 정도이며 총 글자 수는 105자인데 楷書體로 쓰여 있다. 이 장대석은 옆으로 누워 있었는데 우측면은 都廳이하 축성을 맡은 감독관의 관직과 이름이 적혀 있으며 좌측면은 축성에 동원된 목수 이하 匠人의 이름과 숫자가 새겨져 있다. 이 비문의 판독 내용은 다음과 같다.

---

98) 이 비문의 구체적인 분석은 필자의 「17, 8세기 남한산성의 재수축에 관한 일고찰-최근에 발견한 금석문을 중심으로-」, 『성남문화연구』 4, 성남문화원, 1996 참조.
99) '남한산성을 사랑하는 모임(약칭; 남사모)'은 성남문화원 부설 향토문화연구소의 연구원인 장철수, 허창무, 전보삼, 조병로, 허흥식, 조유전, 이광호, 천화숙, 소진광, 백남욱 등의 교수들이 1996년 4월 10일 결성한 비영리 남한산성연구 단체이다.

泥匠金乭屎寸七	冶匠李己嘆寸二	石手邊手姜福寸十三	木手邊首梁男寸十四	戊寅 七月 日			前部將金義龍	前司果慶以孝	監役官前部將金明律	領將禦悔將軍行龍驤衛司果宋孝祥	別將折衝將軍僉知中樞府事崔晚得	都廳通政大夫守廣州府尹兼防禦使洪琢

*寸=等의 古語.

이를 해석하면 "도청은 통정대부수광주부윤겸방어사인 홍전이며, 별장은 절위장군 첨지중추부사 최만득, 영장은 어모장군 행용양위사과 송효상, 감역관은 전부장 김명율, 전사과 경이효, 전부장 김의용이다. 무인(인조 16: 1368) 7월 일에 완공하다. 목수변수는 양남 등 74명이고, 석수변수는 강복 등 13명, 야장은 이기탄 등 2명, 이장은 김돌시 등 7명이다"라고 해석할 수 있다.

위 비문의 분석을 통해서 우리가 알 수 있는 것은 첫째, 이 비문을 새긴 시기는 戊寅 七月 日의 간지를 규명함으로써 알 수 있는데, 1638년(인조 16) 1월 26일 이후 시작하여 같은 해 7월에 완성되었음을 파악할 수 있다. 둘째는 재수축할 때 동원된 축성군에 관한 문제다. 인조 16년 1월부터 재수축의 논의가 일어난 때부터 수축군은 호남지방의 潰軍 2천 명 가운데 천 명을 조발하자는 방안을 제시하였다. 그리하여 인조 16년 2월 10일의 기록에 의하면 호남지방의 궤군 2천 7백 명 가운데 성역에 부역하기 위하여 9백 75명이 조발[100]되었음을 알 수 있다. 한편, 승군을 성역에 조발하

---

100) 『국역 비변사등록』 5책, 인조 16년 2월 10일.

자는 의견도 제시되어[101] 논의한 결과 충청, 강원도의 승군은 남한산성에, 하삼도의 승군은 각 본도(경상, 전라)의 산성역에 조발[102]토록 결정하게 되었던 것이다. 이를 종합해 볼 때 인조 16년의 남한산성 증축에 동원된 축성군은 호남지방에서 올라 온 궤군 천 명, 충청·강원도의 승군 그리고 목수, 석수, 야장, 이장 등의 장인 96명이었음을 알 수 있다.

2) 1779년(정조 3)의 개축

(1) 개축 배경

정조대에 이르러 남한산성은 역시 수원의 독성산성, 안성의 죽주산성과 더불어 서로 의지하는 형세를 이루어 경기의 보장처로 인식되어 중요시하였다. 특히 수원은 경기도와 삼남의 요충지에 위치하고 있기 때문에 도성을 방어하는데 있어 기보(畿輔; 경기도)의 중요한 진보로써 일찍이 조선 초부터 광주, 개성, 강화와 함께 關防의 중추 구실을 해왔다. 그리고 정조대에 이르러 사도세자의 능침인 永祐園을 수원의 花山에 이장함으로써 수원은 새삼 주목을 받게 되었다. 그것은 顯隆園에의 행차[103]와 행궁 보호를 위해 華城을 축조함으로써[104] 정치, 군사상 중요한 관심의 대상이 되었기 때문이다.

화성은 남한산성과 서로 의지하는 형세를 이룸으로써 수도권 방어체계상의 최전선의 역할을 담당하게 되었음은 두 말할 필요도 없다. 따라서 조정에서는 강도와 남한산성의 방어체계 확립에 심혈을 기울이지 않으면 안 되게 되었다. 1778(정조 2) 7월에 사직 尹㮶東이 국방전반에 대한 상소

---

101) 『국역 비변사등록』 5책, 인조 16년 2월 5일.
102) 『국역 비변사등록』 5책, 인조 16년 4월 8일.
103) 박광성, 「정조의 현륭원 전배」, 『기전문화연구』 10, 1993.
104) 최홍규, 「조선후기 화성축조와 향촌사회의 제양상」, 『국사관논총』 30, 1991.

를 올리면서 남한산성은 副都이므로 다른 것의 보장과는 다를 뿐만 아니라 수어청에서 실지로 관리하고 있기 때문에 하나의 부윤이나 수령보다는 높은 아문이어야 한다고 말하고 총융청을 혁파, 수어청에 합병하여 반드시 남한산성을 직접 지키면서 畿輔를 통어함으로써 경성을 보호해야 한다[105]고 주장한 것은 그러한 시대적 중요성을 인식한 것이라 생각된다.

그러나 한편에서는 강도와 남한산성 중심의 방어책에 반대하고 도성수비책을 더욱 강화해야 한다는 여론도 컸다. 부사직 姜遊같은 사람은 도성의 성첩을 보수하고 군향을 비축함으로써 도성중심의 방어책을 먼저 수립해야 한다고 주장하고 巡城軍의 배치, 木柵의 설치, 군액 감소 등의 대책을 제안하기도 하였다.[106] 또한 1778년(정조 2) 6월에는 수어청과 총융청의 통합여부에 대한 논란이 제기되어[107] 군제개편을 통한 남한산성 방어를 강화하자는 논의도 대두되었다. 이 문제는 결국 1795년(정조 19) 8월 수어경청을 혁파하고 광주부를 광주유수로 승격시켜, 광주유수로 하여금 남한산성 수어사를 겸임하도록 함으로써 일단락되었다.[108]

(2) 개축 추진

이러한 시대적 배경 속에서 남한산성의 개축은 이뤄지게 되었다. 드디어 정조가 1779년(정조 3) 1월 판중추부사 徐命膺을 수어사로 임명함으로써[109] 남한산성의 수축은 박차를 가하게 되었다. 당시 남한산성은 성첩이 무너지고 재원도 부족하여 보수할 엄두도 내지 못할 상황이었다.[110] 따라서 수축에 따른 재원의 확보는 시급한 과제였다. 이에 徐命膺은 3년

---

105) 『정조실록』 권6, 정조 2년 7월 정미.
106) 『정조실록』 권6, 정조 2년 9월 병신.
107) 『정조실록』 권6, 정조 2년 6월 임오.
108) 『정조실록』 권43, 정조 19년 8월 병신.
109) 『정조실록』 권7, 정조 3년 1월 정유.
110) 『국역 비변사등록』 160책, 정조 3년 2월 27일.

2월 수어청의 戶房所와 管餉所 및 남한산성의 別庫, 營庫, 保恤庫, 城機庫 등의 군량 실태를 직접 조사하였는 바 호방소의 4만 5천 냥이 현재 겨우 1만 냥 정도, 관향소의 10만 7천 냥도 단지 3천 냥 정도 밖에 남아 있지 않는 현실을 개탄하고 또 南漢外營의 각 창고의 군향곡도 대부분 각 관청에 임대하거나 민호에 糶糴하여 원액대로 거둬들이지 못함으로써 "무너진 성첩과 기울어진 공해를 대개 재력이 넉넉치 못하여 튼튼하고 치밀하게 할 수 없으므로 이제는 완벽한 성이 되는 것을 면하지 못하고 있다"[111]고 실토하고 대경장을 통해 그 폐단을 시정할 것을 촉구하였다. 남한산성에 있어서 비용 절감을 목적으로 城機別將을 폐지하고 留營別將에 합속[112] 시키는 한편, 남한산성의 수축 재원을 마련하기 위하여 다각도로 방안을 모색하였다.

그리하여 우선 수어청에 전 수어사 洪國榮이 저축해 놓은 別備錢 1만 냥을 가져다 쓰기로 하고[113] 부족한 재원은 광주 東三面 백성들에게 환곡으로써 대여한 군향곡 5천 석의 모곡(耗穀; 이자곡) 5백 석을 지급하여 산성이 무너진 곳이나, 석회 개조비, 그리고 암문이나 군포 및 공해 등을 보수하는데 쓰도록 조치하였다.[114] 그리하여 정조 3년 3월에 수어사 서명응의 지휘 아래 광주부윤 李明中이 감독하여 결국 3월에 시작하여 6월 18일에 남한산성은 개축, 완료되었다.[115]

그리고 남한산성의 개축을 계기로 정조는 3년 8월에 서명응에게 명하여 『南漢誌』를 편찬케 하였다.[116] 또한 서명응은 남한산성 중축에 관한 사실을 상세히 기록한 이른바 '南城新修記'를 지었다. 오늘날 이것은 1846

---

111) 『정조실록』 권7, 정조 3년 2월 정사.
112) 『국역 비변사등록』 160책, 정조 3년 2월 8일.
113) 『국역 비변사등록』 160책, 정조 3년 3월 12일.
114) 『국역 비변사등록』 160책, 정조 3년 2월 27일.
115) 『정조실록』 권7, 정조 3년 6월 경오.
    『중정남한지』 권1, 상편 성지.
116) 『정조실록』 권8, 정조 3년 8월 임술.

년(헌종 12)에 수어사였던 홍경모가 쓴『중정남한지』에 전해 오고 있다.

(3) 屛巖南城新修記 비문의 발견과 내용 분석

그런데 이 '남성신수기'를 새긴 비문이 발견되어 남한산성의 개축에 관한 사실을 뒷받침해 주고 있다. 서명응이 쓴 '남성신수기'가 屛岩에 새겨졌다는 사실을 알게 된 것은 '남한산성을 사랑하는 모임'의 1996년 6월 30일 정기 답사의 결과였다. 병암은 수어장대로부터 약 2백 미터 정도 떨어진 서문방향 우측 길가 언덕에 있으며 일명 '병풍바위'라고 흔히 불리었다. 그런데 이 병암 벽면에 바로 서명응의 '남성신수기'가 적혀 있다는 사실을 학술적으로 확인한 것은 참으로 의미있는 일이다.

<사진 2> 병암 (전면에 남성신수기 비문이 새겨짐)

비의 형태는 한 면에는 서명응의 '남성신수기'가 24행 19자씩 새겨져 있으나 끝의 3행은 일정치 않다. 세로 110cm, 가로 170cm, 깊이 3cm~14cm까지 음각 되어 있다. 또 다른 한 면에는 內外策應色 金必瑞□ □ □ □ 朴

壽㷡朴昌祿□□榮 金仁厚金聲□ 摠攝載眼 등이 새겨져 있는데 가로 30cm, 세로 70cm 크기로 깊이 2.5cm 정도 역시 음각되어 있다.

가장 왼쪽면의 글자는 거의 알아 볼 수 없을 정도이며 가로 26cm, 세로 70cm 크기로 역시 깊이 2.5cm 음각되어 있다. 이 비문에 새겨진 '남성신수기'의 내용은 다음과 같다.

文通政大夫守廣州府尹□□□兼京畿右防禦使李明中書	報國崇祿大夫行判中樞府使秉命弘文館提學藝	今數也數其可違乎中樞府使秉命弘文館提學藝	走告府尹府曰此始築時記功者留其一以待	巖於城西府尹曰此始築時記功者留其一以待	蕽焜瓏皆聖上威德致之也功皆漫彔不辨乃	堞綿亙三十里城上有天啓月日刻旣訖役者得一以待	女負灰載瓬爭相其役首尾五十有餘日屹屹粉	鼓答鼓不勝城中父老爲酒豪拘相與勞之稚童幼	各記姓名於埃面堅則賞否則有罪衆皆賈勇	德雨朴尙蕃錫福金翊分掌埃埃以繕以築	李仁喆金熙人韓光聖李復亨李仁本李碩曾延	亨李東黃道明任天杼爲十八牌將鄭光奎金時	京畿執事也乃選諸校爲十八牌將鄭光奎金時世	李時範是南城執事嗩一松坡別將一李運大	曺漢光安國泰執事而顯則李顯薪橋朴相豊	秦光佑廉泰任梁之搬運則其供燱載韓維石致瑊	權興櫃李碩臣也官燱者楊德世安漢鍊官韓光德	李彦植爲都監官愼爲內都廳韓維石致瑊	謨兵房軍官金樂愼黃仁內都敎鍊官韓光德	董其事留營別將金命黃仁課其功戶房軍官柳德	九百石於是臣命膺令前營將廣州府尹李明中	一萬緡若益之以九百石米可修也上乃許以	日有貴乎臣命膺對曰原任守禦使洪國榮峙以	漢國之保障也堞剝缺今無一完請修之時上	我聖上三載己亥春守禦使臣徐命膺奏曰南	南城新修記

이 비문은 『중정남한지』의 남성신수기와 대조해 볼 때 10행 6자 이하

安漢紏, 梁宗浩가 추가되고 같은 행 15자인 覽 아래 글자 灰자가 누락된 것을 제외하고는 거의 같다. 그리고 25행부터 보국숭록대부 이하 徐命膺 記와 通政大夫守廣州府尹이하 李明中書가 새로이 추가된 것이다.

이를 해석, 종합하여 요약하면 가) 산성 개축시기는 1779년(정조 3년) 봄부터 6월 18일까지 약 50여 일이며, 나) 산성 개축 이유는 나라의 보장인 남한산성의 성첩이 무너져 완전한 곳이 하나도 없으므로 개축하였다. 다) 개축의 재원은 전 수어사 홍국영이 모아 놓은 1만 냥과 9백 석의 쌀(추가분)이었으며, 라) 축성 지휘 담당인원으로 監督官─전 영장광주부윤 이명중, 指揮官─유영별장 황인환, 內外都廳─호방군관 유덕모, 병방군관 김낙신, 都監官─교련관 한광현 · 이언식, 燔覽官─양덕세(경기집사) · 안한유 · 석치감 · 권흥추 · 이석신, 燔灰官─정덕찬 · 한재범 · 박상풍 · 진광우 · 염혁, 薪樵官─조한광 · 안국태, 搬運官─이현일(송파별장) · 이운대 · 이시범, 18牌將─정광규 · 김시형 · 이동혁 · 황도명 · 임천표 · 정용빈 · 이인택 · 이언장 · 이인철 · 김희인 · 한광성 · 이복형 · 이인본 · 이석중 · 연덕우 · 박상번 · 손석복 · 김익수였다. 마) 수축규모는 粉堞 30리로써 거의 전 성첩에 걸쳐 대대적인 개축이었으며, 바) 남성신수기는 당시 수어사였던 서명응이 작성하였고, 비문의 글씨는 당시 광주부윤 이명중117)이 썼음을 알 수 있다.

---

117) 李明中(숙종38;1712~정조13;1789)은 본관 전주, 영의정 濡의 손자이며 현감 顯應의 아들이다. 어머니는 홍중기의 딸이며 영의정 김재로의 사위였다. 1741년(영조17)에 진사합격 후 제용감 주부, 호조좌랑, 황주목사, 진주목사, 공조정랑, 선혜혜청 낭청, 사복시 관관을 역임하고 평양서윤과 나주목사를 거쳐 1779년(정조 3)에 광주부윤으로 임명, 남한산성 개축 후에는 충청감사를 거쳐 돈녕부동지사, 의금부 동지사를 역임하였다.

6. 숙종대 남한산성 外城의 신축

1) 蜂巖城의 신축과 규모

남한산성의 외성은 병자호란 이후 원성의 취약점을 보완하기 위하여 신축된 것이다. 외성이란 이른바 蜂巖城, 漢峰城, 新南城, 또는 南格臺을 말하는데 원성(또는 내성) 밖에 신축되었기 때문에 흔히 南漢 外城이라 한다. 이러한 남한 외성의 신축 배경은 원성수축 이후 병자호란을 겪으면서 청의 화포공격을 방어하기 위한 전략의 하나로써 신축하게 되었다. 호란 당시에 청나라 군사는 원성 밖의 봉암이나 한봉 등을 점령하여 성안의 허실을 빤히 들여다 볼 수 있을 뿐만 아니라 지형적으로 고지대이기 때문에 포를 쏘는데도 매우 유리하였다. 따라서 병자호란 당시에 행궁의 뜨락까지 청의 화포공격에 노출되어 위기감을 맛보았던 조정에서는 이에 대한 방어책을 서둘러 수립하지 않으면 안 되었던 것이다. 그 결과 외성의 신축이 이뤄지게 되었다. 그 하나가 봉암에 신축된 봉암성이다.

<사진 3> 봉암의 전경

먼저 蜂巖의 유래와 위치를 살펴보면 "원래 봉암은 원성의 동족 5리쯤에 있는데 바위가 포개어져 가파르게 솟아 있고 그 아래에는 돌구멍이 있어 겨우 한 사람이 들어갈 만하다. 옛날부터 벌이 집을 짓고 살았다고 해서 봉암이라 하였다"[118]고 한 데서 알 수 있듯이 봉암 또는 望月峰[119]이라고도 한다. 이와 같은 봉암은 지리적 위치 때문에 축성론자들 사이에 늘 관심의 대상이 되었다. 왜냐하면 봉암은 원성의 한복판을 굽어보고 있을 뿐만 아니라 그 아래에 계곡이 깊고 넓어서 적이 병졸을 숨겨두더라도 성안에서는 알 방법이 없기 때문이다. 이에 숙종 12년(1686) 3월 광주유수 尹趾善이 "남한산성 동쪽에 봉우리 하나가 있는데 봉암이라 부릅니다. 그것이 성 한복판을 굽어보고 있는데 그 아래는 구렁이 깊고 넓어서 적이 병졸을 숨겨두더라도 성안에서는 알 방법이 없습니다. 병자호란 때에 적이 그 봉우리를 점령하고 대포를 연달아 쏘았기 때문에 성첩이 모두 무너졌습니다. 그 후에 성을 쌓자는 의논이 있었으나 정명수(鄭命壽; 청나라의 大通官)의 공갈 때문에 결단을 내리지 못하였습니다. 지금은 예전과 사정이 달라졌으니 本營(수어청)의 군사를 동원하여 성을 쌓게 하는 것이 좋겠습니다"[120]라고 제기함으로써 봉암성의 신축 논의가 대두되었다. 봉암성의 신축 논의는 이보다 앞서 병자호란 직후에도 甕城新築論이 제기되었으나 청의 압력에 이기지 못하고 수축하지 않았다. 숙종 12년(1686)에 다시 봉암성 신축론 쪽으로 기울게 되었다.

그리하여 본청, 즉 수어청 소속 군병을 징발하여 50여 일 동안의 성역과 대략 1,000석 정도의 재원을 확보하여 신축하게 되었다.[121] 이때의 재원은 본청의 군향 부족을 메우기 위하여 通政帖 120장, 嘉善帖 20장 등의 공명첩을 발급하여 마련하게 되었다. 그리고 봉암성 아래에는 東林寺라

---

118) 『중정남한지』권1, 상편 성지.
119) 위의 책 권1, 상편 산천.
120) 『숙종실록보궐정오』권18, 숙종 12년 3월 정묘.
121) 『국역 비변사등록』40책, 숙종 12년 3월 15일.

는 사찰을 세웠다. 그 결과 봉암성의 규모는 둘레 962보, 여첩 294타, 암문 4개, 군포 15개를 신축하였으며 또한 東林寺라는 사찰을 건립하여 동문 밖의 민호를 모집하여 방수케 하였던 것이다.[122]

그런데 이러한 봉암성 신축 사실을 뒷받침해 줄 금석문이 발견되어 화제가 되었다.[123] 이른바 蜂巖新城丙寅磨崖碑文이 그것이다. 이 비문은 봉암 정상의 바위 뒷면에 새겨진 것인데 '蜂巖新城丙寅'이라는 銘文이 있기 때문에 위와 같이 명명하였으며 전문을 해석하면 다음과 같다.

<사진 4> 봉암신성병인마애비문

<蜂巖新城丙寅磨崖碑文>

石之完	成俊等	城圻向時	二所將前郡守安	一所將前府使表	洪時疇	都廳本廳右別將	守禦使尹	九日畢役	役同年五月初	潤四月初一日始	蜂岩新城丙寅

즉, 봉암신성은 병인(숙종 12: 1686-필자) 윤4월 1일에 성역을 시작하여 같은 해 5월 초9일에 끝마쳤다. 수어사는 尹某(趾善-필자)이고 도청은 본청의 우별장 某某이며 1所의 장은 전부사 表某, 2所의 장은 전군수 安某이다. □ □ □ □ □ □ (장인은) 성준 등이고 □ □ □ 석지완이다.

이 비문을 통해서 알 수 있는 것은 첫째로 자연석 뒷면에 정사각형의 해서체로 음각되어 있으며 판독된 49자 이외도 匠人들로 추정되는 몇 개의 글자가 희미하게 새겨져 있다는 점, 둘째로 봉암성의 신축 시기는 숙종 12년(1686) 윤4월 1일 시작하여 5월 1일에 끝마쳤다는 사실, 셋째 수어사 윤지선의 총감독 아래 전부사 표모, 전군수 안모의 현장 감독관이 배치되어 구역별로 감독하고 또 축성에 장인들이 동원되고 있다는 사실이나 청의 연호를 전혀 쓰지 않고 있다는 사실 등이다. 이 금석문은 조선왕조실록 등의 편년기록에 빠진 부분을 보완해 주고 있다는 점에서 금석문으로서의 가치가 크다고 할 수 있다.

이러한 봉암성은 그 후 숙종 19년(1693)에 이르러 우의정 閔黯과 수어사 吳始復이 남한산성에 墩臺축조의 필요성을 제기함으로써 봉암과 한봉을 연결하기 위하여 그 사이에 돈대를 추가로 설치하였으며,[124] 숙종 31

---

124) 『국역 비변사등록』 47책, 숙종 19년 3월 7일.

년(1705)에 이르러서는 수어사 閔鎭厚의 건의에 따라 5개의 砲壘를 증축하기도 하였다.[125] 정조 3년(1779)에는 원성의 대대적인 수축[126]과 함께 봉암성도 보수를 하여 오늘에 이르게 되었다.

2) 漢峰城의 신축과 규모

한봉성은 동문 밖의 漢峰[127]에 축조한 것으로 汗峯城이라고도 하였다. 이 한봉성의 축성배경 역시 앞에서 언급한 봉암성의 경우와 마찬가지였다. 그것은 병자호란 당시 청나라 군대가 이곳을 먼저 점령하여 紅夷砲·震天雷 등의 대포로써 공격해왔기 때문이다.[128] 따라서 이러한 쓰라린 경험을 당했던 대신들은 이에 대한 방어책을 강구하지 않으면 안 되었다.

숙종 18년(1692) 10월 행이조판서 吳始復이 "봉암에는 이미 동편의 성을 쌓았으나 봉암에서 동쪽으로 6~7백 보 되는 거리에 汗峰이 있는데 이 봉우리는 우뚝 솟았고 매우 높았습니다. 그런데 남한산성은 그쪽이 가장 낮아 이 봉우리에 올라가면 성안을 내려다 볼 수 있습니다. 또한 성의 동쪽과의 거리가 4백 보이니 이는 매우 요해처였습니다. 만약 이 봉우리 위에 돈대를 쌓아 수백 명의 군병을 시켜 지키게 한다면 적병이 어떻게 와서 감히 핍박할 수 있겠습니까?"[129]라고 하여 봉암과 한봉 사이 6~7백 보 사이의 요해처에 돈대를 축조할 것을 제기하였으며, 좌의정 睦來善 역시 오시복의 주장에 동조하였다.

그리하여 이듬해 봄에 한봉에 돈대를 축조할 것을 결정하였다. 이때의

---

125) 『중정남한지』 권1, 상편 성지 봉암성.
126) 위의 책 권1, 상편 성지 봉암성.
127) 『중정남한지』 권1, 상편 산천.
128) 『숙종실록보궐정오』 권18, 숙종 12년 3월 정묘.
129) 『국역 비변사등록』 46책, 숙종 18년 10월 4일.

축성에 동원될 노동력에 대해서는 남한산성에 소속된 수어청 소속의 양주 군영(楊州營)과 죽산 군영(竹山營) 등의 군병을 동원하려고 했으나 때마침 기근이 심하여 동원할 수 없게 되자 병조에 비축된 재원으로써 생활이 어려운 산성 주민에게 값을 계산해 주고 그들을 역사에 동원하려는 대책을 강구하게 되었다. 그리하여 이듬해인 숙종 19년(1693) 3월에 우의정 閔黯과 좌의정 목래선은 수어사 오시복과 같이 돈대 쌓을 곳을 살피고 나서 구체적인 방안을 제시하였다. 민암은 東城인 望月峰에서 漢峰까지의 7~8백 보의 요해처에 돈대만을 쌓으면 병졸이 고단하게 되고 유사시에 적에게 빼앗겨 점거하게 되면 오히려 큰 해가 된다고 보고 차라리 한봉 주변에 角城을 쌓을 것을 주장하였고, 한편 오시복은 한봉에 돈대를 설치하여 한봉으로 부터 봉암성의 동쪽모퉁이까지 연결하여 축성하면 동쪽의 대로를 차단하는데 만전의 계책이라고 강조하였다. 이와 같이 角城축조론과 墩臺축조론이 제기되었으나 오시복의 주장대로 돈대를 축조하게 되었다.[130]

그리고 돈대 축성에 쓰일 재정은 수어청에서 700석과 병조의 예산(군포를 징수한 것)에서 30동을 빌려 쓴 뒤에 삼남(三南; 충청, 전라, 경상도)의 저치미(儲置米; 대동미 중 지방에 비축한 쌀)를 운반하여 代充토록 조치하였다.[131] 그 결과 동왕 19년 4월 이조판서 오시복의 말에 의하면 산성거민 가운데 僧徒와 募民 그리고 守禦廳 및 防禦營의 군관 등 모두 800명 정도의 노동력을 동원하여 한봉의 體城까지 완성[132]되었던 것 같다. 그리하여 한봉성은 우의정 민암이 말한 바와 같이 800명의 노동력을 동원하여 45일 만에 1,500보의 각성을 축조하였다고 한 것으로 미루어 볼

---

130) 『국역 비변사등록』 47책, 숙종 19년 3월 7일. 그러나 이에 대해 『중정남한지』 권 1, 상편 성지조에는 각성을 축성하였다고 기록되어 있다. 어느 것이 정확한지는 알 수 없으나 각성 위에 돈대를 축조하였다는 의미로 해석하면 어떨까 생각된다.
131) 위와 동일.
132) 『국역 비변사등록』 47책, 숙종 19년 4월 13일.

때 숙종 19년(1693) 3월 7일 이후부터 5월 8일 사이에 완성된 것을 추정할 수 있다.[133)

이와 같이 신축된 한봉의 규모는 망월봉에서 한봉까지 7~8백 보에 이르는 각성의 형태로 축조되어 둘레 851把, 여첩 227垜, 암문 1개의 시설[134)을 갖추게 되었던 것이다.

<사진 5> 한봉성의 성벽 일부

그 후 한봉성의 증축문제가 숙종 30년(1704)에 이르러 다시 쟁점이 되었다. 숙종 30년 9월 16일 우의정 李濡가

신이 수어사를 맡았을 때에 남한산성에 가서 지형을 살펴보니 봉암에 증축한 성은 기초가 잘못 되었는데 또 여기에서 한봉을 둘러서 쌓는다면 지형이 너무나 광활합니다. 봉암에 쌓았던 것을 만일 지형이 가장 높은 곳으로부터 고쳐 쌓는다면 거리를 줄일 수 있고, 또 한봉에서 장경사에 있는 본성까지 따로 夾城을 쌓는다면 봉암과 한봉 두 성 사이에는 화살과 돌(矢石)이 서로 미칠 만하니 적병이 필시 들어오지 못할 것입니

133)『국역 비변사등록』 48책, 숙종 20년 2월 22일.
134)『중정남한지』 권1, 상편 성지.

다. 이렇게 설계하여 쌓으면 공력도 덜어질 터인데 전에도 일을 시작하였다가 중단한 바 있습니다. 이는 이해에 관계된 곳이니 불가불속히 완료하여야 합니다.[135)

고 하여 한봉의 증축은 지형상 너무 광활하기 때문에 불가하며 오히려 한봉과 장경사 사이에 협성을 쌓을 것을 주장하였고, 행형조판서 金鎭龜는 우의정 이유의 의견에 동조하는 입장이었고, 좌의정 李畬도 대체적으로 봉암성이나 한봉성이 너무 광활하게 증축되면 공사가 방대할 뿐만 아니라 방어하는 데도 지장이 있다는 입장에서 봉암성의 동림사 뒷쪽을 개축하고 한봉으로부터 장경사에는 夾城을 쌓는 것이 좋다는 견해를 표명하였다.

그리하여 봉암과 한봉의 증축문제는 동왕 30년 10월에 중신들의 의견에 따라 봉암에 甬道 또는 甕城을 증축하는 대신 한봉의 증축은 반대하는 쪽으로 기울어지게 되었다. 한편 예조판서 閔鎭厚는 우의정 이유의 甬道 改築論에 비판적 입장에서 오히려 봉암에 甕城을 쌓아 砲臺를 설치하자고 주장하였다.[136) 이에 대해 우의정 이유는 봉암과 한봉을 축성하려고 한 것은 병자호란 때에 적에게 점거된 때문인데 이제는 봉암과 장경사에 대포를 설치하여도 한봉을 제어할 수 있다는 논리였다. 그리하여 형조판서 金鎭龜는 민진후의 입장을 동조하면서도 이유와 같이 장경사 근처에 大砲기지를 설치하는 것이 유리하다는 長慶寺大砲設置論을 주장하게 되었다. 따라서 봉암을 개축하는 대신에 장경사의 옹성에 砲臺를 설치하게 된 것이 아닐까 생각된다. 그 결과 숙종 31년(1705) 봉암성을 개축할 때 일시적으로 한봉성은 훼철되었다.

그러나 다시 숙종 33년(1707) 5월에 판윤 趙泰采가 한봉성의 증축과 관련하여 그 동안 제기되어 왔던 봉암의 옹성축조와 장경사의 대포 설치보

135) 『국역 비변사등록』 55책, 숙종 30년 9월 16일.
136) 『국역 비변사등록』 55책, 숙종 30년 10월 22일.

다는 한봉을 아예 성곽 안으로 넣어 축성하는 漢峰入築城論을 제시하기도 하였다.[137] 이와 같이 한봉을 성곽 안에 넣어 개축하자는 한봉입축성론은 그 후 영조 5년(1729) 8월 동지사 尹淳에 의해 계속 주장되었다.[138] 그리하여 영조 14년(1738) 12월에 이조판서 趙顯命의 한봉성 개축 주장에 따라 판돈녕부사 申思喆, 훈련도정 具聖任, 사직 李宗城, 우의정 宋寅明 등도 대체적으로 이에 동조함으로써 봉암 개축시에 烟軍과 赴操軍의 부역을 면제하고 동원했던 것처럼 공명첩을 발급하여 재원으로 삼아서 城役에 징발할 役丁을 고용, 개축하게 되었던 것이다.[139] 그 결과 영조 15년(1739)에 한봉성은 다시 수어사 조현명에 의해 개축되었는데 앞서의 1차 증축 때보다는 다소 늘어났다. 그 규모는 둘레가 895보, 여첩 272 타였으며 동성 즉 봉암성과의 거리는 600보였다.[140] 그리고 정조 3년(1779)에 남한산성의 대대적인 수축을 거쳐 오늘날의 한봉성으로 남아 있게 되었다.

3) 新南城의 신축과 규모

신남성은 원성의 남쪽으로 1,013보(약 5리)에 위치하고 있으며 南格臺 또는 對峰[141]이라고도 하였다. 이 신남성 역시 병자호란 때에 청나라 군대가 7~8문의 대포를 설치해 놓고 남한산성을 공격해 왔던 전략적 요충지였다. 따라서 이곳에 축성의 필요성은 봉암성, 한봉성과 마찬가지로 제기되었던 것이다. 숙종 36년(1710) 3월 약방제조 閔鎭厚는 남격대에 墩臺를 축조할 것인가의 여부에 대하여 당시 훈련대장 李基夏와 우윤 尹就商과 남한산성을 살펴본 후에 돈대를 축성할 것을 제기하였다. 즉

---

137)『국역 비변사등록』58책, 숙종 33년 5월 16일.
138)『영조실록』권32, 영조 5년 8월 을축.
139)『국역 비변사등록』104책, 영조 14년 12월 22일.
140)『중정남한지』권1, 상편 성지 한봉성.
141) 위의 책 권1, 상편 성지 남격대.

무릇 남격대와 남장대는 서로 마주보고 있어 세 개의 봉우리가 성안을 굽어보고 있으므로 전부터 축성과 축돈을 해야 한다는 논의가 있었습니다. 이번에 윤취상과 이기하의 의견도 대체로 일치하였습니다. 그러나 윤취상은 단지 그들에 의해 점거되어 위협하는 바 되고 군병을 많이 얻지 못할 까 하였는데 이는 진실로 맞는 의견입니다. … 또 사람들이 남쪽 변두리가 허소한 것을 걱정하고 있는데 만약 이곳에 돈대를 축조한다면 역시 진정하는데 도움이 될 것입니다. 신의 뜻은 세 개의 봉우리에 모두 축조할 필요는 없다고 생각하지만 단지 그 중에서도 가장 요해처인 中峰에 돈대를 하나 설치하는 것이 좋을 듯합니다. 소위 중봉 아래는 산이 산만하여 적병이 왕래하는 것을 살피기가 알맞아 옛 사람들은 旗幟를 많이 설치하여 적의 마음을 의심케 하였습니다. 하물며 돈대를 축조하여 지키는데 있어서랴 오죽하겠습니까? 아마도 성을 방어하는 방법으로는 만전의 계책이 될 것입니다.[142]

라고 하여 남격대에 돈대를 축조할 것을 주장한 것 그것이다. 이에 임금도 신하들의 의견에 동의하여 돈대 설치를 조속히 의논하여 올리도록 하였다. 그리하여 숙종 39년(1713) 5월 민진후는 다시 돈대를 축조하여 지키면 적이 오르지 못하도록 방어할 수 있으며 또 나무를 심어 삼전도로부터 볼 수 없도록 하기 위해 수어청으로 하여금 먼저 식목하고 중봉에 돈대를 축조하여 적의 침입을 요망하고 수비하도록 하였던 것이다.[143] 이 당시에는 돈대를 한 개 축조하였다. 그리고 숙종 45년(1719)에 수어사 민진후에 의해 이전에 있었던 성터를 개축하고 둘레 743보, 여첩 238타 규모의 성곽을 축성하였던 것이다.[144] 이 당시 민진후가 남격대를 개축할 때에 이미 성터가 있었던 것으로 전해지고 있으나 개축 이전에 언제 누구에 의해 신축되었는지에 대해서는 현재 알 길이 없다.

---

142) 『국역 비변사등록』 60책, 숙종 36년 3월 22일.
143) 『국역 비변사등록』 65책, 숙종 39년 5월 5일.
144) 『중정남한지』 권1, 상편 성지.

<사진 6> 신남성 동돈대

<사진 7> 신남성 서돈대

　　현재 필자가 답사한 바에 의하면 남격대에는 두 개의 돈대가 축조되었
음을 알 수 있는데 하나는 통신시설이, 다른 하나에는 군사시설이 들어서
있어 자세한 것을 파악할 수 없는 실정이다. 이 돈대에는 15곳의 哨兵을
두어 지키게 했으나 중간에 폐성이 된 것을 영조 28년(1752) 이때에 두 개

의 돈대를 축조하여 한 개의 돈대마다 100여 명 가량의 군병을 두어 지키게 하였고 또한 利保峴, 鷲巖峰에 복병을 주둔시켜 서로 경보를 알림으로써 이보현－남격대－서장대간의 경보 전달체계를 확립할 수 있도록 하였던 것으로 보아[145] 결국은 영조 29년(1753)에 이르러 남격대에는 두 개의 돈대를 축조하였던 것이다.[146] 그리고 이 돈대를 수비하기 위해 주위에 성벽을 축조하였던 것이다.

이상 살핀 바와 같이 봉암성, 한봉성, 신남성 등의 외성을 신축함으로써 남한산성 원성의 취약점을 보완하게 되었으며 안성의 죽주산성, 수원의 독성산성, 용인의 석성산성과 유기적으로 연계됨으로써 都城을 방어하기 위한 수도권 방위체계를 구축하게 되었던 것이다.

7. 맺음말

이상 살핀 바를 요약정리하면 다음과 같다.

남한산성은 삼국시대 문무왕대 주장성으로 신축되어 한강유역 대북방 전진기지 및 대당 전략상 요충지로서의 관방 구실을 하였으며 고려를 거쳐 조선시대에 이르러 임진왜란과 호란을 겪으면서 京都를 보장하는 산성으로서의 중요성이 크게 인식되어 재수축하게 되었다.

그 결과 인조 2년(1624)에 수축을 시작하여 인조 4년(1626)에 원성이 완성되고 병자호란 이후 숙종대에 이르러 외성을 신축하게 되었다. 특히 인조 16년(1638)에 개축한 사실을 뒷받침하는 남장대옹성무인비와 정조 3년(1779)에 개축한 사실을 증명하는 병암남성신수기비 그리고 숙종 12년(1686)의 봉암신성병인마애비는 연대 기록을 보충해주고 있다는 점에

---

145)『중정남한지』권1, 상편 성지 남격대, 광주유수 李箕鎭의 啓聞.
146)『국역 비변사등록』125책, 영조 29년 3월 29일.

서 금석문으로서의 가치가 크다고 할 수 있다.

먼저 남장대옹성무인비는 광주부윤 홍전을 비롯하여 별장·영장·감역관 등 지휘감독관과 축성에 동원되었던 목수·석수·야장·이장 등 96명의 장인의 인명과 숫자를 기록하고 있어 축성인력 체계를 상세히 전해 주고 있다. 그리고 병암남성신수기는 정조 3년 2월~6월 18일에 걸쳐 약 50여 일 동안 수어사 서명웅과 고아주부윤 이명중에 의해 수축된 사실과 그 재원으로 수어청의 별비전 1만 냥, 환곡으로 대여한 군향곡 5,000석의 耗穀인 500석 등을 마련하였으며, 봉안신성병인마애비의 경우에는 숙종 12년 윤4월 1일~5월 9일에 걸쳐 수어사 윤지선의 지휘 아래 1소, 2소 등의 신지를 나누어 1소는 전부사 表모, 2소는 전군수 安모라는 감독관과 장인 등의 축성군을 동원하였음을 알 수 있다.

한편 외성인 봉암성과 한봉성 그리고 신남성의 신축은 병자호란 이후 체결한 丁丑和約에도 불구하고 원성의 약점을 극복하고 나아가 존왕양이적 대의 명분과 북벌운동에 따른 반청의식의 발로에서 축성되었음을 파악할 수 있다.

II. 남한산성의 방어전략과 군사체계

1. 머리말

남한산성 수축 이후 산성을 방어하기 위하여 여러 가지 방안을 수립하였다. 수어청을 설치하여 3영 2부 체제에 의한 5군영제도가 편성되기 되기 전에는 총융사체제로 운영되었다. 그러나 산성 수축 이후 수어청의 군제 편성은 총융사체제에서 수어사체제로 변천되면서 점차 확립된 듯하다. 또 수어사 체제는 수어경청과 광주유수와의 남한산성에 대한 군사권과 행정권 문제를 둘러싸고 발생한 수어사 1원체제와 수어사-광주유수 겸직의 2원체제의 변천에 따라 군영제도도 바뀌게 되었다. 이른바 경영과 외영체제의 운영을 말한다.

이러한 남한산성 방어를 위한 지휘체계에 대한 연구는 일찍이 차문섭의 수어청 연구[1]가 있다. 씨의 연구는 수어청의 성립 연혁과 군영의 편제 및 둔전 개발에 따른 재정 확보를 중심으로 살펴본 것이다. 또한 서태원은 廣州유수부의 확립과 군사지휘체계 변천을 고찰하면서 防禦營制와 營將

---

[1] 차문섭, 「수어청연구(상·하)」, 『동양학』 6·9, 1976, 1979 참조.

制를 언급하고 광주 유수와 수어사의 겸직문제[2]를 부분적으로 분석하였다.

이에 필자는 선학의 연구를 바탕으로 하여 수어청의 설치문제를 수어사 1원체제와 2원체제로의 치폐 과정 변천을 분석하고 1원체제하의 군영편제와 2원체제하의 군영편제를 내영과 외영으로 구분하여 구체적 군사조직과 병종을 열거하고 산성에서의 군수물자 및 군량미 확보에 대해 간략히 살펴보고자 한다.

2. 남한산성의 방어와 수어청의 설치

남한산성은 광주 읍치의 이설과 함께 廣州留守-守禦使라는 이중적인 관리체제하에 있게 되었다. 남한산성의 방어를 위해 守禦廳을 설치하고 守禦使를 파견함으로써 산성의 관리는 2원체제로 운영되었던 것이다. 수어청이 언제부터 설치되었는지에 대해서는 정확하지 않다. 『중정남한지』에 따르면 "인조 4년에 산성을 쌓고 수어청을 설치하여 광주 등 진의 군무를 절제하게 하며 목사로 방어사를 겸하게 하였다"[3]고 하였으며 또한 『속대전』 역시 "인조조 병인(4년: 1626-인용자)에 남한산성을 개축하고 이에 곧 設廳(수어청-필자)하여 광주 등 진의 군무를 節制하였다"[4]라고 하여 거의 비슷한 내용을 전해 주고 있다.

그러나 초기의 산성방어는 축성 우선의 계획으로 말미암아 체계적이지 못한 것 같다. 다만 초기에는 산성의 축성역을 담당했던 李曙가 摠戎使로서 京畿兵使를 겸하여 산성의 축성을 담당하였다. 즉 "인조 2년 (중략) 가을 7월에 산성을 쌓도록 명하였다. 이로 인하여 경청(수어청-인용자)을 두고 광주 등 진의 군무를 절제하도록 하니 처음에는 摠戎使라 칭하고

---

2) 서태원, 「조선후기 광주의 군사지휘체계 변천」, 『실학사상연구』 29, 2006.
3) 『중정남한지』 권1, 상편 직관.
4) 『속대전』 권4, 병전 경관직 수어청.

이서가 임명되어 그 일을 주관하고 南陽府使 柳琳을 목사로 삼았다"5)고 한 사실에서 잘 알 수 있다.

그러나 남한산성이 완축될 당시 각종 방어시설이나 군사적 조직체계를 갖추기도 전에 정묘호란이 발발하게 되었고 수도를 방위하기 위해 우선 경기감사와 총융사에게 명령하여 수도를 지키게 하는 한편 토포사인 李景容으로 하여금 남한산성을 지키게 할 정도였다. 따라서 정묘호란 시기 광주목이 산성으로 이전한 후에 어떻게 효과적으로 대응하였는가에 대해서는 상세히 알 길이 없으나 남한산성의 방어문제를 전담할 수 있게 한 조치는 인조 6년(1628) 李曙의 건의에 따라 광주목사인 李時昉으로 하여금 南漢山城防禦使를 겸직하게 한 데서 부터였다.

그 후 수어사를 파견하게 된 것은 아마도 인조 10년(1632) 11월 이전부터였을 것으로 사료되며, 동 왕 11년(1633) 1월 山城別將을 임명하여 守禦使－別將體系에 의해 산성이 관리하게 되었던 것이다. 이와 같이 남한산성의 관리체계는 광주목사의 防禦使兼職制로부터 守禦使－別將制로 점차 바뀌게 되었고, 병자호란 이후 인조 15년(1637)에 광주목을 광주부로 승격하고 남한산성은 군사지휘권을 지닌 수어사와 행정책임자인 광주부윤에 의해 이원적으로 관리되었다.

그러나 남한산성의 이원적 관리체계는 많은 문제를 야기하였다. 광주부윤이 산성내에 있으나 산성과는 별로 관계가 없었고 수어사는 서울에 있으면서 산성을 관리해야 하기 때문에 권한 행사에 있어 역할 갈등과 모순이 발생하였던 것이다.

이러한 모순구조를 타개하기 위하여 여러 가지 방안이 대두되었다. 그리하여 효종 3년(1652)에는 수어사와 부윤의 이원체계를 타개하기 위하여 광주부윤을 수어부사로 삼아 산성을 관리하는 일원적인 체제를 모색하기도 하였으나6) 수어부사인 광주부윤과 수어사의 휘하 행정담당자인

---

5)『중정남한지』권9, 하편 성사.

從事官과의 자리다툼이 종종 발생하자 효종 6년(1655) 1월 부윤 柳捻과 종사관 李泰淵의 자리다툼으로 비변사의 요청에 의해 수어부사를 혁파하고 다시 守禦使－從事官체제로 바뀌게 되었다.[7] 이러한 남한산성 관리체계는 숙종대에 이르러 守禦京廳의 혁파문제를 둘러싼 논쟁이 가열되어 중대한 국면을 맞이하게 된다. 그것은 숙종 8년(1682) 1월 閔維重과 金壽恒이 수어사를 혁파하고 광주부윤을 정2품유수로 승격시켜 수어사를 겸직하도록 할 것을 주장함으로써 제기되었다.

그 이유는 산성의 모든 일이 수어사에 속해 있어 난을 당할 때 대응할 수 없다는 것과 서울의 軍門이 많다는 폐단 때문이다.[8] 이 문제는 동 왕 9년(1683) 1월 宋時烈에 의해 "수어사와 부윤이 각각 軍兵과 財賦를 관장하여 서로 侵刻하니 백성들이 그 고통을 참을 수 없어 모두 수어사의 혁파를 원한다"[9]라는 입장을 반영하여 수어청혁파를 주장하였다. 이 당시 대부분의 대신들은 이의 주장에 찬성하는 편이었다.

그 까닭을 살펴보면 첫째 수어청이 兵房軍官을 산성에 보내어 營房을 별도로 설치하고 軍器·財賦의 일을 모두 주관하니 軍校·奴婢도 역시 두 패로 나누어지게 되고 부윤은 감히 손도 대지 못할 지경이어서 성내 사람들이 부윤보기를 손님 보듯이 하며 항상 事(행정－필자)와 權(군사－필자)이 이와 같으니 난이 발생하면 지키는 것(臨亂守禦)을 기대할 수 없다는 것이고, 둘째로 守禦衙門이 서울에 있기 때문에 한 톨의 곡식이나 한 개의 병기라도 산성에 보내어 완급의 쓰임에 대비해야 하는 것인데 지금 경중에다 군사와 군량을 쌓아 놓고 있으니 이는 수어청 설치 당시의 본의에 맞지 않다는 것이며, 셋째는 광주부윤은 곧 한 城의 主將인데 병사와 군량을 하나도 관여하지 못하고 심지어는 還上을 나눠주고 거둬들일 때

6) 『비변사등록』15책, 효종 3년 7월 27, 29, 30일.
7) 『중정남한지』권9, 하편 성사, 효종 6년.
8) 『숙종실록』권13 상, 숙종 8년 정월 신미.
9) 『숙종실록』권14 상, 숙종 9년 정월 경오.

도 역시 본청(수어청－필자)에서 定送하고 별장이 전부 관장하니 부윤은 한갓 빈 성만 지키니 성안의 군민들은 부윤이 주장임을 알지 못하여 만약 위급시에도 대응할 수 없다는 것 등이었다.

이와 같은 신하들의 주장에 숙종도 처음에는 반대하였으나 중신들의 강력한 주장에 따라 결국 수어경청을 폐지하고 유수가 수어사를 겸직케 하는 일원체제를 확립하였다. 이른바 제1차 개혁이라고 할 수 있는 '南漢山城移鎭應行節目'[10]이 그것이다. 그 중요 내용을 요약하면

1) 防禦使를 楊州에, 前營將은 他邑에 移差하고 防禦營 및 營將 소속 軍兵은 남한산성에 소속케 하여 中軍이 領率하고 나머지 이천, 여주, 양근, 지평, 용인 등 5읍의 軍兵(300여 명)은 1營으로 삼아 前營將에 소속시킬 것

2) 廣州의 前營將은 他邑(驪州)에 移定할 것

3) 左·右別將 2員은 그대로 두어 군병을 통솔하고 巡歷과 習操를 맡으며, 中部千摠 1員을 혁파하고 천총 소속의 군병은 좌·우별장에 나누어 소속시킬 것

4) 守堞軍官과 防營 소속 군관은 일체 作領하여 山城에 그대로 소속시켜 예전대로 立番할 것

5) 서울 및 각도, 각읍에 소재한 前銜出身·閑良軍官은 줄여 없애고 광주경내의 사람으로 다른 衙門에 入屬한 자는 모두 색출하여 산성에 移屬시킬 것

6) 哨官중에 各屯兼察哨官은 그대로 존속하고 기타 把摠哨官은 모두 減下할 것

7) 敎鍊官 15員, 旗牌官 4員 중에서 교련관 4員은 知事로 帶去하여 본청에서 급료를 지급하고 兼察4員은 예전대로 임용하여 근무토록 하고 나머지는 감하할 것

8) 從事官은 감하할 것

9) 守禦廳印信은 그대로 사용하고, 廣州府尹印信은 留守印信으로 改

10) 『비변사등록』 37책, 숙종 9년 2월 15일.

鑄하며, 山城中軍印信은 守禦中官印信으로 사용한다. 또한 別將印信도 그대로 쓸 것.

　10) 각종 匠人隊·軍牢·旗手·吹手·塘報·別破陣 등은 그대로 존속시키고 本廳소속의 募船은 그대로 소속시켜 침해하지 말고 軍需에 보충할 것

　11) 守禦使가 公務로 上京할 때는 品馬를 入把시킬 것 등이다.

이 절목에 나타난 가장 중요한 특징은 수어경청을 폐지하고 서울에는 단지 左·右別將을 두어 習操와 巡歷 때 오고 가도록 하고 그 대신 남한산성은 광주부 유수가 수어사를 겸직하여 산성을 관리하고 부윤이 맡고 있는 前營將은 驪州牧으로 이관하고 留守兼守禦使 밑에는 별도의 經歷을 두어 산성의 행정을 담당케 하였다. 이는 명실공히 광주부 유수에게 留守兼守禦使-經歷體制로 군사·행정권을 일원화시켜 주는 것이었으며 그만큼 광주부 유수의 정치적 위상은 높아졌던 것이다.

그러나 이러한 수어청의 개혁에 대해서 다시 논란이 재연된 것은 숙종 16년(1690) 영의정 權大運의 반론이었다. 그는 秩이 높은 宰臣으로써 유수를 임명하기 때문에 자주 교체되어 군무가 소루하게 되고 經歷의 가설로 인하여 가족을 모두 데리고 오기 때문에 軍餉耗費의 폐가 많다는 이유를 들어 반대하였다. 이에 좌의정 金德遠, 우의정 睦來善도 동의함으로써 留守兼守禦使제도는 폐지되고 종전과 같이 수어사 광주부윤의 이원체제로 복귀되고 말았다.[11] 그것은 숙종조에 수도권을 중심으로하는 방어체제에서 남한산성의 비중이 그만큼 커졌기 때문이었다. 그리하여 산성의 행정적인 관리는 수어사-종사관체제에 의해 좌우되었으며 광주부윤은 前營將으로서의 군사권은 어느 정도 인정받은 채 산성행정의 권한은 상대적으로 축소되었다.

그러나 이러한 수어사-종사관제도는 영조대 良役變通과 均役法의 시

─────────────────────
11) 『비변사등록』 44책, 숙종 16년 정월 17일.

행으로 일시 유수겸 수어사체제로 개편된 듯하였으나[12] 영조 35년(1759) 11월에 守禦廳變通節目에 의거 치폐를 거듭하다[13] 드디어 정조대에 이르러 새로운 국면을 맞이하게 되었다. 그것은 守禦廳과 摠戎廳의 合營論이었다. 여기서 수어청은 제2차 개혁의 수술대에 오르게 되었된 것이다.

그것은 남한산성의 방어에 있어 守禦京廳과 廣州府의 이원체제의 모순이 결코 극복되지 못하고 수어청을 자주 옮김으로써 산성의 방위력은 점차 떨어지게 되었고 아울러 재정상의 문제도 소홀히 할 수 없는 문제였기 때문이었다. 정조 2년(1778) 윤6월 좌의정 徐命善은 수어청의 이동에 따른 군영의 치폐와 산성과 수어경청의 분리로 말미암아 유사시에 방어할 수 없다는 이유로 개혁할 것을 주장하게 되었고[14] 정조 자신이 여러 차례 英陵 참배시에 남한산성을 오르내리면서 산성의 실태에 대해 주의 깊게 관찰하고 軍門의 다양과 그에 따른 재정지출의 어려움 등을 들어 수어청과 총융청을 一營體制로 유지하고자 하였다.

이에 대한 신하들의 의견은 여러 갈래였다. 병제의 精鍊과 군수의 消耗를 막기 위하여 兩營을 합치자는 合營論, 兩營을 혁파하자는 革罷論, 合營하여 남한산성을 지키자는 南漢山城鎭守論, 兩營은 그대로 두고 각각 지방에 나가 鎭守하자는 입장 그리고 中央의 訓鍊都監이나 京畿道에 소속시키자는 견해 등이 그것이다. 이러한 논의를 바탕으로 드디어 정조 19년(1795) 8월 수어경청을 혁파하고 광주부를 유수로 승격시켜 留守營으로 삼아 남한산성의 방어권을 일임하는 조치를 단행하기에 이르렀던 것이다. 그 자세한 내용은 비변사가 작성한 守禦廳革罷節目[15]에 잘 나타나 있

---

12) 『영조실록』 권71, 영조 26년 7월 기유.
13) 『비변사등록』 137책, 영조 35년 11월 14일, 수어청변통절목.
14) 『정조실록』 권5, 정조 2년 윤6월 임오.
15) 『정조실록』 권43, 정조 19년 8월 정유.
   『중정남한지』 권12, 하편 고실에는 '廣州府留守兼南漢守禦使設置節目'이라 하여 동일한 내용이 실려 있다.

다. 그 내용을 간추리면

1) 廣州府留守라는 칭호를 부여하여 정2품 官員으로 임명하되, 임기는 2년으로 한다.

2) 京畿監司가 留守를 겸직한다. 또 유수는 備局堂上을 겸직한다.

3) 使의 호칭은 兼南漢守禦使로 하되 兵曹에서 비준받아 파견한다.

4) 兵符는 廣州府라 쓰고 密符는 3道의 예에 따라 落點받아 頒給한다.

5) 印信은 하나는 廣州府留守印이라 篆字로 새기고 다른 하나는 南漢守禦使印이라고 篆字로 새겨 禮曹가 발급한다.

6) 지방관은 判官이라 호칭하고 南漢守禦營從事官을 겸직하게 하고 文. 蔭 5品이상의 관원으로 吏曹에서 차출한다.

7) 判官兼從事官의 印信은 廣州府判官印이라 篆字로 새겨 통용케 하고 禮曹에서 만들어 준다.

8) 中軍은 廣州留守營中軍이라 칭하고 防禦使 이상의 경력자로 兵曹에서 차출하고 인신은 廣州府中軍이라한다.

9) 京廳의 中軍 1員, 左 · 右部 別將 각 1員, 千摠 1員, 把摠 3員, 哨官 8員은 모두 없앤다.

10) 京廳의 軍官 3員, 加出軍官 1員, 敎鍊官 8員, 山城入仕窠 1員 가운데 산성 入仕窠 1員만 산성에 소속시키고 나머지는 모두 없앤다.

11) 京標下軍 579명 가운데 稟料를 받지 않는 자는 모두 없애고 늠료를 받는 162명은 3軍門과 龍虎營, 摠戎廳에 적당히 分屬시킨다.

12) 京廳의 員役인 書吏와 庫直은 모두 없앤다.

13) 京廳의 軍需와 軍器 등은 모두 山城으로 輸送한다.

14) 京廳에 지급하는 米穀(2,213石)과 돈(7,600兩)은 모두 각 屯에 卜定하되, 皮穀 600石중 米穀 100石과 牙兵 450명은 혁파하고, 需米의 除米 120石은 戶曹에 移送, 米穀 1,000石과 돈 3,000兩은 均役廳에 보관, 기타 나머지 米穀 950石과 돈 4,600兩은 皮穀과 함께 南漢山城에 移管하여 行宮 · 城堞 · 軍器補修에 충당토록 비축한다.

15) 關西와 海西에서 1년마다 軍糧으로 보충해 주는 小米 500石은 예전대로 떼어준다.

16) 각 陵寢의 奉審과 의안대군묘의 봉심 및 기타 능침의 行幸은 留守가 거행한다.

17) 각 進上品은 본부가 직접 바친다.

18) 留守가 公務로 왕래할 때는 品馬를 擺撥馬로 入把시켜 준다.

19) 廣州府尹의 혁파에 따라 防禦使를 혁파한다.

20) 討捕使 역시 혁파하고 경내의 도적단속은 中軍이 거행하고 前營將은 예전대로 利川府로 옮긴다.

21) 留營別將, 城機別將은 혁파한다.

22) 軍官 4員은 유수가 직접 추천하여 啓下받고 檢律 1員도 차출한다.

23) 左·右部의 別將은 그대로 존속시켜 경내의 자격있는 자로 차출하고, 把摠과 哨官은 宣傳官·部將·守門將의 추천을 받아 지역거주 출신자로 차출하고 牙兵把摠 1員과 哨官 2員은 혁파한다.

24) 軍兵은 束伍軍이든 일반군사이든 관계없이 실제총액을 別單으로 작성하여 啓下받도록 할 것.

25) 各邑의 鎭을 관할하는 것은 丙午年 예에 따라 驪州로 이관한다.

등이다. 이러한 조치에 의해 드디어 수어청은 폐지되었으며, 광주부유수는 수어사를 겸직하여 그 아래 判官을 두고 읍치를 담당함으로써 이제 남한산성은 실질적으로 留守兼守禦使－判官體制로 일원화하여 광주부의 일반 행정과 산성수어에 따른 군사적 지휘권을 확보하게 되었던 것이다.

3. 남한산성의 군사조직

남한산성에서의 군사조직을『중정남한지』에 의거하여 구체적으로 살펴보자. 남한산성의 방어체계는 內, 外營 2원체계에서 外營체계로 일원화되었는데, 수어청 설치 초기에는 京營 또는 內營을 두어 수어사가 남한산성에 출진하였으나, 정조 19년(1795)에는 광주유수가 수어사를 겸임한 뒤

로는 이를 外營이라고 하였으며 부대편성은 3營 2部체제, 즉 5營체제로 편제되어 방어하게 되었다.[16]

3영은 전영(前營; 광주), 중영(中營; 양주), 후영(後營; 죽산)으로, 2부는 좌부별장(左部別將; 여주), 우부별장(右部別將; 이천) 소속의 병사로 구성되었는데 3영은 대부분 束伍軍이 중심이었고 2부는 牙兵중심의 특수병 편제였다.

병자호란 당시에 구체적으로 어떻게 병력을 배치하여 싸웠을까? 『중정남한지』 기록에 의하면 <표 1>에서 볼 수 있듯이 동성 망월대는 훈련도감 대장 申景禛, 남성은 호위대장 具宏, 북성은 총융대장 李曙, 서성은 수어사 李時白이 총 책임자였으며 서울 도성은 유도대장 沈器遠이 지휘하였다. 이러한 지휘체계 아래 동장대는 여주목사가 좌부별장이 되어 1,991명을, 봉암성의 외동장대는 죽산부사가 후영장이 되어 2,608명, 수어장대는 우부별장 이천부사가 2,000명, 남장대는 광주판관이 전영장이 되어 2,608명, 북장대는 양주목사가 중영장이 되어 2,608명의 지방군 총 11,815명을 수성군으로 징발하여 싸웠다[17]고 한다.

<표 1> 남한산성 방어체제의 편성

위치	소속군영	담당	군사편성
東將臺(동문)	左部別將	여주목사	1,991명
外東將臺(봉암성)	後營將	죽산부사	2,608명
西將臺(수어장대)	右部別將	이천부사	2,000명
南將臺(남문)	前營將	광주판관	2,608명
北將臺(북문)	中營將	양주목사	2,608명
합계			11,815명

자료: 『중정남한지』 권4, 중편 군제.

---

16) 『중정남한지』 권4, 중편 영제.
17) 위의 책 권4, 중편 군제.

당시 군사 전략가들의 견해에 따르면 산성의 치첩(雉堞-성가퀴)을 2,000여 개로 보고 치첩마다 4~8명씩 배치한다면 많게는 16,000여 명에서 적게는 8,000여 명의 군사를 배치해야 한다고 한다. 그러나 효종 2년(1651) 수어사를 역임한 좌의정 이시백은 치첩 2,600여 개에 수첩군 50,000명 정도가 있어야 방어하는데 지장이 없다고 하면서 현재 40,000명의 병사로는 턱없이 부족하다고 병력부족을 지적하고 있다.[18]

그런데 실제는 그렇지 못했다. 효종 7년(1656)에는 경기 3진(광주5읍군, 죽산진, 양주진)과 강원도 양진(원주진, 회양진) 그리고 충청도 충주진으로 편성되어 수첩군으로 16,000명 있으며,[19] 현종 4년(1663)에는 4영(광주, 양주, 죽산, 원주) 3부(좌부, 우부, 중부)체제에서 수성군 20,000명이었으나[20] 숙종 30년(1704)에 이르러서는 치첩 2,262개에(대첩은 6명, 중첩 4명, 소첩 2명으로 산정) 모두 32,350명 편성되어 3영(전영, 중영, 후영) 2부(좌부, 우부)체제로 조직해야한다고 주장하였다.[21] 영조 25(1749)의『續兵將圖說』에 의하면 보병 11,270명, 기병 1,000명 모두 12,000~13,000명이 편성되었다.

그런데『중정남한지』가 편찬될 당시 헌종대의 군액은 내, 외영 이원체제시에는 內營은 수어사(1), 중군(1), 종사관(1), 별장(2), 천총(1), 파총(3), 초관(15), 향기패관(2), 경한량군관(283), 군관(4), 교련관(10), 서리원역(16), 고직(22), 뇌자(250), 순령수(139), 취고수(114), 대기수(112), 당보수(123), 등롱수(103), 향군(40), 장막수(130), 별파진(250), 공장아병(50) 등 7,116명과 外營의 수성장(1; 부윤 겸직), 유영별장(1), 성기별장(1), 초관(5), 교련관(10), 기패관(60), 표하군(575) 등 653명 그리고 防營소속의 5,780명 등 내, 외영 합계 13,549명으로 구성되었음을 알 수 있다.[22]

---

18)『효종실록』권6, 효종 2년 6월 무신.
19)『비변사등록』18책, 효종 7년 9월 25일.
20)『현종개수실록』권10, 현종 4년 11월 정축.
21)『숙종실록』권40, 숙종 30년 12월 갑오.

반면에 유수겸수어사 일원체제시의 外營은 광주부유수겸남한수어사 (1), 군관(4), 서리(80), 청직(40), 판관(1) 좌수(1), 별감(2), 중군(1) 大將 中軍(1), 교련관(15), 기패관(90), 권무군관(50)[23], 외촌군관(50), 이속군관(250), 뇌자(250), 순령수(246), 취고수(314), 대기수(279), 당보수(142), 등롱수(149), 장막수(172), 당보수(148), 복로군(150), 중영군관(484), 순령수(92), 뇌자(92), 표하(1,886), 친아병천총(1), 파총(3), 초관(15), 초기패관(23), 아병 15초(1,875), 일파하(27), 훈어파총(1), 초관(5), 초기패관(5), 5초관(652), 일파하(27), 남후마병초관(1), 초기패관(1), 마병(125), 수첩군관(4,973), 별군관(584), 업무군관(660), 일청군관(1,555), 이청군관(828), 토포군관(998), 별파진 5국 초관(5) 및 군병(2,000), 초기패관(22), 장하(100), 별파보(150), 각둔친아병(1,277), 양주표하(475), 호서아병파총(3), 초관(12), 기패관(12), 아병 12초(1,581), 좌사 파하군(27), 전좌우 3초군(125), 후초군(125), 중사 파하군(27), 전초군(125), 좌초군(125), 우후 2초군(125), 우사 파하군(27), 전초군(125), 좌초군(125), 우초군(125), 후초군(125), 군수보(1,824), 세정아병(154), 세철아병(400), 어인보(60), 궁인보(179), 도훈도(140), 승군총섭(1), 승중군(1), 교련관(1), 초관(3), 기패관(1), 원거승군(138), 의승군(356) 등 27,400명과 前營將(광주판관, 남장대) 소속 2,608명, 中營將(양주목사, 북장대) 소속 2,608명, 後營將(죽산부사, 동장대) 2,608명과 左部別將(여주목사, 동장대) 1,991명, 右部別將(이천부사, 서장대) 총 2,000명 등 총합계 39,215명으로 편성되었다.[24]

이상과 같이 남한산성의 방어체계 및 군사조직은 방어체계의 변화에 따라 적게는 12,000여 명, 많게는 40,000여 명의 산성군을 부대편성 단위

---

22) 『중정남한지』 권4, 중편 군제.
23) 『중정남한지』에는 숫자 미상이나 『대전통편』 병전 수어청조에는 50명으로 등재되어 있음. 한편, 『속대전』에 의하면 훈련도감, 어영청, 금위영의 권무군관이 각각 50명으로 편제된 것으로 볼 때 50명으로 추정됨.
24) 위의 책 권4, 중편 군제.

는 1隊＝10명, 1旗＝30명, 1哨＝125명, 5哨＝1司 , 5司＝1營체제로 3영 2부체제로 편성하여, 유사시 수성군으로서의 방어를 담당하였던 것이다.

4. 남한산성의 군수물자와 군량미 확보

남한산성의 방어용 군수물자에 대해서 살펴보자. 홍경모의 『중정남한지』에 의하면, 手旗 1面, 坐纛 6面, 司令旗 1면, 갑옷 601部와 투구 1,228부, 군복 2,355領과 巾笠 191雙, 각종 깃발 2,138면, 대ㆍ중ㆍ소 북과 징, 나팔 등의 鼓角류와 등롱 같은 燈燭류, 크고 작은 遮日이나, 揮帳 등의 軍幕 등 이루 헤아릴 수 없이 많은 군수물자가 창고에 비치되었다.[25]

특히 軍器庫에 비치된 무기들을 살펴보면 활 14,775 장과 화살 28,404부 등의 弓箭과 창 2,793 자루와 칼 10,585 자루의 槍劍, 천지현황포, 수철대포, 비격진천뢰, 대장총 등 다양한 火砲가 47,485문, 특히 鳥銃이 무려 40,922자루가 각 사찰에 보관되었으며 그 외에 화약과 탄환류, 아교 재료, 투석용 菱鐵과 水磨石, 그리고 火具, 火兵 외에 鞭棍과 같은 잡다한 기계류가 보관되어 군사용도로 사용되었다.[26]

한편, 산성 수비군의 군량미 확보는 산성 방어체계를 유지하는데 사활이 걸린 문제였다. 따라서 산성 축성초기에 여러 방안이 강구되었는데, 甲士牧場을 屯田化한다던지, 선혜청에 납부할 광주읍의 大同米를 산성에 저축케 하자는 방안. 그리고 여주, 이천, 양근, 지평, 광주 등의 田稅 등으로 충당하는 여러 방안이 제시되었으며 이외에도 山城屯田制와 官屯田 및 糧餉屯田을 실시하여 재원을 확보하는 비중이 컸다.

둔전이란 남한산성에 배정된 전답을 경작하면서 유사시에는 산성을

---

25) 위의 책 권4, 중편 군물.
26) 위의 책 권4, 중편 군기.

지키는 제도인데 지방의 牙兵이 둔전을 경작하여 평상시에는 屯稅라는 명목으로 세금을 납부하였으며 유사시엔 산성에 출병하여 방어하는 역할을 맡았다. 산성에 배정된 둔전의 실태는 헌종 2년(1836)의 통계에 따르면 城東屯, 栗木屯, 聲串屯, 五浦屯, 松坡屯, 砥平屯, 永平屯, 利川屯, 佐贊屯, 豊德屯, 原州屯, 洪川屯, 横城屯, 平澤屯, 黃澗 · 永同屯, 庇仁 · 舒川屯, 鴻山 · 扶餘屯, 可興屯, 金海屯, 昌原 · 固城屯, 扶安 · 長興屯, 定州屯, 海西屯 등 20개 군데에 설치하여 약 2,144결의 둔전에서 6,474냥 가량의 둔세를 징수하여 군량미를 확보하였다.[27] 그리하여 『중정남한지』 군수조에 따르면 군량미 총액은 그때그때마다 조금씩 달랐다. 군량미의 원래 총액은 9만여 섬 되는데 거두지 못한 것이나 빌려 준 것 또는 썩은 것 등을 제외하면 실제 액은 22,000석 정도였다.[28] 그러나 이서가 남한산성을 축조한 후 최초로 비축한 것은 40,000여 석. 현종 10년(1669) 50,000석, 숙종 2년(1676) 66,000석, 영조 45년(1769) 59,000석, 정조 3년(1779) 58,000석[29] 정도로 많게는 120,000석 적게는 20,000여 석 정도였다.

숙종때 수어사였던 金錫冑의 말을 빌리면 남한산성의 수성군을 어림잡아 2만 명으로 친다면 1일 1되 5홉을 지급한다고 가정하면 월 6,000섬, 연간 72,000섬이 필요하다[30]고 하였으니 실제 군량미는 상당이 부족한 셈이었다. 군량은 원칙적으로 쌀과 콩으로 비축하였으나 돈과 금 · 은 포백 등으로 중앙의 수어청 창고와 산성 안의 영고, 보장고 등 각 창고에 비축하여 조달하였다.

이외에 병사들에게 필요한 간장 2,770여 섬과 장독대 1,500坐를 營庫와 각 사찰에 나누어 두었고, 구운 소금(燔鹽)은 각 지방의 牙兵한테서 세금을 거두어, 모두 7,640여 섬을 사들여 군기고, 영고 근처의 소금창고에

---

27) 위의 책 권4, 중편 둔전.
28) 위의 책 권4, 중편 군수.
29) 위의 책 권4, 중편 군수.
30) 위의 책 권4, 중편 군수.

보관하였으며, 숯은 북장대 군포에서부터 각 사찰에 이르기까지 90여 곳에 무려 24,200여 섬을 묻어두고 만일에 사태에 대비하였다.[31]

5. 맺음말

남한산성을 축성한 후 이를 방어하기 위하여 초기에는 총융사가 담당하였으나 수어청을 설치하고 나서 수어사 1원체제와 수어사–광주유수 2원체제로 치폐를 거듭하면서 운영되었다. 그리하여 총융사, 방어사겸직체제를 지나 인조 11년(1633)에는 산성별장을 임명함으로써 수어사–산성별장체제로, 인조 15년(1637)에 광주목의 유수부 승격과 더불어 수어사–광주부윤체제로 이원적으로 관리되었다. 그러나 효종 3년(16520)에 이르러 광부부윤을 수어사로 삼아 일원체제로 일시 변경되었으나 효종 6년(1655) 다시 수어사–종사관체제로 바뀌었으며 숙종대에 이르러 수어경청의 혁파문제로 논란을 거듭하다가 부윤의 유수 승격과 더불어 숙종 9년(1683)의 「南漢山城移鎭應行節目」에 따라 부윤이 수어사를 겸직하는 일원체제와 숙종 16년(1690)의 이원체제에 이어 정조 19년(1795)에 드디어 수어청과 총융청 합병정책에 따라 「수어청혁파절목」에 의거 광주부를 유수로 승격시켜 유수겸수어사–판관체제로 일원화하게 되었다. 따라서 남한산성의 군사조직도 이러한 수어사, 유수겸직체제의 변천에 따라 內營과 外營 체계로 편성되어 시기에 따라 차이를 보이며 3營 2部, 곧 5營조직으로 편성되었다. 3영은 前營(광주), 中營(양주), 後營(죽산), 2부는 좌부별장(여주), 우부별장(이천) 으로 3영은 대부분 束伍軍이 중심이었고, 2부는 牙兵으로 편성되었다.

그리하여 『중정남한지』가 편찬될 당시 헌종대의 군액은 내, 외영 이원

---

31) 위의 책 권4, 중편 군수.

체제시에는 內營은 수어사(1), 중군(1), 종사관(1), 별장(2), 천총(1), 파총(3), 초관(15), 향기패관(2), 경한량군관(283), 군관(4), 교련관(10), 서리원역(16), 고직(22), 뇌자(250), 순령수(139), 취고수(114), 대기수(112), 당보수(123), 등롱수(103), 향군(40), 장막수(130), 별파진(250), 공장아병(50) 등 7,116명과 外營의 수성장(1; 부윤 겸직), 유영별장(1), 성기별장(1), 초관(5), 교련관(10), 기패관(60), 표하군(575) 등 653명 그리고 防營소속의 5,780명 등 내, 외영 합계 13,549명으로 구성되었음을 알 수 있다.

반면에 유수겸수어사 일원체제시의 外營은 광주부유수겸남한수어사(1), 군관(4), 서리(80), 청직(40), 판관(1) 좌수(1), 별감(2), 중군(1) 大將 中軍(1), 교련관(15), 기패관(90), 권무군관(50),32) 외촌군관(50), 이속군관(250), 뇌자(250), 순령수(246), 취고수(314), 대기수(279), 당보수(142), 등롱수(149), 장막수(172), 당보수(148), 복로군(150), 중영군관(484), 순령수(92), 뇌자(92), 표하(1,886), 친아병천총(1), 파총(3), 초관(15), 초기패관(23), 아병 15초(1,875), 일파하(27), 훈어파총(1), 초관(5), 초기패관(5), 5초관(652), 일파하(27), 남후마병초관(1), 초기패관(1), 마병(125), 수첩군관(4,973), 별군관(584), 업무군관(660), 일청군관(1,555), 이청군관(828), 토포군관(998), 별파진5국 초관(5) 및 군병(2,000), 초기패관(22), 장하(100), 별파보(150), 각둔친아병(1,277), 양주표하(475), 호서아병파총(3), 초관(12), 기패관(12), 아병 12초(1,581), 좌사 파하군(27), 전좌우 3초군(125), 후초군(125), 중사 파하군(27), 전초군(125), 좌초군(125), 우후2초군(125), 우사 파하군(27), 전초군(125), 좌초군(125), 우초군(125), 후초군(125), 군수보(1,824), 세정아병(154), 세철아병(400), 어인보(60), 궁인보(179), 도훈도(140), 승군총섭(1), 승중군(1), 교련관(1), 초관(3), 기패관(1), 원거승군(138), 의승군(356)

---

32) 『중정남한지』에는 숫자 미상이나 『대전통편』 병전 수어청조에는 50명으로 등재되어 있음. 한편, 『속대전』에 의하면 훈련도감, 어영청, 금위영의 권무군관이 각각 50명으로 편제된 것으로 볼 때 50명으로 추정됨.

등 27,400명과 前營將(광주판관, 남장대) 소속 2,608명, 中營將(양주목사, 북장대) 소속 2,608명, 後營將(죽산부사, 동장대) 2,608명과 左部別將(여주목사, 동장대) 1,991명, 右部別將(이천부사, 서장대) 총 2,000명 등 총합계 39,215명으로 편성되었음을 파악할 수 있다.

한편, 남한산성의 방어용 군수물자는 『중정남한지』에 의하면, 手旗 1面, 坐纛 6面, 司令旗 1면, 갑옷 601部와 투구 1,228부, 군복 2,355領과 巾笠 191雙, 각종 깃발 2,138면, 대·중·소 북과 징, 나팔 등의 鼓角류와 등롱 같은 燈燭류, 크고 작은 遮日이나, 揮帳 등의 軍幕 등 이루 헤아릴 수 없이 많은 군수물자가 창고에 비치되었다. 특히 軍器庫에 비치된 무기들은 활과 화살 등의 弓箭과 창·칼 같은 槍劍, 천지현황포 등의 다양한 火砲와 鳥銃이 각 사찰에 보관되었으며 그 외에 화약과 탄환류, 아교 재료, 투석용 菱鐵과 水磨石, 그리고 火具, 火兵 외에 鞭棍과 같은 잡다한 기계류가 보관되어 군사용도로 사용되었다.

그리고 산성 수비군의 군량미는 甲士牧場의 屯田化, 방안, 선혜청에 납부할 광주읍 大同米의 산성 저축 방안. 그리고 여주, 이천, 양근, 지평, 광주 등의 田稅 등으로 충당하는 여러 방안이 제시되었으며 이외에도 山城屯田制와 官屯田 및 糧餉屯田을 실시하여 재원을 확보하였다. 산성 둔전의 경우 지방의 牙兵이 둔전을 경작하여 평상시에는 屯稅라는 명목으로 세금을 납부하였으며 유사시엔 산성에 출병하여 방어하는 역할을 맡았다. 산성에 배정된 둔전은 헌종 2년(1836)의 통계에 따르면 城東屯, 栗木屯, 聲串屯, 五浦屯, 松坡屯, 砥平屯, 永平屯, 利川屯, 佐贊屯, 豊德屯, 原州屯, 洪川屯, 橫城屯, 平澤屯, 黃澗·永同屯, 庇仁·舒川屯, 鴻山·扶餘屯, 可興屯, 金海屯, 昌原·固城屯, 扶安·長興屯, 定州屯, 海西屯 등 20개 군데에 설치하여 약 2,144결의 둔전에서 6,474냥 가량의 둔세를 징수하여 군량미를 확보하였던 것이다. 군량미의 원래 총액은 9만여 섬 되는데 거두지 못한 것이나 빌려 준 것 또는 썩은 것 등을 제외하면 실제 액은 22,

000석 정도였으며 현종 10년(1669) 50,000석, 숙종 2년(1676) 66,000석, 영조 45년(1769) 59,000석, 정조 3년(1779) 58,000석[33] 정도로 많게는 120,000석 적게는 20,000여 석 정도였다고 한다.

이외에 병사들에게 필요한 간장 2,770여 섬과 장독대 1500坐를 營庫와 각 사찰에 나누어 두었고, 구운 소금(燔鹽)은 각 지방의 牙兵한테서 세금을 거두어, 모두 7,640여 섬을 사들여 군기고, 영고 근처의 소금창고에 보관하였으며, 숯은 북장대 군포에서부터 각 사찰에 이르기까지 90여 곳에 무려 24,200여 섬을 저장하여 군수에 충당하였던 것이다.

---

33) 위의 책 권4, 중편 군수.

Ⅲ. 남한산성 주변의 交通路와 山城 聚落의 발달

─廣州留守府와 南漢山城을 중심으로─

1. 머리말

　요즈음 교통사 및 교통로 연구에 관한 관심이 점차 중대되고 있는 추세이다. 교통은 사람과 물자뿐만 아니라 知識, 技術 및 生活樣式 등을 空間的으로 이동하는 것이며,[1] 교통로는 자원의 획득과 군사력의 확보 및 대외의 외교력 신장에 없어서는 안 될 중요한 중추신경이요, 국가의 동맥이라고 할 수 있다. 고대 이후 근대에 이르기까지 교통체제의 확립과 지역간, 국가 간 교통로의 개척은 국력의 유지는 물론 중앙과 지방통치에 필수적인 요소였던 것이다.

　오늘날 산업화와 도시화의 진전에 따라 인적 왕래와 화물의 유통이 어느 때보다 증가 일로에 있는 시대에 살고 있기 때문에 교통의 발달과 입지 그리고 사회, 경제 및 문화생활에 끼친 교통에 대해 관심이 학문적으로 증가되고 있는 것은 자연스런 현상이다. 오히려 한국의 경우는 유럽이나 일본에 비해 훨씬 늦은 감이 없지 않다. 이러한 시점에서 도로 및 철도

---

1) 이도학, 「고대국가의 성장과 교통로」, 『국사관논총』 74, 1997 참조.

교통 그리고 수상교통에 대한 학문적 접근과 실용적 측면에서의 연구나 관심이 커지고 있는 것은 뒤늦게나마 다행한 일이다.

일찍이 조선 후기부터 수레와 선박을 통한 해외통상론을 주장했던 실학자들의 노력에도 불구하고[2] 근대사회로의 전환기에 놓여 있는 구한말에 이르러서야 산업혁명 이후 신문명의 이기로 인식되어 온 기차나 증기선 등 동력에 의한 선진국가의 교통제도와 시설에 대한 도입이 뒤늦게 제기되어 왔다.[3] 그러나 한국의 근대적 의미에서의 교통체계는 자주적 근대문명의 도입이 좌절되고 식민지 제국주의적 성격을 지닌 채[4] 식민지하의 교통제도나 시설을 기초로 발전해 왔다고 해도 과언이 아니다.

그리고 해방 이후 한국의 경제개발과 함께 근대적인 도로체계나 교통시설의 급속한 발전과 함께 전통시대의 교통사에 대한 연구가 점증되었다. 그 결과 역사학계에서는 육상교통과 수상교통에 대한 연구의 일환으로 고대의 도로와 역제 및 철도에 대한 연구를 진행하여 왔으며, 漕運과 京江에서의 선운업을 중심으로 상당한 성과를 이룩하였다.

그 가운데 삼국 및 발해시기의 교통로에 대한 余昊奎[5] · 李道學[6] · 朴方龍[7] · 徐榮一[8]과 李鎔賢[9] · 鈴木靖民[10] · 河上洋[11]의 논문은 고대 교

---

2) 이상태, 「박제가의 통상개국론」, 『소헌 남도영박사 회갑기념사학논총』, 태학사, 1984.
3) 허동현, 「1881년 조사시찰단의 명치일본사회, 풍속관—시찰단의 견문사건을 중심으로—」, 『한국사연구』 101, 1998.
  한철호, 「1880~90년대 친미개화파의 개혁활동: 정동파를 중심으로—」, 한림대박사학위논문, 1996.
4) 정재정, 「한말 · 일제초기(1905~1916) 철도운수의 식민지적 성격—경부 · 경의철도를 중심으로—」, 『한국학보』 28 · 29, 1982.
5) 여호규, 「3세기 후반~4세기 전반 고구려의 교통로와 지방 통치조직: 남도와 북도를 중심으로」, 『한국사연구』 91, 1995.
  _____, 『1~4세기 고구려 정치제도의 연구』, 서울대 박사학위논문, 1997.
6) 이도학, 「고대국가의 성장과 교통로」, 『국사관논총』 74, 1997.
7) 박방룡, 「신라왕도의 교통로: 역 · 원을 중심으로」, 『신라왕경연구』, 1995.
  _____, 「신라도성의 궁궐배치와 古道」, 『고고역사학지』 11 · 12, 1996.
  _____, 「신라도성의 교통로」, 『경주사학』 16, 1997.

통사 연구의 지평을 넓혀 주고 있다. 崔永俊[12]은 영남대로의 역사지리적 접근으로 고대도로 연구사의 개척자적 업적을 남기고 있다. 또한 지방의 교통로에 대한 연구도 관방과 관련하여 깊이를 더해 가고 있는데, 朴相佾[13] · 車用杰[14] · 鄭永鎬[15]의 연구가 그 하나이다. 이외에 중국과의 교통에 대해서 송과의 교역과 관련하여 몇 편의 연구가 있다.[16] 고려시대의 교통로에 대한 연구는 姜英哲 · 劉善浩 등의 역제연구[17]를 제외하고는 미진한 편이다.

한편 조선시대의 육상교통에 대한 연구는 주로 역제 및 역로를 중심으로 李惠恩[18] · 趙炳魯[19] · 李大熙[20] · 劉善浩[21] · 崔完基[22] · 元永煥[23] 등

---

8) 서영일, 『신라 육상교통로 연구』, 단국대 박사학위논문, 1999.
9) 이용현, 「통일신라의 전달체계와 북해통-한국경주안압지출토의 15호 목간의 해석-」, 『조선학보』 171, 1999.
10) 鈴木靖民, 「발해국가의 구조와 특질-首領 · 生産 · 交易-」, 『조선학보』 170, 1999.
11) 河上洋, 「발해의 교통로와 오경」, 『국학연구』 3, 1990.
12) 최영준, 『영남대로-한국고도로의 역사지리적 연구-』, 고대 민족문화연구소, 1990.
13) 박상일, 「소백산맥 지역의 교통로와 유적: 충주와 연결되는 교통로를 중심으로」, 『국사관논총』 16, 1990.
14) 차용걸, 「조령관방시설에 대한 연구(1)-교통로로서의 조령과 관방시설로서의 조령관에 대한 기초적 정리-」, 『사학연구』 32, 1981.
＿＿＿, 「죽령로와 그 부근 영로연변의 고성지조사연구」, 『국사관논총』 16, 1990.
15) 정영호, 「상주방면 및 추풍령북방의 고대 교통로연구」, 『국사관논총』 16, 1990.
16) 유봉영, 「한중간의 고대육상교통」, 『백산학보』 20, 1976.
17) 강영철, 「고려역제의 성립과 변천」, 『사학연구』 38, 1984.
유선호, 『고려시대 우역제 연구』, 단국대 박사학위논문, 1992.
18) 이혜은, 「조선시대 교통로에 대한 역사지리적 연구」, 이화여대 석사논문, 1976.
＿＿＿, 「조선초기 교통망과 교통수단에 관한 연구」, 『국사관논총』 80, 1998.
19) 조병로, 『조선시대 역제연구』, 동국대 박사학위논문, 1990.
＿＿＿, 「조선후기 교통발달에 관한 연구-교통수단으로서의 역마확보를 중심으로-」, 『국사관논총』 57, 1994.
＿＿＿, 「반계유형원의 역제개혁론」, 『조선시대사학보』 3, 1997.
20) 李大熙, 『李朝時代の交通史に關する硏究-特に 道路 · 水路網を中心として-』, 雄山閣, 1991.
21) 유선호, 「조선초기의 역로와 직로」, 『역사교육』 70, 1999.
22) 최완기, 「조선왕조의 도로정책과 실학자의 도로관」, 『전농사론』 1, 1995.

의 연구가 있으며, 수상교통에 대해서는 조운과 선운업을 중심으로 崔完基[24]의 괄목할만한 연구업적이 있다. 특히 서울에서의 상공업발달과 교통문제를 집중적으로 연구한 高東煥[25]의 노력은 도시발달과 교통사 연구의 새로운 연구방법과 시각을 넓히는 데 크게 기여하고 있다.

그리고 구한말, 일제시기의 연구는 도시계획 내지는 도시시설과 관련하여 교통계획과 도로의 시설, 정비 및 철도에 대한 李正熙[26]·孫禎睦[27]·朴慶龍[28]·鄭在貞[29] 등의 연구가 있었다. 또 개항시기 교통정책 및 해운업에 대한 연구는 韓哲昊[30]·羅愛子[31] 등을 들 수 있다.

앞으로 교통사에 대한 연구는 역제 및 조운의 제도사적 연구의 한계를 극복하고 도성 및 읍치의 교통을 중심으로 지방 교통로의 발달과 상공업 등 경제와의 관계를 규명해야 할 것이다.

본고에서 조선 후기 남한산성 주변의 廣州지역을 중심으로 발달한 교통로와 남한산성 축조 이후 이설된 광주유수부의 산성 취락을 살펴보고자 하는 이유가 여기에 있다고 하겠다. 연구자 여러분의 관심과 비판을

---

23) 원영환, 「조선시대 교통로와 驛·원제의 고찰」, 『향토사연구』 7, 1995.
24) 최완기, 『조선후기 선운업사연구』, 일조각, 1989.
25) 고동환, 「조선후기 교통발달과 전국적 시장권의 형성」, 『문화역사지리』 8, 1996.
_____, 「조선후기 경기지역 장시망의 확대－서울시장권과의 연계성을 중심으로－」, 『김용섭교수정년기념 한국사학논총 (2): 한국 고대·중세의 지배체제와 농민』, 지식산업사, 1997.
_____, 『조선후기 서울 상업발달사연구』, 지식산업사, 1998.
26) 이정희, 「경성부시대의 도시계획에 대한 고찰」, 『향토서울』 33, 1975.
27) 손정목, 「개항기 도시시설의 도입과정 －도로의 정비·확장－」, 『도시문제』 4, 1980.
_____, 「일제강점기 도로와 자동차에 관한 연구」, 『도시행정연구』 4, 1989.
28) 박경룡, 『개화기 한성부연구』, 일지사, 1995.
29) 정재정, 앞의 논문, 『한국학보』 28·29, 1982.
30) 한철호, 「아관파천기 정동파의 개혁활동」, 『한국근현대사연구』 4, 1996.
31) 나애자, 「개항기 청일의 해운업침투와 조선의 대응」, 『이화사학연구』 17·18, 1988.
_____, 「개항기(1876～1904) 민간해운업」, 『국사관논총』 53, 1994.
_____, 『한국근대 해운업발전에 관한 연구(1876～1904)』, 이화여대 박사학위논문, 1994.

기대하는 바이다.

2. 조선 후기 광주지역의 교통로와 역참

1) 광주지역의 교통로

교통로는 인간의 왕래와 물자의 교역에 있어 중요한 동맥이다. 이러한 교통로는 정치·외교적으로나 군사상 그리고 경제적으로 밀접한 관련을 맺으면서 발달되어 왔다. 삼국시대 이후 고려를 거쳐 조선시대에 이르러 도로의 체계는 등급과 노선 및 노폭을 조정하는 등 더욱 체계적으로 발달되었다. 그리하여 개성에서 한양으로 천도한 조선시대에 이르러서는 한양 중심으로 도성과 지방을 연결하는 전국의 도로망을 구축하고 도로의 재정비와 함께 역제도 재편하였다. 여기서 살펴보고자 하는 광주지역의 교통로와 역참도 고려의 제도적인 기반 위에서 조선 초기에 성립하게 되었으며, 대부분 조선 후기로 이어져 발달하게 되었다. 그 중의 하나가 良才－樂生大路이다.

(1) 良才－樂生大路의 형성

양재－낙생대로는 도성으로부터 부산을 잇는 제4대로에 위치하여 삼남도의 進上과 奉命使客 및 한·일간의 사신들이 왕래하는 三南의 대로이다. 특히 이 대로상에 위치하고 있는 良才驛과 樂生驛은 태종~성종 년간의 講武 때나[32] 英陵 참배시에 小晝停 또는 大晝停所로서의 커다란 역할을 하였다.[33] 이러한 양재·낙생역이 설치된 이 길이 언제부터 형성되었을까?

---

32) 『태종실록』 권13, 태종 7년 2월 무술.
　『세종실록』 권70, 세종 17년 10월 무신.
33) 『성종실록』 권12, 성종 2년 10월 병자.

양재−낙생도로는 일찍이 삼국시대 이후부터 정치, 군사적으로 중요한 한강유역을 쟁탈하기 위하여 설치되었을 것으로 추정된다. 기록상 이 교통로는 역참의 존재와 함께 살펴볼 수 있는데 아마도 고려시대에는 경기, 충청지방에 이르는 중요한 교통로 역할을 한 것으로 파악되고 있다. 『고려사』 병지 참역조에 의하면 개경에서 남경, 즉 조선시대의 도성에 이르는 역로는 青郊道 소속의 15역참으로 青郊(開城; 開城府)−通波(臨津; 長湍)−馬山(峰城; 坡州)−碧池(高峰; 高陽)−迎曙(南京; 楊州牧)−平理(德水; 高陽)−丹棗(積城; 積城)−橡林(?)−淸波(南京; 漢城府)−蘆原(南京; 漢城府)−幸州(高陽)−從繩(守安; 通津)−金輪(樹州; 富平)−重林(仁州; 仁川)−綠楊(見州; 楊州)이었으며, 또 도성에서 광주에 이르는 길은 平丘道 소속의 30역참 가운데 平丘(南京; 楊州)−奉安(廣州)−娛賓(楊根)−田谷(砥平)−白冬(砥平) 등이었다.

한편 廣州道 소속의 15역참 중 德豊(廣州)−慶安(廣州)−長嘉(?)−安業(樂生?)−南山(廣州; 陽川)−良梓(果州; 果川)−金領(龍駒; 龍駒)−佐贊(竹山)−分行(竹州−竹山)−五行(利川)−安利(利川)−無極(陰竹; 陰竹)−遙安(陰城; 忠州)−丹月(忠州)에 이르는 역참이 설치되어 운영되었다.[34] 여기서 고려시대에 설치된 역참 가운데 조선시대에 이르러서도 대부분 한성에 迎曙驛·靑坡驛·蘆原驛·平丘驛으로 존속되었으며, 도성에서 광주에 이르는 도로에도 良才驛·奉安驛·德豊驛·慶安驛·南山驛 등이 그대로 존속되고 있음을 알 수 있다. 그리고 樂生驛은 고려시대에 설치된 安業驛이 조선시대에 이르러 낙생역으로 개칭되었다고 생각된다.[35]

한양 천도 이후 도성에서 광주를 거쳐 용인−죽산−이천−음죽−충주

---

34) 고려시대 역참의 위치 비정에 대해서는 內藤雋輔, 「高麗驛傳考」, 『역사와 지리』 34−4·5, 1934(『조선사연구』, 1961 재수록)에 의거하였다.
35) 『세종실록』 권148, 지리지 광주조에 의하면, 광주목에는 德豊驛·慶安驛·奉安驛·樂生驛의 4개 역이 있다고 하였으며, 樂生驛의 細註에 '古 安業'이라 하였던 데서 알 수 있다.

에 이르는 이 길은 조선시대에 이르러 부분적인 개편을 통해 조선시대의 역로로서 확립하게 되었다. 조선시대의 역로는 태조, 태종을 거쳐 점차 확립되었는데, 태종 15년(1415) 12월에 병조가 각 역의 거리에 관한 조목을 계문한 바에 따르면 周尺 6尺을 1步로 삼고 매 360步를 1里로 삼아, 돈화문을 기점으로 서쪽의 迎曙驛, 남쪽의 良才驛 · 長城串, 동쪽의 明石院 · 平丘驛까지 그리고 북쪽의 廣施院 · 綠揚驛까지 각 30里를 1息으로 하여 1息마다 1驛을 설치, 사객의 왕래에 따른 숙식을 제공하게 되었다.[36] 따라서 서울 도성으로부터 양재역을 지나 낙생역에 이르는 역로도 태종시기를 전후하여 확립되었을 것으로 추정된다.

한편, 『세종실록』지리지에 따르면 도성에서 광주에 이르는 역로는 京畿左 道忠淸道程驛察訪 소속으로 良才(果川)-樂生(廣州)-駒興(龍仁)-金領(龍仁)-佐贊(竹山)-分行(竹山)-無極(陰竹)에 이르는 교통로였다. 그리고 『경국대전』 반포시기 성종대에는 良才道와 慶安道, 平丘道로 나뉘었는데, 양재도에는 낙생역(광주)이, 경안도에는 풍덕역(광주)이, 평구도에는 봉안역(광주)이 소속되어 관할되었다. 이로써 보면 조선 초기 태종 이후 성종대에 도성에서 良才驛을 지나 樂生驛(廣州) · 駒興驛(龍仁) · 金嶺驛(龍仁) · 佐贊驛(竹山) · 分行驛(竹山) · 無極驛(陰竹)에 이르는 역로가 확립됨으로써 양재-낙생대로가 형성되었음을 알 수 있다.

그리하여 이 대로는 조선 후기에 이르러 8도 6대로의 제4로에 해당하는 중요한 교통로가 되었다. 이 교통로는 서울에서 동래에 이르는 길로써[37] 경성을 출발하여 漢江(10리) → 新院店(20리) → 縣川店(10리) → 板橋店(10리) → 險川(15리) → 列院(10리) → 龍仁縣(5리) → 朴君伊峴(10리) → 直谷店(10리) → 金嶺場(10리) → 陽智縣(10리) → 左贊驛(10리) → 機鞍店(20리) → 陣村(10리) → 廣岩(20리) → 石院(20리) → 慕道院(30리) → 崇

---

36) 『태종실록』권30, 태종 15년 12월 정축.
37) 申景濬, 『道路攷』上, 京城東南抵東萊路第四.

善店(10리) → 用安店(7리) → 檢丹店(20리) → 達川津(10리) → 忠州(10리) → 丹月驛(10리) → 水橋(30리) → 安富驛(20리) → 鳥嶺桐華院(20리) → 草谷(10리) → 聞慶縣(10리) → 新院(20리) → 幽谷驛(20리) → 德通驛(20리) → 洛原驛(30리) → 佛峴(30리) → 洛東津(10리) → 餘次里店(30리) → 延香驛(10리) → 古里谷(20리) → 丈川(20리) → 東明院峴(20리) → 牛岩倉(10리) → 琴湖江(20리) → 大丘府(10리) → 梧桐院(30리) → 八助嶺(20리) → 淸道郡(20리) → 楡川(30리) → 密陽府(30리) → 耳倉(10리) → 無屹峴(10리) → 內浦津(30리) → 黃山驛(20리) → 梁山郡(20리) → 東萊府(40리) → 左水營(10리) → 釜山鎭(20리)에 이르는 중요한 사행로이며 교통로이었다. 이러한 사실은 세종 1년(1419) 4월, 의정부에서 병조의 牒呈에 의거하여 아뢴 내용에

> 良才驛으로부터 安富驛까지는 하삼도의 요충의 길인데, 사객이 번다하고 역리들이 輸運하는 일로 하여 종들이 그 역사에 견디지 못하여 도망하는 자가 날로 많아집니다. (후략)[38]

라고 한 데서 알 수 있다. 이 뿐만 아니라 세조 6년(1460) 1월, 병조가 충주의 단월역에서 양재역에 이르는 도로가 평탄한 곳에는 繕工監으로 하여금 수레(車子)를 제작하여 각 역마다 4대씩 배치하여 잡물을 수송케 한 사실이나 각 조잔한 역에 역 주변의 富戶 20호씩을 차정하여 驛役을 돕도록 조치한 것[39] 등에서 양재－낙생대로의 중요성을 이해할 수 있다. 그런데 이 양재－낙생대로 사이에는 穿川峴路라는 도로가 개통되어 삼남의 인구와 물자가 교류되는데 크게 기여하였다.

---

38) 『세종실록』권3, 세종 1년 4월 계미.
39) 『세조실록』권19, 세조 6년 1월 신축.

(2) 穿川峴의 유래와 穿川峴路의 開路

조선 초기 역사기록상 穿川의 명칭이 최초로 나타난 것은 세종 5년(14
23) 22월 26일에 병조가 남산의 봉화설치를 보고한 데서 비롯되었다. 당
시 남산에는 봉화 5처를 설치하였는데, 동쪽의 제1봉화는 明哲坊에 있으
며 양주 아차산과 마주보고, 제2봉화는 誠明坊에 있는데 광주 穿川의 봉
화와 마주치며 제3봉화는 薰陶坊, 제4봉화는 明禮坊, 제5봉화는 好賢坊에
설치하였던 것이다.[40]

이 천천이라는 지명은 늘 穿川峴과 연계되어 나타나고 있는데 아마도 당
시에는 천천에 큰 고개가 있었고 이 고개를 넘나들면서 하나의 도로가 형
성된 것 같다. 천천현에 도로의 개설문제가 대두된 것은 獻陵 참배와 관련
되었다. 세종 15년(1433) 7월 22일에 行司正 崔揚善 · 李揚達 · 高仲安 등과
집현전 신하들과의 논쟁에 보인다.[41] 즉 행사정 최양선은 穿川의 큰 길은
獻陵의 主山 來脈이니 불가불 막아야 한다는 입장인 데 비하여, 이양달 ·
고중안은 비록 큰 길이 있다 하더라도 산맥에는 해가 없으니 그대로 두자
는 견해였다.

이에 대해 집현전에서는 여러 풍수지리학에 관한 자료를 근거로 최양선
이 주장한 陽星峽의 人迹論을 비판하고, 斷山 · 截斷論의 입장에서 볼 것이
아니라 獻陵主山이 길로 말미암아 끊어진 것은 해롭지 않고, 오히려 벌(蜂)
의 허리에 해당한다는 논리에서 천천현의 도로를 종전대로 두자는 견해를
피력하였다. 여기서 세종 15년 이전에 이미 서울 도성과 천천현을 잇는 도
로가 개통되어 인적이 많이 왕래하고 있음을 알 수 있다. 그 후 천천현 도로
의 開塞문제가 世宗 26년(1444)에 다시 불거져 존폐논의가 재론되었다.[42]

방술가 高仲安은 종전의 입장을 선회하여 세종 26년(1444) 7월에 헌릉

---

40)『세종실록』권19, 세종 5년 2월 정축.
41)『세종실록』권61, 세종 15년 7월 계유.
42)『세종실록』권105, 세종 26년 7월 신유.

의 圖局안에 있는 여러 무덤을 철거하고 또 주산 서쪽에 있는 재(嶺, 峴)의 통로를 막아야 한다고 상언함으로써, 의정부와 예조가 재론하게 되었다. 이때 의정부와 예조의 신하들은 高仲安의 주장을 그릇된 사견이라고 치부하였고, 또 주산 서쪽의 재(峴)에 대해서 처음에는 도로가 없었는데 부근의 주민들과 守護軍들이 내왕하여 길이 생긴 것이기 때문에 지금부터 엄중하게 禁亂하도록 조치하고 있는 데서 알 수 있는 바와 같이 일찍이 穿川峴路는 주민들과 수호군이 이용함으로써 자연발생적으로 형성된 것으로 인식되고 있다.

여기서 천천현로는 국가가 치도정책으로 개설한 것이 아니라 이전부터 인적의 왕래에 따라 자연스럽게 형성된 것으로 추정되며, 조선 초기에 이르러 도성의 한양 천도와 삼남지방에로의 왕래로 말미암아 주요한 도로로 이용되고 있었던 것 같다. 그런데 태종의 사후 헌릉을 축조, 참배하게 되는 등의 문제로 인하여 기존의 천천현로의 開塞論議가 대두되었던 것이다. 여하튼 현재의 사료에 따르면 穿川峴은 세종 15년 이전에 존재하여 이용되고 있었던 것만은 확실하다.

그런데 천천현의 開路문제는 문종대에 이르러 다시 논의하게 되었다.[43] 문종 원년(1450) 10월 20일에 공조판서 鄭麟趾가 "또 穿川峴은 하삼도를 行旅하는 지름길인데 나라에서 方術者들의 말을 믿고 이 길을 막은 것은 더욱 미편하니 청컨대 옛길을 열어서 행려에게 편하게 하소서" 하니 임금이 "세종께서 일찍이 명하여 이 길을 다시 개통시킨 것을 알고 있는가?" 하였다. 이에 정인지가 대답하기를 "다만 농사를 짓는 사람만이 通來할 뿐입니다. 그 나머지 소·말을 가진 사람은 이 길을 다닐 수가 없습니다"고 하였다. 결국 이 문제는 천천현의 통로에 대하여 세종이 전교한 내용을 추후에 詳考하도록 하였다. 그 이후 문종 1년(1451) 9월에 문종이 여주에 있는 英陵을 알현하고 귀경길에 천천현 길을 막은 곳으로 행행

---

43)『문종실록』권4, 문종 원년 10월 경인.

하였는데, 이때에 風水學提調 李正寧, 司藝 尹統, 行副司直 李賢老 등을 불러 천천현 開路與否를 논의하도록 하였다.[44] 문종 역시 이곳의 지세가 높지 않아서 비록 다시 길을 개통한다고 해도 塹을 이루지는 않겠다고 말하고, 세종당시 개통의 필요성을 인정하면서 당초 길을 폐쇄할 때의 문안을 상고하여 의논토록 하였다.

문종대 논의의 초점은 세종때의 術者 崔揚善이 말한 '穿川峴은 獻陵의 來脈'이라는 입장에서 길을 막았었는데 문종 1년 10월에 이르러 천천현에 다시 사람들을 통행하도록 하고 노상에는 박석을 깔아 지맥의 손상을 막도록 조치하였다. 그리하여 이듬해 문종 2년 2월 21일의 기록에 의하면, 穿川峴 開路와 薄石 役事에 船軍 1,000명 중 900명을 동원하여 역사하기도 하였으며[45] 영릉 부근의 산맥 補築 공사 관계로 일시 지연되다가 단종 1년(1453) 8월 21일에 의정부, 예조의 건의를 수용하여 監役官과 군인을 동원하여 결국 돌을 깔고 통행하게 되었던 것이다.[46] 세조대에 이르러서는 청계산에서 사냥을 하는 등의 일로 천천현에 자주 거둥하였다.[47]

그러나 세조 10년(1464) 3월에 지리학 崔揚善이 다시 穿川峴을 塞路할 것을 상언함으로써 또 한번 논란을 불러일으켰다. 이유인 즉 穿川嶺을 적당히 補土하고 축성하여 길을 폐지하자는 것이다. 이에 조정에서는 세조 10년(1464) 4월 22일에 여러 지리서를 참고하여 천천현의 塞路를 막는 일의 편부에 대하여 의논한 결과, 최양선의 '인적의 왕래가 많고 적음이 성쇠의 크고 작음을 징험한다'는 논리를 반박하여 세종 15년 당시의 논리와 비슷하게 '祖宗의 來脈과 主山의 過脈하는 곳에 인적이 왕래하는 것은 길하다'는 입장에서 穿川峴路를 옛날 그대로 개통하는 것이 편리하다는 주

---

44)『문종실록』권9, 문종 원년 9월 경신.
45)『문종실록』권12, 문종 2년 2월 을유.
46)『단종실록』권7, 단종 원년 8월 을사.
47)『세조실록』권2, 세조 원년 11월 기해.
　『세조실록』권32, 세조 10년 3월 계유.

장이었다.[48] 이후 천천현은 헌릉과 같은 능침이 가까이 있다고 해서 막았다가 결국은 개통하게 됨으로써 이 천천현로를 따라 도성으로부터 양재역을 지나 낙생역에 이르는 삼남지방을 연결하는 주요한 교통로로서 발달하게 되었던 것이다.

그리고 성종대에 이르러 영릉 참배 문제로 서울에서 여주 영릉까지의 陵幸路가 곧 興仁門－廣州 栗峴－樂生驛－利川－驪州로 가는 길이 새로 개척됨으로써 이후 천천현로는 관원과 민간인들이 왕래하는 중요한 교통의 요충지로서 자리잡게 되었던 것이다.[49]

이와 같이 양재－낙생대로는 선초 이후 후기에 이르러 경기의 咽喉에 해당하는 교통도로로서의 역할을 하여 都城－漢江津－新院－月川峴(縣川店)－板橋店－險川을 지나 龍仁－忠州로 이어지는 삼남의 인구와 물산이 유통되는 교통로였으며, 사행로로서의 역할을 하였던 것이다.[50]

(3) 松坡大路의 발달과 松坡鎭 · 松坡場

도성에서 경기, 충청에 이르는 또 하나의 중요 교통로는 여주지역의 능

---

48) 『세조실록』 권33, 세조 10년 4월 갑진.
49) 『성종실록』 권12, 성종 2년 10월 병자.
50) 『大東地志』 권27, 程里考에서 도성에서 부산 동래에 이르는 도로로, 京都－漢江津(西氷庫津)(10)－新院(20)－月川峴(穿呼川峴.達于乃峴)(10)－板橋店(10)－險川(遠于川)(10)－龍仁(20)－於汀介(10)－直谷(10)－金嶺驛(10)－陽智(10)－佐贊驛(10)－白巖里(20)－陣村(10)－碑立巨里(10)－廣巖(10)－龍山磴(10)－石院(舘村)(10)－昆池厓(10)－泉谷(10)－毛老院(慕道院)(10)－崇善站(10)－用安驛(10)－黔丹店(10)－達川津(20)－丹月驛(流注幕店)(10)－水回里(20)－安富驛(板橋店)(20)－古沙里(10)－鳥嶺山城桐華院(10)－草谷(主屹關)(10)－聞慶(10)－馬浦店(10)－新院(10)－窟隅(10)－幽谷驛(10)－德通驛(20)－洛源驛(30)－成谷(10)－佛峴(佛堂)(20)－洛東驛(10)－紅德(10)－石峴(10)－餘次里(10)－迎香驛(10)－海平(10)－槐谷(古里谷)(10)－丈川(20)－東明院峴(40)－牛巖倉(10)－漆谷(10)－琴湖江(10)－大邱(10)－梧桐院(30)－八助嶺(20)－淸道(20)－楡川驛(40)－密陽(30)－耳倉(10)－無訖驛(20)－鵲遷(10)－內浦驛(10)－黃山驛(20)－梁山(20)－沙背也峴(20)－蘇山驛(10)－東萊(20)를 들고 있는 데서 잘 알 수 있다.

행로에 위치한 廣津 · 三田渡를 거쳐 栗木亭, 南漢山城 行宮을 지나 英陵에 이르는 松坡大路를 들 수 있다. 조선 후기 『여지도서』에 의하면 광주 지역에는 松坡大路, 遁池小路, 龍津小路, 沙坪小路가 발달되어 있었던 것으로 나타나고 있다. 그 가운데 송파대로는 獻陵과 英陵 · 寧陵에 이르는 능행로로 형성, 발달되었다.

헌릉 가는 길은 도성의 永渡橋(興仁門外 南1리)−杰望浦(10리)−廣津銀杏亭(10리 畫停所)−三田渡(10리)−栗峴(10리)−陵下(5리)에 이르는 총 45리 길이며, 영릉 가는 길은 永渡橋−杰望浦−廣津銀杏亭−三田渡−長枝里(10리)−栗木亭(10리)−廣州 南漢山城行宮(5리宿所)−小新峴(10리)−龍山洞(10리)−伐院(5리畫停所)−慶安驛(5리)−水染里(10리)−昆池岩(10리 畫停所)−石門里(10리)−院基(10리)−利川府 行宮(10리宿所)−龜飛峴(10리)−斗串龍渠坪(10리)−鄕校後峴(10리)−陵下(10리)에 이르는 총 175리 길이었다.

또한 송파대로는 松坡津과 松坡鎭의 설치에 따라 더욱 발달되었다. 津이란 육지안의 강이나 중요한 요충지에 설치된 것으로 흔히 津渡라 한다. 때로는 關津과 함께 쓰이는데, 출입인을 기찰하고 선박을 비치하여 행인을 건네주는[51] 역할을 하는 교통기관의 하나이다. 따라서 이러한 진도에는 鎭堡를 설치하여 군사적 방어, 수색 · 검문의 기능도 담당하였던 것이다. 그러나 송파진이 언제 설치되었는지 그 연혁에 대해서는 선초의 기록에 상고할 자료가 별로 없다. 단 『신증동국여지승람』에 따르면 三田渡와 舞童島를 주관하고 別將 1명을 두었다[52]라고 하였으며, 조선 후기의 『중정남한지』에 의하면 광주부의 서북쪽 20리에 위치하여 三田渡와 舞童島를 관장하고, 서울과의 거리는 20리, 남쪽의 渴馬峙까지는 30리, 廣津까지의 수로는 20리이며, 津船은 모두 20척이고 均役廳 水上船 190여 척이

51) 『조선경국전』하, 관진.
52) 『신증동국여지승람』권6, 광주목 진도.

있었다[53]고 할 정도이다.

한편, 숙종 34년(1708) 8월 判敦寧 閔鎭厚의 말에 의하면 여기에는 守禦廳 將校를 差下하여 松坡監官과 津渡別將을 겸직토록 하고 松坡津·三田渡·廣津 및 新川津 등의 진선 21척을 관리하고 있는 것으로 보아 광주지역의 중요한 진보였음을 알 수 있다.[54] 또, 다른 기록에 따르면 송파진에는 津軍이 1哨가 있는데 모두 水業之徒로서 操鍊 경험이 없기 때문에 虛疎가 막심하므로 송파 근처에 있는 甲士屯의 1哨軍을 지휘하는 千摠에 소속케 하여 점열, 지휘케 하고 있다.[55] 이로써 보면 松坡津과 松坡鎭은 조선 후기 京江津渡의 정비에 따라[56] 광주에서 도성에 이르는 길목인 송파진에 설치되어 왕래인의 糾察과 防守의 임무를 띠고 도성을 보장하는 要津이요, 鎭堡의 하나임을 알 수 있다.

이 송파대로가 조선 후기에 이르러 더욱 주목받게 된 것은 松坡場의 설치를 계기로 상업이 발달하게 된 데 있다. 송파장은 원래 閔鎭厚가 수어사로 있을 때에 남한산성 근처에 창설하여 '募聚人民之地' 즉 백성을 모여 살게 하기 위한 것인데, 松坡鎭 설치 이후 松坡鎭軍과 募民들의 생계를 위해 이설함으로써 창설된 것이다. 이렇게 형성된 송파장은 도성 안에 있는 京市廛과의 경쟁관계 속에서 활발하게 지방 장시로서 발전하고 있음을 알 수 있다. 즉, 영조 31년(1755) 광주유수 徐命彬의 장계에 따르면, 송파장시가 경시전의 이익을 빼앗기 때문에 당시 평시서 제조 洪象漢이 시전민들의 제소로 인하여 송파장시 혁파문제를 거론하자, 광주유수 徐命彬은 이를 반대하고 있다. 특히 행사직 金聖應도

---

53) 『중정남한지』 권3, 상편 진도.
54) 『여지도서』, 광주 진보.
   『비변사등록』 59책, 숙종 34년 8월 21일.
55) 『비변사등록』 66책, 숙종 39년 11월 21일.
56) 고동환, 앞의 책, 231~239쪽 참조.
   이현종, 「경강진·도·선에 대하여」, 『향토서울』 27, 1966 참조.

장시의 설치는 서울이나 지방이나 다를 것이 없다. 송파에 살고 있는 백성이 이미 다 장시에 관계하지 않는 사람이 없는데 신설하는 경우라면 혹 금지할 수 있을지 몰라도 서울 市廛의 失利를 구실로 이미 설치한 장시를 혁파할 수 없다.[57]

라고 반대하였다.

이 당시에는 도성 근처에 시전의 상업능력에 버금가는 장시들이 많이 형성되어 도성 시전상인들의 상권을 위협하는 존재였다.[58] 그 중의 하나가 송파장이다. 대부분의 사람들은 송파장 혁파문제에 대해 '京民之開廛 肆 鄕民之設場市'라는 정책에 입각하여 비록 京市廛의 사소한 失利가 있다고 해서 近京의 장시를 혁파할 수 없다는 입장이었다. 특히 송파장은 이미 앞에서 언급한 바와 같이 도성의 保障要津處인 松坡鎭에 가까이 있는 장시이기 때문에 결코 혁파할 수 없는 분위기였다. 그런데 이러한 송파장 혁파의 근저에는 당시의 松坡居民들이 京外의 中都兒 및 亂廛輩들과 짜고 三南 및 北道.嶺東의 商賈들을 이곳으로 모여들게 하여 1月 6次의 교역을 무시한 채 日日賣買를 하기 때문에 京市廛이 타격을 입는 데 그 요인이 있었다.

이러한 경시전의 피해로 인하여 송파장 혁파 문제는 혁파 대신 이설하자는 의견이 대두되어 재론되었다. 영조 34년(1758) 4월 공조판서 洪鳳漢은

송파장은 본래 남한산성과 그다지 멀리 떨어지지 않은 곳에 창설하였던 것인데, 근래에 송파로 이설함으로써 많은 雜類들이 송파에 몰려들어 도성의 市廛民들에게 백해무익한 지경이 되었다. 단, 산성과 송파 사이에 만약 장시가 없다면 광주백성이 매우 불편하니 송파장은 혁파하되 옛날대로 산성근처의 옛 장터로 이설하는 편이 좋습니다.[59]

---

57) 『비변사등록』 128책, 영조 31년 정월 24일.
58) 고동환, 앞의 책, 215~229쪽 참조.
    김대길, 『조선후기 장시에 대한 연구』, 중앙대 박사학위논문, 1993 참조.

라고 하여 송파장이설론을 주장하였다. 이에 대해 광주유수 李喆輔는

> 송파는 保障의 要津이요, 鎭倉과 牙兵을 두어 사태의 완급에 대비하
> 기 위한 것이며, 또한 津軍과 가난한 募民들이 의지할 것이 없어 故判書
> 閔鎭厚가 수어사시에 창설하여 백성을 募聚하였다. (중략) 이로써 보면
> 송파장의 중요함을 알 수 있다. 경외를 물론하고 모두 국가의 백성인데,
> 시전의 失利로써 향민들의 장시를 혁파한다면 一視之道는 아니다. 심지
> 어 이설문제만 하더라도 이설할 곳의 거리는 불과 십리에 불과하다. 송
> 파민들이 이익을 얻을 길이 막막하여 겨우 모인 사람들이 장차 흩어질
> 지경에 이르니 어찌 안타깝지 않겠는가. 혁파뿐만 아니라 이설 역시 결
> 코 불편하다60)

고 역설하여 극력 반대하였다. 이에는 좌의정 金尙魯도 동조하여 결국은
그대로 존속하게 되었다.

이와 같은 사정을 통해서 볼 때 당시 송파장은 5일장 체제를 벗어나 거
의 常設市場化되고 있음을 알 수 있으며, 송파진 · 송파장 주변에는 송파
거주민 뿐만 아니라 三南과 北道 및 嶺東 그리고 廣州民들까지 모여들어
物産을 거래하는 상업활동이 활발하게 이뤄지고 있음을 알 수 있다.

이와 같이 송파대로는 조선 후기에 이르러 이러한 군사적, 상업적 발달
에 따라 중요한 교통로로 부상하게 되었으며, 『대동지지』에서도 나타나
고 있는 바와 같이61) 도성에서 京都−箭串橋−新川津−松坡津−栗木亭−

---

59) 『비변사등록』134책, 영조 34년 4월 8일.
60) 『비변사등록』134책, 영조 34년 4월 18일.
61) 『大東地志』권27, 程里考 東南至奉化五大路. 京都−箭串橋(10)−新川津(10)−松坡
津(5)−栗木亭(15)−廣州(5)−黔北站(15)−慶安驛(15)−雙嶺店(10)−昆池厓(10)−
廣峴(15)−利川(20)−長磴店(30)−陰竹(20)−長海院(10)−烏岬(10)−龍堂(15)−福
城洞(5)−鳳凰川(10)−可興倉(10)−荷淵津(10)−北倉津(10)−忠州(10)−新塘里
(25)−黃江驛(5)−西倉(10)−衣峙(10)−壽山驛(10)−長渭店(10)−丹陽(20)−竹嶺
(30)−昌樂驛(20)−豐基(10)−昌保驛(20)−榮川(10)−奈城店(30)−奉化(20)가 그것
이다.

廣州-黔北站-慶安驛과 雙嶺店-昆池厓-廣峴-利川을 지나 경북 奉化
에 이르는 또 하나의 중요 교통로로 발전하게 되었던 것이다.

2) 廣州지역의 驛站설치

조선시대에 중앙과 지방간의 왕명을 포함한 공문서의 전달과 사신왕
래에 따른 접대 및 각종 물자의 운송을 위해 驛站이 설치되었다. 경기도
지역은 수도인 도성에 인접하여 삼남의 要路에 위치해 있기 때문에 역참
의 설치 및 운영에 지대한 관심을 기울이게 되었다. 따라서 『경국대전』에
따르면 경기도 지방은 6개의 역로와 속역체제를 조직하여 그 기능을 수
행하게 되었는데, 그 가운데 특히 수원과 광주는 삼남의 咽喉에 해당되는
요충지였다. 따라서 어느 驛보다 중요시되었던 것이다. 廣州留守府에 소
속된 驛站의 변천을 살펴보면 다음 <표 1>과 같다.

<표 1> 廣州留守府소속의 驛站 변천

資料	驛名	備考
高麗史	慶安, 奉安, 德豊, 安業, 良梓	
世宗實錄地理志	慶安, 奉安, 德豊, 樂生	樂生驛(古 安業驛)
經國大典	慶安, 奉安, 豊德, 樂生	豊德은 德豊의 誤記
新增東國輿地勝覽	慶安, 奉安, 德豊, 樂生	
輿地圖書	慶安, 奉安, 德豊, 突馬	
廣州府邑誌(1842)	慶安, 奉安, 德豊, 良才, 樂生	양재역→영화역 이설
重訂南漢志	慶安, 奉安, 德豊, 良才, 樂生	양재역→영화역, 낙생→양재역소속

| 廣州府邑誌(1899) | 慶安, 奉安, 德豊, 良才, 樂生 | |

(1) 良才驛

양재역은 고려시대의 良梓驛이 조선시대에 이르러 良才驛으로 개칭되었다. 세종대의 『세종실록』 지리지에 의하면 과천현 소속으로 左道忠清道程驛察訪에 속하였다. 성종대의 『경국대전』에서는 良才道로 개편되어, 樂生‧駒興‧金嶺‧佐贊‧分行‧無極‧康福‧加川‧菁好‧長足‧同化‧海門驛을 관할하는 찰방을 두었다.

이 양재역은 삼남의 교통로인 경기의 咽喉에 위치하고 있기 때문에 역의 유지 관리에 많은 노력을 기울였다. 특히 양재역과 충주 丹月驛까지는 하삼도의 요충이기 때문에 사객의 왕래가 번다하고 역리들이 운송하는 일로 역무가 힘들었기 때문에 도망하는 사례도 많았다.[62] 그러므로 역리, 역노비 등의 역민을 안집할 필요가 있었다. 그리하여 그들의 수고를 덜어주기 위하여 繕工監으로 하여금 수레(車)를 만들어 각 역마다 4대씩 배치하여 잡물을 수송토록 조치하였으며, 역마가 阜盛해질 때까지 富戶를 20호씩 뽑아 번갈아 역역을 돕도록 조치하기도 하였다.[63] 그 뿐만 아니라 하삼도 백성 가운데 무려 269명을 이주시켜 역호를 조성하여 주기도 하였다.[64] 그런데 양재역은 임진왜란을 당하여 매우 피폐해졌다. 선조 27년 (1594) 10월 비변사가 경성의 한강이남 直路는 모두 쑥대밭이 되어 백성이 모이지 않고 도적이 설치니 양재역 근처에 목책을 설치하고 흩어진 마을 주민과 역졸들을 불러 모아 역로를 소복토록 조치하고 있는데서 잘 알 수 있다.[65] 그 후 선조 37년(1604) 12월, 양재도 찰방 朴汝樑은

---

62) 『세종실록』 권120, 세종 30년 4월 기미.
63) 『세조실록』 권19, 세조 6년 정월 신축.
64) 『세조실록』 권23, 세조 7년 2월 갑오.

본역은 우리나라 역로 중에서 咽喉에 해당되는 가장 중요한 곳입니다. 그 형세를 말한다면 한강에서 십여 리 떨어진 곳에 양재가 있고, 양재에서 30리 거리에 낙생이 있으며, 낙생에서 30리 지역이 구흥인데, 구흥의 동쪽은 충청좌도와 경상 좌·우도의 길로 연결되고 남쪽은 충청우도 및 제주도의 길로 연결되니, 이야말로 남방에서 輻輳해 모여드는 곳이라 하겠습니다. 따라서 다른 도의 인마를 보충해 주어 역무를 돕게 하였고 그래도 부족할 우려가 있을 때에는 다방면으로 보충해 주도록 영원히 상규로 만들었으니, 국가에서 역로를 중시하는 뜻이 이와 같았습니다. 그러나 난리를 겪은 뒤로 인마가 흩어지고 죽게 된 나머지 백에 하나도 남아 있지 않게 되었는데 그나마 보충하는 대로 잃어버리는 형편이어서 다시 어떻게 해볼 도리가 없습니다.[66)]

라고 하여 당시 양재역의 잔폐한 모습을 극복하기 위한 방책으로써 첫째, 역리·역졸 등이 公私賤에게 장가들어 낳은 소생 중 일부를 역의 日守로 10/1을 우선 충정할 것, 둘째, 공무로 인한 대소 행차에 대한 支供은 선전관이나 의금부도사 등의 경우 역참에서 공궤하고, 기타 사명의 각 행차는 각 고을에서 약간씩 지공할 것, 셋째, 差使員을 파견하여 황폐화된 역위전을 조사하고, 측량해서 장부를 만들어 역졸에게 나누어 주도록 할 것, 넷째, 진상물과 헌릉·선정릉의 香奠物을 운송하는 데 있어 民夫와 역졸을 반으로 나눈 것은 그 힘을 분담하기 위해서이나, 민부의 부담을 줄이기 위해 京驛의 인부와 말로 곧장 운송하게 할 것, 다섯째, 본역에서 보유하고 있는 삼등마는 20필로써 대·소의 공무 행차를 감당하기 어려우니 경기목장마 10필을 각 역참에 나누어 줄 것, 여섯째, 역졸의 復戶에 대해서는 법전대로 거행하여 호역을 면제할 것 등을 제시하기도 하였다.

이와 같은 양재역은 정조의 부친 思悼世子의 묘인 永祐園을 수원 舊邑治인 花山으로 천봉하여, 華城 및 行宮을 건립하고 현륭원 참배를 위한 잦

---

65)『선조실록』권56, 선조 27년 10월 신유.
66)『선조실록』권182, 선조 37년 12월 경술.

은 원행이 있게 되자 정조 20년(1796) 8월 迎華驛으로 고치고 수원의 화성 北門으로 이설하게 됨으로써 폐지되었다.[67]

(2) 樂生驛

낙생역은 고려시대의 安業驛이 선초에 이르러 樂生驛으로 개칭된 것[68]으로 도성의 양재역으로부터 천천현로를 지나 樂生驛(廣州) → 駒興(龍仁) → 金嶺(龍仁) → 佐贊(竹山) → 分行(竹山) → 無極(陰竹) → 康福(安城) → 加川(陽城) → 菁好(水原) → 長足(水原) → 同化(水原) → 海門驛(南陽)에 이르는 중요한 교통로에 위치하고 있다. 이 낙생역은 일찍이 태종 7년(1407) 2월에 태종임금이 광주의 樂生驛 앞뜰에서 講武를 행함으로써 행차로의 畫停所가 되었으며,[69] 세종의 溫幸길이나 성종의 英陵 참배길에도 낙생역에서 유숙하였다. 성종 6년(1475) 9월에는 광주 定今院(鄭金院이라고도 함) 벌판에서 左廂·右廂 2만 8천여 명의 군대를 사열하고 낙생역에 이르게 되었으므로[70] 낙생역의 支供은 매우 분주하였다. 이러한 驛役의 과다로 인하여 낙생역의 운영이 어렵게 되자 하삼도 백성 228명을 이주시켜 역을 보호하는 조치를 취하기도 하였다. 그만큼 선초에 낙생역은 중요한 위치에 놓여 있었다. 선초에 임금들의 溫幸이나 講武 및 사냥터 그리고 사행로였던 까닭이었다.

그러나 중종 21년(1526) 1월 특진관 曹繼商이 아뢴 바와 같이 낙생역이 한 때는 인가가 조밀하고 역리들이 부유했으나 인가도 3~4호 있을 뿐만 아니라 관사도 거의 퇴락하게 되었다. 그리하여 奉命使臣과 수령 및 과객들이 모두 과천현에서 숙박할 지경이었다. 그리하여 낙생역 소복책으로

---

67) 『정조실록』권45, 정조 20년 8월 신축.
68) 『세종실록』권148, 지리지 광주. 낙생역의 細註에 '古 安業'이라 하였음.
69) 『태종실록』권13, 태종 7년 2월 무술.
70) 『성종실록』권59, 성종 6년 9월 임신.

써 역마 남승을 억제하고, 하삼도 驛子의 入居, 진상물품은 站船을 이용하여 수로로 운송하는 등의 대책을 강구하기도 하였다.[71] 그 후 영조 때 편찬한 『여지도서』에 의하면 樂生驛은 突馬驛으로 개칭되었던 것으로 추정되는데, 당시에 말 5필, 역노비가 4명 배치될 정도로 극히 쇠퇴한 실정이었다.

(3) 慶安驛

경안역은 고려시대부터 설치된 역으로서 고려말에 공민왕이 홍건적을 피하여 남으로 피난할 때에 경안역을 지나 福州로 몽진한[72] 사실에서 그 실재를 알 수 있다. 조선시대에 이르러 세종대에는 慶安道라는 驛道를 편성하여[73] 德豊(廣州)·阿川(利川)·吾川(利川)·留春(陰竹)·楊花(川寧)·新津(驪興)·安平驛(驪興)을 통괄하는 찰방이 주재하는 대로역이었다. 이 경안역 역시 능행로상에 위치하고 있기 때문에 수행인원의 접대와 잡물을 운반하는 역마의 立待 등 무거운 부담을 져야 했다. 그러나 선초의 경안역의 운영실태에 대해서 자세히 알 수 있는 자료는 거의 없다. 조선 후기에 이르러 일부 운영현황을 파악할 수 있는데, 영조대에 편찬된 『여지도서』에 기록된 역마는 10필, 역노비는 43명 정도 밖에 없었다. 또한 현종대에 간행된 『중정남한지』에 따르면 상등마 9필, 중등마 31필, 하등마 23필과 위전 74결 57부 7속이 있다고 전한다.[74] 그러나 광주지역의 역참을 상세히 살필만한 驛誌나 관련 고문서가 아직 발견되지 않은 상태에서 더 이상 밝힐 만한 자료가 없는 실정이다.

---

71) 『중종실록』 권67, 중종 25년 2월 정묘.
72) 『신증동국여지승람』 권6, 광주목 역원.
73) 『세종실록』 권151, 지리지 광주.
74) 『중정남한지』 권3, 상편 역전 경안역.

(4) 奉安驛 · 德豊驛

奉安驛과 德豊驛에 대해 자세한 연혁은 상고할 자료가 거의 없는 실정이다. 이미 앞에서도 살펴본 바와 같이 고려의 역로망을 계승, 발전시킨 조선에 이르러 慶安道의 속역이 되어 도성으로부터 동남방면의 중요 교통로 구실을 해왔지만, 중요간선도로변에 위치하지 않은 관계로 그다지 주목을 받지 못하고 매우 피폐한 채 小路에 배치된 역의 하나였던 것이다. 조선 후기 홍경모의 『중정남한지』에 따르면 다음 <표 2>에서 볼 수 있듯이 奉安驛에는 역마 13필, 역노비 9명 그리고 역위전 82결 55부 7속, 德豊驛에는 역마 7필, 역노비 9명과 역위전 59결 11부 1속이 지급되어 운영되고 있음을 알 수 있을 정도이다.

한편 파발제 시행 이후 설치된 撥站으로는 『여지도서』에 新川站, 栗木站, 黔伏站, 慶安站, 雙嶺站이, 『중정남한지』에는 雙轎站, 慶安站, 黔伏站, 陰村站, 松坡站이 기록되고 있는데, 대체로 발참에는 撥將 1인과 撥軍 2명이 배치되고 있다.

<표 2> 광주지역 驛站의 현황

驛名	位置	驛馬	驛位田	備考
慶安驛	東 30里	63필	74結 57負 7束	察訪(文官 叅外職)
德豊驛	北 15里	7필	59結 11負 1束	
奉安驛	東 30里	13필	82結 55負 7束	
良才驛	西 40里			察訪(華城迎華道 移設)
樂生驛	南 40里			良才道 所屬

資料: 『重訂南漢志』 권3, 上篇 驛傳.

이와 같이 광주지역은 고려 이래 조선을 거쳐 현재에 이르기까지 삼남지방에서 서울에 이르는 교통의 요지에 위치하여 교통 및 왕래인의 숙박 제공과 상업의 발달에 크게 기여한 곳이다.

3. 廣州留守府의 이설과 南漢山城 聚落의 발달

1) 광주유수부의 이설과 山城居民의 확보

(1) 廣州邑治의 이설과 남한산성의 관리

오늘날 광주의 邑治가 '廣州'라는 명칭으로 최초 등장한 것은 고려 태조 23년(940)에 漢州를 廣州로 개칭한 때부터였다. 이러한 광주의 연혁을 『세종실록』지리지나 『중정남한지』에 따라 살펴보면 다음과 같다.

광주의 유래는 일찍이 백제 시조 溫祚王이 위례성의 도읍을 동 왕 13년(BC 6) 한수이남의 漢山 아래 궁궐을 세워 慰禮城 民戶를 옮기고 동 왕 14년 1월에 천도하여 南漢城이라고 한 데까지 거슬러 올라갈 수 있다.[75] 이후 근초고왕 24년(369)에 南平壤으로 천도하여 北漢城이라고 부르면서 이 지역은 백제의 통치구역이 되었다.

그러나 한강유역을 둘러싼 삼국간의 쟁탈이 격화되면서 점차 신라와 고구려의 격전장이 되었으며, 결국 신라 眞興王 14년(553)에는 이곳에 新興州를 설치하고 軍主를 파견, 관할하게 됨으로써 신라의 대북방 전진기지로서의 구실을 하게 되었다. 동 왕 29년(568)에 新州停을 두었다 철폐하고 다시 南川停을 설치한 것은 그러한 군사·행정적 기능을 반영한 것이었다. 그 후 진평왕 26년(604)에 남천정 대신에 다시 漢山停을 설치하였다.

한편 통일기를 거치면서 文武王 3년(663)에 漢山州로, 8년(668)에는 南漢山州로 개칭되어 9州 5小京에 의한 통일신라의 郡縣制의 근간을 이

---

75) 『세종실록』 권148, 지리지 광주.

루게 되었다. 통일 이후 경덕왕 15년(756)에 漢州로 고치고 小京1, 郡28, 縣47을 거느리는 首府가 되었던 것이다.[76]

고려시대에 이르러 태조 23년(940) 3월에 州府郡縣을 개칭할 때, 漢州를 廣州로 개정함으로써 광주의 명칭이 최초로 역사의 무대에 나타나게 되었다. 그리고 성종 2년(983) 12牧을 설치할 때 楊州 등과 더불어 廣州牧이 되었다. 12목의 설치는 지방관을 파견하여 중앙의 행정력을 지방에까지 미치게 하려는 것으로 행정체계 확립의 서막에 해당되는 것이라고 말할 수 있다. 또한 동 왕 14년(995)에는 12목 대신에 12州節度使를 파견함과 동시에 關內道·中原道·河南道·江南道·嶺南道·嶺東道·山南道·海陽道·朔方道·浿西道의 10道制를 시행, 楊州와 廣州 등은 關內道에 소속케 하면서 군사적 성격을 강화하였다.

그리하여 광주 산하에 川寧郡(驪州)·利川郡(利川)·竹州(竹山)·果州(果川)·砥平縣(砥平)·龍駒縣(龍仁)·陽根縣(陽根)을 두어 관할하였다. 이후 광주의 領屬관계는 시대에 따라 통합과 분할을 거듭하게 되었는데, 예종 원년(1106)에 關內道의 楊州와 廣州를 所領으로 中原道와 河南道를 합쳐 楊廣忠淸州道로 하였다가 현종 9년(1018)에 4도호부·8목·56군 등으로 개편되었는데 이에 따라 광주목이 다시 설치되었다. 이때의 개편은 고려 지방제도의 제도적 확립이 정착되었던 시기로 광주는 군사, 행정적으로 중요한 역할을 담당한 읍치로서 기능하게 되었던 것이다. 그 후 명종 때 중원과 하남은 忠淸道로, 關內道는 楊廣道로 하였으며, 충숙왕 원년(1314)에 다시 합쳐 楊廣道라 하였다. 공양왕 2년(1390)에 양광도 지역은 경기로 편입되어 경기좌우도로 만들게 되었다.[77]

조선시대에 이르러 태조 4년(1394)에 京畿의 左右道를 개정하면서 광주는 京畿左道에 편입되었다. 이어 태종 3년(1403) 11월 지방군현의 개편

---

76) 『중정남한지』 권1, 상편 건치.
77) 『고려사』 권56, 지리1, 양광도 및 광주목.

시에 忠州·淸州·原州·羅州·尙州·晋州·星州 등과 같이 廣州는 牧으로 존속하게 되었고, 동 왕 13년(1413)에는 중앙관제의 개편에 따라 지방관제도 대대적으로 개편하게 되었는데 8道制로의 편성과 군현의 재편이 그것이다. 그리하여 광주목은 1都護府(驪興), 1郡(陽根), 6縣(陰竹·利川·果川·川寧·砥平·衿川)을 所領邑으로 하였으며, 세조 원년(1455)에는 고려말의 翼輔制를 모방하여 楊州(後輔)·水原(前輔)·원주(右輔)와 같이 廣州를 左輔로 삼았을 뿐만 아니라 동 왕 12년(1412)에는 鎭管體制가 설립되면서 廣州鎭을 巨鎭으로, 여주목·이천도호부·양근군과 음죽·지평·양지·죽산·과천현을 諸鎭으로 하는 군제를 편성하여 광주목사는 兵馬僉節制使와 兵馬節制使를, 기타 수령은 兵馬同僉節制使·兵馬節制都尉를 겸직하여 예하 군현을 통괄함으로써 신라시대부터의 군사적 중요성을 유지하게 되었던 것이다.

한편 광주는 선초부터 매사냥터와 講武場으로서 기능을 수행하였으며, 또한 倭人들의 上京路 역할을 함으로써 군사·교통상의 중요한 위치를 차지하고 있었다. 태종 6년(1406) 2월 광주 東鹽倉의 들판에서 강무를 시행하였고,[78] 또 동 왕 7년(1407) 2월 광주 낙생역 앞뜰에서 강무를 행한 것[79]은 그 한 예이다. 또 능행이나 온행 그리고 사신왕래로에 위치하였기 때문에 광주 樂生驛은 사신들의 숙박처로써 중요시 되었으며,[80] 태종 10년(1410)에는 達達女眞族의 침입에 대비한 武備策으로서 충청지역의 산성수축 문제와 함께 李稷으로 하여금 광주 日長城(지금의 南漢山城)의 수축 가부를 살피게 하여 외적의 침입에 대비케 한 것으로 보아 교통, 군사적으로도 중요한 요충지였던 것이다.

이후 광주목은 연산군때 일시적으로 혁파되었다가 중종때 다시 복구되어 명종 14년(1559)에 목사가 다시 파견되고, 명종 21년(1566) 兼防禦

---

78) 『태종실록』 권11, 태종 6년 2월 기축.
79) 『태종실록』 권13, 태종 7년 2월 무술.
80) 『세종실록』 권55, 세종 14년 1월 무진.

使, 선조 6년(1573) 兼討捕使로 바뀌고, 선조 10년(1577)에 廣州府로 승격되어 부윤이 임명되다가 임진왜란 이후 兼守禦副使로 바뀌었다.[81] 이와 같이 광주목은 조선전기에 걸쳐서 행정구역상 廣州牧으로, 군사상 廣州鎭의 官府로서의 역할을 수행하면서 16세기까지 존속하였다.

그런데 이러한 광주목을 이설하자는 논의가 일어나게 된 배경은 임진왜란 이후 수도방어를 목적으로 강화의 축성과 함께 남한산성을 수축하여 '保障之地'로 삼아야 한다는 주장에서 야기되었다. 즉, 광해군 10년(1618) 6월 비변사가 後金(淸)이 날로 번성하여 서북지방 변경의 방어문제가 대두되자 閔馨男이 올린 箚子에서 비롯되었다.

강화를 保障의 땅으로 만들만하다는 이전부터의 의논이 한 두 번이 아니요, 修繕에 관한 계획을 본사(비변사—필자)에서도 재삼 진달하여 바야흐로 시행하고 있으나 다만 거리가 멀지 않은 곳에 서로 掎角의 勢를 이룰 곳이 있어야 표리가 서로 의지하고 성세도 서로 응원이 되어 만전을 기할 수 있습니다. 강화와 수원에 이미 조치하였으니 남한산성의 수축은 곧 連珠의 형세로써 병법에 있어 마땅히 먼저 해야 할 곳입니다. 더구나 본성(남한산성—필자)의 형세가 험고한 것은 과연 箚子내용의 서술과 같으니 오늘날 제때에 수선을 하지 않을 수 없습니다. 다만 畿內 물력의 결핍이 매우 심하여 파주·강화·수원·죽산 등 이외에 또 이 성을 설치한다면 아마도 쉽게 이루어내지 못할 듯합니다. 곧 본도 순찰사로 하여금 직접 巡審하게 하여 城子가 퇴락한 곳에 인력을 얼마 사용해야 하고 인민을 모아들이는 편부 그리고 양향·기계의 조치에 있어서의 난이를 하나하나 계문하도록 한 뒤에 따로 논의, 처치할 것입니다. 혹 광주목사가 이 성으로 옮기게 되면 일이 쉽게 이루어 질 것이고 백성들도 즐거워하며 모일 것이라는 말도 있으니 이 문제도 아울러 계문합니다.[82]

---

81) 『증보문헌비고』 권131, 직관고18, 외관2.
82) 『비변사등록』 2책, 광해군 10년 6월 1일.

라고 한 바와 같이 남한산성을 수축하기 위해서는 광주목을 산성에 이설하고 백성을 安集시키는 것이 필요하다는 입장이었다. 이후 이 문제는 인조 원년(1623)에 광주목을 留守兼守禦使로 승격시키고, 동 왕 2년(1624)부터 동 왕 4년(1626)에 남한산성을 수축한 뒤 곧바로 남한산성의 수어문제와 관련하여 재론되었다.

그러나 인조 4년(1626) 8월에 특진관 張晚과 수어사 李曙가 남한산성 방어문제를 의논하는 가운데 광주목을 산성에 이읍하여 수성하자는 移邑入守城論과 산성에 別將을 설치하여 수성하자는 別將設置守城論에 대해 의논한 결과 별장설치수성론을 선택하게 되었다.[83] 그러나 이것도 잠시일 뿐 동 왕 4년 9월 29일의 기록을 보면 牧使入守城論과 他人入守城論에 대해서 다시 논의가 진행되었고[84] 결국은 남한산성을 수축, 완료함과 동시에 광주읍치를 남한산성 안에 이설하고, 또한 廣州田 2,000여 결의 세입을 재원으로 하여 牧使兼防禦使로 하여금 산성을 수어케 하였던 것이다.[85]

(2) 山城居民의 확보와 南漢山城의 인구추이

남한산성을 수축하고 지키기 위해서 없어서는 안 될 것이 산성거민과 군기 및 군량의 확보였다. 그 중에서도 먼저 산성거민을 확보하는 일이 시급한 과제였다. 남한산성수축 이전에 어느 정도로 사람이 살았는지에 대해서는 아직 확인될 만한 기록을 찾지 못했다. 그러나 임진왜란 이후 선조 26년(1593) 10월, 왜적에 대한 방어책으로써 남한산성을 요새화하여 방어할 것을 제안하고 광주·이천 등의 군사를 취합하여 수도를 방어하게 한 것이라든지, 선조 30년(1597) 정월에 柳成龍이 경기백성들로 하여금 入居하여 농사도 지으면서 산성을 방비하도록 건의한[86] 사실을 통해서 산성

---

83)『승정원일기』15책, 인조 4년 8월 19일.
84) 위의 책, 인조 4년 9월 29일.
85)『중정남한지』권9, 하편 성사.

거민의 필요성과 그 존재를 추정해 볼 수 있다. 그리하여 당시 산성수축문 제로 柳成龍과 함께 산성의 형세를 조사한 盧稷의 보고에 따르면 당시 남 한산성에는 어느 정도의 백성이 거주하고 있었음을 알 수 있다.[87]

그 후 광해군 10년(1618) 6월 비변사가 오랑캐의 침입에 대비하기 위해 서 남한산성 수축의 필요성을 제기하면서 경기도의 물력의 결핍과 백성 의 모집 및 군량과 병기의 확보 등을 먼저 해결해야 한다[88]고 한 사실에 서도 산성수어에 있어 산성거민의 확보는 불가결한 것이었다. 따라서 이 러한 바탕 위에 산성수축론자들은 도성의 보장처로써 남한산성의 수축을 주장하게 되었고 산성의 수축과 방어를 위해 먼저 승도를 모집하고 창고 를 지어 곡식을 저장하거나 또는 인호를 모집하여 부역을 면제, 안집시킬 조치를 선행해야 한다고 제안하였던 것이다. 특히 인조 2년(1624)에 적극 적으로 남한산성수축을 주장했던 영의정 李元翼의 募民入居論은 그 대표 적인 것이었다.[89]

이러한 배경 속에서 결국 남한산성은 수축하게 되었으며 앞에서 언급 한 바와 같이 산성을 수축한 후에 산성의 관리와 방어를 위해 광주부를 이설하게 되었다. 그 결과 수축군으로서의 僧徒와 軍兵을 조발하고 일반 백성을 모민입거함으로써 산성거민을 확보하게 되었던 것이다.[90] 그리 하여 초기에는 산성거민을 확보할 목적으로 광주관내의 백성은(『세종실 록』지리지에는 광주목 호구 1,436, 인구 3,100명이었음) 물론 他邑의 거 주민도 입거시켜 身役을 면제할 뿐만 아니라 復戶를 지급하여 자활케 하 였던 것이다.[91]

---

86)『선조실록』권84, 선조 30년 정월 경신.
87)『선조실록』권85, 선조 30년 2월 병술.
88)『비변사등록』2책, 광해군 10년 6월 1일.
89)『梧里集 別集』권1, 引見奏事 甲子 3월 초8일.
90) 조병로,「조선후기 남한산성의 수축과 방어시설(I)」,『성남문화연구』3, 1995, 25~33 쪽 참조
91)『승정원일기』53책, 인조 14년 8월 4일.

그렇다면 당시 남한산성에는 어느 정도의 주민이 살았으며 또 그들의
생활은 어떠했을까? 다음 <표 3>은 정조 13년(1789)『戶口總數』에 나타
난 광주부의 호구와 인구를 집계한 것이다.

<표 3> 『호구총수』에 나타난 광주부의 인구

面	戶口	人口		
		男	女	合計
慶安	441	1,127	1,298	2,425
五浦	423	1,118	1,540	2,658
都尺	455	901	1,037	1,938
實村	602	1130	1,240	2,370
草月	574	1,505	1,552	3,057
退村	263	735	843	1,578
草阜	253	754	746	1,500
城內 南洞	585	1,019	1,030	2,049
城內 北洞	460	860	722	1,582
東部	709	1,338	1,598	2,936
西部	441	1,227	1,245	2,472
龜川	410	892	1,148	2,040
中臺	726	1,441	1,603	3,044
細村	396	858	978	1,836
突馬	515	1,383	1,390	2,773
樂生	634	1,467	1,485	2,952
大旺	701	1,990	2,050	4,040
彦州	723	1,719	1,629	3,348
義谷	262	531	584	1,115
王倫	230	523	590	1,113
月谷	214	539	510	1,049
北方	347	713	634	1,347

僧戶	204	632	654	1,286
合計	10,568	24,402	26,106	50,508

자료: 『戶口總數』2책, 京畿道 광주(正祖 13: 1789)

이에 따르면 광주부의 총 호구는 10,568호이며, 인구는 남 24,402명, 여 26,106명으로 모두 50,508명이다. 그중 남한산성 안의 호구는 南洞의 경우 585호, 인구 2,049명이며, 北洞의 경우 460호, 인구 1,582명으로 모두 3,631명이었다. 이것은 『여지도서』상의 총 호구 11,713호 총 인구 54,709명에 비하면 호구는 145호, 인구는 4,201명이나 감소된 것이며, 산성 안의 경우를 보면 호구는 31호, 인구는 577명이나 감소되었음을 알 수 있다.

다음 <표 4>는 현종대의 『광주부읍지』(1842-1843)에 나타난 광주부의 호구와 인구를 집계한 것이다.

<표 4> 광주부의 호구와 인구실태

面	戶口	人口		合計
		男	女	
城內	1,161	2,100	1,947	4,047
慶安	541	1,234	1,350	2,584
五浦	417	969	1,461	2,430
都尺	469	687	928	1,615
實村	653	1,115	1,206	2,321
草月	838	1,202	2,004	3,206
退村	478	594	893	1,487
草阜	424	745	741	1,486
東部	771	1,325	1,596	2,921
西部	487	1,153	1,601	2,754

---

92) 僧戶는 산성내 사찰에 거주하는 승려의 호구임.

龜川	408	917	1,155	2,072
中臺	727	1,438	1,799	3,237
細村	474	827	847	1,674
突馬	575	1,020	1,366	2,386
樂生	579	1,146	1,246	2,392
大旺	772	1,612	2,159	3,771
彦州	738	1,559	1,757	3,316
義谷	387	540	727	1,267
旺倫	276	565	652	1,217
月谷	359	494	563	1,057
北方	327	684	678	1,362
聲串	367	688	720	1,408
僧戶[92]	68			143
합계	12,296[93]	22,614[94]	27,396[95]	50,153[96]

資料: 『廣州府邑誌』坊里條(1842-1843)

　이에 따르면 정조 이후 53년이 지난 현종대의 광주부 전체의 호구는 僧戶를 포함하여 모두 12,296호이며 인구는 남녀 합계 50,153명으로 나타나고 있어 다소 호구는 전체적으로 728호 증가되었으나 인구는 355명 정도의 증가에 그치고 있다. 반면에 남한산성 안의 호구는 1,161호 인구는 4,047명으로 호구는 116호, 인구는 416명이나 증가되는 추세를 보여주고 있다.

　한편, 『중정남한지』에 따르면 산성 안의 행정구역은 행궁과 동문을 경계로 하여 北洞과 南洞으로 구획되었으며, 남동의 호구는 614호로 남 1,191명, 여 1,555명이며, 북동은 462호로 남 1,009, 여 853명으로써 총

93) 원본은 13,534로 집계되었으나 실제는 12,296임.
94) 원본은 22,731이나, 실제 집계한 결과 22,614임.
95) 원본은 27,263이나, 실제는 27,396임.
96) 원본은 49,994이나, 실제 합산한 결과 50,153임.

호구는 1,076호 인구는 4,608명으로 編戶되어 있다.[97] 또한 정조 3년(1779) 8월 宋煥億이 임금에게 보고한 것에 따르면 성내의 민호는 1천여 호이고 남자 2천여 명, 여자 2천 3백 명이라고 하였다. 그리고 광주부 전체의 호구는 1만 6백여 호이고 인구는 4만 8천여 명이었다.[98] 이를 통해 보면 남한산성 안의 호구는 대체적으로 1,000여 호, 인구는 3,500명에서 4,000여 명을 웃돌지 않고 유지되고 있음을 볼 수 있다.

<사진 1> 남한산성 마을 전경(일제시기 촬영)

그런데 남한산성을 이읍할 당시 초기의 호구는 대략 300여 호 정도였다고 한다. 이때만 해도 신역과 전세를 면제하고 復戶를 지급하여 생활은 그럭저럭 유지되었다. 그러나 자연출산으로 인한 인구증가와 避役者의 投屬으로 말미암아 점차 600호, 나중에는 1,000호까지 증가되고 있음을 알 수 있다. 그것은 숙종 17년(1691) 7월 우의정 閔黯과 수어사 李宇鼎이 山城募民의 投屬 실태를 지적하고 모민들의 신역면제를 폐지할 것을 주

---

97)『중정남한지』권5, 중편 호구.
98)『정조실록』권8, 정조 3년 8월 갑인.

장하고 있는 데서 잘 알 수 있다. 즉 우의정 閔黯은

> 남한산성에 모집해 들인 사람은 과거 불과 3백호였으나 지금의 경우
> 다른 곳에서 신역을 기피하려는 자가 해마다 들어와 投屬하여 현재는
> 자그마치 1천여 호에 달합니다. 그러나 復戶로 정해진 규례는 불과 1천
> 결인데 이것으로 두루 지급하기는 사실 어려운 형편입니다. 그럼에도
> 백성들이 신역을 기피하여 들어오는 자가 끊이지 않으니 지금 변통하
> 지 않으면 앞으로 반드시 난처한 폐단이 있을 것이라 합니다. 지금부터
> 모집해 들이는 일을 허용치 않는 것이 어떻겠습니까?[99]

하였고 이에 대해 수어사 李宇鼎 또한

> 산성에 모집되어 소속된 자에게는 비록 수군에 편입된 자도 또한 모
> 두 감면되므로 신역을 기피하여 들어오는 자가 매우 많습니다. 더구나
> 그 성은 땅은 적고 사람은 많아 생활이 매우 어려우며 인심이 사나움은
> 다른 곳보다 심합니다. 만일 사변을 만나는 경우 염려할 일도 없지 않을
> 것이니 左相이 아뢴 바 속히 변통해야 한다는 말은 실로 옳습니다. 앞으
> 로는 모집해 들이지 말도록 하는 것이 타당하다고 생각됩니다.[100]

라고 한 것이 그것이다. 산성민에게 생활우대책으로 베풀어졌던 신역면
제는 他邑民이 良役을 謀避하기 위한 수단으로 이용됨으로써 모민정책마
저 폐지하기에 이르렀던 것이다. 그리하여 산성의 호구는 모민정책을 포
기한 대신 1,000여 호 정도를 안정적으로 유지하게 되었던 것이다. 이러
한 산성 안의 호구와 인구 추이는 구한말시기에 이르러서도 다음 <표 5>
광무 3년(1899)의 집계에서 볼 수 있듯이 1,088호에 인구 4,047명을 유지
하는 수준이었다.

---

99) 『비변사등록』 45책, 숙종 17년 7월 13일.
100) 위와 같음.

<표 5> 광무 3년(1899) 광주부의 호구 · 인구 현황

읍면	호구	인구		
		남	여	합계
城內	1,088	2,100	1,947	4,047
慶安	541	1,230	1,350	2,580
五浦	417	969	1,460	2,429
都尺	469	687	928	1,615
實村	612	1,115	1,206	2,321
草月	590	1,202	2,004	3,206
退村	462	594	893	1,487
草阜	358	745	742	1,487
東部	722	1,153	1,596	2,749
西部	487	1,153	1,601	2,754
龜川	408	917	1,155	2,072
中臺	727	1,438	1,799	3,237
細村	375	827	847	1,674
突馬	460	1,020	1,344	2,364
樂生	579	1,146	1,246	2,392
大旺	772	1,212	2,159	3,371
彦州	738	1,559	1,757	3,316
義谷	287	540	727	1,267
王倫	276	565	652	1,217
月谷	352	494	563	1,057
北方	327	684	678	1,362

聲串	356	688	720	1,408
僧戶	68	143		143
合計	11,471	22,181	27,263	49,555

자료: 서울대학교 규장각, 『京畿道邑誌』1, 「光武三年五月日 廣州府邑誌」, 1998.

2) 南漢山城 聚落의 발달과 교통로

(1) 官衙의 건립

인간은 생물학적, 사회적 욕구를 충족하기 위해서 群集 생활을 하여 왔다. 그리하여 지표상에 인가, 즉 가옥을 짓고 휴식처로 삼아 생활을 영위해 왔는데, 이를 흔히 聚落 또는 村落이라 한다. 인간은 생활공간의 주체자로서 토지를 차지하여 지리적 환경에 적응하면서 생활하였으며, 그 생활의 근거지가 곧 인가이며 이것은 취락을 구성하는 단위로써 일정한 장소에 집결되고 있는 게 특징이라고 말할 수 있다. 그러나 취락은 인간의 생활근거지로서 가옥이 집결된 村內만을 한정하지 않고, 넓은 의미의 耕地와 道路 등 여러 요소들과의 유기적 관계속에서 형성된다.[101] 그렇기 때문에 사회적 동물로서 집단생활을 영위하기 위하여 생산과 교역 및 상호교류를 위한 교통과 외적방어를 방어시설 등을 마련하여 聚落을 조직하였던 것이다.

그리고 이러한 취락은 用水와 耕地 및 交通 등의 입지조건이 충족되어야 했다. 일찍이 李重煥은 『擇里志』에서 用水를 중심으로 한 生利와 卜居 그리고 舟車를 강조하여 한강유역의 취락입지의 중요성을 역설한 것은 이를 잘 말해주고 있다.[102] 따라서 남한산성은 이러한 입지조건 아래

---

101) 오홍석, 『취락지리학』, 교학연구사, 1994, 10~13쪽 참조.
102) 李重煥, 『擇里志』, 卜居總論 生利.

京畿 4都의 하나인 광주에 축조된 산성으로서 한강유역의 유리한 경제적, 교통적 그리고 군사적 지리조건을 이용한 산성 취락을 형성하게 되었다. 이러한 입지를 바탕으로 유사시에는 駐蹕處로서의 역할과 도성을 방어하는 군사적 기능을 지닌 保障之地로서의 기능을 하였던 것이다.

따라서 남한산성을 축조하여 광주유수부를 이설한 이후 산성 안에는 行宮을 비롯하여 많은 公廨, 즉 官衙를 건립하여 산성 취락의 경관을 갖추게 되었다.

일반적으로 공해는 宮室과 官廳 건물 및 倉庫 시설을 말하는데, 대부분의 읍지에는 公廨라 하여 궁궐과 관청을 함께 서술하고 있으나, 『중정남한지』에는 궁실과 관해를 별도로 구분하여 기술하고 있다. 즉, 궁실은 上闕과 下闕, 左殿, 右室, 在德堂, 漢南樓, 人和館을 포함시켰으며, 관해는 坐勝堂, 日長閣, 守禦在營(演武館), 制勝軒 등으로 구분하였다. 남한산성의 官衙는 『여지도서』에 의하면 行宮 231칸, 左殿 29칸, 右室 4칸 軍餉倉舍 924칸, 客舍 36칸, 官衙 123칸, 鄕廳 16칸, 州司 11칸, 作廳 27칸, 軍器廳 12칸, 官廳 11칸, 鐘閣 6칸, 刑獄 21칸이 건립되고 있다.[103] 또한 『광주부읍지』(1842~1843) 공해조를 살펴보면, 행궁은 上闕(72칸 반)과 下闕(154칸)로 되어 있는데, 광주목사 柳琳이 인조 2년(1624)에 건립하였으며, 左殿(26칸)은 숙종 37년(1711)에 부윤 金致龍이 건립하였다. 右室(4칸) 또한 金致龍이 건립하였다. 在德堂(7칸)은 上闕내에 있는데, 숙종 14년(1688) 유수 李世白이 건립하였으며, 人和館(68칸)은 인조 2년(1624) 柳琳이 건립하였다. 守禦營(100칸)은 원래 演武舘 또는 學武堂이었는데, 수어사 金佐明이 鍊兵舘이라 개명하였다가 정조 3년(1779)에 守禦營으로 개명하였다. 그리고 貳衙(12칸)은 守禦營내에 있으며, 內衙(24칸)은 정조 20년(1796)에 새로 건립한 것이다. 기타 知穀廳(8칸), 哨官廳(11칸), 作廳(22칸), 二廳(19칸), 別破陳廳(16칸), 捕盜廳(9칸), 吹手廳(10칸), 軍牢廳(9칸), 巡令手廳

---

103) 『여지도서』, 광주 공해.

(7칸), 僧徒廳(20칸), 訓導廳(4칸), 鐘閣(6칸), 本府衙舍(26칸), 牙兵將官廳(21칸), 鄕廳(3칸), 束伍將官廳(15칸), 防營旗牌官廳(10칸), 書吏廳(33칸), 官奴廳(13칸), 執事廳(20칸), 一廳(13칸), 細樂手廳(12칸) 등이 건립되었음을 알 수 있다. 한편『광주부읍지』(1871) 공해조에 의하면 左勝堂(14칸)이 순조 16년(1816)에 건립되었으며, 日長閣(8칸)은 순조 29년(1829)에 건립하고, 漢南樓(3칸)은 정조 22년(1798)에 건립되었으며, 中營 軍官廳(12칸)이 추가 건립되고 있음을 알 수 있다.

한편, 倉庫시설은 행궁 및 관아의 생활필수품인 진상과 여러 가지 관수품을 비축하고 특히 軍糧을 보관하기 위하여 건립되었다. 대표적인 창고로 營庫, 新·舊南倉, 新豊倉, 別倉, 東倉, 新北倉, 舊北倉, 穄倉, 僧倉, 保障庫, 補餉庫, 補關庫, 城機庫, 軍器庫, 兵房所, 復戶所, 雇馬所, 助粮所, 環頭所 등이 있다. 그 중 營庫는 京營의 留營으로써 광주유수가 산성을 수비한 뒤에 붙여진 이름인데 각종 물품의 備蓄과 糶糴, 支放 및 需用의 역할을 담당한 창고로 금, 은, 포백 및 소금, 간장 등을 저장하였으며 모두 24字庫 201칸 규모의 큰 창고였다. 穄倉은 호조와 진휼청, 상평창의 곡물을 쌓아두어 제향과 진휼에 대비하기 위한 것이며, 僧倉은 수어사 李世白이 공명첩으로 모아 해마다 환곡으로 이자를 저축한 것으로 군향에 충당하였다. 保障庫는 營庫와 표리관계를 이루는 창고로 京廳의 戶房所 창고의 이름을 따서 지은 것으로, 京廳의 각종 수입을 비축하여 支放, 排朔, 儲置, 給代 등의 비용을 출납하였다. 補餉庫는 광주유수부의 수입, 지출을 관장하는 창고이며 주로 군관들의 생계비용을 출납하였고, 補關庫는 군향곡을 옮겨 받아 이자를 받아 돈으로 바꿔 다른 창고로 이송하는 창고의 하나였다. 城機庫는 성첩 및 관청의 수리에 들어가는 경비를 마련하기 위하여, 軍器庫는 군기물자의 비축을 위해서, 兵房所는 각 지방 향승들의 義僧防番錢을 보관, 승군들에게 지급하기 위해 만들어진 창고이다.

그리고 復戶所는 산성 안에 거주하는 백성들을 진휼하기 위하여 국가에서 전결 1,000여 결의 세입을 저장, 관리하였으며, 雇馬所는 광주유수부에 사용할 말을 고용하기 위하여 800냥의 경비로 20필의 말을 준비하기 위하여, 助粮所는 공사의 使役과 각종 貰馬를 위해 마련한 것이다. 현재는 演武館, 枕戈亭 등 몇 개의 건물만 남아 있으며, 최근에 행궁터를 포함한 남한산성의 지표조사 결과 官衙 및 倉庫遺址가 조사되어 당시의 관아 경관을 엿볼 수 있다.[104] 따라서 行宮 주변과 官衙 및 倉庫를 중심으로 어느 정도의 官廳街路가 형성되었음을 추정할 수 있다.

(2) 山城안의 교통로

남한산성 안의 기본적인 도로망은 건물군의 배치 및 주변 군현과 상호 교류를 위해 밀접한 관계를 맺고 있다. 『해동지도』와 『남한산성고지도』에 따르면 당시의 옛길은 지금 사용되고 있는 도로와 별반 차이가 없다. 그러나 기본적인 交通路는 4대문을 연결하는 도로와 성을 일주하는 도로망을 구성하고 있으며, 외곽의 도성으로부터 남한산성에 이르는 교통망을 형성하고 있다.

외곽 교통로는 앞에서 살펴본 바와 같이 도성으로부터 남한산성에 이르는 大路는 漢江津 → 良才驛(彦州) → 新院酒幕 → 板橋酒幕(樂生) → 三街酒幕 → 南門 → 新南城 → 利峴 → 慶安驛 → 雙嶺雙橋 → 昆池岩酒幕 → 廣峴 → 利川방면 가는 길이 그 하나이며, 또 하나의 大路는 都城의 三田渡를 출발하여 觀魚亭古基 → 栗木亭 → 守禦屯 → 南門에 이르는 길과 松坡嶺으로부터 守禦屯 → 南門에 이르는 도로가 개설되었다. 그리고 도성의 廣津을 출발하여 → 夢村 → 椒川 → 古邑基 → 鄕校(→ 德豊驛 → 刀馬山 → 牛川) → 北門에 이르는 도로와 東門에서 출발하여 新峴 → 慶安驛石橋 → 雙嶺 → 昆池岩 → 廣峴 → 利川으로 가는 길, 동문에서 汗峰 → 俺

---

104) 한국토지공사 토지박물관, 『남한산성 문화유적 지표조사 보고서』, 2000, 186~204쪽 참조.

峴 → 退村 刀馬山 → 牛川 → 渡迷津 → 奉安驛에 이르는 대로가 발달되
었다. 이외에 小路는 松坡倉 → 蓮池 → 西門 등이 연결되어 있었다.

<사진 2> 남한산성 주변 교통로

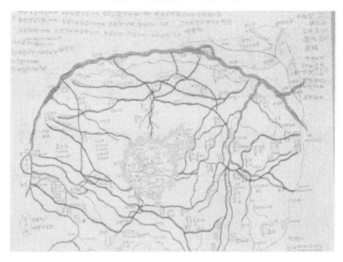

<사진 3> 남한산성 내부 교통로

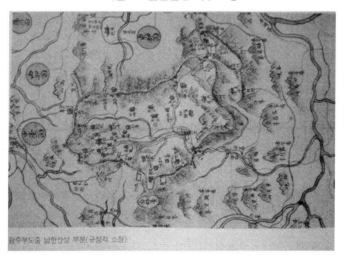

한편, 산성 안의 교통로에 대해서는 자료가 희소하여 잘 알 수는 없지만, 다행하게도 한국정신문화연구원에서 소장하고 있는 『南漢山城圖』를 통해서 그 일면을 찾아볼 수 있다. 이 지도에 따르면

    (1) 行宮 → 補餉庫 → 天柱寺 → 西將臺 → 左殿

    (2) 行宮 → 城機庫 → 南倉 → 人和館
               ↓
       → 南門 → 枕戈亭 → 北門 → 北倉里 → 北將臺 → 西門

    (3) 行宮 → 城機庫 → 鐘閣 → 演武館 → 貳衙　　外東將臺 暗門
                     ↓   ↑
       東倉 → 玉井寺 → 暗門 → 內東將臺 暗門 → 暗門 → 東
       林寺 → 蜂巖

    (4) 地水堂 → 顯節祠 → 望月寺
    (5) 演武館앞 → 南壇寺 → 南將臺 → 南格臺(新南城)
               ↓
       社稷壇 → 漢興寺

    (6) 地水堂 → 東門 → 長慶寺 → 暗門

등 6개의 도로망이 개설되어 상호 유기적 관계를 맺으면서 물자의 교류와 사람과 우마의 왕래 등 교통로의 기능을 발휘하였던 것이다. 그리고 『중정남한지』에 따르면 송파의 松坡津이나 甲子倉으로부터 군량을 운반하기 위해서 우마와 수레를 비치하여 운송한 바에 따르면 일정한 도로폭을 유지하기 위해 도로의 수치에도 심혈을 기울였던 것으로 추정된다.

그리하여 남한산성 안의 교통로는 남-북 대문이 거의 평지로 연결된데 반해, 동서 도로는 서쪽의 지형이 높아 관통되지 않고 그 대신 행궁이

도로의 기점을 이루고 있는 점이 특징이라고 할 수 있다. 따라서 성내의 도로구역은 남북도로를 중심으로 하여 서쪽지역은 주로 행궁이나 관아, 객사 등의 관청건물이 들어서고 있는 반면, 일반인들은 도로 동편에서 동문에 이르는 곳에 많이 거주하고 있다. 또한 성내의 東西幹線道路는 하천을 중심으로 남쪽과 북쪽에 두 개의 도로가 조성되어 있으며, 각 도로에서 將臺, 寺刹 등의 중요시설과 연결되고 있다. 그리고 성을 순환하는 도로는 성벽 내부에 형성된 回廓道가 주로 이용되었을 것으로 보이며, 회곽도 내부에는 산성의 방어를 위해 건립된 9개의 사찰과 연결된 內還道가 설치되었을 것으로 판단된다. 대체적으로 당시의 교통로는 지적도상에서 보아도 동서간선도로와 남문의 옛길에서 북문을 잇는 도로 및 성곽내부의 회곽도 역시 현재의 등산로와 거의 일치하고 있음을 볼 수 있다.[105]

(3) 山城 聚落의 형성과 山城 住民의 생활

남한산성의 취락은 이미 앞에서 살펴 본 바와 같이 中部面 山城里에 행궁과 동문을 남북 축으로 하여 南洞과 北洞으로 형성되었다. 그리고 산성의 4대문 지역을 중심으로 동문안, 서문안, 남문안, 북문안의 4개 자연취락이 형성되었으며, 또한 도로를 따라 현재의 남문주차장 위쪽을 웃삼거리, 지수당 동남쪽 삼거리를 아랫삼거리라고 불렀으나 행정구역상 산성취락은 '城內2洞'이라 하여 크게 南洞과 北洞으로 구분하게 되었다. 남동은 성안의 마을로서 현존하지 않으나『신증동국여지승람』이나『중정남한지』에는 성내에 남동·북동이 있었다고 하였던 데서 알 수 있다. 남동·북동의 구분은 행궁과 동문을 축으로 하여 남쪽은 남동, 북쪽은 북동이라 하였으며 현재의 행정구역 구분과는 차이가 있다. 정조 13년(1789)의『호구총수』에 의하면 남동 호구 585호, 인구 2,049명이고, 북동은 460호에

---

105) 앞의 책, 한국토지공사 토지박물관, 251~252쪽 참조.

인구 1,582명으로 성안의 인구는 무려 3,861명(僧戶 제외)으로 당시의 개성 · 강화에 이어 한강 이남에서는 가장 큰 都會였음을 알 수 있다.

그러나 산성 취락이 오늘날 의미의 도시구조적 측면에서 얼마나 계획된 취락을 형성하였는지는 자세히 알 수 없다. 촌로들의 구전에 의하면 서문안마을, 동문안마을, 북문안마을, 남문안마을 등이 형성된 것을 알 수 있다. 이들 마을은 성안의 인구가 증가하면서 자연부락 형태의 집단취락으로 발전하면서 형성된 것으로 추정된다.

서문안마을 '서문내'라고 하여, 현재의 영락여자신학원 생활관에서부터 숭렬전에 이르는 인근 마을을 말하며, 동문안마을은 동문 안쪽에서 중부파출소 부근까지의 마을을 가리키며, 북문안마을도 역시 인조 4년(1626) 읍치 이설 이후 숙종조까지 산성민의 증가로 북문부근에 사람이 모여 살면서 형성된 것이며, 남문안마을 또한 남문에서부터 현재의 남문주차장까지의 주변마을을 지칭한다고 판단된다. 그리하여 앞에서 언급한 바와 같이 1,000여 호 정도의 호구가 취락을 형성하여 약 4,000여 명 정도의 인구가 밀집하여 산성 취락 생활하였던 것을 확인할 수 있다.

한편, 이러한 산성주민들의 생활은 그리 넉넉하지 못하였다. 그것은 인조 15년(1637) 4월 병조판서 李時白이 광주목사의 보고에 의거하여 아뢴 바에 따르면

> 광주민이 산성에 잘 들어오려 하지 않습니다. 비록 들어오려고 하는 자가 있어도 의지할 만한 것이 별로 없습니다. 이와 같은 사람들이 신역을 부담하는 데는 어려움이 있습니다. 그러므로 신역을 맡은 자는 모두 모민에게 전가하여 책임지우니 모민중에 일찍이 자생할 만한 자는 말을 가지고 품삯을 받으면서 생활할 수도 있지만 지금 생활할 수 없는 자는 差役이 곤란하여 出去한 자가 이미 14호나 되며 나머지 남아 있는 자들도 모두 계속 흩어질 뜻이 있습니다. 산성의 일은 지금 크게 변통한 뒤에야 보존할 수 있을 것입니다.[106]

라고 한 사실에서 산성모민의 생활의 한 단면을 엿볼 수 있다. 그것은 산성의 경제적 입지가 '地少人多'한데 그 원인이 있다고 본다. 물론 초기에 산성민의 생활을 보호하기 위하여 廣州田稅 2,000여 결을 수세하여 지급하도록 하였고, 給復田도 거의 1,000여 결에 달하였으나 역부족인 듯 하다. 산성민들의 경제적인 처지는 高峰絶頂에 몸을 의지하여 살기 때문에 본래부터 농업이나 상업 등의 생리를 영위할 수 없어 매년 환곡을 받아 먹고 살며 심지어는 逋欠마저 備納할 수 없는 지경에 이르고 있는 실정이었다.[107] 따라서 정부에서는 산성민을 보호하기 위해 신역을 면제하고, 給復하였으며며 심지어는 관곡의 하나인 還穀을 대여해주기도 하였으니 결국 환곡의 부족은 산성군량미의 부족을 초래하는 일까지 발생하게 되었다. 이러한 현실을 타개하기 위하여 실학자 柳馨遠은 산성 안에 瓦窯를 설치하여 기와를 구워 시장에 팔아 생계를 유지할 것을 제안하거나 또한 미개간지에 밤나무·배나무·뽕나무·잣나무·옻나무 등 경제림을 식재하여 民利를 도모할 것을 주장하기도 하였다.[108] 따라서 산성주민들은 성 안에서의 제한된 경제조건 때문에 城內場을 중심으로 松坡場, 慶安場, 昆池岩場 그리고 樂生場을 연계한 상품유통권을 형성하여 생필품 등의 물자를 교역하여 생활하였으며, 송파—낙생—경안 등의 교통로를 따라 형성된 院과 酒幕(또는 酒店이라 함)을 상품교역의 공간으로 활용하여 산성 안에서의 농업경제의 열악함을 극복하고 지역간 상품교역망을 구축함으로써 도성 인근 지역도시의 상공업 발달을 촉진하였던 것이다.

---

106) 『승정원일기』 57책, 인조 15년 4월 11일.
107) 『南漢謄錄』附 賦役, 癸丑 五月 十九日.
108) 『磻溪隨錄 補遺』 卷1, 郡縣制 廣州都護府. 남한산성에 유실수 등의 경제림 100만 주를 조성하여 세금을 면제하고, 백성들의 이익을 돕도록 제안한 것이 그 한 예이다.

4. 맺음말

　지금까지 필자는 조선시대 교통로 연구의 일환으로 17세기 광주유수부의 이설에 따른 남한산성 주변의 교통로와 산성 취락을 중심으로 조선 후기 교통로 발달과 산성도시 형성에 관하여 살펴보았다. 이것은 도성과 연결된 주변 도시의 상공업 발달 내지는 사회경제 변화의 양상을 이해하는데 근본적인 목적을 둔 것이며, 16~17세기 임진왜란과 정묘호란을 계기로 도성방어책의 하나로 수축된 남한산성의 수어대책과 관련하여 남한산성 안에 일련의 副都的 성격을 띤 제반 도시기반 시설, 즉 行宮과 官衙, 倉庫 및 社稷壇과 1,000여 호에 이르는 민가를 형성하여 독특한 산성 취락을 형성하여 종래의 淸野入堡와는 다른 방어책을 수립하였기 때문이다. 이는 향후 각 지방의 읍성및 산성 취락과의 교통 관계를 연구하는 하나의 試論이 될 것이다. 이런 측면을 염두에 두고 고찰한 바를 요약하여 맺음말에 대신할까 한다.

　조선시대 도성과 광주지역을 잇는 중요 교통로는 크게 良才-樂生大路와 松坡大路를 들 수 있다. 그리고 광주에는 驛路의 하나인 慶安道가 편성되어 여기에 수 개의 역이 소속되어, 공문서의 전송과 사신 및 왕래인의 접대를 담당하였다. 그 중 양재-낙생대로는 삼국 이후 개통되어 고려를 거쳐 조선시대에 이르기까지 사람과 화물이 도성과 부산지역을 왕래하는데 있어 중요한 삼남의 大路였다. 특히 선초에 講武와 陵幸 및 溫幸에 따라 양재-낙생대로는 교통의 요충지로서 뿐만 아니라 임금의 사냥터나 晝停所로서 중요한 위치를 차지하였다. 고려의 역참을 계승, 발전시킨 선초에 良才驛과 樂生驛은 도성의 咽喉에 해당하는 역로였기 때문에 두 역을 잇는 교통로의 개발과 관리는 조정의 지대한 관심거리였다. 태종의 사후 獻陵 참배문제로 야기된 穿川峴路의 開塞問題는 세종 이후 문종을 거처 세조대에 일단락 될 때까지 獻陵主山來脈論으로 말미암아 개통해야 할 것인가 막아야 할 것인가 하는 풍수설에 입각한 논쟁을 야기하였다. 원래 穿川峴은 穿川峴烽燧(후술할 天臨山烽燧를 말함)가 있었던 곳으로 도성을 출발, 양재를 거쳐 낙생, 용인, 이천으로 향하는 길목에 있는 커다란 언덕이었다. 獻陵 主山 옆에 있었기 때문에 헌릉의 맥을 끊는다는 이유로 이 길을 폐쇄할 것을 주장하였으나, 초기에는 도로가 없었는데 부근의 주민들과 守護軍들이 왕래하면서 차차 薄石을 깔고 관수물자와 사람들의 내왕이 잦아지게 됨으로써 三南지방의 중요한 교통로로 발달하게 되었던 것이다.

한편, 송파대로는 선초부터 헌릉 및 여주지역의 英陵에 이르는 능행과 경기·충청으로 통하는 중요한 도로였다. 특히 후기에 이르러 한강변의 京江商業의 발달과 함께 三田渡·廣津·松坡津을 중심으로 松坡鎭과 松坡場이 발달하여 상업을 통한 경향간의 물자교역이 활발하게 되어 중요 교통로 역할을 하게 되었던 것이다. 17세기 이후 남한산성을 축성하고 유사시 주필처로서의 비중이 커지고, 도성을 출발, 栗木亭을 지나 남한산성 행궁을 거쳐 英陵·寧陵에 참배하는 능행로에 위치하고 있기 때문에 더욱 주목을 받았다. 송파대로 이외에 남한산성 주변에는 遁池小路, 龍津小路, 沙坪小路 등이 형성되어 있었지만, 조선 후기 송파대로가 발달하게 된 것은 松坡場의 설치 때문이다. 이 송파장은 원래 남한산성 근처에 설치하여 산성방어의 하나로 백성을 모여 살게 하기 위한 생활방편이었는데, 松坡鎭설치로 松坡鎭軍과 募民들의 생계를 위해 이설함으로써 오히려 도성 안의 京市塵과의 경쟁관계 속에서 활발하게 지방장시로써 발전하게 되었던 것이다. 이 송파장은 산성 안의 城內場·樂生場·慶安場 및 주변지역의 板橋店·慶安店·松坡店 등의 酒店과 유기적 관계를 맺으면서 광주유수부의 산성 안 이설 후 중요한 산성민들의 생활근거지였던 것이다.

그리고 이러한 양재-낙생대로와 송파대로는 고려 이후 설치된 良才

驛・樂生驛 그리고 慶安驛 등의 驛이나 擺撥制 시행 이후 설치된 松坡站・
新川站・栗木站・慶安站・雙轎站 등의 撥站을 토대로 형성되었다.

조선 초기에 漢州를 廣州로 개칭하여 廣州牧으로 발전하다 후기에 廣
州留守府로 승격되어 남한산성 안으로 옮기게 된 것은 수도방어의 堡障
處로 수축된 남한산성을 수어하기 위해서였다. 원래 남한산성 관리문제
는 수어청의 수어사가 맡는 것이 원칙이었으나 유사시 방어문제로 말미
암아 광주목사를 留守兼守禦使로 승격시켜 廣州留守가 맡거나, 移邑하거
나 別將을 설치하자는 移邑入守城論・別將設置守城論 그리고 守禦使−別
將體制, 守禦使−廣州府尹 二元體系, 守禦使−從事官體制 등 여러 가지 방
안이 대두되어 논란을 거듭하게 되었다. 그러나 숙종대 이후 수어경청을
폐지하고 유수가 수어사를 겸직하는 留守兼守禦使 체제를 확립하는 1차
개혁 이른바 南漢山城移鎭應行節目이 실행되었으며, 영조대의 守禦廳變
通節目으로 치폐를 거듭하다, 정조대에 이르러 守禦廳革罷節目에 따라
수어청을 혁파하는 2차 개혁을 단행함으로써 광주유수가 남한산성을 방
어하는 留守兼守禦使−判官 체제로 일원화하게 되었던 것이다.

이와 같이 남한산성 수어대책을 수립하고 광주유수부를 산성 안으로
이설하여 官衙와 倉庫 및 左殿・右室 등의 社稷壇을 건립함으로써 명실
상부하게 行政權과 軍事權을 장악하였으며, 또한 산성주민을 확보하기
위해 募民政策과 山城民의 賦役免除 및 復戶政策을 실시하게 되었다. 그
리하여 남한산성 안의 호구는 인조 4년(1626) 이설 초창기의 300여 호에
서 정조 13년(1789)에는 성내의 南洞・北洞 합하여 1,045호 3,631명에 달
하였으며, 현종대의『광주부읍지』에 따르면 1,161호 4,047명 그리고『중
정남한지』에는 1,076호 4,608명의 인구가 거주하고 있었다. 또한 광무 3
년(1899)에는 1,088호 4,047명의 인구를 유지하였다. 이와 같이 남한산성
안의 호구 수용능력은 대체적으로 1,000여 호에 4,000여 명 정도의 인구
를 유지하였음을 알 수 있다.

한편, 남한산성의 都市的 樣相은 전통의 취락구조적인 성격을 띤 一字形 또는 ㄱ字形 민가가 南洞과 北洞을 중심으로 북문안 마을, 서문안 마을, 남문안 마을, 동문안 마을의 자연취락을 형성하였으며, 行宮을 기점으로 人和館·貳衙 등의 官衙施設과 倉庫 등의 제반 도시시설을 건립하여 都會地的 街路를 형성하였다. 그리고 각 시설물과 4대문을 연결하면서 山城川을 따라 東西幹線道路와 南北道路가 丁字形 또는 十字形의 도로를 중심으로 산성 내 교통로가 발달하였으며, 이것은 외곽도로인 양재−낙생도로와 송파대로 그리고 크고 작은 小路와 연결되어 물자교역을 위한 商業流通路 및 交通路, 陵幸路 그리고 유사시 軍事道路로서의 역할을 수행하였던 것이다.

앞으로 광주지역의 교통로와 남한산성의 취락 및 도시적 특성에 대해서는 樂生驛·慶安驛을 연결하는 慶安路에 관한 古文書의 발굴과 분석을 통해 驛站과 酒店과의 관계를 규명하고, 또한 산성 안의 주민들의 생활사를 좀 더 천착함으로써 밝혀질 것으로 기대한다. 이 뿐만 아니라 도성을 둘러싼 도성 교통로와 주변 교통로와의 연결과 이를 연계한 場市·酒店 그리고 驛站에 대한 연구가 선결되어야 할 과제이다.

제2장

수원 華城 축성과 교통

Ⅰ. 18세기 華城 城役의 물자 확보와 운송실태

-石材 · 木材 및 鐵物을 중심으로-

1. 머리말

18세기 말 수원지방은 정조시기 華城의 축조와 관련하여 괄목할 정도로 사회적인 변화를 맞이하였다. 그것은 수원이 경기도와 삼남의 요로에 위치하여 畿輔의 重鎭으로써 군사 · 행정적인 측면에서 중요시 되었을 뿐만 아니라 顯隆園의 천봉과 園幸에 따른 행궁의 건축 그리고 華城의 축조 때문이었다. 수원은 조선시대 초기부터 광주, 개성, 강화와 함께 수도를 방어하는 중요한 關防이었으며[1] 畿輔의 重鎭이었다. 일찍이 화성 축성의 필요성을 제기했던 부사직 姜游가

---

[1] 차용걸, 「조선후기 관방시설의 정비과정」, 『한국사론』 7, 1980.

_____, 「조선후기 관방시설의 변화과정」, 『한국사론』 9, 1981.

오종록, 「조선후기 수도방위체제에 대한 일고찰」, 『사총』 33, 1988 참조. 특히 金駿錫은 「조선후기 都城防衛策과 政治 · 思想界의 동향」(제6회 서울향토사학술대회, 서울시립대, 1995) 발표논문에서 조선전기의 전국적 · 전방위적 방어개념으로부터 후기의 수도권 방어개념의 입장에서 수도권 방어체제와 都城의 修築문제 등을 고찰한 바 있다. 인조시기 남한산성의 수축, 숙종시기 북한산성의 수축, 그리고 정조시기 화성의 축조 등은 이러한 입장에서 살펴봐야 할 것이다.

수원은 곧 총융청의 外營으로서 국가의 중진이고 더구나 또 막중한 능침을 받드는 곳이니 의당 특별한 조치가 있어야 할 것입니다. 이번에 새 읍을 옮겨 설치하였으나 성지의 방어시설이 없습니다. 신의 생각에 는 이번에 옮겨 설치한 것을 계기로 성지도 아울러 경영하는 것이 마땅 하다고 봅니다 …(중략)… 이제 만약 여기에 성을 쌓아 禿山城과 서로 견제하는 세력을 만들고 유사시에 협공하는 형세를 이루게 한다면 설 사 난폭하고 교활한 적이 있다하여도 병법에서 꺼리는 것임을 알고 감 히 두 성 사이를 엿보지 못할 것입니다.[2]

라고 하여 수원에 성지를 축조함으로써 禿山城과 더불어 능침과 신도시 를 방어할 수 있다고 주장한 것은 있는 수원의 군사적 중요성을 잘 말해 주고 있다. 또한 남한산성과 掎角之勢를 형성함으로써 수도 서울을 방어 할 수 있는 중요한 관방의 기능도 수행할 수 있었다.

한편 정조 13년(1789) 亡父인 莊獻世子, 곧 思悼世子의 능묘를 양주 배 봉산에서 수원 구읍의 주산이며 最吉地인 華山(현 화성군 송산면)으로 천 봉함으로써 구읍민에 대한 이주와 募民 및 생활안정대책을 중심으로 한 신도시를 건설하는 것이 당면 과제였다.[3] 그리고 정조의 顯隆園 전배에 따른 園幸과[4] 行宮을 보호하기 위하여 축성의 필요성은 더욱 증대되었 다. 그 결과 華城이 축조되었던 것이다. 이와 같이 수원은 현륭원의 천봉 과 화성의 축조를 계기로 군사적으로 중요한 위치를 차지하였을 뿐만 아 니라 정조의 왕권을 강화해 주는 정치적 성격을 띤 신도시로서 성장할 수 있었다.

종래 수원의 화성에 관한 연구는 城郭史的 입장에서 城制 내지는 築城

---

2)『정조실록』권30, 정조 14년 6월 기미.
3) 이홍구,「현륭원천봉과 정조대왕의 원행효성」,『기전문화』9, 1992.
   최홍규,「조선후기 화성축조와 향촌사회의 제양상－정조대의 수원지방 문제와「觀 水漫錄」을 중심으로」,『국사관논총』30, 1991.
4) 박광성,「정조의 현륭원 전배」,『기전문화연구』10, 1993.

法 등의 축성 일반에 관하여 개괄적으로 이뤄져 왔다.[5]

그러나 최근에는 화성 축조와 관련하여 나타난 향촌사회의 변화 양상[6]
이나 정치·군사적 측면에서의 防禦體制[7] 및 水利施設의 축조와 屯田經
營[8]에 대한 구체적 검토가 진행되었다. 이러한 연구들은 화성 축성 200
주년을 맞이하여 화성에 관한 학술적 관심을 더욱 고조시키기에 충분한
것이다. 특히 조선 후기의 탕평정국[9]과 관련하여 정조의 王權强化策의
일환으로 토지 및 노비제 개혁논의, 화성 축조의 배경을 둘러싼 노론 僻
派와 時派의 정치세력간의 군사·정치적 입장차이, 상공업정책을 둘러싼
대립을 중심으로 분석한 연구는[10] 우리에게 많은 시사점을 주고 있다.

따라서 앞으로 수원의 화성에 관한 연구는 이상과 같은 선행연구를 바

---

5) 차용걸,「화성의 성격과 특징」,『국역화성성역의궤』중, 신구문화사, 1978.
_____,「임진왜란 이후의 성제변화와 수원성」, 위의 책 下, 1979.
6) 최홍규, 앞의 논문.
7) 강문식,「정조대 화성의 방어체제」,『한국학보』82, 일지사, 1996.
8) 염정섭,「정조후반 수리시설 축조와 둔전경영」,『한국학보』82, 일지사, 1996.
9) 조선 후기 탕평정책에 대해서는 다음과 같은 논문이 참고된다.
박광용,「탕평론과 정국의 변화」,『한국사론』10, 1984.
_____,「정조년간 시벽당쟁론에 대한 재검토」,『한국문화』10, 1990.
_____,『조선후기「탕평」연구』, 서울대 박사논문, 1994.
유봉학,「18, 9세기 노론학계와 산림」, 한신대논문집 3, 1986.
이재호,「탕평정책의 본질고」,『조선정치제도연구』, 일조각, 1995.
이희환,「영조대 탕평책의 실상」上,『전북사학』16, 1993.
_____,『조선후기 당쟁연구』, 국학자료원, 1995.
정만조,「영조대 중반의 정국과 탕평책의 재정립」,『역사학보』111, 1986.
최완기,「18세기 붕당의 정치적 역학관계」,『정신문화연구』29, 1986.
10) 김성윤은『조선후기 정조의 탕평정치연구』부산대 박사논문, 1996, 149~155쪽에
서 화성 축성의 목적이 이른바 仙寢을 옹호한다는 것은 어떻게 보면 정조가 화성의
정치, 군사적 중요성을 강조한 것은 표면적인 이유에 불과하고 오히려 花山으로 遷
奉한 사도세자의 권위를 높임으로써 자신의 정통성과 왕권을 강화하려는 것이라
고 분석하고 壯勇外營의 수원 배치와 금위영, 어영청의 番上軍錢의 축성재원 확보
등을 통해 노론세력이 장악하고 있는 비변사와 5군영의 군사력을 약화시키려는 의
도가 깔려 있다고 평가하고 있다.

탕으로 행정 · 군사적 측면뿐만 아니라 상품경제 내지 교통사적 측면에서의 새로운 분석이 요구된다.[11] 그것은 수원지방의 역사 지리적 위치에서 볼 때 강이나 바다의 海産物과 전국의 物貨를 유통시킬 수 있는 경기 및 삼남의 중요한 교통로상에 자리잡고 있기 때문이다.[12]

이에 본고에서 화성 축조를 전후하여 축성에 소요되는 여러가지 물자의 확보와 운송문제를 중점적으로 분석하고자 하는 까닭이 여기에 있다고 하겠다. 이러한 시도는 앞으로 지방사연구의 활성화와 함께 지역 중심의 교통문화사 내지 상업사연구의 체계화에 큰 보탬이 되리라 믿는 바이다.

2. 화성의 축조방법 논의

화성이 축조된 배경은 이미 잘 알다시피 顯隆園과 行宮의 보호에 있다고 해도 과언이 아니다. 현륭원은 사도세자의 능침인 永祐園을 수원의 구읍치인 花山으로 천봉함으로써 조성된 것인데 정조 13년(1789) 7월 錦城尉 朴明源의 상소를 계기로 이뤄졌다. 여러 대신들의 논의 끝에 園所遷奉都監을 설치하고 수원 읍치가 있는 花山으로 옮기기로 한 것은 "좌정한 용이 구슬을 가지고 노는 형국"[13]이라는 풍수지리상의 最吉地라는 견해

---

11) 서울의 궁궐에서 현륭원에 이르는 華城直路上에는 일종의 園幸路가 형성되었는데 이 원행로에는 鷺梁站, 始興站, 肆覲坪站, 彌勒堂站, 華城站, 園所站 등의 5개 撥站과 長安門 북쪽에 迎華驛을 新設함으로써 원행에 따른 隨駕와 接待를 맡게 되었다. 따라서 이 교통로상에는 사람과 物貨의 왕래 및 유통이 매우 활발하게 되었던 것이다.

12) 정조 17년 (1793)10월 장령 鄭毅祚가 수원지방에 수레제도를 시행하여 貨物을 유통시키자고 한 것이나 (『정조실록』 권38, 정조 17년 10월 을축), 李秉棋가 수원 즉 화성부에 대해 "첫째로 園幸을 옹호하고 다음으로 경기의 요새지이며 끝으로 배와 수레가 모여드는 곳" (동년 2월 병진)이라고 평가한 데서 그 실마리를 얻을 수 있다.

가 지배적이었기 때문이었다. 그리하여 같은 해 10월 양주 배봉산 영우원에서 화산으로 천장하고 이를 顯隆園이라 하였던 것이다. 이는 곧 정조가 현륭원에 전배하기 위하여 자주 행차하는 계기가 되었으며 園幸에 따른 행궁과 신읍치를 건설하는 촉매제가 되었다.

화성행궁은 정조 13년(1789) 移邑 당시 수원부의 치소인 府衙를 행궁으로 사용 莊南軒이라 하여 正堂으로 삼았다가 뒤에 奉壽堂이라 하였다. 이외에 長樂堂, 景龍館, 福內堂, 洛南軒, 得中亭, 新豊樓 등의 건물과 外整理所, 修城庫 등의 관아를 포함하여 거의 576칸에 이르는 대규모적인 행궁을 건축하였다.[14] 또한 新邑治의 건설에도 박차를 가하여 초기에는 원거주민 63호, 近邑에서의 이주민 469호, 다른 곳에서 온 이주민 187호 등 모두 719호 였으나 축성 당시에는 거의 1,000호 규모로 인구가 증가하게 되었다.

그리고 신읍치 번영대책으로써 좌의정 蔡濟恭이 제시한 산업진흥방안과 府民募聚策이 적극적으로 반영되어 廛房의 설치, 6일 장시의 개설을 통해 시가지의 상설시장화를 도모하였고 또 도로와 교량을 건설하고 기와집 등을 건축함으로써[15] 계획적인 신도시로서의 면모를 갖추게 되었다. 그리하여 이러한 행궁과 신읍치 및 현륭원을 수호하기 위하여 화성은 축조되었던 것이다.

그렇다면 화성을 어떻게 축조할 것이며 城制는 어떻게 갖출 것인가가 문제이다. 축성에 소용되는 물자는 城制와 築城法에 따라 좌우되기 때문에 먼저 결정되어야 할 사항이었다. 이것은 화성 축성이 구체화되면서 논의되었다. 정조 17년 12월 監董堂上 趙心泰가

> 성을 쌓는 데에 대한 모든 절차를 의당 먼저 강론하여 결정해야 될 것입니다. 대략 남쪽과 북쪽은 石城으로 할 것과 동쪽과 서쪽은 土城으

---

13) 『정조실록』 권27, 정조 13년 7월 을미.
14) 『화성성역의궤』 부편, 행궁.
15) 최홍규, 앞의 논문, 243~250쪽 참조.

로 할 문제에 대해서 의논이 모여져 결정되어야만 앞으로의 공사에 지장을 받는 일이 없을 것입니다. 또 성의 제도를 가지고 말하자면 성가퀴와 문루는 마치 새의 날개와 수레의 바퀴와 같아서 어느 하나도 폐할 수가 없습니다. 지금 이 성터는 산세가 험준하지 않고 들이 평평하기 때문에 曲城과 門樓가 더욱 힘을 발휘할 것입니다.[16]

라고 하여 體城의 축조방법에 대하여 石城으로 할 것이냐 土城으로 할 것이냐를 결정해야 한다고 함으로써 石築論과 土築論이 제기되었다. 토축론은 일찍이 정조 14년(1790) 6월 副司直 姜游가 수원 성지의 축성의 필요성을 제기할 때에

… 논의하는 사람들이 만약 石城을 쌓자면 비용이 많이 든다하여 어렵게 여긴다면 土城을 견고히 쌓는 것이 주먹같은 돌을 포개어 쌓는 것보다 도리어 낫습니다. 만약 토성에다 성가퀴를 설치하고 군데군데 稚城을 설치하면 방어하는 방도로서는 석성이나 토성이나 차이가 없을 것입니다.[17]

고 하여 토축론을 제기한 바도 있었다.

그러나 이 토축론은 그다지 지지를 받지 못하였다. 이에 대해 영중추부사 蔡濟恭은 남·북쪽에 석축을 해야 한다는 계획에 대해서 이론을 제기하지 않고 동·서쪽을 토축으로 하는데 대해서는 반대 의사를 표명하였다. 즉

동쪽과 서쪽의 가장자리는 그 텃자리가 대부분 主峰과 案山이기 때문에 말하는 사람마다 모두 토성으로 하는 것이 좋겠다고 합니다. 그러나 다시 생각해보면 주봉과 안산은 자연적으로 이루어진 지세이기 때

16)『정조실록』권38, 정조 17년 12월 을축.
17) 위의 책 권30, 정조 14년 6월 기미.

문에 그 흙을 파내거나 뚫거나 하여 산맥을 상하게 하여서는 절대로 아니 될 것입니다. 그러므로 필연적으로 먼 곳에서 흙을 파와야 하는데 만약 그렇게 되면 공사비용이 오히려 돌을 쌓는 것보다 더 들 것이고 성 자체를 말하더라도 돌이 흙보다 나을 것은 뻔한 일이 아니겠습니까? 그러므로 동·서쪽의 가장자리도 남·북쪽과 같이 석축하는 것이 좋을 듯합니다.[18]

라고 한 것이 그 이유이다.

다른 한편 洪良浩, 朴齊家 등 일부 북학파들은 利用厚生의 방안으로써 수레의 보급과 함께 벽돌의 사용을 적극 주장하기도 하였다. 당시 축성론의 이면에는 用塼論者의 주장이 깔려 있었던 것 같아 잠깐 언급할까 한다.

정조 7년(1783) 7월 대사헌이었던 洪良浩는 중국에 사신으로 갔다 돌아와 중국의 문물제도를 보고 6개항의 이용후생방안을 제시했는데 그 중의 하나가 벽돌의 사용이었다.[19] 그는 돌은 대개 견고하지만 깎거나 연마할 수가 없어 축성할 때 縫線을 딱 맞춰 쌓을 수 없고 비바람에 씻기거나 총포에 부딪쳐 돌이 하나라도 빠져나가게 되면 雉堞 전체가 모두 움직여 무너지게 되므로 벽돌을 사용할 것을 제안하였다. 그리하여 궁성이나 도성 심지어는 군현의 烽燧臺나 성문의 譙樓까지도 벽돌을 사용함으로써 목재의 절약은 물론 변방방어의 커다란 이기로 이용하자고 주장하였다. 朴齊家 역시

혹자는 벽돌의 견고함이 돌만 못하다고 하는데 나는 한 개의 돌이 한 개의 벽돌보다 견고함이 나을지라도 여러 개의 돌의 견고함은 오히려 여러 개의 벽돌만큼은 못하다고 생각한다. 왜냐하면 돌의 성질은 서로 잘 접착하지 않는데 있지만 여러 개의 벽돌은 회(灰)를 바르면 한 개의 벽돌같이 견고하기 때문이다.[20]

---

18) 『화성성역의궤』 권1, 계사, 계축(1793) 12월 6일.
19) 『정조실록』 권16, 정조 7년 7월 정미.

고 하여 벽돌 사용을 주장하였다.

대개 실학자들은 돌덩이 하나하나는 벽돌보다 강하지만 벽돌을 灰로 쌓아 일단 성벽을 만들면 석축보다 강하여 대포를 맞는 경우에도 석축은 와르르 무너지지만 塼築은 일부만 파손되어 수축에도 편리하다는 입장에서 用塼論을 지지하는 입장이었다.

이와 같은 이견에 대해 정조는 벽돌로 성을 쌓자는 의논은 우리나라 사람들이 기와를 굽는데 익숙하지 못할 뿐만 아니라 기와 굽는 땔나무를 구하기 어렵다는 다소 부정적 입장에서 논의할 가치조차 없다고 말하고 土築論에 대해

> 토성이 비록 겉면을 회로 쌓는다 할지라도 흙과 회와는 서로 붙지 않으며 깊은 얼음이 얼게 되면 흙밑바닥이 따라서 가라앉게 되고 비에 젖으면 격지가 일어나 횟면이 갈라져 나가기가 일쑤이고 흙은 안에서 부풀어 오르고 바른 회는 옆으로 터져서 아무 쓸모가 없게 된다. 따라서 성을 쌓는 재료로는 돌만한 것이 없다.[21]

고 하여 결국은 石築論이 채택되어 화성의 체성은 석축에 의해 축조되게 되었다.

그리고 城制에 있어서

> 성이면서 성가퀴가 없으면 쓸모 없는 성이요, 문에 甕城이 없으면 또한 쓸모 없는 성이니 성가퀴와 옹성은 하나도 빠뜨릴 수 없다.[22]

고 전제하고 甕城, 懸眼, 漏槽, 雉城 등의 규모를 갖추도록 하였다. 그 결과 화성은 門樓(4), 暗門(5), 水門(2), 敵臺(4), 弩臺(2), 空心墩(3), 烽火臺(1), 雉

---

20) 『북학의』 내편, 성.
21) 『화성성역의궤』 권1, 어제성화주략, 재료.
22) 『화성성역의궤』 권1, 연설, 계축(1793) 12월 8일.

城(8), 砲樓(5), 鋪樓(5), 將臺(2), 角樓(4), 舖舍(3) 등의 시설을 갖춘 대규모의 웅장한 모습으로 축조되었던 것이다.

그리고 여기에는 石材 136,960냥(개비비석 200냥, 온돌석 800장 미포함), 木材 4,902냥 5전 5푼, 鐵物 86,215냥 7전 1푼, 炭(숯) 43,850냥 5전 6푼, 瓦子(기와) 6,198냥 3전 6푼, 甓甎(벽돌) 26,577냥 1전 5푼, 石炭 8,211냥 9전 9푼, 丹艧(단청) 2,921냥 4전, 紙地(붓, 먹, 벼루) 2,842냥 8전 6푼, 雜物 24,627냥 9전 3푼, 器械 8,702냥 1전 9푼, 車牛(608隻) 25,710냥 4전 1푼, 募牛馬(소80隻, 말252匹) 12,480냥, 합계 390,201냥 1전 1푼이 소요되는 등 막대한 物資와 財源이 소모되었으며 石材, 木材, 鐵物, 瓦甓을 포함한 여러 가지 雜物이 확보되지 않으면 안 되었다. 그러나 본고에서는 우선 石材와 木材 그리고 鐵物을 중심으로 살펴보고자 한다.

3. 石材의 확보와 운송

1) 석재의 확보

먼저 화성의 축조에 소용되는 석재는 어떻게 확보되었으며 운송되었을까? 이 문제에 대해 구체적으로 살펴보겠다. 우선 화성성역에 들어간 석재의 종류와 수량을 『화성성역의궤』에 의하여 산출하면 다음 <표 1>과 같다.

<표 1> 화성 축조에 쓰인 석재의 종류와 수량

종류	수량	단가	합계
大扇單石	33	15	495
中扇單石	12	13	156
小扇單石	108	7	756
大虹蜺石	104	12	1248

小虹蜺石	394	6	2,364
八面柱石	12	6	72
大圓柱石	36	8	288
中圓柱石	20	6	120
小圓柱石	24	2	48
大方柱石	36	5	180
中方柱石	66	3	198
小方柱石	134	2	268
隱柱石	760	3	2,280
短柱石	271	1	271
漏槽石	31	5	155
大隅石	4	9	36
中隅石	12	5	60
小隅石	103	1	103
大長臺石	610	2냥 5전	1,525
中長臺石	534	2	1,068
小長臺石	821	1냥 3전	1,067냥 3전
大臥長臺石	55	3	165
中臥長臺石	50	2	100
小臥長臺石	22	1냥 2전	26냥 4전
大步石	452	2냥 5전	1,130
中步石	398	2	796
小步石	444	1냥 2전	532냥 8전
大樞石	12	2냥 5전	30
小樞石	42	1냥 5전	63
大遠山石	6	1냥 2전	7냥 2전
小遠山石	8	5전	4
將軍石	14	4냥	56
大耳機石	14	10	140
中耳機石	31	5	155
小耳機石	24	3	72
大廳板石	67	11	737
中廳板石	196	7	1,372
小廳板石	63	5	315
大駕石	18	7	126
中駕石	27	5	135
大礎石	44	1냥 2전	52냥 8전
中礎石	519	8전	415냥 2전
小礎石	769	5전	384냥 5전

大階石	597	2냥	119냥 4전
中階石	517	1냥5전	775냥 5전
小階石	1,534	1냥	1,534
大遠音石	73	3	219
小遠音石	22	2	44
信防石	51	1	51
蠶點石	8	1	8
庫莫石	823	8전	658냥 4전
螭頭石	1	6냥	6
螭柱石	2	4냥	8
臺石	2	2냥	4
毛老臺石	4	5	20
路臺石	3	2냥 5전	7냥 5전
大磚石	14,032	1냥	14,032
中磚石	14,768	8전	1,181냥 4전
小磚石	18,469	5전	9,234냥 5전
大武砂石	3,629	3냥	10,887
中武砂石	2,040	2냥 2전	4488
小武砂石	2,304	1냥 8전	4,147냥 2전
大城石	30,573	6전	18,343냥 8전
中城石	40,694	5전	20,347
小城石	62,283	3전	18,684냥 9전
船艙石	1,540	5전	770
大旗竹石	43	2냥 5전	10
中旗竹石	2	2냥	8
標石	4	2냥 5전	57냥 5전
碑石	1	15냥	15
籠臺石	1	10	10
加簷石	1	9	9
합계			136,960냥 9전

자료: 『華城城役儀軌』卷5 財用, 上.

위의 <표 1>에서 볼 수 있듯이 화성 축조에 들어간 석재는 대략 201, 403덩어리(塊)로 비용으로 따지면 136,960냥 9전이었다. 그러면 이와 같은 많은 양의 석재는 어디서 확보되었는가?

석재의 확보문제는 정조 17년(1793) 12월 6일 영중추부사 蔡濟恭과 行

司直 鄭民始, 行副司直 趙心泰 등이 수원의 축성역에 대해 의논한 데서 비롯되었다.[23] 축성의 재원은 禁衛營, 御營廳, 兩營의 停番軍錢으로 결정하고 석재를 확보하기 위해서는 먼저 浮石處부터 선정해야 한다고 하였다. 이에 조심태는 空石面을 가장 적합한 곳으로 제시하였다. 왜냐하면 空石面은 입지조건에서 城役所와 불과 3리 또는 7리의 거리에 위치하고 있어 가까울 뿐만 아니라 도로가 매우 평탄하여 운반하기가 용이한 곳이었기 때문이다. 蔡濟恭 역시 석질이 우수하고 매장량도 많다는 입장에서 동조하였다. 그리하여 동년 12월 8일 空石面의 孰知山과 如岐山에서 浮石할 것을 결정하였다.

『화성성역의궤』에 의하면 浮石所는 5개소였다. 숙지산 2곳, 여기산 2곳, 權洞 1곳 그리고 그 후 八達山이 추가되었다(실제로는 6개소임).

이 부석소에서 캐낸 돌의 양은 숙지산 81,100덩어리, 여기산 62,400덩어리, 권동 32,000덩어리, 팔달산 13,900덩어리 모두 189,400덩어리였다.[24] 화성 축성에 들어간 석재는 모두 이 6개소의 부석소에서 조달되었다 해도 과언이 아니다. 이 곳에서 캐낸 돌은 古等村面 眞木亭 노변에 설치한 부석소에서 浮石別監董의 지휘, 감독 아래 돌을 다듬어 운반되었다. 그리고 부석소를 설치할 때 대개 田畓과 墓所를 침범하는 경우가 있는데 田主와 山主에게 買得價錢을 지급하였다. 진목정의 경우 犯入한 전답에 대해서 田主인 劉大成에게 8전 5푼, 鄭奴允山에게 1냥 5전, 李奴別仁에게 9전씩을 지급한 것이 그 한 예이다.[25]

한편 돌을 캐고 규격에 맞게 다듬기 위해서는 일정한 石手를 확보하는 것이 선결 과제 중의 하나였다. 석수는 수원의 성역이 매우 크기 때문에 우선적으로 京衙門에 등록된 京工匠으로 충원하려고 했으나[26] 각 城役處

23) 『승정원일기』1724책, 정조 17년 12월 6일.
24) 『화성성역의궤』권수, 도설, 벌석.
25) 『화성성역의궤』권4, 품목, 을묘(1795) 9월 11일.
26) 『화성성역의궤』권3, 이문, 계축(1793) 12월 22일.

에 배정할 수 없기 때문에 부족한 인원을 보충하기 위하여 각 지방에 분정하여 동원하였다.

화성성역에 동원된 공장은 기능에 따라 <표 2>와 같다. 그 중에서 석수는 <표 3>에 따르면 총 1,821명의 공장 중 642명으로 전체의 35.3%를 차지할 정도로 비중이 컸다.

<표 2> 화성 축조에 동원된 공장

종류	石手	木手	泥匠	瓦甓匠	冶匠	蓋匠	車匠	畵工	假漆匠
명	642	335	295	150	83	34	10	46	48

종류	大引鉅匠	小引鉅匠	歧鉅匠	昃鉅匠	彫刻匠	磨造匠	船匠	木鞋匠	鞍子匠
명	30	20	27	12	36	2	8	34	4

종류	屛風匠	朴排匠	浮械匠	炭匠	합 계
명	1	1	2	1	1821

자료:『華城城役儀軌』卷4, 工匠.

<표 3> 화성성역에 동원된 각 도별 석수현황

道	서울	수원부	개성부	강화부	광주부	경기도	충청도
名	209	9	65	40	1	58	53

강원도	황해도	전라도	경상도	평안도	합 계
17	74	41	23	52	642

자료:『華城城役儀軌』卷4, 工匠.

이러한 석수들에게는 성역이 끝날 때까지 本役을 면제하는 대신에 일정하게 給價雇立하여 동원하였는데 대개 석수들은 助役 1명을 포함하여 1牌를 지어 작업하였으며 牌마다 매일 쌀 6升, 돈 4전 5푼씩 雇價를 지급받았다.[27]

그러나 이와 같이 給價雇立하여 확보하려고 했으나 결코 쉽지 만은 않았다. 각 지방에서 가려 뽑아 보낸 자들 중에는 나이가 너무 많거나 일에 미숙한 자도 많았으며 심지어는 代立하는 폐단까지 초래되었다. 이에 각 읍에서는 성명, 나이, 얼굴모양, 거주지는 물론 흉터까지 상세하게 기록하여 명단을 보내기도 하였다.[28]

그리고 돌을 다듬는 데는 일정한 治鍊의 규격이 있었다. 그것은 축성을 규격화하는데 있어서나 운송의 편리를 도모하기 위해서였다. 다시 말해 석재는 어느 산에서 떠낸 것을 막론하고 석공으로 하여금 그 本地에서 다듬어서 그 무게를 덜어 실어 나르는데 편하게 하였으며 또 큰 돌은 큰 것대로, 작은 돌은 작은 것대로 등급을 매겨 깎고 자르는데 규격이 있게 하였다. 큰 것은 한 덩이에 한 차, 그 다음은 두 덩이에 한 차, 작은 것은 세 덩이 또는 네덩이씩 한 차로 실어 날라서 城의 1步의 用量에 공급하게 하였다.[29]

그리하여 석재는 浮石所에서 떠낸 돌은 治石所로 보내어 일정한 규격에 의해 鍊正하였다. 사실 각 부석소에서 떠낸 돌을 한 곳에 쌓아 놓고 한꺼번에 연정하므로 크고 작은 것이 마구 뒤섞이어 尺數를 계산하고 값을 줄 때에 분별할 도리가 없어 석재를 연정 할 때에는 石面에 尺數, 浮石所 名, 邊首나 石手의 이름을 쓰도록 조치하였다.[30] 특히 城石의 경우 일정한 규격에 의해 척수에 따라 대, 중, 소로 구분하여 다듬도록 하였는데 大石은 앞면 2척 뒷길이 3척으로, 中石은 앞면 1척 뒷길이 2척 5촌 이상, 小石은 앞면 1척 뒷길이 2척 이상, 그리고 雜石은 뒷길이 2척 미만으로 규격화하였던 것이다.[31]

---

27) 『화성성역의궤』권4, 식례, 고가식례.
28) 『화성성역의궤』권3, 이문, 갑인(1794) 7월 2일.
29) 『화성성역의궤』권1, 어제화성주략, 벌석.
30) 『화성성역의궤』권4, 감결, 갑인(1794) 4월 30일.
31) 『화성성역의궤』권4, 감결, 갑인(1794) 7월 3일.

2) 석재의 운송

이와 같이 마련된 석재는 어떻게 城役所까지 운송되었을까? 성역에 있어서 돌을 캐고 다듬어 운반하는 일이 가장 절실한 것은 두말할 필요도 없다. 돌을 운반하는데는 擔軍에 의한 운반 등 여러 가지 방안이 강구되었지만 그 중에서도 육운을 이용한 車子運石 방법을 택하였다. 또 수레를 이용하기 위해서는 도로를 잘 닦아야 했다. 초기에 浮石處를 선정할 때 쑛石面 孰知山을 택한 것은 운송에 용이하도록 도로가 평탄하고 가까운 거리에 있었기 때문이다.

그러나 그렇지 못한 곳은 예를 들면 老高山이나 如岐山의 경우는 牛車가 다닐 수 있도록 도로를 숫돌처럼 평평하게 닦아야 했다.[32] 그래서 정조 자신도 『御製城華籌略』治道에서

장차 수레가 다니게 하려면 반드시 먼저 길을 닦아야 한다. 이제 돌산이 있는 곳을 기점으로 성이 있는 곳까지 길을 닦는 것이 좋을 것이다. 있는 정성을 다하여 평탄하게 길을 닦는데 숫돌같이 판판하고 화살같이 쪽곧게 내어야 수레를 몰고가는 소가 끄는데 꺾이고 부러지는 일이 없을 것이다.

고 강조하였다.

사실 수원지방에서의 수레 제작 문제는 정조 17년(1793) 10월 5일 장령 鄭毅祚가 수원은 지형이 평평하므로 함흥지역에서 백성들이 익숙하게 사용하고 있는 수레를 제작, 이용하여 강과 바다에서 나는 물산과 남북에서 생산되는 물화를 유통시켜 고을의 수용과 민생을 윤택하게 하자고 주장함으로써[33] 그 단서가 열린 셈이다. 그리하여 동년 12월 21일 監董堂上

---

32) 『화성성역의궤』 권4, 감결, 계축(1793) 12월 22일.
33) 『정조실록』 권38, 정조 17년 10월 을축.

趙心泰는 수레를 만든 뒤에야 돌을 운반할 수 있기 때문에 당시의 雪馬(썰매)보다는 몇 배나 효율성이 뛰어난 수레 60~70채를 제작할 구상을 하였던 것이다.[34]

그 결과 大車, 平車, 發車, 童車 등을 제작하였는데 大車는 8채를 제작하여 扇單石, 虹蜺石, 廳板, 長臺石 같은 석재나 圓柱 및 大不等 같은 목재를 운반하였는데 수레 한 채를 끄는데 車牛 40마리를 이용하였다. 平車는 別平車17채를 제작하여 중간 크기의 돌이나 누각기둥 등을 운반하였고 수레 한 채에 車牛 4~8마리가 이용되었다. 이외에 46채를 별도로 城役所에서 제작하였으며 30채는 황해도의 豊川이나 長淵 등에서 貿入하였다. 또 17채는 貢契人으로부터 雇用하여 사용하였다. 發車는 2채를 제작, 작은 돌을 주로 운반하였는데 車牛 1마리가 사용되었다. 童車는 192채를 제작, 壯丁 4명이 끌어서 운반하였다. 기타 駒板 8채, 雪馬 9틀을 제작하여 사용하였다.[35]

이러한 수레의 제작은 城役所에서 훈련도감 2명, 어영청 2명, 閑散 6명 등 모두 車匠 10명을 雇立하여 매일 4전 2푼씩 지급하면서 제작하였다. 당시 수레 제작에 들어간 비용은 다음 <표 4>와 같다.

<표 4> 화성성역에 쓰인 수레의 종류와 비용현황

종류	숫자	단가	금액	제작처
游衡車	10량	14냥	140냥	성역소
大車	8량	60냥	480냥	성역소
別平車	17량	23냥	391냥	성역소
平車	76량	20량×8냥 10량×10냥 46량×25냥	160냥 100냥 1150냥	장연 풍천 성역소

---

34) 『승정원일기』 1724책, 정조 17년 12월 21일.
35) 『화성성역의궤』 권수, 도설, 대거, 평거, 발거, 동거, 구판, 설마.

童車	192량	2냥 5전	480냥	성역소
發車	2량	9냥	18냥	성역소
雪馬	9좌	14냥	126냥	성역소
駒板	8좌	2냥	16냥	성역소
합계			4,326냥 7전 5푼(보수 한것 포함)	

자료: 『華城城役儀軌』 卷5, 財用, 器械.

한편 석재의 운송에 있어 획기적인 것은 "游衡車"라는 독창적인 수레를 제작하여 사용한 점이다. 유형거는 정조의 구상에 의해 大車나 雪馬의 사용상의 불편함을 이유로 제작 보급된 것이다. 정조는 수레를 만드는 일에 대하여

> 현재 大車를 사용할 것이냐, 썰매를 이용할 것이냐에 대해 의논이 있었다. 그러나 大車는 바퀴가 너무 높고 투박하여 돌을 싣기가 몹시 어려운 반면 바퀴살이 약하여 부러지기 쉽고 비용이 너무 들어서 많이 만들 수 없다. 썰매는 몸체가 땅에 닿아 있어서 밀고 끄는데 힘이 많이 소모된다. 비록 散輪을 쓴다 할지라도 바퀴가 이미 낮고 작아서 웅덩이를 만나면 빠지고 붙거진 곳에서는 앞이 막히어 빙판이 아니면 제구실을 다하지 못하여 운행할 수 없다.[36)]

고 하여 종전에 사용하지 않던 새로운 형태의 유형거를 시범 제작하여 이용토록 하였다. 그것은 大車나 雪馬보다 제작 비용이 적게 들고 사용하기에 매우 편리하였기 때문이다.

이러한 유형거의 특징 몇 가지를 간추린다면 첫째 원형의 바퀴통 하나와 바퀴살 두개를 이용하여 만든 바퀴(輪)와 伏兎를 이용한 굴대(軸)를 사용한 점, 둘째 車箱과 굴대를 연결하는 伏兎를 이용함으로써 車箱의 적재

---

36) 위의 책 권1, 어제성화주략, 조거.

물을 바퀴 위로 나오게 한 점, 셋째 車箱을 4개의 가로대와 2개의 둥근 세로대를 사용함으로써 짐의 중력을 이기게 한 점, 넷째 車箱의 股頭를 쇠혀같이 함으로써 돌을 싣기에 편하게 하고, 기타 車箱과 股의 앞이 짧고 뒤를 길게 하여 평행유지와 지렛대 역할을 함으로써 물건을 자유롭게 움직일 수 있게 한 점을 들 수 있다.

정조는 유형거 1채(輛)를 만드는데 12냥씩 모두 70대를 제작하여 840냥 정도의 경비를 들인다면 성역에 들어갈 城石은 대략 성의 한 둘레에 돌이 약 3,200車 소요된다면 9층일 경우 32,400車 분량이 들어 70량이 매일 3차례씩 154일 정도면 성역에 필요한 돌을 운반할 수 있다고 계산하는 치밀성을 보여주고 있다.

그러나 실제로는 유형거 10輛 밖에 제작하지 않고 大車, 平車 등과 병행하여 운송하였던 것이다.

그리고 이러한 수레를 끌기 위해서 車牛의 확보 또한 중요하였다. 城役所에서 필요한 수레를 끌 소는 몸집도 크고 다리 힘이 세고 체력이 건장한 것이어야 했다. 이러한 車牛를 사기 위해서는 牌將을 파견하여 각 읍의 將校와 함께 사되 그 비용은 京上納錢으로 지출하였다. 그리하여 華城城役에 필요한 車牛는 京畿에서 309마리, 湖西에서 50마리, 關東에서 80마리, 海西에서 167마리로 모두 608마리를 貿入하여 확보하였으며 그 외에 募牛 80마리, 募馬 252필이 소요되었다. 이와 같이 확보한 牛馬로 東·西喂養所에서 牌將과 色吏 그리고 牛直으로 하여금 喂養하여 運石에 대비하였다.

4. 木材의 확보와 운송

1) 목재의 확보

이제 화성 축조에 따른 목재는 어떻게 확보 하였으며 그 운송은 어떠했는가를 살필 차례다. 화성 축조에 들어간 목재는 대체로 4개의 성문과 譙樓, 5개의 砲樓, 2개의 將臺, 5개의 舖樓, 4개의 角樓, 3개의 舖舍 등을 건축하는데 이용되었다. 그렇다면 화성 축조에 들어간 목재의 종류와 수량은 어느 정도일까? 이를 집계해 보면 <표 5>와 같다.

<표 5> 화성 축조에 쓰인 목재의 종류와 수량

종 류	수량(株)	생산지
大不等	344	안면도
中不等	677	656 안면도 21 관동
末端木	421	안면도
小不等	735	관동
槐雜木	52	20 전라좌수영 32 전라우수영
檜木	4	관동
樓柱	918	관동
宮材	2,160	관동
圓體木	1,567	831 관동 736 한강상류貿入
劈鍊木	3,229	1,406 한강상류貿入 1,359 광주貿入 464 남양貿入
長松板	2,300	1,700 한강상류貿入 600 광주貿入

大椽木	3,044	500 장산곶 656 한강상류貿入 373 광주貿入 878 남양貿入 594 경강貿入 43 수원부貿入
裁折木	500	장산곶大椽木의 末端木임
中椽木	6,346	700 장산곶 318 한강상류貿入 5,328 수원부貿入
小椽木	3,909	1,606 한강상류貿入 1,472 광주貿入 831 수원부貿入
합계	26,206	4,902냥 5전 5푼

자료: 『華城城役儀軌』卷5, 財用, 材木.

위의 <표 5>에서 알 수 있듯이 목재는 종류에 따라 모두 26,206株가 소요되었으며 돈으로 환산하면 대략 4,902냥 5전 5푼 들었다. 그 중에서도 기둥과 서까래에 쓸 목재의 확보는 성역의 성패를 좌우할 정도로 중요하였기 때문에 이의 확보에 고심하지 않을 수 없었다.

이와 같은 막대한 양의 목재를 어디서 확보했을까?

화성성역에 쓰일 목재는 정조 17년 12월 18일 총리대신 蔡濟恭과 監董堂上 趙心泰의 제안에서 나타난 바와 같이 안면도의 風落松과 장산곶의 標外松 및 水上의 禁養處에서 확보하기로 하였다.[37] 안면도와 장산곶은 兵船과 漕運船 등의 船材를 마련하기 위하여 벌채를 금지한 국가 지정의 封山이다. 또 水上의 禁養處란 한강 연읍에 있는 경기, 강원 등에 설치한 것을 말한다. 그리하여 안면도에서 큰재목 1,000株, 장산곶에서 서까랫감 1,200株를 斫伐하고 나머지 소용되는 재목은 한강 상류의 禁養處에서 베

---

37) 위의 책 권1, 계사, 계축(1793) 12월 18일.

어 쓰게 하였다. 이를 구체적으로 각 지역별로 살펴보자.

먼저 安眠島의 경우는 어떠했는가? 충청수사 李潤謙의 장계에 따르면 화성문루에 쓸 목재 1,000株는 안면도에 別監董을 파견하여 斫木軍(木手 2명, 奴子 1명)으로 하여금 벌채하여 포구에 끌어내려 水營 및 각 邑鎭 소속의 防船과 兵船으로 선운케 하였는데 1차적으로 元材 198주, 末端木 55개를 운송하였다.[38] 이때의 斫木軍이나 목재를 운반하는 募軍에게는 株當 1전 또는 6전씩을 給價하여 雇立하였다. 정조18년(1794) 2월 12일 이후 4월 19일까지 8차례에 걸쳐 斫木한 목재의 양은 발송한 월별 장계에 따라 종합 정리해 보면 다음 <표 6>과 같다.

<표 6> 안면도에서 벌채한 목재 현황

구분 발송일자	재목		선척수	선척종류	비고
	元材	末端木			
1794.02.12	198	55	30	兵·防船	
1794.03.06	138	13	16	兵·防船	
1794.03.17	235	8	15	兵·防船	
1794.03.24	226	77	31	兵·防船(11), 私船(20)	
1794.04.04	162	81	22	兵·防船(11), 私船(11)	
1794.04.10	79	23	10	兵·防船, 私船	
1794.04.17	66	41	12	兵·防船	
1794.04.19		111	9	兵·防船, 私船	
합계		1104	409		鷗浦治木所의 보고에 따르면 元材 1,000株, 末端木 421개임

위의 <표 6>에서와 같이 안면도에서는 정조 18년(1794) 5월 8일 수원 유수 趙心泰의 보고에는 鷗浦 治木所에 元材 1,000株, 末端木 421개가 운

---

38) 위의 책 권3, 장계, 갑인(1794) 2월 12일.

송된 것으로 되어 있으나 실제 월별로 발송된 자료에 따르면 元材 1,104 株, 末端木 409개가 운송되었다.

長山串의 경우는 정조 18년(1794) 3월 2일 황해수사 李海愚의 장계에 의 하면 長淵縣監 柳鎭茂를 차사원으로 파견하여 황해수영의 軍官 李海昇으로 하여금 서까래 1,200株를 장산곶 標外松으로 베어 내도록 감독케하고 斫曳軍과 格軍의 왕복하는 糧米는 해당 道의 公穀으로 計給케 하였다. 그리하여 동년 3월 16일에 발송하여 4월 3일 南陽 鷗浦 治木所에 도착한 재목은 大椽木 500개 中椽木 700개, 裁折木 500개였다. 그리고 水上의 禁養處의 하나인 강원도의 경우 먼저 강원감영에 배정한 목재의 양은 <표 7>과 같다.

<표 7> 강원도에 배정된 목재 현황

배정월일	목재의 종류와 수량	소계
1794.1.22	檜木(16), 體木(1,615), 大椽木(3,050)	4,681
1794.4.25	大樑(5), 春舌(5), 大椽木(2,700), 長松木(300)	3,010
합계		7,691

* ( )은 목재의 수량임.

위의 <표 7>에서처럼 강원도에는 1차 4,681株, 2차 3,010株 모두 7, 691株가 배정(卜定)되었다. 그렇다면 이와 같은 목재가 어떻게 각 읍의 木養處에서 벌채되어 확보 되었을까?

정조 18년(1794) 1월 22일 강원 감영에 移文한 바에 따르면 華城城役時에 4개의 성문과 譙樓 등을 짓는데 쓸 재목과 서까래는 公私 禁養處에서 斫伐한다는 취지에 따라 도내 松材가 있는 각 읍에 伐木監官을 파견하여 斫伐케하고 그에 따른 품삯은 公穀(京上納錢)으로 會減케 하였으며 斫伐하는 대로 뗏목을 엮어 京江으로 운송하게 하였다. 그리하여 1차적으로 강원감영에 배정한 재목은 檜木 16株, 體木 1,615, 大橡木 3,050개였다.[39] 강원도의 중요한 木産處는 金城, 楊口, 狼川 등으로 이곳에서 벌목한 목재는 뗏목을 이용하여 중간지점인 芳峴浦 등에 집결하였다 京江으로 운송하였다. 그리고 2차적으로 강원지역에서는 7차례에 걸쳐 <표 8>에서 알 수 있는 바와 같이 모두 7,679株의 목재를 93개의 뗏목을 엮어 운송하였다.

<표 8> 강원도 각 읍에서 운송한 목재현황

발송월일	목재종류	수량	뗏목숫자	비고
1794.4.18	狼川 體木, 金城 體木, 大橡木, 楊口 大橡木	749	10	
1794.6.19 이전	金城 商柱木, 體木, 大橡木	188	4	
1794.6.10	金城 體木, 不等木, 大橡木, 金城·楊口 體木, 不等木, 大橡木	2,079	23 15	
1794.6.26	金城 體木, 不等木, 大橡木, 浪川 體木, 不等木, 大橡木	674	12	
1794. 8.8	金城·浪川 體木, 不等木, 大橡木, 長松木	1,072	13	
1794. 9.17	金城·浪川 體木, 不等木, 大橡木, 場松木	4,762	16	
1794.10.2	金城 大橡木 未發送 877株(1795,정조19.7.5발송)			
총합계		9,524		

자료: 『華城城役儀軌』 卷3, 狀啓.

한편, 華城 門樓에 소용되는 槐木과 雜木은 호남지방에 분정하였다. 괴목과 잡목은 각 문루와 장대 등 비바람을 가장 많이 받는 바깥기둥의 훼손을 막기 위한 것이다. 정조 18년(1794) 3월 11일 전라도 관찰사 李書九의 장계에 따르면 전라 좌수영 20株, 우수영에 30株를 분정하여 도내의 여러 섬과 연해의 封山處에서 베어내게 하였다.[40] 그 이유는 지방의 토산

39) 위의 책 권3, 이문, 갑인(1794), 1월 22일.

물로써 넉넉하였을 뿐만 아니라 선운에 편리하였기 때문이다. 그리하여 좌수영에서는 순천, 광양, 홍양, 구례, 방답진, 사도진 등지에 吏校를 파견하여 20株를 베어 운반케 하였고 반면에 우수영은 나주, 진도, 장흥, 강진, 무안, 홍덕, 김제, 완도 등에서 30株를 베어 운송케 하였다.

끝으로 경기도 지역에는 초기에 體木 1,900株, 中椽木 3,000개가 분정되었다. 초창기 體木은 어느 정도 확보되었지만 서까래의 경우 부족분을 추가로 斫伐해야 했다. 그리하여 大椽木 1,000개, 中椽木 1,000개가 추가 배정되었다. 이와 같은 목재는 광주의 於葉里, 石雲洞, 왕륜면, 남양의 簇子洞과 廣坪 등 公私禁養處에서 斫伐하였는데 <표 5>에서 간추려 보면 광주에서 劈鍊木 1,359株, 大椽木 373株, 長松板 600立, 小椽木 1,472株를, 수원부에서 大椽木 43株, 中椽木 5,328株, 小椽木 831株, 南陽에서 劈鍊木 464株, 大椽木 878株, 기타 한강상류와 京江에서 貿入하였다.

2) 목재의 운송

그러면 이와 같이 각 도에 배정되어 확보된 목재는 어떻게 운송되어 성역에 충당되었을까? 목재를 벌목하기 위하여 선정된 곳이 안면도, 장산곶이나 水上의 禁養處인 점으로 보아 당연히 운송상의 편리를 고려한 조치라 아니할 수 없다. 정조 17년(1793) 12월 監董堂上 趙心泰가 "다만 다가올 봄에 역사를 시작한 후 4개의 성문 및 초루를 마땅히 차례로 건축해야 하겠는데 만약 재목과 서까래를 섬의 소나무를 청하여 얻지 못하고 또 수상의 금양처에서 베어 오지 못한다면 곧 조성할 도리가 없습니다. 여러 종류의 큰 재목 1,000株, 큰 서까래 1,200株를 안면도의 風落松과 장산곶의 標外松을 베도록 허가하여 도내의 병선과 방선으로써 운반하되 베고

---

40) 위의 책 권3, 장계, 갑인(1794) 3월 11일.

끌어내리는 값과 格軍의 糧米는 각 본도의 公穀으로써 실수에 따라 會減하도록"[41] 한 데서 안면도와 장산곶에서의 목재운송은 兵船과 防船에 의해서 이뤄졌음을 알 수 있다. 각 斫伐處에서 베어낸 목재는 鷗浦 治木所(지금의 시화호 연해에 있는 구포리)까지 운반하였는데 水營과 각 邑鎭의 병, 방선이 이용되었던 것이다. 당시 안면도의 목재를 운송하는데 이용한 병, 방선의 실태를 보면 <표 9>와 같다.

<표 9> 충청 각 邑鎭에서 동원된 병, 방선 현황

읍 / 종류	水營	洪州牧	瑞山郡	泰安縣	藍浦縣	韓山郡	保寧郡	海美縣	結城縣
防船	1	1	1			1			
兵船	2	1	1	1	1		1	1	1
소계	3	2	2	1	1	1	1	1	1

읍 / 종류	林川郡	唐津縣	沔川郡	舒川郡	庇仁縣	安興鎭	馬梁鎭	平薪鎭	舒川浦	합계
防船	1		1	1	1	1				13
兵船	1	1		1	1	1	3	1	1	17
소계	2	1	1	2	2	2	3	1	1	30

위의 <표 9>에서 볼 수 있듯이 수영 소속의 병, 방선 3척과 각 읍진에 소속된 병, 방선 27척 모두 30척으로써 전후 8차례 나누어 운송하였다. 당시 충청도의 수영과 각 읍진에 보유하고 있는 선박은 『속대전』에 의하면 전선 9척, 방선 21척, 병선 20척으로 모두 50척이었다.[42] 그 중에서 약 60%에 이르는 병, 방선이 목재운송에 참여하였음을 알 수 있다.

한편, 安眠島의 목재를 운송하는 데는 私船이 이용되었다. 안면도의 목재 1,000株 중 2월 12일 初運 이후 4월 1일 현재 2개월이 지나도록 병, 방선으로 운반된 재목은 겨우 元材 567株, 末端木 107개에 불과하였다. 이

---

41) 주 38)과 같음.
42) 『속대전』 권4, 병전, 제도병선.

로써 화성성역의 차질이 예상될 뿐만 아니라 장마철이 곧 닥치게 되면 더욱 어려운 지경에 놓이게 될 형편이었다.[43] 그러므로 충청도 및 수영 부근의 각 섬에서 선운업에 종사하는 사선들을 불가피하게 이용하지 않을 수 없었다.[44] 이 당시 안면도의 목재를 운송한 각 섬의 사선 실태는 <표 10>과 같다.

<표 10> 사선의 목재운송 실태

邑	섬이름	선주이름	선척수
瑞山	安眠島	金俊萬, 金極萬, 金貴釆	3
	老羅島	劉才興	1
	斗之島	金丁太	1
	大也島	朴九奉, 李判乭	2
泰安	居兒島	申星奉, 申星山, 姜말山, 李正位, 李漢良	5
	入隱里	崔有道, 金姜乭, 崔三伊	3
	伊熊島	金萬同	1
洪州	古代島	金時太, 柳俊益, 金水才, 金得伊, 洪奉太, 金時同, 金好太, 成福伊, 金根釆, 金俊泰, 尹旬才	11
	元山島	韓完孫, 金水太, 崔學官, 朴時同, 金三大, 申宗允, 金尙贊, 河金乭, 金今大, 朴古長, 金河	11
	抽島(禾古里)	朴善得, 李長孫, 李六慶, 南正大	4
	孝自味島	金得千	1
	外長古島	金成辰	1
	外烟島	梁興福, 金丁得	2
結城	星湖	金昌興	1
합계			47

<표 10>에서 볼 수 있듯이 瑞山의 安眠島 3명, 老羅島 1명, 斗之島 1명, 大也島 2명, 泰安의 居兒島 5명, 入隱里 3명, 伊熊島 1명, 洪州의 古代島 11명, 元山島 11명, 抽島 4명, 孝自味島 1명, 外長古島 1명, 外烟島 2명,

---

43) 『화성성역의궤』 권3, 장계, 갑인(1794) 4월 1일.
44) 私船의 선운업활동에 대해서는 최완기, 『조선후기 선운업사연구』, 일조각, 1989에서 연구가 있을 뿐 앞으로 沿海의 浦口나 營, 鎭에서의 선운활동에 관한 연구가 필요하다고 본다.

結成의 星湖 1명 등 모두 47명의 私船人들이 안면도 목재의 운송을 부담하였던 것을 알 수 있다.

그리고 長山串의 목재 역시 황해도 수영의 방선 3척, 은율현 방선 1척, 안악군 병선 1척, 해주목 병선 1척, 강령현 방선 1척, 백령진 방선 1척, 오차진 방선 2척, 용매진 방선 2척, 등산진 방선 2척, 병선 1척, 초도진 병선 1척, 장연현 병선 4척 모두 병, 방선 22척으로 吾叉鎭에서 집결하여 鷗浦까지 운송하였다.

한편 강원도의 경우 木産處인 金城, 楊口, 狼川 등지에서 벌목한 목재는 뗏목을 이용하여 중간 집결지인 芳峴浦 또는 南江을 거쳐 京江으로 下送되었다. 이렇게 경기, 강원 등 水上의 禁養處에서 斫伐하여 뗏목으로 운반된 것은 일차적으로 경강에 집결하였다가 다시 조운선이 回船할 때 나누어 싣고 南陽 鷗浦로 운송하였던 것이다. 당시 목재 운송로는 경기, 강원 禁養處(楊口, 狼川, 金城) → 芳峴浦 → 南江 → 京江(麻浦西江 및 뚝섬) → 仁川 八尾島 → 安山 玉溝島 → 雙嶼島 → 南陽 鷗浦에 이르는 길이다.

당시 구포는 전국에서 운송해 온 재목의 집결지로서 治木所를 설치하고 別監董을 파견하여 목재의 용도에 따라 목수를 급가고립함으로써 성역에 필요한 재목을 마련하였던 곳이다. 여기서 수원 성역소까지는 수레가 다닐 수 있도록 도로를 수치하여 목재운송에 있어서 최대한의 노력을 기울였다.

또 전라도의 경우 槐木과 雜木을 운반하는데 있어서 초기에는 漕運船에 添載하여 운송하려 했으나 전라감사 李書九의 계문에 의하면

> 화성문루 소용의 괴목과 잡목을 稅船에 添載하려하니 만일 몸통이 큰 나무를 짐이 무거운 稅船에 덧붙여 실으면 운반하는데 불편할 뿐만 아니라 또한 장차 行船에 거리낌이 있을 것 같습니다. 수영에 소속한 병선은 비록 이것이 陰雨의 방비라 할지라도 마땅히 이 막중한 역사에 일시 사용하는 것이 임시방편으로 편리한 정책일 것 같습니다.[45]

라고 하여 결국 병선을 임시방편으로 사용하게 되었다. 그리하여 좌수사는 병선 2척, 우수사는 병선 4척을 이용하여 沙工과 格軍을 모집하여 南陽 鷗浦 治木所까지 선운 하였던 것이다.[46]

이상 살핀 바와 같이 목재의 운송은 황해도의 長山串과 충청도의 安眠島 및 전라도의 경우는 각 水營 및 邑鎭의 병선과 방선을 주로 이용하였으며 불가피한 경우 사선을 이용하기도 하였다. 경기, 강원의 水上 禁養處로 뗏목을 이용하여 경강까지 운송하고 京江부터 南陽 鷗浦까지는 漕運船을 이용하였던 것을 알 수 있다.

5. 鐵物의 확보와 운송

1) 철물의 확보

마지막으로 화성 축조에 쓰인 철물에 대하여 살펴보자. 화성 축조에 들어간 철물은 『화성성역의궤』에 따라 집계하면 <표 11>과 같다.

<표 11> 화성 축조에 쓰인 철물의 종류와 수량 및 구입처

종류	수량	단가	구입처
正鐵 516,334근 13냥 5전	23,055근 1냥 5전	1근당 1전 3푼	海西貿入
	108,866근 10냥	1근당 1전 4푼	海西貿入
	34,022근 2냥	1근당 1전 3푼	關東貿入
	4,891근	1근당 1전 6푼	서울무입
	14,994근 1냥 2전 (작철 21,421근으로 제조)		海西貿入(20,181근)私商 貿入(1,240근)

45) 『화성성역의궤』 권1, 계사, 갑인(1794) 3월 5일.
46) 위의 책 권3, 장계 갑인(1794) 4월 18일.

強鐵 6,163근 1냥	3,826	1근당 2전	海西貿入
	533근	1근당 2전	湖西貿入
	1,804근 1냥	1근당 1전 4푼	私商貿入
소계 522,497근 14냥 5전	72,451냥 8전		
水鐵	46근	1근당 6푼(2냥 7전)	수원부무입
麤造鐵物	26,159근 6냥 5전	1근당 2전 1푼 3리	호서무입
精造鐵物	8,168근 10냥 8전	1근당 2전 4푼 6리	호서무입(7,203근 4냥 4전), 서울무입(965근 6냥 4전)
精精造鐵物	2,160근 14냥 5전	1근당 3전 8푼 4리	호서무입(77근 2냥 5전), 서울무입(2,083근 3냥)
鐵葉 2860片	1500片	편당 1냥 9전	完營제조
	1360片	편당 1냥 2전	星州제조
소계		4,482냥	
大龍銷鑰	6부	부당 25냥	서울무입
中龍銷鑰	12부	부당 20냥	서울무입
小龍銷鑰	9부	부당 15냥	서울무입
中銷鑰	80부	부당 8전	서울무입
ㅁ朴只銷鑰	41부	부당 6전	서울무입
夾刀	12자루	자루당 2냥 7전 6푼 5리	서울무입
소계		646냥 7전 8푼	
水鐵大靴金	8개	개당 4냥	
中靴金	6개	개당 3냥 5전	
小靴金	14개	개당 2냥	
大確金	8개	개당 3냥 5전	
中確金	6개	개당 2냥 5전	
小確金	14개	개당 1냥 5전	
大丈夫金間鐵具	8부	개당 4냥	
中丈夫金間鐵具	6부	개당 3냥	
小丈夫金間鐵具	8부	개당 2냥	
節甁桶	2좌	좌당 5냥 5전	
소계		222냥	
총합계		86,215냥 7전 1푼	

자료: 『華城城役儀軌』 卷5, 財用, 鐵物.

<표 11>에서 보듯이 정철 516,334근 13냥 5전, 강철 6,1613근 1냥,

수철 46근, 추조철물 26,159근 강원도 각 읍에서 운송한 목재현황, 정조
철물 8,168근 10냥 8전, 정정조철물 2,160근 14냥 5전으로 559,031근 9
냥 3전 및 철엽 2860편과 이외에 소략화금, 철구류 등의 철물이 소용되었
으며 금액으로 환산하면 모두 86,215냥 7전 1푼이다.

그러면 이와 같은 철물은 어떻게 확보하였을까? 일반적으로 화성성역
에 소용되는 각종 철물은 역시 목재와 마찬가지로 <표 11>에서 본 바와
같이 생산되는 각 도에 분정하여 유입케 하고 그 비용은 해당 도의 京上
納錢으로 충당하게 하였다.[47]

황해도의 경우 정조 18년(1794) 1월에 <표 12>에서 볼 수 있듯이 각
읍에 배정하여 중가래 400자루, 곡괭이 200자루, 넓적괭이 330자루, 삽
330자루 등 모두 1,260자루를 제조하여 南陽 鷗浦에 선운케 하였음을 알
수 있다.

<표 12> 황해도 각 읍에 배정된 철물종류와 수량

읍명＼종류	중가래	곡괭이	넓괭이	삽	소계
재 령	30	20	28	25	103
신 천	30	20	25	28	103
장 연	30	18	25	25	98
황 주	22	8	15	15	60
서 흥	22	8	15	15	60
곡 산	22	8	15	15	60
평 산	22	8	15	15	60
봉 산	22	8	15	15	60
풍 천	20	20	25	25	90
장 연	20	20	25	25	90
은 율	20	20	25	25	90

---

47) 위의 책 권3, 이문, 계축(1793) 12월 12일.

금 천	16	4	10	10	40
수 안	16	4	10	10	40
신 계	16	4	10	10	40
문 화	16	4	10	10	40
송 화	16	4	10	10	40
토 산	16	4	10	10	40
해 주	8	3	7	7	25
연 안	8	3	7	7	25
안 악	8	3	7	7	25
배 천	8	3	7	7	25
강 평	8	3	7	7	25
옹 진	4	3	7	7	21
합 계	400	200	330	330	1,260

자료: 『華城城役儀軌』卷4, 來關, 甲寅(1794) 1月 16日.

이후 6월 24일에는 황해도 감영에 移文한 바에 따르면 성역에 소용되는 철물의 수요량이 증대하여 추가로 각 도에 분정하여 황해도에서는 정철 5,000근, 강철 1,000근, 작철 4,000근을 구입하였다.[48] 동 19년 2월 6일에는 황해도에서 정철 5,000근, 강철 2000근, 작철 3,000근을 구입하였다. 이와 같이 海西지방에서 모두 정철 23,055근 1냥 5전, 강철 3,826근, 작철 20,181근을 구입하여 확보하였으며, 여기에 드는 비용은 해당 도의 公穀(京上納錢)으로 會減케 하였다.

충청도의 경우 정조 18년(1794) 1월에 각 읍에는 <표 13>과 같은 철물이 배정되었다. 중가래 200자루, 곡괭이 100자루, 넓적괭이 170자루, 삽 170자루 등 모두 640자루를 배정하여 제조케 하고 역시 南陽 鷗浦에 船運하였다.

---

48) 위의 책 권3, 이문, 갑인(1794) 6월 24일.

<표 13> 충청도 2각 읍에 배정된 철물종류와 수량

지명 \ 도구	중가래	곡괭이	넓적괭이	삽	소계
충주	70	30	50	50	200
청주	40	20	40	30	130
괴산	40	20	35	40	135
단양	20	10	17	20	67
청풍	10	5	9	10	34
제천	10	5	9	10	34
영동	5	5	5	5	20
황간	5	5	5	5	20
합계	200	100	170	170	640

자료:『華城城役儀軌』卷4, 來關, 甲寅(1794) 1月 12日

이때의 철물 구입 값은 모두 1,400냥으로 丹陽, 永春, 堤川, 淸風, 忠州 등 5개 읍의 京上納錢을 推移해서 납부토록 하였으며 철물량의 증가로 때로는 균역청의 結錢을 留置하여 전용하였다.[49] 또 정조 19년(1795) 2월 5일 충청도 감영에 移文한 바에 의하면 성역에 필요한 中防鐵을 구입하기 위해 牌將을 단양, 영춘, 청풍, 충주, 제천 등지에 파견하였으며, 6월 25일에는 충청도에 중가래 200자루를 추가로 분정하여 구입케 하였다.

그리하여 충청도에서는 모두 정철 108,866근 10냥, 강철 533근, 추조철물[50] 26,159근 6냥 5전, 정조철물 7,203근 4냥 4전, 정정조철물 77근 2냥 5전을 貿入하여 조달하였다.

강원도 역시 철물 30,000근을 洪川 등의 철생산지에서 구입하여 영월 角洞津의 선박으로 운송하였다.

---

49) 위의 책 권3, 이문, 갑인(1794) 1월 23일.
50) 추조철물은 「철물타조식」에 의하면 다섯치 못부터 석자못, 큰고리쇠, 큰사슬, 정조철물은 두치못부터 네치닷푼목, 큰견마대(牽馬帶), 쇠못감춤, 감잡이못감춤(甘左非釘具), 오리목못(鴨頂釘), 거물못(巨勿釘), 대접쇠, 갈고리, 등자 등을 제조하는데, 그리고 정정조철물은 일곱푼못부터 두치못, 돌쩌귀, 삼배목비녀장갖춤, 사슬고리 쇠양배갖춤, 고리쇠양배갖춤, 큰가막쇠, 굽쇠못 등을 제작하였다.

경상·전라도에는 성문에 부착할 鐵葉을 제조해서 납품하게 했는데, 전라감영에 1,500片, 경상감영 소속의 星州에 1,360片을 배정하였다.

星州의 경우 생철 20,000근을 349냥 8전으로 구입하여 冶匠 8명, 鍊磨匠 10명, 吹爐軍 8명, 打造軍 38명을 고용하여 품삯과 운반비를 포함 모두 1,126냥을 들여서 제작하였던 것이다.[51]

한편 일부의 철물은 私商에게 무입하였다. 즉 정조 18년(1794) 7월 10일 城役所都廳에서 올린 계에 의하면

> 役所에서 소용되는 철물을 海西나 湖西에서 지정한 철로 잇달아 差下하였으나 먼 곳에서 수납할 때에 가끔 끊기어 제대로 대어 주지 못할 염려가 없지 않습니다. 경외의 사상배들이 더러 이러한 풍문을 듣고 팔기를 원하는 자도 있으며 혹은 철물을 싣고 경계를 지나는 자도 있다 하오니 그 철물의 품질이 좋은지 나쁜지를 살펴보고 대장간에서 저울로 달아 折價하면 지정한 철보다 별로 損劣되는 것이 없을 것입니다. 그러므로 일체 貿入하는 것이 여러가지 방법으로 구비하는 것보다 해로울 것이 없으므로 만약에 사상배에게 손해되는 바가 없다면 또한 마땅히 고기비늘처럼 차례대로 來集하게 하는 것이 좋을 것입니다.[52]

라고 제기함으로써 일부의 철물을 私商한테 구입하여 확보하기도 하였던 것이다. 그리하여 私商한테 구입한 철물의 양을 집계해보면 정철 330,505근 4냥 8전, 작철 1,240근, 강철 1,804근 1냥 등을 1전 4푼씩 대략 46,696냥을 주고 구입하였을 알 수 있다.[53]

---

51) 『화성성역의궤』 권4, 내관, 갑인(1794) 9월 4일.
52) 위의 책 권4, 품목, 갑인(1794) 7월 10일.
53) 위의 책 권5, 재용상, 철물.

2) 철물의 운송

철물의 운송은 대부분 船運에 의존하였다. 그 중의 하나가 地土船에 의한 운송이었다. 황해도에 분정한 중가래 400자루, 곡괭이 200자루, 넓적괭이 330자루, 삽 330자루를 선운하여 남양의 鷗浦에 수납케 한 사실이나 載寧縣의 경우 鐵峴鎭에 배정한 철물 450근을 地土船에 적재하여 運納하게 하거나[54] 또한 동년 6월 24일 황해도에 배정된 정철 5,000근, 강철 1,000근, 작철 4,000근을 해당지역의 地土船으로 실어 나른 사실[55]에서 잘 알 수 있다. 地土船은 각 지방의 해안이나 강변에서 곡물이나 생선, 소금, 목재 그리고 柴炭 등의 생활 필수품을 운송하면서 생업하는 지방민의 私船의 일종이다. 조선 후기에 이르러 장시와 포구가 형성되어 상업활동이 증대되자 생활에 필요한 물자를 유통시키는 커다란 역할을 수행하였다. 한때는 稅穀과 小作料 및 大同米를 운송하면서 지토선의 임운활동이 매우 활발하였으나, 점차 경강사선에 자리를 내주고 말았다.[56] 그러나 지토선이 세곡이나 소작료 등에서의 임운활동이 저조하였다 하더라도 본래의 선운업이 쇠퇴한 것은 아니었다. 그들은 나름대로의 활로를 모색하여 각 지방의 연안이나 포구 등지에서의 선운활동을 지속해 나갔던 것이다. 황해도지역에서의 철물운송은 그 하나였다고 생각된다.

한편 강원도에서는 철물 30,000근을 영월의 角洞津에 집결시켜 작은 거룻배로써 운송하게 하였다. 그러한 사실은 정조 19년(1795) 8월 27일 영월부사의 첩보에 따르면

> … 성역소에서 사용할 中防鐵을 별도로 將吏를 정하고 牌將을 眼同시

---

54) 위의 책 권3, 장계, 갑인(1794) 4월 30일.
55) 위의 책 권3, 이문, 갑인(1794) 6월 24일.
56) 지토선의 세곡임운활동에 대해서는 최완기,『조선후기선운업사연구』, 일조각, 1989, 161~201쪽 참조.

켜 각처에서 사들인 것이 30,000근이 되는데 이것을 실어 나르기 위해 본부의 角洞津에서 새로 배 2척을 만들었는바 동철물을 江頭에서 거둬 모아 놓고 물이 붇기를 몇 달째 기다렸습니다. 그동안에 비록 조금씩 나누어 실어 陸續하여 流下시켰으나 충주이상은 험한 여울과 암초가 많이 깔려 있어서 만약에 물이 붇지 않으면 배를 띄울 길이 없는 터에 이제 가을도 점점 깊어가서 비올 조짐은 보이지 않으며 철물의 수용할 용도는 自別한 바가 있어 이렇게 지체한다는 것이 걱정이 라는 연유를 우선 첩보하오며 철물의 수용은 극히 어려운 일이므로 연로의 각 읍에서 조그마한 배를 삯을 주고 빌어서 차차 흘려 내려보낼 것을 겨우 이미 본도의 순영에 發關하고 知委하기를 기다려 거행하겠습니다.[57]

라고 한 바와 같이 성역소에 사용할 중방철 30,000여 근을 사들여 실어나르기 위해 角洞津에서 별도의 배 2척을 제작하였으나 충주이상은 여울과 암초가 많고, 또 가을에 접어들어 수량이 부족하여 자체 제조한 선척으로는 운송할 수 없어, 할 수 없이 연로의 작은 거룻배로써 운송하였던 데서 알 수 있다.

그리고 전라·경상감영에 배정된 철엽의 운송도 역시 선박에 의존하였다. 전라감영에 배정된 철엽 1,500片은 경기 德積鎭에 사는 申萬興의 사선에 의해 船價 40냥을 주고 南陽 鷗浦에 운송하였으며,[58] 경상감영에 배정된 철엽 역시 성주에서 打造하여 노량진으로 陸運과 水運을 통해 운송되었던 것이다.[59]

---

57) 『화성성역의궤』 권4, 내관, 을묘(1795) 8월 27일.
58) 위의 책 권4, 내관, 갑인(1794) 7월 1일.
59) 위의 책 권3, 이문, 갑인(1794) 2월 12일.

6. 맺음말

이상 살핀 바와 같이 화성성역에 필요한 물자의 확보와 운송을 통해 나타난 생활상의 변화를 정리해 보면 다음과 같다.

첫째 화성은 현륭원과 행궁의 수호뿐 만 아니라 독성산성, 남한산성과 掎角之勢를 형성함으로써 수도권을 방어할 수 있는 畿輔의 관방으로써 그 기능을 하고 있다는 점이다. 특히 壯勇外營의 설치는 그 하나이다.

둘째로 현륭원의 천봉으로 인한 원행에 따라 隨駕와 接待를 위해 園幸路 上에 駕梁站, 始興站, 肆覲坪站, 彌勒堂站, 園所站 등 5개의 撥站과 迎華驛을 신설하였으며, 또한 鷗浦 治木所와 旺倫面瓦甓所 사이에 車路를 개설함으로써 사람과 물화의 왕래 및 유통이 활발하게 되어 서울―수원 간의 육상교통이 활발하게 되었다는 점이다.

셋째 성역에 동원될 擔軍과 募軍 및 工匠 등의 노동력을 확보하기 위하여 품삯을 주고 고용하는 給價雇立制를 실시하고 있는 점이다.

넷째 백성들의 생활을 편리하게 하고 생산력을 증가시키기 위하여 利用厚生을 바탕으로한 생활 도구 특히 거중기, 녹로, 수레 등의 운방도구를 제작하여 운송의 편의를 도모하고, 또 堤堰을 수축하고 水車를 보급하여 관개시설을 확충함으로써 농민들의 생산력을 증진시키려고 한 점이다.

다섯째 축성에 필요한 목재와 철물 등의 물자를 兵防船, 私船 및 地土船 등의 船運에 의하여 구포에 운송함으로써 해상에서의 運送業이 꽤 발달하고 있음을 알 수 있다는 점이다. 사실 17세기 이후 상업의 발달에 따라 京江船人들의 세곡 운송이 활발해지면서 서해안의 해상 교통은 매우 발달하였다. 이러한 추세에 따라 각 지방의 포구들은 점차 상업 중심지로 변모하게 되었는데 성역 물자의 집결지인 鷗浦도 그 중의 하나였다. 구포는 선박과 화물의 집산지로써 선운업과 함께 해산물 등을 유통시키는 포구 상업을 발달시킬 수 있는 곳이었다. 앞으로 수원의 옛 於梁川, 濱汀浦와 구포 및 안산의 利浦를 연결하는 포구 상업의 실태는 규명해야 할 과제라고 생각한다.

여섯째 목재나 철물 등 물자의 확보 과정에서 부분적이나마 私商들과의 거래 관계가 보이고 있다는 점이다. 이는 당시 민간 상업의 실태를 이해하는 실마리를 제공하는 것이며, 앞으로 정조 시기의 상업 정책 및 목재상이나 철물 상인들의 상업 거래 실태에 대해서 검토할 필요상을 불러일으키고 있다고 본다.

따라서 18세기 말에 현륭원과 행궁 보호를 위해 축조된 화성에 대해서는 단지 정치, 군사적인 입장뿐만 아니라 상업 및 도로 교통사적 입장에서 새롭게 인식해야 할 것이다.

II. 조선 후기 顯隆園 園幸의 御駕護衛와 交通

—『園幸乙卯整理儀軌』를 중심으로—

1. 머리말

18세기 후반기 정조시기의 수원지역에 대한 정치, 사회문제에 대한 연구는 다양하게 축적되었다. 특히 사도세자의 永祐園을 수원 화산으로 천봉하여 顯隆園을 축조하고 이 능침과 신도시 화성 및 신읍치민의 생활을 중심으로 화성의 축성에 따른 정치, 국방, 건축사 및 구휼정책 측면에 이르기까지 많은 연구가 진행되었다. 그 결과 수원지방에 대한 지역사적 연구자료가 풍부하게 되었다. 최근에는 이를 활용한 각종 문화정책 및 지역축제가 활발하게 고안하여 추진되었으며 이는 지역경제 및 관광자원으로서 크게 각광을 받고 있다.

따라서, 현륭원과 화성에 대한 연구는 앞으로 더욱 축적되어야 하며, 기존 연구수준의 지평을 확대하기 위해서라도 다양한 주제의 개발, 종합적이고 구체적인 사료의 집대성 및 번역 사업이 필요하다고 본다. 그러한 필요에 따라 필자는 현륭원에 대한 종합연구를 진행하려고 한다. 그 작업의 일차적 시도가 본고에 해당된다고 하겠다.

그 중에서도 顯隆園 원행에 대해서는 일찍이 李洪九, 李洪烈, 白英子, 鄭炳模, 朴廷蕙, 李明奎 등의 부분적인 연구가 진행되었다.[1] 최근에는 화성 축성 200주년 기념학술행사를 치르면서 부쩍 관심이 고조되어 화성연구와 함께 현륭원에 대한 다각적인 재조명이 진행되었다. 金文植은 18세기 후반에 걸쳐 정조의 능행에 대한 역사적 의의를 규명한 결과 잦은 원행을 통해 왕권을 신장하고 지역주민의 민생 여론을 수렴하기 위하여 上言·擊錚을 통해 국왕권의 강화를 도모하였다고 분석하였다.[2] 신명호는 국왕 행행시에 수도의 궁궐과 도성 수비 및 행행시의 국왕 호위에 대하여,[3] 崔洪奎는 정조의 현륭원 원행에 따른 읍민정책을 중심으로 민본주의적 계몽군주로서의 위상과 성격을 규명함으로써[4] 정조시기 화성 및 현륭원 원행에 대한 역사적 이해의 폭을 넓혀주고 있다.

그러나 원행의 구체적인 御駕護衛 체제나 군병의 편성, 迎華驛 이설과 새로운 撥站에서의 접대 등의 交通史的 측면에서의 분석은 거의 이뤄지지 않고 있다. 현륭원과 화성 축조 이후 수원지방에의 幸行은 수도방위 및 행차에 따른 접대 비용이나 숙박을 위해 추가 조치가 마련되어야 했다. 한강을 건너기 위하여 舟橋를 설치한다든지 왕명을 전달하기 위해서 良才驛을 수원에 이설하여 迎華驛으로 개칭하거나 撥站을 새롭게 설치하여 숙박 및 전명체계를 제공해야 했다. 이에 본고에서는 원행에 따른 어가호위 체계를 중심으로 원행노선의 선정, 도로의 수치나 舟橋설치, 迎華

---

1) 이홍구, 「현륭원 천봉과 정조대왕의 원행효성」, 『기전문화』 9, 1992.
　　이홍렬, 「낙남헌방방도와 혜경궁홍씨의 주갑－수원능행도와 관련하여－」.
　　백영자, 『조선시대의 어가행렬』, 한국방송통신대 출판부, 1994.
　　박정혜, 「수원능행도병에 대한 연구」, 『미술사학연구』 189, 한국미술사학회, 1991.
　　이명규, 「원행정례에 나타난 경수노정어 연구」, 『인문논총』 16, 한양대, 1988.
　　정병모, 「원행을묘정리의궤의 판화사적 연구」, 『문화재』, 1989.
2) 김문식, 「18세기 후반 정조 능행의 의의」, 『한국학보』 88, 1997.
3) 신명호, 「조선후기 국왕 행행시 국정운영체제－『원행을묘정리의궤』를 중심으로－」, 『조선시대사학보』 17, 2001.
4) 최홍규, 「정조의 13차 현륭원 원행과 읍민정책」, 『정조사상연구』 4, 2001.

驛 및 5撥站의 신설에 따른 驛站에서의 역마조달 및 음식, 숙박 제공 등을 중심으로 원행의 교통사적 측면을 규명해 보고자 한다.

그리고, 그 동안의 현륭원 연구는 『朝鮮王朝實錄』이나 『園幸定例』 및 『園幸乙卯整理儀軌』의 자료에 국한된 점이 없지 않다. 앞으로는 『日省錄』, 『顯隆園謄錄』, 『幸行謄錄』, 『顯隆園幸行節目』, 『顯隆園園所都監儀軌』, 『遷園謄錄』, 『永祐園遷奉謄錄』 등의 儀軌類나 謄錄類에 대한 종합적인 분석이 요구된다. 따라서 필자는 기존의 연구업적에 기초하여 등록류 및 의궤류 특히 『원행을묘정리의궤』를 중심으로 현륭원 원행의 교통사적 측면을 살펴보겠다. 이를 통해 18세기 도성 및 수도권의 상업경제, 물류유통을 중심으로 한 교통사 연구가 새롭게 의미 부여될 것이라 생각된다. 관련 연구자들의 아낌없는 비판과 조언을 기대하는 바이다.

2. 乙卯園幸의 편성과 御駕護衛

1) 원행의 배경과 절차

임금의 궁 밖 나들이를 흔히 거둥 또는 行幸이라 하는데, 陵(왕과 왕비 무덤)에 가서 전배하는 것을 陵幸이라 하고, 園(후궁이나 세자의 무덤)에 가는 경우를 園幸이라 한다. 정조는 동왕 13년(1789)에 부친 思悼世子(1735~1762)의 묘인 永祐園(초기에는 垂恩廟라 함)을 華城 龍伏面 花山으로 천봉하여 顯隆園을 조성하고 해마다 1, 2월에 현륭원을 참배하기 위하여 화성에 행차하였다.[5] 정조는 왕위계승의 정통성을 확보하기 위해

---

5) 박광성, 「정조의 현륭원 전배」, 『기전문화연구』 10, 1979.
　　이홍구, 앞의 책 참조.
　　鄭崇敎, 「正祖代 乙卯園幸의 財政運營과 整理穀 마련」, 『韓國學報』 82, 1996.
　　崔洪奎, 「顯隆園 遷奉과 移邑대책」, 『水原市史』 上, 수원시, 1996.
　　＿＿＿, 『정조의 화성 건설』, 일지사, 2001 참조.

재위 24년간 태조의 健元陵, 숙종의 明陵, 그리고 영조의 元陵 등 66회나
되는 陵·園幸을 행하였으며, 그 중 永祐園과 顯隆園에만도 31회나 참배
하여 능행의 거의 절반을 차지하였다.[6] 특히 정조의 현륭원 참배는 <표
1>에 나타난 바와 같이 12회나 되었다. 그만큼 비중이 컸던 것을 알 수
있다.

<표 1> 정조의 현륭원 원행 일람표

年月	기간	주정소	숙소	중요 일정
정조 13(1789)	10.6-10.9	과천행궁	수원부, 현륭원재실, 과천행궁	영우원 천봉
정조 14(1790)	2.8-2.12	과천행궁	수원부, 과천행궁	현륭원작헌례, 독성산성거둥, 별시
정조 15(1791)	1.16-1.18		수원부	화성시찰. 현륭원 참배
정조 16(1792)	1.24-1.26		수원행궁	현륭원참배, 어진봉안, 지지대 명명
정조 17(1793)	1.12-1.14	과천행궁	수원행궁	화성유수부로 개칭, 현륭원 참배, 장용영설치
정조 18(1794)	1.12-1.15	과천행궁, 사근천행궁	과천행궁, 현륭원재실, 수원행궁	현륭원 참배
정조 19(1795)	윤2.9-2.16	용양봉저정, 사근평행궁,	시흥행궁, 화성행궁	현륭원 참배, 혜경궁진찬

金文植,「18세기 후반 正祖 陵幸의 意義」,『한국학보』88, 1997.
한영우,『정조의 화성행차 그 8일』, 효형출판, 1998.
신명호,「조선후기 국왕 行幸時 국정운영체제-『園幸乙卯整理儀軌』를 중심으로-」,
『조선시대사학보』17, 2001.
6) 金文植,「18세기 후반 正祖 陵幸의 意義」,『한국학보』88, 1997.

정조 20(1796)	1.20-1.24	화성교구정, 시흥행궁,	화성행궁	현륭원참배, 장조 탄신일
정조 21(1797)	1.29-2.1	시흥행궁	화성행궁	화성 순행, 현륭원 참배
	8.15-8.19	양천행궁, 부평행궁, 수원 구포, 시흥행궁	김포행궁, 안산행궁, 화성행궁	장릉 참배, 현륭원참배
정조 22(1798)	2.1-2.5		화성행궁	현륭원 참배
정조 23(1799)	8.19-8.21	사근평 행궁	과천행궁, 화성행궁	헌릉, 현륭원 참배
정조 24(1800)	1.16-1.18	시흥행궁	현륭원 재실	현륭원 참배, 세자책봉

자료: 金文植, 「18세기 후반 正祖 陵幸의 意義」, 『韓國學報』 88, 1997에서 재인용.

특히 乙卯(正祖 19; 1795) 園幸은 모친 혜경궁 홍씨와 돌아가신 사도세자의 회갑을 경축하기 위해 거행되었다. 이보다 앞서 정조 17년(1793) 1월에 선혜청 당상 鄭民始에게 하교한 바에 따르면

　내후년은 곧 우리나라 초유의 큰 경사가 있을 해이며 나 소자의 천재일우의 기회이다. 賀 · 號 · 宴의 3禮는 국가에서 마땅히 행해야 할 典禮인데, 賀儀는 甲寅에 寶齡 六旬에 대한 賀禮를 할 것이고, 上號는 慈殿 · 閤宮에 삼가 顯冊을 齊進할 것이며, 宴禮는 우리 慈宮의 겸손을 지키려는 德으로 인해 愴昔의 衷心과 豐豫의 행사를 準請하기가 쉽지 않다. 나는 이로 인해 마음속에 생각해 둔 것이 있다. 대개 이해가 거듭 돌아옴은 소자에게 風樹之感뿐만이 아닌 우리 자궁을 모시고 원침을 참배하여 한편으로는 자궁의 마음을 위로하고 또 한편으로는 아들로서의 정성을 조금이나마 펼치려는 것이니 곧 天理와 人情으로 그만 둘 수 없는 바이다. 鑾輿가 돌아오는 길에 행궁에 모시고 나아가 간략하게 進饌의 禮를 마련하여 祝岡의 정성을 조금이나마 펼칠 것이다.[7]

라고 한 데서 을묘년 원행의 뜻이 잘 담겨져 있음을 알 수 있다. 1794년 7월에는 장용영 제조 정민시와 원행에 드는 제반 비용을 의논하여 10만여 냥의 재원 확보방안을 강구하게 되었고[8] 整理所를 설치하여 원행의 제반 비용을 관리하도록 하였다. 그 결과 호조판서의 주관 아래 財政은 整理所가, 輿馬는 司僕寺, 舟橋는 舟橋司에게 맡도록 하여 원행 준비를 하였던 것이다.[9] 이 뿐만 아니라 재위 20년간의 '繼志述事'의 입장에서 선왕의 위업을 계승하고 왕권강화를 과시하여 신민의 충성 결집과 정치개혁을 위해서였다는 견해가 우세하다. 그리고 원행은 民意收斂의 장으로 활용되었다. 上言이나 擊錚을 통하여 시흥·과천 民人들의 민폐를 처리하여 환곡 및 군포의 폐단을 시정한 것이 그 한 예이다.[10]

그리고 능원 참배시 공신·문신에 대한 追贈과 致祭 및 別試를 통하여 지역 유생과 무사들을 선발, 등용하여 수도권 주민의 민의를 통합하려고 노력하였다. 이에 따라 현륭원을 보호하고 신읍치로서의 화성을 축성하여 경제성장을 촉진하기 위하여 都護府를 留守府로 승격시켰을 뿐만 아니라 18세기 이후 상업도시, 상품화폐 경제의 발달과 인구증가로 신흥도시로서의 면모를 새롭게 갖추게 되었다. 그리하여 물자와 사람의 교통이 활발하게 되고, 도로의 보수와 교량의 건설 등으로 서울에서 수원에 이르는 新作路는 간선도로의 구실을 하여 오늘날 국도 1호선의 역사적 발달의 근간이 되었다고 본다.

이러한 배경 위에 시행된 원행의 절차와 수행원 및 군병들의 시위과정 등의 御駕護衛체제에 대해『원행을묘정리의궤』를 중심으로 그 구체적인 실태를 살펴보고자 한다.

---

7)『원행을묘정리의궤』권1, 연설, 계축 정월 19일.
8) 위의 책 권1, 연설, 갑인 7월 20일.
9) 위의 책 권1, 연설, 갑인 12월 초10일.
10) 한상권,『조선후기 사회와 소원제도』, 일조각, 1996.
    김문식, 앞의 책 참고.

먼저 원행 일정은 整理所 郎廳이 보고한 원행 때의 군령에 의하면 출궁 후 첫째날은 露梁津에서 晝停하고 始興行宮에서 숙박하며, 둘째날은 肆覿坪에서 휴식을 취하고(晝停) 수원 행궁에서 숙박한다. 셋째날 현륭원 참배후 돌아와 수원행궁에서 숙박한 후, 넷째날 進饌宴, 다섯째날 文武科 시험, 여섯째날 화성출발 사근평에서 주정, 시흥행궁 숙박하고, 일곱째날 노량진 휴식한 뒤에 환궁하도록 되었다.[11]

그리고 구체적인 출궁 및 환궁절차를 살펴보면, 整理所와 禮曹에서는 절목에 따라 掖庭署에서 돈화문 동쪽에 장막을 설치하게 하고 가마를 따라갈 백관대신과 6조 당상 및 낭청, 종친과 의빈 등은 먼저 강을 건너 융복을 입고 慈宮과 어가를 맞이하여 시위한다. 이때 도성에 남을 留都 백관들은 융복을 입고 돈화문 밖에서 임금행차를 환송한 다음 도성을 방어한다. 가교에 오르는 절차는 사복시의 거행절차에 따르고 3嚴대신에 3吹를 거행하며, 현륭원에서 화성으로 돌아올 때의 준비사항은 정리소에서 담당한다.

始興宿所와 華城宿所에서는 배종 백관이 시위하여 자궁과 가교를 맞이하고, 현륭원 동구 밖에 이르면 백관은 행차와 떨어져 자궁과 임금이 전알하고 제사를 마치면 다시 화성으로 돌아온다. 화성에 이르러 進饌, 養老宴, 謁聖文武科 시험과 城操를 사열한 후 시흥숙소, 노량진을 지나 도성으로 환궁하게 된다. 그리고 정리소의 지휘에 따라 園所와 各站에는 장막을 배치하였다.[12]

이러한 출궁·환궁 절차 및 의식[13]에 대해서 좀 더 자세하게 정리하면 다음과 같다.

　　(1) 掖庭署에서 돈화문 바깥 동쪽에 천막(幄次)을 설치하고 천막 앞에

---

11)『원행을묘정리의궤』권2, 계사, 을묘 2월 1일, 정리소 낭청 계.
12)『원행을묘정리의궤』권2, 절목, 대가배자궁예 현륭원시절목 정리소예조.
13)『원행을묘정리의궤』권2, 의주, 대가배자궁예현륭원시출환궁의.

祗迎版位를 설치한다.

(2) 初嚴을 치면 병조에서 諸衛를 통솔하여 仗衛와 鹵簿를 인정문 밖에 진열하고 유도백관은 모두 朝房에 모여 평상시처럼 융복을 입되 착검한다.

(3) 행차를 따라가는 배종백관은 미리 강을 건너 융복을 입고 佩劍하여 깃을 꽂고 강 건너 편에서 동서로 나누어 侍衛한다.

(4) 2嚴을 치면 각 위장은 부대를 감독하여 평상시처럼 진열케 하고, 司僕寺는 돈화문에 말을 대기시키며 수레는 閣門밖에, 駕轎는 內閣門밖에 대기시킨다. 유도백관들은 돈화문밖으로 나아가고 近侍와 각 護衛官은 각각의 복식을 갖추고 閣門밖에 나아가 伺候한다. 左通禮는 합문 밖에 다가가 무릎을 꿇고 嚴중임을 알린다.

(5) 3嚴을 치면 안팎의 문을 열고 좌통례가 바깥사정을 아뢰면 임금은 온행때처럼 융복 또는 군복을 입고 깃을 꽂고 수레에 올라 출발하면 繖扇을 들고 시위한다. 좌통례가 앞에서 인도하고 상서원 관리는 옥새(寶印)를 받들어 앞서서 간다. 승마시는 寶載馬를 이용한다.

(6) 대가가 돈화문에 이르면 좌통례의 안내에 따라 수레에서 내려 천막(幄次)에 들어가면 尙儀가 內嚴할 것을 贊請하고 바깥 준비상태를 보고한다.

(7) 慈宮이 가마를 타고 나오시면 평상시처럼 繖扇을 들고 호위하며, 闕內入直할 백관들은 鞠躬하여 행차가 지나가면 平身한 다음 시위대 뒤를 따라 돈화문 밖에 이르렀다 나중에 各司를 지킨다. 자궁행차가 돈화문에 이르면 좌통례의 안내를 받아 임금이 祗迎版位 앞에서 鞠躬, 平身한 다음 승마하여 출발한다. 유도백관들은 鞠躬, 平身하여 환송하고 유도백관중의 6조 堂郎 각 1명은 시위대를 따라 대가가 江頭 晝停所인 노량행궁에 이르면 먼저 간 배종백관은 祗迎하고 유도백관들은 환송한다.

이와 같은 절차에 따라 출·환궁시에 시흥행궁 등의 각 주정소 및 행궁 등의 숙소에서 시위하였던 것이다. 단, 수원 경내에 이르러서는 화성이 아직 완성되지 않았으므로 城丁軍이 성첩에서 수일간을 대기할 수 없기 때문에 화성 부근 마을에 거주하는 군병 약간을 차출하여 북쪽 성 위에서 대가를 영접하고 門旗와 角旗 및 垜將旗와 같은 깃발은 4대문의 城長이 수령하여 책임맡은 곳에 꽂고 대기하였다.[14)]

한편, 侍衛의 절차는 慈宮 陪衛 및 先・後廂軍은 大駕 侍衛 및 先後廂 軍兵과 동일하게 마련하며, 대가가 먼저 돈화문 밖에 나아가 祗迎할 때 혜 경궁을 배위하는 兵曹, 都摠府 堂上・郞廳・五衛將・宣傳官・武臣兼宣 傳官 등 궁을 지키는 인원이 배위하다가 돈화문 밖에서 떨어져 입궁하고, 반대로 환궁시에는 露梁津에 나와 祗迎하고 시위한다. 의금부의 낭청은 나장을 대동하고 呈訴人이나 擊錚人 가까이 오지 못하도록 하고 대궐 안 에서의 禁喧은 병조가, 행차 중에는 의금부, 훈련도감, 장용영이 맡았다. 시위대 안으로 출입하는 각사의 이예는 '衛內'라는 글씨를 새긴 문표를 검 사해서 출입을 통제하였다.

시위대의 別雲劍은 藍色 雲紋緞 天翼을 입고, 虎鬚笠을 꽂고, 兵曹・ 都 摠府의 당상, 낭청, 선전관은 戰笠과 戰服을 착용하며, 忠義衛는 붉은색 天翼을 착용한다.

別軍職은 대가 앞에서 좌우로 나뉘어 시위하며, 行禮시에는 시위 이하 각 差備는 홍전문 밖에서 시위해야 하며, 대가 뒤에는 선전관이 시위하되 承傳宣傳官은 信箭手 밖에서 좌우로 나뉘어 시위하면서 전명을 전달한다.

대가에 대한 순시는 令旗手・軍牢手가 맡고, 別差備軍牢手를 훈련도감 이나 장용영 군병에서 차출하여 노량진에 가서 시위하며, 출궁 및 환궁시 에는 令旗手・軍牢手・信箭手를 금위영으로 하여금 대령하게 한다. 挾輦 砲手는 훈련도감 군병에서 가려뽑아 장관의 통솔하에 노량진에서 대기하 였다가, 좌우로 시위하며 대가 후미에서 연결하여 서며 출입인과 일체의 잡인을 통제한다.

그런데 궐내의 숙위는 守宮大將을 차출하여 입직 衛卒을 다스리고 從 事官을 대동하며, 입직장소는 수궁대장은 남쪽 衛將房을, 종사관은 部將

---

14)『원행을묘정리의궤』권2, 계사, 을묘 1월 24일, 수원유수 조심태 계.

房, 위장은 金虎門 哨官房, 부장은 金虎門 守門將房이며, 입직포수 100명을 뽑아 대궐의 각 문을 파수한다.

畫停所·宿所·園所의 馬軍은 하마시에는 징(鑼)을 치고, 기마시에는 哱囉를 불 때 禁軍別將과 馬兵別將의 분부에 따라 거행하며, 장막을 치거나 깃발을 달 때나, 人定 후에 刁斗를 치는 일 등은 각 군문의 분부에 따라 거행한다. 특히 날이 밝기 전에 陣內에 들어오는 자는 사형에 처하며, 도로의 좌우와 畫停所·宿所·園所 근처에 자라는 곡식을 손상시키지 않도록 행군 질서를 엄히 다스렸다. 거둥시 불시의 명령 전달은 侍衛 禁軍 중에서 날래고 말을 잘타는 군병을 禁軍別將이 임시로 뽑아 쓰도록 하며, 일반적인 傳語는 대궐문에서 노량진까지 衛軍 150명을 뽑아 배치하되, 도성 안은 斥候兵만 세우고 伏兵은 두지 않으나, 광주·과천·시흥 경내의 척후병과 복병은 守禦使·摠戎使 소속의 경기도 束伍步軍을 뽑아 배치하고, 화성 경내는 留守府에서 보낸다.

壯勇衛는 좌우 5馬隊로써 挾輦軍의 뒤를 이어 행진하며 善騎別將은 善騎隊와 本陣의 기와 북을 인솔, 노량진으로 먼저 가서 대기하다가 어가가 강을 건너면 영접후 주둔지에서 나와 초소로 돌아가며, 善騎隊 1대는 別將이 5馬隊를 이끌고 장용위를 따라 행진하다가 먼저 간 선기대와 합류, 다음 장소로 출발할 때 차례로 시위하되 畫停所·宿所·園所 동구 밖에서 편대를 따라 체재한다.

어가 앞뒤의 別抄軍이나 禁軍은 戰笠과 戰服을 입고 5마대 전후에 반씩 나누어 행진한다. 內禁衛·兼司僕·羽林衛에서 50명을 뽑아 별장의 통솔하에 전립과 전복을 착용, 노량진 강변에서 대기하며 나머지 禁軍은 龍虎營에 머물다 출궁시에 5마대의 전후에서 행진하다 노량진에 이른 뒤 각자의 장소로 돌아오며 환궁때도 이와 같이 한다. 먼저 간 禁軍은 5마대를 전후로 나누어 先驅禁軍, 攔後禁軍으로 편성하여 행진하되 시흥숙소, 사근평주정소, 화성숙소, 원소에서는 금군과 별초군은 고을입구에서, 선구

금군과 난후금군은 동구 밖에서 合陣하여 시위한다.

壯勇營 군병 중에서 弘化門 入直軍은 훈련도감 군병 및 將官의 통솔하에 標信을 기다려 교체했다가 행차가 돌아오면 다시 전처럼 입직한다. 壯勇營 중 京軍 2哨는 먼저 노량진에서 기다렸다가 어가가 강을 건넌 후 대장이 善騎隊 2哨를 합쳐 壯勇衛를 통솔하여 후미를 시위하고 시흥숙소, 사근평 주정소, 화성행궁 담장 밖을 호위한다.

그리고, 어가 행차가 궁문을 나갈 때 궁성문의 개폐절차[15]는 대가가 출궁할 때 궁문을 여는 것은 조금 일찍하되 回鑾할 때에는 敦化門, 金虎門, 丹鳳門, 宣仁門, 弘化門은 해질 무렵에 문을 닫고 날이 밝으면 문을 열며 曜金門은 이내 닫는다.

도성문은 崇禮門, 興仁門, 彰義門, 光熙門은 해질 무렵에 문을 닫고 동이 트면 열며, 敦義門, 惠化門, 昭義門은 이내 닫는다. 환궁할 때에 만약 밤이 되면 대궐문은 그대로 두었다가 일이 끝난 후 예에 따라 닫는다. 崇禮門, 興仁門, 敦義門, 昭義門은 임시로 信箭에 따라 그대로 닫지 않고 두되, 崇禮門, 敦義門, 昭義門은 임금을 맞이하는 백관과 도성민이 다 들어간 뒤에 닫는다.

환궁하는 날 曜金門은 예에 따라 標信없이도 각문과 같이 모두 열며, 임의로 도성문을 닫을 때에도 일체 표신 없이 상황에 따라 연다. 환궁 일에 구경하는 士民들은 정해진 예에 따라 禁事를 풀고 營門을 巡邏하고 左右捕廳을 순찰한다.

한편, 임금의 교외 거둥시에 도성을 수비하는 문제는 留都 및 留營, 留陣체제를 수립하여 방어하였다. 현륭원 행차시 홍화문 밖에 수어청, 총융청, 금위영이 留陣하는데 정조 19년(1795)의 경우 홍화문 밖의 朝房에는 훈련도감의 中軍 1哨가 머무르게 되었다. 대개 훈련도감이 대가를 수행하면 금위영이 홍화문 밖에서 留陣하고, 어영청이 수도방위(留防) 임무를

---

15) 『원행을묘정리의궤』 권2, 절목, 원행시궁성개폐문절목.

맡았으나 훈련도감 군사중 대가를 수행하는 군사 이외의 外方步軍 몇 哨를 임시로 금위영에 배속시켜 홍화문 밖을 留陣하도록 하였다.[16] 윤2월 9일 출궁 당시의 留都 및 留營체제[17]를 구체적으로 살펴보면 다음과 같다.

留都大臣은 도성을 수비하기 위해서 임명하였는데, 유도대신으로 임명된 행판중추부사 金憙는 扈衛別將 2명, 所任軍官 3명, 受料軍官 25명, 在家軍官 128명, 軍 54명, 禁衛營軍 9명, 摠戎廳軍 12명 합계 233명을 편성하여 金虎門 밖에서 結陣하여 拱北門 앞길까지 호위대를 배치하여 출궁시 시위하면서 전송한 후 도성을 수비하였다.[18] 그러나 실제 을묘원행시에는 護衛別將(2), 所任軍官(3), 軍官(305), 書吏(2), 使令(4), 房直(1), 標下軍(54), 前排軍(21)으로 편성되었다.[19]

守宮은 大將 행사직 趙宗鉉으로 하여금 南所에 입직하여 궁궐 안의 각처를 숙위하였는데, 禁軍・護衛軍官・訓鍊都監軍・局出身・有廳軍士를 점검하였다. 從事官(1), 禁衛營別武士(1), 摠戎廳敎鍊官(1), 前排軍(35), 兵曹結束色書吏(1), 奎章閣檢校直閣(1), 承政院仮承旨(1), 仮注書(1), 兼春秋(1), 內醫院提調(1), 兵曹參判(1), 佐郎(1)으로 편성하였다.[20]

留營은 국왕의 교외 거둥시 도성을 수비하기 위하여 예비병력으로써 남아있는 군영으로서,[21] 원행 때는 前 御營大將 李邦一이 맡았다.[22] 어영

---

16) 『원행을묘정리의궤』 권2, 계사, 을묘 2월 1일, 정리소낭청계.
17) 신명호, 앞의 논문.
　　　　, 『원행을묘정리의궤』 권5, 유도.
18) 『원행을묘정리의궤』 권3, 장계, 을묘 윤2월 초9일. 유도대신 행판중추부사 김희 등의 장계.
19) 『원행을묘정리의궤』 권5, 유도.
20) 위의 책 권5, 유도.
21) 조선 후기에 이르러 평소의 도성 방어는 숙종 8년(1682)에 금위영의 설치와 함께 5군영이 확립되고, 영조 23년(1746) 총융청이 북한산성을 수비하면서 뼈대가 갖추어졌는데, 그 결과 도성안은 訓鍊都監・御營廳・禁衛營의 3軍門이 맡고, 외곽의 북한산성은 총융청이, 남한산성은 수어청이 담당하게 되었다. 이러한 도성방위체제 아래 국왕이 幸行하면 3군문의 하나가 어가를 따라 호위하였던 것이다.
22) 당시의 御營廳 大將은 李漢豊이었는데 舟師大將을 겸임하였기 때문에 전 어영대장

청 中軍 1명, 兼別將 1명, 千摠 4명, 騎士將 2명, 把摠 4명, 哨官 12명, 敎鍊官 4명, 軍官 4명, 三廳所任軍官 7명, 別武士 6명, 藥房 1명, 馬醫 1명, 騎士 19명, 各色京標下軍 176명, 摠戎廳標下軍 63명으로써 留營을 통솔하였다. 東營은 騎士將 1명, 把摠 1명, 哨官 1명, 騎士 25명, 標下軍 2명, 摠戎廳標下軍 32명을 인솔하여 입직하였으며, 南小營은 無軍哨官 2명, 別破陣 4명, 京標下軍 4명으로 入直하고, 斥候 16곳은 將 16명, 軍 64명을 편성하여 把守하였다.

그러나 실제는 執事敎鍊官(2), 別破陣次知敎鍊官(1), 牢子次知敎鍊官(1), 巡令手次知敎鍊官(1), 吹鼓手次知敎鍊官(1), 大旗手次知敎鍊官(1), 塘報手次知敎鍊官(1), 燈籠軍次知敎鍊官(1), 帳幕軍次知敎鍊官(1), 牙兵次知敎鍊官(1), 伺候(11), 別軍官(5), 兒旗手(5), 別武士(7), 三廳所任軍官(7), 藥房(1), 旗牌官(1), 馬醫(1), 書吏(6), 牢子(43), 巡令手(41), 吹鼓手(43), 細樂手(19), 大旗手(56), 塘報手(28), 燈籠軍(11), 帳幕軍(15), 牙兵(31), 別破陣(25), 中軍(1), 別武士(5), 牢子(11), 巡令手(11), 兼別將(1), 騎士(90), 千摠(4), 標下軍(31), 騎士將(2), 標下軍(21), 哨官(13), 摠戎廳作隊軍(63) 모두 620명으로 편성되었다.[23]

留駐는 前摠戎使 申大顯으로 하여금 訓局軍 1哨 113명, 哨官 1명, 將校 3명, 禁衛營 旗鼓前排軍 29명, 將校 2명, 御營廳 旗鼓前排軍 29명, 장교 2명을 인솔하여 弘化門 밖 朝房에서 주둔하여 밤낮으로 순찰하도록 하였다. 실제 乙卯園幸 때에는 訓鍊都監敎鍊官(1), 別武士(2), 禁衛營敎鍊官(1), 別武士(1), 書吏(1), 御營廳敎鍊官(1), 別武士(1), 書吏(1), 前排軍(42−訓鍊都監, 禁衛營, 御營廳의 巡令手, 牢子로 편성), 大旗手(16), 燈籠軍(4), 御營廳帳幕軍(4), 訓鍊都監哨官(1), 中哨軍(122−旗鼓手, 旗摠, 隊摠, 銃手, 火

李邦一이 留營軍을 통솔하게 되었다. 정조 19년(1795)의 원행 때에는 留營을 어영청이 맡았다(『원행을묘정리의궤』 권2, 계사, 을묘 2월 11일).
23)『원행을묘정리의궤』 권5, 유도 부수궁유진유영유주.

兵, 卜馬軍으로 구성)으로 편성되었다.[24]

그리고, 留都 禁衛中軍 吳載徽는 병조절목에 따라 대장은 訓局步軍 5哨, 馬軍 2哨를 인솔하여 先·後廂을 편성하여 나루터까지 御駕를 호위하였다. 留陣은 원래의 자기부대에서 출동하여 홍화문 밖에서 도성의 외부를 수비하는 것으로 을묘원행시에는 금위영이 담당하였다. 大將 金持黙은 本營 騎士 112명, 別破陣 21명, 京標下 各色軍 613명, 守禦廳 料標下軍 62명, 訓局步軍 5哨 608명, 各色軍 515명 합계 1,931명으로 편성되었다. 中軍은 留都를 거느리고 左巡廳 앞길에서 結陣하고 있다가 출궁후 돈화문 밖으로 나아가 結陣하고 나중에 留陣을 합병하였다. 실제로는 駕前前排牢子次知敎鍊官(1), 伺候(1), 巡令手次知敎鍊官(1), 伺候(1), 招搖旗次知敎鍊官(1), 伺候(1), 牢子(21), 巡令手(19), 旗手(5), 大將別軍官(6), 兒旗手(6), 行軍兼塘報手次知敎鍊官(1), 伺候(1), 行軍兼帳幕軍次知敎鍊官(1), 伺候(1), 牢子次知 兼右牙兵次知敎鍊官(1), 伺候(1), 巡令手次知 兼燈籠軍次知敎鍊官(1), 伺候(1), 吹鼓手次知 兼左牙兵次知敎鍊官(1), 伺候(1), 大旗手次知敎鍊官(1), 伺候(1), 旗牌官(1), 伺候(1), 別武士(6), 鍼醫(1), 藥房(1), 書吏(6), 牢子(45), 巡令手(44), 吹鼓手(62), 細樂手(15), 大旗手(78), 塘報手(34), 燈籠軍(24), 帳幕軍(6), 左牙兵(27), 右牙兵(30), 別破陣(15), 糧餉色從事官(1), 帶隸(1), 牢子(2), 巡令手(2), 訓局馬兵左別將(1), 吹手(43), 左哨官(1), 馬兵(119), 右哨官(1), 馬兵(119), 右部千摠(1), 吹手(42), 左司把摠(1), 吹手(31), 前哨官(1), 哨軍(122), 左哨官(1), 哨軍(122), 中哨官(1), 哨軍(122), 右哨官(1), 哨軍(122), 後哨官(1), 哨軍(122), 領付敎鍊官(2), 伺候(2), 差官別武士(7), 中軍(1), 敎鍊官(2), 兒旗手(1), 別武士(8), 牢子(23), 巡令手(22), 吹鼓手(10), 大旗手(8), 帳幕軍(23), 別破陣(6), 守門軍(17), 別將(1), 標下軍(21), 騎士將(2), 標下軍(10), 騎士(112), 輜重卜馬軍(9), 千摠(2), 標下軍(41), 把摠(4), 標下軍(33), 哨官(29), 兒旗手(29), 別騎衛(21), 書吏(2), 守禦廳受料軍

---

24) 『원행을묘정리의궤』 권5, 유도 부수궁유진유영유주.

(62), 訓局左部左司把摠(1), 吹手(31), 前哨官(1), 哨軍(122), 左哨官(1), 哨軍(122), 中哨官(1), 哨軍(121), 右哨官(1), 哨軍(121), 後哨官(1), 哨軍(121), 別武士(18), 各色標下軍(368) 모두 2,991명으로 편성되었다.[25]

2) 陪從人員의 편성

현륭원 행차에는 백관대신을 포함하여 내외빈, 종친 등 많은 수행원이 배종하였다. 그리고 그들은 각각의 업무를 분장하였다. 內外賓은 慈宮의 同姓 8촌 친척과 異姓 6촌 이상이 참석하였는데, 이들은 윤2월 13일의 奉壽堂 進饌宴에 참석하기 위해서였다. 內賓은 故 判書 趙曬의 아내 정부인 홍씨, 同敦寧 洪龍漢의 아내 송씨, 故參判 洪樂仁의 아내 민씨, 同敦寧 洪樂信의 아내 이씨, 同敦寧 洪樂任의 아내 정씨 등과 同敦寧 洪駿漢 · 洪樂信 · 洪樂仁 · 洪樂任의 딸, 이외에 종친 및 친척들이었다.

外賓으로는 同敦寧 洪駿漢 · 洪龍漢(洪鳳漢의 동생)과 洪樂信 · 洪樂任 · 洪樂倫(洪鳳漢의 아들), 洪樂佐(홍봉한의 서자) 등으로 영의정 洪鳳漢의 동생 및 그 아들과 서자와 光恩副尉 金箕性, 興恩副尉 鄭在和의 아들 · 사위와 같이 異姓의 5, 6촌이 대부분이었다.

한편 백관대신은 掖庭署 이상은 군복을 입고 衛內에서 어가를 수행하며, 宗親府 이하는 융복을 입고 衛外에서 어가를 수행하였다. 整理所에서는 총리대신 蔡濟恭이 총괄하며 整理使 沈頤之는 園所站을, 경기관찰사 徐有防은 沙覩站과 饌卓을 담당하였다. 호조판서 李時秀는 始興站 및 饌卓을, 行副司直 徐有大는 華城站과 壯勇營內使職을 맡고, 行副司直 徐龍輔는 鷺梁站과 揮巾을, 整理郎廳 副司果 洪守榮은 都廳 및 壯勇營 從事官으로서 수행하였다.

行副司直 尹行恁은 華城站과 進花를, 副司果 洪大榮은 始興站 郎廳으로

---

25)『원행을묘정리의궤』권5, 유도.

서, 濟用監 判官 金龍淳은 鷺梁站 郎廳을, 策應監官 卞世義는 慈宮의 水刺
담당, 行副護軍 洪樂佐 역시 慈宮水刺 및 온돌 點火와 慈宮駕轎의 別隨駕
역할을 맡으면서 수행하였다. 이외에 書吏 · 書寫 등 하급 관리 및 倉庫直,
雨具直, 使令 및 帶隷, 差備 등의 직책을 가진 수행원들은 각각의 임무를
띠고 원행에 따른 잡역을 수행하였다. 이와 같은 백관대신 이하 각 수행
인원들을 집계하면 <표 2>과 같다.

<표 2> 현륭원 행차시 수행인원

해당관청	직책	인원	
整理所	總理大臣(1), 整理使(1), 京畿觀察使(1), 戶曹判書(1), 行副司直(3), 整理郎廳(1), 顯隆園令(1), 副司果(3), 濟用監判官(1), 策應監官(1), 行副護軍(1), 將校(11), 牌將(1), 書吏(16), 書寫(1), 庫直(3), 使令(5), 牢子(20), 巡令手(32), 燈籠軍(12), 卜直(6), 雨具直(2), 文書直(4), 使喚軍(9), 政院待令書吏(2), 軍士(1), 別隨駕將官(8), 各差備(46), 爵卓差備官(7)	200	6명 중복
承政院	行都承旨(1), 行左承旨(1), 行右承旨(1), 右副承旨(1), 同副承旨(1), 仮承旨(4), 仮注書(2), 書吏(10), 正書朝報書吏(2), 使令(26), 承旨帶隷(23), 堂后帶隷(8), 軍士(5), 水工(2)	87	
奎章閣	提學(1), 檢校直提學(1), 原任直提學(1), 檢校直閣(1), 檢校待教(1), 抄啓文臣(2), 閣監(2), 檢書官(4), 監書(6), 書吏(2), 朝報書吏(1), 使令(11), 帶隷(16), 近仗軍士(1), 房直(2), 水工(1), 軍士(4), 閣屬官帶隷(12), 檢書官帶隷(2)	71	4명 중복
藝文館	檢閱(1), 兼春秋(1), 書吏(1), 使令(2), 帶隷(4), 水工(1)	10	
內醫院	都提調(1), 提調(1), 副堤調(1), 內醫(4), 掌務官(1), 書員(4), 差備待令醫女(2), 水工(9), 軍士(30), 童便軍(2)	55	2명 중복

弘文館	副校理(1), 副修撰(1), 書吏(2), 使令(2), 帶隷(4), 軍士(2), 水工(1)	13	
兵曹	判書(1), 參知(1), 正郎(3), 各色執吏書吏(7), 結束色書吏(6), 禮房書吏(1), 馬色書吏(1), 政色書吏(4), 省記色書吏(1), 隨廳書吏(1), 朝報書吏(1), 政廳直(1), 帶隷(21), 使令(4), 禁喧使令(2), 近仗軍士(30), 官案直(1), 皮帒直(4), 軍士(2), 炊飯軍(6), 事知(4), 雨具直(1), 矗差備(2), 龍旗奉持(7), 標旗奉持(4), 步下封地(15), 衛將所書員(1), 使令(1), 驛書者(2), 步從(46), 驛馬夫(16)	197	2명 중복
都摠府	都摠管(1), 副摠管(1), 經歷(1), 隨廳書吏(2), 掌務書吏(1), 帶隷(12), 使令(1), 軍士(1), 水工(1)	22	
別雲劍		7	2명 중복
別軍職廳	別軍職(4), 書員(1), 帶隷(4), 房直(1), 軍士(2)	12	
宣傳官廳	宣傳官(15), 書員(1), 內吹(15), 吹打手(6), 군사(1), 炊飯軍(2)	40	2명 중복
內侍府	寶差備(1), 挾侍(2), 寶劍差備(2), 啓字差備(1), 隨駕(2), 燈燭房(2), 惠慶宮承言色(1), 掌務(1), 書員(1), 帶隷(12), 燈燭色(1), 內班院直只(2), 熟手(3), 軍士(2)	33	
掖庭署	傳命司謁(4), 司謁(1), 司鑰(1), 別監(12), 待令別監(8), 待令中禁(2), 御軍服板持去軍(6), 駕後待令方席持去軍(3), 排設房照羅赤(2), 負持軍(3), 竹契待令排設軍士(9), 地衣待令排設軍士(6), 書房色照羅赤(1), 司謁司鑰隨率軍士(7), 別監房留直(2), 負持軍(2), 炊飯軍(20), 待令別監卜直(3), 中禁卜直(1), 惠慶宮司鑰(1), 別監(8), 負持軍(2), 各站炊飯軍(15), 惠慶宮 尙宮(3), 侍女(10), 婢子(10), 從人(10), 下內人(12), 從人(12), 淸衍郡主房 內人(3), 婢子(3), 淸璿郡主房 內人(3), 婢子(3), 宮所任(5), 奴子(6)	199	1명 중복
宗親府	安春君(1), 錄事(1), 隨廳書吏(1), 掌務書吏	14	1명 중복

	(1), 朝報書吏(1), 權頭(1), 帶隷(6), 使令(1), 軍士(1)		
議政府	領議政(1), 左議政(1), 右議政(1), 綠事(3), 隨廳書吏(2), 掌務書吏(1), 朝報書吏(1), 權頭(3), 帶隷(24), 使令(1), 軍士(1), 負持軍(20), 炊飯軍(1)	60	1명 중복
中樞府	奉朝賀(1), 判事(2), 綠事(3), 隨廳書吏(1), 權頭(2), 帶隷(16), 使令(1), 軍士(1), 炊飯軍(1), 負持軍(1)	29	
敦寧府	領事(1), 綠事(1), 隨廳書吏(1), 掌務書吏(1), 朝報書吏(1), 權頭(1), 帶隷(8), 使令(1), 軍士(1)	16	
儀賓府	光恩副尉(1), 綠事(1), 隨廳書吏(1), 掌務書吏(1), 權頭(1), 帶隷(7)	12	
義禁府	堂上(1), 經歷(1), 都事(1), 執吏書吏(1), 考喧書吏(4), 羅將(21), 帶隷(2), 印信直(1), 軍士(2)	34	
吏曹	判書(1), 正郎(1), 隨廳書吏(1), 政色書吏(2), 文選司書吏(3), 祭享色書吏(1), 考功司書吏(1), 掌務書吏(1), 朝報書吏(1), 書寫(1), 政廳直(1), 帶隷(9), 使令(3), 負持軍(2), 印信直(1), 炊飯軍(1)	30	
戶曹	判書(1), 參判(1), 佐郎(1), 計士(1), 別例房書吏(4), 前例房書吏(3), 朝報書吏(1), 帶隷(14), 官使喚(8), 文書直(1), 印信直(1), 炊飯軍(1), 朝報軍士(1)	38	1명 중복
禮曹	判書(1), 正郎(1), 隨廳書吏(1), 稽制司書吏(2), 典享司書吏(1), 書寫(1), 帶隷(7), 使令(1), 文書直(1), 印信直(1), 炊飯軍(1)	18	
刑曹	判書(1), 佐郎(1), 律學敎授(1), 隨廳書吏(1), 執吏書吏(1), 禮房書吏(1), 朝報書吏(1), 帶隷(9), 使令(1), 文書直(1), 印信直(1), 卜直(1)	20	
工曹	判書(1), 正郎(1), 隨廳書吏(1), 掌務書吏(1), 朝報書吏(1), 帶隷(9), 朝報軍士(1), 幅頭匠(1), 角帶匠(1)	17	
司憲府	大司憲(1), 監察(1), 陪書吏(1), 祭監書吏(1), 掌務書吏(1), 禮都監書吏(1), 朝報書吏(1), 書寫(1), 帶隷(9), 所由(2), 墨尺(1), 啓板直(1)	21	

司諫院	大司諫(1), 陪書吏(1), 掌務書吏(1), 朝報書吏(1), 書寫(1), 帶隷(5), 色掌喝道(1), 啓板直(1)	12	
司僕寺	提調(2), 內乘(2), 僉正(1), 判官(1)	6	5명 중복
掌樂院	典樂(2), 樂工(10), 女伶色掌(1), 卜直(5), 工人卜直(2)	23	1명 중복
尙瑞院	副直長(1), 書員(1), 帶隷(2), 炊飯軍(1)	5	
通禮院	左通禮(1), 贊儀(1), 引儀(2), 兼引儀(1), 仮引儀(1), 書員(3), 倉庫直(1), 帶隷(12), 使令(1), 軍士(1)	24	
軍職廳	行副司直(1), 帶隷(6)	7	1명 중복
備邊司	郎廳(1), 書吏(2), 帶隷(3), 使令(2), 軍士(2)	10	
香室	陪香官(1), 忠義衛(1), 守僕(1), 房直(1)	4	1명 중복
忠義廳	謚書差備(1), 陽傘差備(1), 水晶仗差備(1), 鉞斧仗差備(1), 織扇差備(2), 書員(1), 房直(1), 軍士(1)	9	
禁漏官	官員(2), 書員(3), 炊飯軍(1)	6	
宗廟署	守僕(3), 卜直(1)	4	
景慕宮	守僕(3), 卜直(1)	4	
奉常寺	祭物次知書員(1), 福酒次知書員(1), 倉庫直(1), 熟手(4), 軍士(2)	9	
尙衣院	衣襨色書吏(1), 轎子色書吏(1), 靴子軍(2)	4	
內需司	待令書員(1), 奴子(1)	2	
濟用監	冠帶次知書員(1), 軍士(2)	3	
內資寺	賜花次知書員(1), 花匠(1), 負持軍(1)	3	
禮賓寺	賜花次知書員(1), 花匠(1), 負持軍(2)	4	
合計		1,394	30명 중복

자료:『원행을묘정리의궤』

整理所 200명, 承政院 87명, 奎章閣 71명, 藝文館10명, 內醫院 55명, 弘文館 13명, 兵曹197명, 都摠府 22명, 別雲劍 7명, 別軍職廳 12명, 宣傳官廳 40명, 內侍府 33명, 掖庭署 199명, 宗親府 14명, 議政府 60명, 中樞府 29명, 敦寧府 16명, 儀賓府 12명, 義禁府 34명, 吏曹 30명, 戶曹 38명, 禮曹 18명, 刑曹 20명, 工曹 17명, 司憲府 21명, 司諫院 12명, 司僕寺 6명, 掌樂院 23

명, 尙瑞院 5명, 通禮院 2명, 軍職廳 7명, 備邊司 10명, 香室 4명, 忠義廳 9명, 禁漏官 6명, 宗廟署 4명, 景慕宮 4명, 奉常寺 9명, 尙衣院 4명, 內需司 2명, 濟用監 3명, 內資寺 3명, 禮賓寺 4명 합계 1,394명으로 중복자를 제외하면 1,364명이 수행하였던 것을 알 수 있다.

이것은 중앙의 각 관청 대부분을 망라하여 편성한 것이며, 특히 정조의 개혁정치 지지세력과 측근을 배종으로 배치함으로써 정치, 군사적 우월성을 강화하고 왕권을 확고히 내외에 과시하려는 의도가 담겨져 있다고 할 수 있을 것이다.

3) 御駕 護衛 체제

(1) 수가군병의 편성과 호위

대가를 수행할 기병과 보병은 3영, 즉 훈련도감, 금위영, 어영청에서 교대로 隨駕하는 게 원칙이다. 정조 19년(1795)에는 훈련도감이 대가를 호위하고, 장용영의 鄕軍 3哨는 노량진 행궁의 담장 밖을 호위하다가 어가가 지나가면 後廂이 되었다. 그리고 장용위는 좌우로 열을 지어 어가 옆에서 호위하는 挾輦軍의 뒤를 따라 행군하여 晝停所와 宿所 및 園所 동구 밖 이외의 곳에서 편리에 따라 주둔하였다. 善騎別將은 善騎隊 1哨와 本陣의 旗手와 鼓手 및 前排를 인솔하여 먼저 나루터에 가서 주둔하다가 주교를 건널 때에 영접하며 다만 1哨는 壯勇衛를 뒤따라 행군하다가 나루터에 이르면 미리 온 선기대와 함께 주둔한다. 장용영의 京軍 2哨는 먼저 나루터로 가서 어가가 주교를 건너면 장용영 대장이 善騎隊 2哨와 통합하여 壯勇衛 뒤에서 시위한다.

어가를 훈련도감이 호위하는데 원행정례에 의하면 기마병 2초와 보병 3초가 수레 앞에서 호위하고 別抄는 수레 뒤에서 호위하며 禁軍 50명과 別隊馬兵 50명도 수레를 호위하며 挾輦軍 80명과 예비병 50명을 前排로 삼아 호위하도록 되었으나 수원부 호위병 10哨와 훈련도감 보병 2哨, 기마병 2哨로써 어가를 호위하는 한편, 別隊馬兵은 생략하고 이를 塘馬에 이용하였다.26)

장용영의 隨駕軍兵은 內營에서는 馬軍 2哨, 步軍 2哨, 鄕軍 3哨로 하고, 外營에서는 親軍衛27) 200명, 別軍官28) 100명, 步軍 5哨로써 편성하여 절목에 따라 御駕를 빙 둘러 호위하였다.29) 그리하여 壯勇營의 馬軍 1哨와 步軍 2哨는 將領의 인솔 아래 성문이 열리자마자 먼저 나루터에서 기다렸다가 강을 건너고 나머지 馬軍과 步軍은 담당구역에서 시위하였다.

大駕가 수원 경계에 이르렀을 때에는 화성유수부 장용영 외영의 鄕軍들이 대기하여 시위하였다. 수원유수 趙心泰의 보고에 따르면

　… 이에 장용영 외영의 步軍들이 절목에 의거해 경상에서 대기해야 합니다. 작년에는 3哨로 마련했기 때문에 바깥 담장을 빙둘러 호위하는 등의 절목이 구차하고 소루함을 면치 못했습니다. 이번에는 5哨로 늘려 이들을 단속하여 명령에 대비하게 하고 작년의 예에 의하여 임금님의 거둥 때에 앞에서는 先廂으로써 수행하는 것이 어떻겠습니까?30)

라고 한 데서 알 수 있다. 그리고 대가를 배종해 온 親軍衛와 別軍官은 종래에는 수원부 고을 입구에 머무르게 하였으나, 기마대를 구성하여 친군위에 배속하고 별군관은 外使로서 후방을 호위하는 군사로 사용하였다.31)

한편, 노량진에서의 수가군병은 현륭원 행차 때마다 장용영의 內營鄕軍(서울 장용에 入番한 지방군병)이 1～2哨로 편성하여 시위하였으나 정조 19년(1795)에는 3哨(약 300명)를 차출해서 호위하도록 하였다.32)

---

26)『원행을묘정리의궤』권2, 계사, 을묘 2월 1일, 정리소 낭청계.
27)『정조실록』권38, 정조 17년 9월 갑인, 장용외영친군위절목.
28)『정조실록』권38, 正祖 17년 10월 辛巳, 유수영별군관절목.
29)『원행을묘정리의궤』권1, 전령, 을묘 윤2월 초4일.
30)『원행을묘정리의궤』권2, 계사, 을묘 1월 24일, 수원유수 조심태의 계.
31) 위의 책, 동일.

노량진 別將은 左右 牙兵을 거느리고 蔓川근처에 머무르며 대가를 영접하고 대가가 통과하면 장용영 후미에서 뒤따라 행군한 다음 나루터에 도착하면 편리한 곳에 머물렀다. 서울에서 한강 노량진에 이르기까지 대가를 호위할 부대의 편성은 홍화문 밖에서 留陣하고 있는 군사 중에서 차출, 수행하여 유도대장이 인솔하여 갔다 오는 동안 수도를 지키는 留營大將(또는 中軍)이 수도경비 부대와 홍화문 밖의 잔여 留陣軍을 인솔하여 수도를 수비했다. 禁軍100명과 挾輦軍100명은 留營軍에서 선발하여 시위하였다.33)

현륭원 전배시의 호위체제를 살펴보면 壯勇營 外使가 親軍衛 군사 200명, 別軍官 100명 그리고 步兵 5哨를 영솔하여 眞木亭에서부터 先廂이 되고, 훈련도감의 先廂軍兵은 양쪽에 늘어서서 대가가 지나가면 後廂이 되어 호위하였다.34)

원행시 수가군병의 호위체제에서의 前廂·後廂 편성과 군영별 시위에 대해 좀 더 구체적으로 살펴보자. 먼저, 前廂·後廂 3衛의 편제는 다음과 같다.

訓局步軍 2哨는 훈련대장의 인솔하에 노량진 강가에서 시위하는데 前廂에 소속시키고, 壯勇營 鄕軍 3哨는 壯勇營 將官의 인솔에 따라 노량진 행궁에 가서 담장 밖을 호위하며 後廂에 속한다. 출궁 및 환궁시에는 禁衛大將이 留陣중의 訓局步軍 5哨, 馬軍 2哨를 前·後廂으로 삼아 前廂軍兵은 鐘樓 앞에 結陣하고 後廂軍兵은 敦化門 밖 紅馬木 앞길에서 作門하여 돈화문 사이에 좌우로 나뉘어 結陣, 雜人馬와 喧譁자들을 일체 접근하지 못하게 하고 있다가 動駕時 차차 시위하였다. 前廂軍兵은 先驅禁軍 앞에서, 後廂軍兵은 攔後禁軍 뒤에서 행진하다가 노량진에 도착하면 돌아와 도성에서 留陣한다.

---

32)『원행을묘정리의궤』권2, 계사, 을묘 1월 24일, 수원유수 조심태의 계.
33)『원행을묘정리의궤』권2, 계사, 을묘 2월 1일, 정리소낭청계.
34) 위의 책과 같음.

대가가 한강을 건널 때에는 前廂 訓局軍兵과 後廂 壯勇營 軍兵이 담당 구역을 시위하며, 시흥숙소에 이르면 前廂 훈국군병은 현의 동문에 作門하여 담장 주변까지 좌우로 줄지어 호위하며, 後廂 장용영 군병은 훈국군병 앞에서부터 담장 밖까지 연결하여 호위한다. 이와 같은 호위체제로 사근평 주정소, 화성행궁 등을 행차할 때에도 시위하였다.

한편, 壯勇營 外使는 步軍 5哨를 인솔하여 眞木亭 앞길에 어가가 도착하면 前廂에서 侍衛한 후 長安門 밖으로 나가 영접하며, 영접 후에는 본부의 동구에서 作門, 좌우로 나뉘어 담장 밖에서 호위하다 훈국군병이 들어와 호위하게 되면 후상의 장용영 군병과 함께 행궁 담장 밖에서 호위한다. 행궁과 원소를 행차할 때에도 前·後廂 군병이 차례로 前·後를 시위하고 作門하는 절차는 대체로 비슷하다.

訓鍊都監 馬兵 1哨를 뽑아 將官의 인솔 아래 노량진 강가에서 대기하였다가 前廂軍兵의 앞에서 5馬隊를 단위로 행진한다. 親軍衛 200명은 전립과 전복을 착용하고 5마대를 편성, 壯勇營 外營의 前廂軍兵 앞에서, 別軍官 100명은 5마대를 편성, 전립과 전복을 착용하고 外使攔後를 뒤따라 행진하되, 본부 동구 밖에서 좌우로 나누어 주둔한다.

禁衛營 中軍은 本營의 騎士와 訓局 隨駕外 馬步軍을 인솔하여 左巡廳 앞길에서 結陣하다가 출궁 후에는 돈화문 밖에 나아가 陣을 치고 禁衛大將은 落後軍兵을 이끌고 들어와 함께 통솔하며 환궁 때에도 출궁 때와 마찬가지로 노량진 강가에 가서 前·後廂을 이루며 입궐 후에는 信箭을 기다렸다가 罷陣하고 騎士 및 訓局 隨駕外馬步軍은 禁衛營 中軍이 통솔하여 左巡廳 앞길에 退陣했다가 입궐 후 罷陣한다.

舟師大將은 戰笠과 戰服을 착용하고 旗·鼓手를 인솔하여 출궁 하루 전에 노량진에 나아가 舟師를 감독하되 대가가 강을 건넌 후에는 本營에 留營하고 있다 환궁시에도 미리 나와 거행한 다음 信箭에 따라 罷出한다.

御營廳 騎士 및 諸色 標下軍은 前 御營大將이 대신 領率하여 本營에 留

營하고 있다가 御營大將이 舟師를 거행하고 돌아와 領率하며 환궁시에도 어영대장이 舟師로 出去하면 전임 어영대장이 대신 통솔하다가 信箭에 따라 罷出한다.

前 摠戎使는 訓鍊都監의 餘軍 1哨를 인솔하여 弘化門 밖의 朝房에서 留駐하였다가 還宮후에 信箭에 따라 罷出한다. 훈련도감의 餘軍은 將官의 통솔하에 北營에 留營한다.

守禦廳, 摠戎廳 諸色 標下餘軍들은 作隊하여 將官 인솔하에 本營에서 留待 入直하다가 유도대장의 통솔하에 절차에 따라 거행한다. 宿所의 開閉는 吹打로써 거행하며 당해 승지가 임시로 啓禀하여 宣傳官이 맡아 시행한다.

이와 같은 절차와 군영별 호위체제 속에서 정조 19년(1795)의 원행 때에 호위했던 수가군병의 편성실태 및 인원과 경기 각읍의 수행현황을 집계하면 <표 3>, <표 4>와 같다.

<표 3> 隨駕軍兵 現況

軍營	軍兵 編成	人員	備考
壯勇營外營	外使(1), **駕前** 前排牢子教鍊官(1), 伺候(1), 巡令手教鍊官(1), 伺候(1), 吹鼓手教鍊官(1), 伺候(1), 大旗手教鍊官(1), 伺候(1), 牢子(27), 巡令手(27), 吹鼓手(51), 大旗手(44),	158	
	外使陪行 哨官(1), 伺候(1), 教鍊官(6), 行軍教鍊官(1), 伺候(1), 旗鼓次知教鍊官(1), 伺候(1), 旗牌官(4), 別武士(2), 書吏(4), 使令(4), 驅從(1), 印甲馬直(2), 馬夫(2), 牢子(28), 巡令手(26), 吹鼓手(34), 大旗手(45), 塘報手(14), 燈籠軍(13), 帳幕軍(15), 別牙兵(20), 別破陣(20), 別軍官(48), 馬醫(1), 從事官(1), 帶隸(4), 陪旗手(12), 書吏(1), 親軍衛別將(1), 書員(1), 陪旗手(1), 甲馬直(1), 雨裝直(1), 別武士(3), 標下軍(28), 親軍衛左列將(1), 陪旗手(1), 甲馬直(1), 標下軍(5), 左列親軍衛(100), 親軍	1222	1380

	衛右列將(1), 陪旗手(1), 甲馬直(1), 標下軍(5), 右列親軍衛(100), 左司把摠(1), 陪旗手(1), 甲馬直(1), 別武士(5), 標下軍(24), 前哨官(1), 書記(1), 能麽兒(1), 伺候(1), 卜直(1), 哨軍(119), 左哨官(1), 書記(1), 能麽兒(1), 伺候(1), 卜直(1), 哨軍(119), 中哨官(1), 書記(1), 能麽兒(1), 伺候(1), 卜直(1), 哨軍(119), 右哨官(1), 書記(1), 能麽兒(1), 伺候(1), 卜直(1), 哨軍(119), 後哨官(1), 書記(1), 能麽兒(1), 伺候(1), 卜直(1), 哨軍(119), 政院待令教鍊官(1), 書吏(4)		
壯勇營內營	都提調(1), 提調(2) **駕前** 前排牢子次知教鍊官(1), 伺候(1), 巡令手次知教鍊官(1), 伺候(1), 招搖旗次知教鍊官(1), 伺候(1), 燈籠軍次知教鍊官(1), 伺候(1), 班次檢飭知縠官(1), 伺候(1), 牢子(32), 巡令手(26), 大旗手(5), 燈籠軍(39) **駕後** 左統長(1), 伺候(1), 房子(1), 右統長(1), 伺候(1), 房子(1), 牙兵哨官(1), 伺候(1), 私卜直(1), 牙兵次知教鍊官(1), 伺候(1), 啓稟教鍊官(1), 伺候(1), 令票知縠官(1), 伺候(1), 班次檢飭知縠官(1), 伺候(1), 吹打次知教鍊官(1), 伺候(1), 知縠官(10), 伺候(1), 御軍幕次知教鍊官(1), 伺候(1), 牙兵(36)	183	
	別隨駕 前把摠(1), 伺候(1), 私卜直(1), 前善騎將(3), 伺候(3), 私卜直(3), 前哨官(9), 伺候(1), 私卜直(9), 額外教鍊官(3), 伺候(3), 軍士(1), 書吏6), 書寫(1), 文書直(6), 待令下人(7), 使令(5), 軍士(4), 別庫監官(1), 伺候(1), 私卜直(1), 監官(3), 伺候(3), 私卜直(3), 別付料(1), 伺候(1), 藥房(1), 書員(1), 劑藥人(1), 伺候(1), 軍士(1), 壯勇衛(101)	187	
	都提調陪行 教鍊官(1), 伺候(1), 軍官(1), 伺候(1), 陪旗手(5), 提調帶隷(3), 陪旗手(15)	27	
	大將陪行 教鍊官(3), 伺候(3), 房子(1), 軍士(2), 行軍教鍊官(1), 伺候(1), 旗鼓次知教鍊官(1), 伺候(1), 別武士(11), 房子(4), 鍼醫(1), 書員(1), 伺候(1), 書吏(6), 書寫(1), 使令(9), 驅從(1), 茶母(1), 甲馬直(2), 文書直(5), 書牌(5), 馬夫(2), 畫員(1), 寫字官(1), 弓人(1), 矢人(1), 陪旗手(15), 牢子(26), 巡令手(21), 吹鼓手(59), 大旗手(55), 塘報手(21), 燈籠軍(11), 牙兵(11), 從事官(1), 使	825	

	令(2), 驅從(1), 茶母(1), 陪旗手(9), 善騎別將(1), 陪吹手(4), 使令(2), 雨具直(1), 甲馬直(1), 書牌(3), 別武士(4), 吹手(28), 善騎左將(1), 使令(1), 伺候(4), 甲馬直(1), 書牌(2), 差官教鍊官(1), 伺候(1), 標下軍(4), 左哨善騎隊(99), 善騎右將(1), 使令(1), 伺候(4), 甲馬直(1), 書牌(2), 房子(1), 標下軍(4), 右哨善騎隊(98), 中司把摠(1), 書牌(3), 陪吹手(4), 使令(1), 甲馬直(1), 房子(1), 差官教鍊官(1), 別武士(2), 吹手(27), 中哨官(1), 書員(2), 伺候(1), 房子(1), 私卜直(1), 哨軍(102), 後哨官(1), 伺候(1), 私卜直(1), 哨軍(102)		
	後廂 左司兼把摠(1), 書牌(2), 陪吹手(4), 使令(1), 甲馬直(1), 房子(1), 差官教鍊官(1), 伺候(1), 別武士(2), 吹手(29), 前哨官(1), 伺候(1), 私卜直(1), 哨軍(109), 中哨官(1), 伺候(1), 私卜直(1), 哨軍(109), 後哨官(1), 伺候(1), 私卜直(1), 哨軍(109), 軍糧次知別付料(1), 庫直(1), 伺候(1), 柴馬草次知哨官(1), 伺候(1), 使令(1), 武士(4), 伺候(4), 譏察將武士(10), 伺候(5), 待令書吏(2), 員役(42), 各色輜重軍(272)	724	1946
龍虎營	禁軍別將(1), 帶隷(5)	116	
	駕後 禁軍(50), 私卜直(50), 軍士(10)		
	別將 行軍教鍊官(1), 伺候(1), 火砲(1), 馬醫(1), 私卜直(3), 救療官(1), 私卜直(1), 劑藥使令(1), 書員(3), 軍器庫直(1), 使喚(1), 牢子(4), 巡令手(1), 吹鼓手(2), 認旗手(1), 細樂手(6), 燈籠軍(2), 燭直(1), 帳幕軍(5), 各色餘軍(8), 書牌(5), 差官堂上軍官(1), 教鍊官(1), 伺候(2), 私卜直(2), 前驅禁軍(25), 私卜直(25), 攔後禁軍(25), 私卜直(25)	159	
	兵曹判書陪行 教鍊官(1), 堂上軍官(1), 伺候(2), 私卜直(2), 書吏(2), 卜直(1), 牢子(6), 巡令手(6), 燈籠軍(2), 入番旗手(6), 三局旗手(3), 帳幕軍(5), 各色牌頭雨具直(5), 卜馬軍(7), 政院待令教鍊官(1), 伺候(1), 私卜直(1), 柴馬草次知堂上軍官(2), 伺候(1), 私卜直(2), 卜馬軍(19)	76	351
訓鍊都監	都提調(1), 大將(1), 帶隷(13)	497	
	駕前 前排牢子次知教鍊官(1), 伺候(1), 私卜直(1), 巡令手次知教鍊官(1), 伺候(1), 私卜直(1), 挾輦把摠(1),		

	哨官(1), 伺候(2), 私卜直(2), 中月刀次知教鍊官(2), 伺候(2), 私卜直(2), 大旗手次知教鍊官(1), 伺候(1), 私卜直(1), 御軍幕次知教鍊官(1), 伺候(1), 私卜直(1), 待令教鍊官(2), 伺候(2), 私卜直(2), 牢子(34), 巡令手(32), 挾輦軍(179), 大旗手(20), 招搖旗手(2), 帳幕軍(21), 別破陣(18), 武藝廳左列統長(1), 武藝廳(54), 右列統長(1), 武藝廳(55), 門旗手(6), 雨具直(14), 卜馬軍(5), 卜直(10)		
	都提調陪行 軍官(1), 教鍊官(1), 伺候(2), 私卜直(2), 隨率軍(34),	40	
	大將 行軍教鍊官(1), 傳令差備教鍊官(3), 旗鼓手次知教鍊官(1), 牢子次知教鍊官(1), 巡令手次知教鍊官(1), 攔後哨次知教鍊官(1), 作門申飭教鍊官(2), 伺候(10), 卜直(2), 私卜直(10), 軍官(1), 伺候(1), 私卜直(1), 藥房(1), 劑藥軍(2), 私卜直(1), 別武士(9), 卜直(1), 私卜直(9), 馬醫(1), 私卜直(1), 書吏(3), 牢子(10), 巡令手(10), 吹鼓手(12), 大旗手(14), 細樂手(6), 塘報手(4), 攔後哨軍(15), 別破陣(4), 各色軍(113), 中軍(1), 帶隷(3), 行軍教鍊官(1), 伺候(1), 私卜直(1), 別武士(5), 牢子(4), 巡令手(4), 各色軍(37), 馬兵別將(1), 私卜直(1), 差官教鍊官(1), 伺候(1), 私卜直(1), 別武士(2), 私卜直(2), 標下軍(27), 馬兵(117), 把摠(1), 私卜直(1), 差官教鍊官(1), 伺候(1), 私卜直(1), 別武士(1), 私卜直(1), 標下軍(14), 前哨官(1), 伺候(1), 私卜直(1), 哨軍(126), 中哨官(1), 伺候(1), 私卜直(1), 哨軍(126), 柴馬草次知別武士(1), 伺候(1), 書字的(1), 私卜直(1), 政院待令教鍊官(2), 伺候(2), 私卜直(2), 書吏(1), 卜直(1)	752	1289
禁衛營	都提調(1), 陪行教鍊官(1), 伺候(1), 私卜直(1), 書吏(1), 隨率軍(12), 政院待令教鍊官(1), 伺候(1), 私卜直(1), 別武士(1), 伺候(1), 私卜直(1), 書吏(1), 文書直(1), 私卜直(1)	26	
御營廳	都提調(1) **駕前** 別抄(50), 都提調陪行教鍊官(1), 伺候(1), 私卜直(1), 書吏(1), 隨率軍(14), 帳幕軍(7), 政院待令教鍊官(1), 別武士(1), 伺候(1), 私卜直(1), 書吏(1), 文書直(1)	82	

	官職名	人員	
守禦廳	守禦使(1), 帶隷(12), 陪行教鍊官(2), 軍官(1), 伺候(3), 私卜直(3), 書吏(2), 牢子(6), 巡令手(4), 燈籠軍(3), 帳幕軍(2), 教師(2), 各色軍(17), 政院待令教鍊官(1), 伺候(1), 私卜直(1), 旗手(2), 書吏(1), 房直(1)	65	
摠戎廳	摠戎使(1), 帶隷(12), 陪行教鍊官(2), 軍官(1), 伺候(3), 私卜直(3), 書吏(2), 文書直(1), 私卜直(2), 牢子(7), 巡令手(9), 燈籠軍(3), 帳幕軍(2), 卜馬軍(7), 始興果川斥候摘奸哨官(1), 旗手(1), 伺候(1), 私卜直(1), 政院待令教鍊官(1), 旗手(2), 伺候(1), 卜直(1), 私卜直(1), 書吏(1), 直房軍士(1), 私卜直(1)	67	
左捕廳	大將(1), 從事官(1), 軍官(2), 軍士(3), 炊飯軍(1)	8	
右捕廳	大將(1), 從事官(1), 軍官(2), 軍士(3), 炊飯軍(1)	8	
合計		5,222	

<표 4> 경기 각읍의 수행현황

邑名	官職名	人員	
京畿道	觀察使(1), 帶隷(1), 神將(2), 陪行教鍊官(1), 前排次知教鍊官(2), 伺候(5), 私卜直(5), 營吏(3), 文書直(1), 私卜直(3), 牢子(7), 巡令手(9), 燈籠手(3), 帳幕手(7), 驛吏(6), 驛馬喂養色吏(6), 待令馬軍(10), 卜馬軍(11), 政院待令教鍊官(1), 旗手(1), 伺候(1), 卜直(1), 私卜直(1), 駕後待令營吏(7), 房直(1), 私卜直(7), 壯勇營句管營吏(1), 私卜直(1)	105	
廣州府	府尹(1), 帶隷(2), 教鍊官(1), 隨陪(2), 前排牌頭(1), 牢子(4), 巡令手(4), 陪旗手(2), 燈籠手(2)	19	
始興縣	縣令(1), 帶隷(2), 隨陪(1), 牢子(2), 令旗手(2)	8	
果川縣	縣監(1), 帶隷(2), 隨陪(1), 牢子(2), 令旗手(2)	8	
良才驛	察訪(1), 帶隷(2), 隨陪(1)	4	
合計		144	

(2) 당마의 배립

당마란 말을 타고 척후하는 군인을 말한다. 그 유래는 江岸에 숨어 있는 것을 '塘'이라 말하며, 형체를 숨기는 것을 '伏'이라 하는 데서 그 기원을 찾을 수 있는데,[35] 대개 행군을 할 때는 塘報를 설치하고 結陣할 경우는 伏兵을 두었던 것이다. 1795년의 경우 『원행을묘정리의궤』와 『원행정례』 당마조에 의하면, 매년 원행시에 노상 경호의 임무를 지닌 당마를 일정한 지점에 배치하여 왕의 封書(왕명, 암행어사 봉서 등)를 전달케 하였다. 당마는 馬兵 3인과 別武士 1인을 1조로 구성하였고, 시흥로의 경우 궐문 밖에서부터 현륭원 園所까지 모두 24개 처에 배치하였다. 제6당 이상은 留營과 留陣 즉, 금위영과 어영청의 騎士가 열을 지어 늘어서고 매 당마다 해당 營의 別武士 1명이 檢飭한다. 제7당 이하는 훈련도감 馬兵만 사용하고 훈련도감 別武士 1명이 어가 뒤에 대령하여 거행한다. 인가가 있는 경우 인가를 당마의 처소로 삼고, 장생현, 전대현, 대박산 앞뜰, 안양 학후봉, 명학촌 앞뜰과 같이 인가가 없는 곳은 火兵 1명을 추가 배치하고 가건물을 지었다. 당에는 말 3마리를 쓰는 게 원칙이나 정조 19년(1795)의 을묘원행은 3마리를 추가하였다.[36] 이때는 원행 노선을 시흥로로 선택하였기 때문에 시흥로의 당마 설치 실태를 살펴보면 다음과 같다.

제1당 敦化門外(돈화문) → 제2당 鐘閣隅(종각) → 제3당 崇禮門(남대문) → 제4당 石隅(남영동) → 제5당 蔓川(용산역) → 제6당 鷺梁(노량진) → 제7당 長生峴下(장승백이) → 제8당 仝大峴 → 제9당 文橋里(금천구 독산동) → 제10당 始興峴作門(시흥5동) → 제11당 大博山前坪(시흥동 박미마을) → 제12당 安養鶴後前坪(양명고 앞) → 제13당 安養彌勒堂站(안양역 앞) → 제14당 鳴鶴村前坪(명학동) → 제15당 道陽里下村(호

---

35) 『兵學指南演儀』卷1, 旗鼓定法, 神威.
36) 『원행을묘정리의궤』권5, 당마.

계1동) → 제16당 肆覲站(고천동사무소) → 제17당 彌勒堂(효행가든) → 제18당眞木亭站(괴목정교) → 제19당 水原作門 → 제20당 上柳川站(유천파출소) → 제21당 下柳川站 → 제22당 眞鵲隅店 → 제23당 安寧里 → 제24당 園所作門

반면에 과천로를 택할 경우는 다음과 같다.

제1당~제6당 鷺梁까지는 시흥로와 동일하나 이후는 제7당 金佛菴 → 제8당 社堂里 → 제9당 南泰嶺 → 제10당 果川峴作門 → 제11당 冷井店 → 제12당 葛山店 → 제13당 自棧洞 → 제14당 肆覲店 → 제15당 彌勒堂 → 제16당 眞木亭 → 제17당 水原府作門 → 제18당 上柳川店 → 제19당 高執里 → 제20당 白梁洞 → 제21당 園所作門이다.

(3) 척후와 복병

한편, 원행경로 주위에는 광역 경호의 일환으로 일정한 곳에 斥候를 두었다. 將 1인과 軍 3인으로 1조를 구성하는 척후는 대개 지대가 높거나 사방의 조망이 잘되는 요충지에 배치되었다. 도성의 척후는 어영청, 금위영, 훈련도감 군병이 맡았으며, 지방의 연로는 각읍에서 경기도 소속의 束伍步軍을 징발하여 담당하게 하였다.[37]

그러나 水原留守 趙心泰의 요청에 따라 수원 경내에서의 척후, 매복 군사는 대가를 수행하는 병사인 哨軍 중에서 예비병력(餘軍)을 차출해서 쓰도록 하기도 하였다.[38] 1795년의 시흥경로에 설치된 척후를 살펴보면 다음과 같다.

먼저 도성에서는 留營을 맡은 어영청이 담당하였는데, 崇信坊後峯, 東望峯, 沙阿里後最高峯, 往十里 後峯, 鷹峯, 北岳, 曲城, 鞍峴, 興仁門城上,

37) 『원행을묘정리의궤』권3, 계목, 을묘 2월 16일, 정리소 · 병조 계목.
38) 『원행을묘정리의궤』권2, 계사, 을묘 1월 24일, 수원유수 조심태의 계.

惠化門城上, 彰義門城上, 光熙門城上, 敦義門城上, 崇禮門城上, 鼈頭, 藥峴까지 였으며, 경기의 始興은 青藜峯, 牛臥陂後峯, 雲峯, 白雲峯, 渴馬洞上峰이며, 과천은 鷺梁後峯, 林川橋後峯, 鳴鶴峯, 광주는 儀谷面慕洛峯, 王倫面五峯山, 그리고 수원은 笠峯, 龍池峯, 古今峯, 台峯, 禿城峯이다.

그러나, 과천을 경유할 때에는 鷺梁後峯 → 金佛峴後峯 → 牛面峯 → 全鵲峯 → 冷井後峯 → 儀谷面慕洛峯 → 王倫面五峯山 → 笠峯 → 龍池峯 → 古今峯 → 台峯 → 禿城峯으로 연결되었다.[39]

도성 안에는 척후만 설치하고 복병은 두지 않았다. 그러나 그 밖의 노량주교 이남의 교통의 요지에는 伏兵을 배치하여 호위의 만전을 기하였다. 복병은 한 곳에 대개 將 1인과 軍 7인으로 편성하여 총융사 徐龍輔의 장계에 의거하면[40] 수어사와 총융사 소속의 경기도 束伍步軍을 뽑아 배치하였는데[41] 대체로 삼거리인 경우가 많았다.

시흥지역은 萬安峴 三巨里, 長生峴 三巨里, 成桃花里 三巨里, 遠之牧里 前坪, 禿山後峴 三巨里, 藪內 仁川通路(壽川 三巨里), 石磚峴 安山通路(石博峴 三巨里)이며, 과천에는 加次峴 三巨里, 松隅 三巨里, 林川橋 三巨里, 自棧橋 三巨里, 鳳城里 三巨里이다. 그리고 수원의 복병장소는 空石舊大路, 上柳川下 三巨里, 大皇橋 北邊三巨里, 陳場隅 南邊三巨里, 細柳(南)橋 西邊三巨里였다.[42] 한편, 과천을 경유할 때에는 加次峴 三巨里 → 萬安峴 前路三巨里 → 佛岩 三巨里 → 杜隅 三巨里를 지나 儀谷面 自棧洞三巨里로 연결되었다. 이로써 보면 화성유수부 관할의 복병은 空石舊大路 이하 5곳에 배치하였다.[43]

---

39) 『원행정례』, 척후.
40) 『원행을묘정리의궤』권3, 장계, 을묘 윤2월 초1일, 총융사 서용보 장계.
41) 『원행을묘정리의궤』권2, 절목, 대가배자궁예현릉원시절목.
42) 『원행을묘정리의궤』권5, 척후복병신지.
43) 『원행정례』, 복병.

3. 園幸의 노선과 舟橋 설치

1) 원행의 경로

정조의 원행노선은 창덕궁 돈화문에서 시작하여 수원 현륭원 園所 齋室까지를 말한다. 전 노정의 길이는 노량주교를 건너 지금의 장승백이 · 대방동 · 시흥 · 안양 · 의왕을 지나 수원에 이르는 始興路의 경우 도로 83리, 교량 24곳이며, 이와는 달리 과천을 경유하여 수원에 이르는 果川路의 경우는, 노량의 용양봉저정까지는 시흥로와 일치하고 그 다음 萬安峴으로부터 사당리와 과천을 거쳐 軍堡川店을 지나 院洞店까지이며, 그 이하는 시흥로 노정과 동일하였다. 그 길이는 모두 도로 85리, 교량 21곳이었다. 그러므로 과천을 경유하는 원행길이 지금과는 달리 시흥, 안양을 경유하는 시흥로의 그것보다 2리가 더 멀고 교량수로는 3개가 오히려 적은 셈이 된다. 『원행정례』와 『원행을묘정리의궤』[44]에 따라 정조 19년 (1795) 원행시의 도로노선은 다음과 같다.

> 敦化門 → 敦寧府前路 → 把子廛石橋 → 通雲石橋 → 鐘樓前路 → 大廣通石橋 → 小廣通石橋 → 銅峴屛門前路 → 松峴 → 水閣石橋 → 崇禮門 → 桃楮洞前路 → 靑坡橋 → 石隅 → 栗園 → 羅業山前路 → 蔓 → 舟橋(北紅箭門 中紅箭門 南紅箭門) → 鷺梁行宮 → 龍驤鳳翥亭晝停所 → 萬安峴 → 蕃大坊坪 → 文星洞前路 → 始興縣行宮 始興堂 宿所 → 大博山前坪 → 安養 → 長山隅 → 淸川坪 → 院洞川 → 肆覲坪行宮 凝鑾軒晝停所 → 日用峴 → 彌勒峴 → 槐木亭橋 → 眞木亭橋 → 長安門 → 鐘街 → 左右軍營前路 → 新豊樓 → 華城府行宮 長樂堂 宿所 → 新豊樓 → 左右軍營前路 → 鍾街 → 八達門 → 梅橋 → 上柳川 → 上柳川店幕 → 下柳川 → 下柳川店幕 → 皇橋 → 甕峯 → 大皇橋 → 迪瞻峴 → 迪觀橋 → 萬年堤 → 園所幕次

---

44) 『원행정례』도로교량 및 『원행을묘정리의궤』권2, 절목, 대가배자궁예현륭園時節目.

(1) 시흥로

이를 좀 더 세부적으로 『園幸定例』에 의해 살펴보면 시흥로와 과천로로 나뉘어 이용되었다.

敦化門 → 敦寧府前路 → 把子廛橋 → 通雲橋 → 鐘樓前路 → 大廣通橋 → 小廣通橋 → 銅峴屛門前路 → 松峴 → 水閣橋 → 崇禮門 → 桃楮洞前路 → 青坡橋 → 石隅 → 栗園峴 → 羅業山前路 → 蔓川 → 鷺梁舟橋 → 龍驤鳳翥亭 → 長安峴 → 長生峴 → 桃花站撥所前路 → 蕃大坊川橋 → 蕃大坊坪 → 馬場川橋 → 文星洞前路 → 壽川站撥所前路 → 富壯川橋 → 始興縣行宮 → 大博山前坪 → 念佛橋 → 萬安橋 → 安養站撥所前路 → 長山隅 → 軍布川橋 → 書院川橋 → 清川坪 → 西面川橋 → 院洞川 → 肆覲坪 → 肆覲站撥所前路 → 肆覲站行宮 → 遲遲峴 → 遲遲臺 → 槐木亭橋 → 龍頭前路 → 沐浴洞橋 → 如意橋 → 萬石渠 → 如意坰 → 迎華亭 → 大有坪 → 觀吉野 → 長安門 → 鐘 → 華城站撥所前路 → 左右軍營前路 → 新豊樓前橋 → 新豊樓 → 華城府行宮 → 新豊樓 → 新豊樓前橋 → 左右軍營前路 → 八達門 → 梅橋 → 上柳川店 → 健壯洞 → 皇橋 → 甕峯 → 大皇橋 → 迨瞻峴 → 安寧 → 迨覲橋 → 萬年堤 → 園所洞口 → 園所齋室 이상 都城의 敦化門부터 園所까지 道路 83리, 橋梁 24처가 있었다.

(2) 과천로

한편, 과천로의 경우 龍驤鳳翥亭까지는 위의 시흥경로 노정과 동일하고 과천로를 지나 院洞川(店)에서 다시 합류하여 園所에 이른다.

龍驤鳳翥亭 → 萬安峴 → 金佛庵 → 金佛峴 → 社堂里 → 裳巖川橋 → 南泰嶺 → 果川縣行宮 → 邑內前川橋 → 冷井店 → 銀杏亭 → 仁德院店後川橋 → 仁德院川橋 → 禿朴只 → 葛山店 → 禿洞峴 → 軍堡川店 → 自棧洞 → 院洞店(이하 始興路와 같음)

이상 도성으로부터 원소까지 도로 85리, 교량 21처이다. 위에서 본 전 노정에서 지지현으로부터 원소재실까지가 화성유수부 관할이었으므로 이들 지명에 대하여 구체적으로 살펴보고자 한다.[45)]

　遲遲峴; 현재 경기도 의왕시와 수원시의 경계를 이루고 있는 고개이다. 처음에는 沙斤峴이라 하였다가 1795년에 彌勒峴으로, 다시 1796년에 遲遲峴으로 개칭되었으며, 고개 위에 長桂을 세워 '遲遲峴'이라 하였다.

　遲遲臺; 지지현 아래로 10여 보 서쪽에 위치하고 있는데, 정조는 수원 원행에 특히 환궁길에 매번 이곳에 머무르면서 아버지를 추모하는 애틋한 심정을 토로하였다. 그 유래는 정조 16년(1792) 1월 현륭원 참배를 마치고 환궁하던 국왕이 이 고개에서 쉬면서 "(이곳에서) 말에서 내려 머무르며 경들을 불러 보는 것은 대저 나의 행차를 지연시키려는 뜻이다" 하고 이곳을 '遲遲臺'라고 이름하였다. 정조 18년(1794)에도 환궁길에 이 고개에서 잠시 쉬면서 "언제나 현륭원에 갔다가 돌아올 적에는 나의 발걸음이 나도 모르게 더디어 지고 이 고개에 이르면 절로 고개를 들고 서성거리게 된다"고 했고, 드디어 1795년 2월 정조는 위와 같은 감회를 새삼 토로하면서 앞으로는 행행하는 노정에 이 고개 아래에 '遲遲臺' 3자를 첨가해 넣도록 지시하였다. 다음해 거둥길에 정조는 지지대를 주제로 시 한 수를 남기기도 하였다. 정조가 승하한 후 순조 7년(1807)에 홍문관제학 徐榮輔가 짓고 판돈령부사 尹師國이 썼으며, 화성유수 洪明浩가 새긴 遲遲臺碑를 세웠다.

　駐蹕臺; 지지대 아래에 있는데, 영조 26년(1750) 온양 온천에 온행시에 머문곳이다.

　槐木亭橋; 주필대 1리쯤에 있는데 지지대 고개에서 좌측 옛 도로를 따라 내려가면 옛 의왕읍 사무소 못미쳐 다리가 있다. 아직도 다리앞에는 '槐木亭橋'라는 표석이 남아 있다.

　日用里; 괴목정교 아래의 지지대로부터 5리 거리에 위치하고 있다.

　龍頭前路; 괴목정교로부터 4리 지점에 위치하고 있다. 지금의 이목동

45) 수원시,『水原市史』上, 500~508쪽 재인용.

쪽으로 노송지대가 나오는데 좌측 언덕이 용과 같은 모양이라 이곳을 龍頭라 칭했다고 한다.

沐浴洞橋; 수원시 파장동에 있었던 다리로 추정되며, 속칭 '멱골다리'는 지금은 복개되어 없어졌다. 그러나 『華城志』 暉路에 의하면 용두전로와 목욕동교 대신에 '日用里'라는 지명을 넣고 있는데 지지대 고개로부터 5리 지점이라고 했다.

如意橋; 일용리 3리쯤 거리에 있는데 송죽동 조기정방죽 [北池]아래에 있는 다리로 추정된다. 목욕동교에서 2리 지점이었고 '如意橋'라고 새겨진 표석이 있었다. 처음 이름을 眞木亭橋라 하였으나 정조 20년(1796)에 개명되었다.

萬石渠; 여의교에서 백여 보 도로 동쪽에 '萬石渠'라고 새겨진 표석이 있었고 동쪽으로 迎華亭이 있었다. 곧, 송죽동의 조기정방죽을 의미하는데 정조 20년(1796)에 '亭을 迎華라 하고 野를 觀吉, 坪을 大有, 渠를 萬石'이라 이름하여 비석을 세우도록한 것에서 유래된다. 『화성지』에 의하면 만석거 다음으로 菱荷洞을 넣고 위치는 만석거에서 100여 보, 일용리에서 5리에 장승을 세웠다고 했다.

如意坰; 정확한 위치를 알 수 없다.

大有坪; 속칭 '대리평'으로 불려지던 곳으로 1790년에 大有屯을 설치한 데서 유래하였다. 大有坪이라는 표석이 있었다. 『화성지』에 의하면 대유평 다음으로 迎華驛을 넣고 위치는 대유평으로부터 100여 보 도로 동쪽에 '영화역'이라고 새긴 표석이 있다고 했다.

觀吉野; 1790년에 명명된 이름으로 수원 북문 못미처 영화동 동북쪽 넓은 들을 의미하며 흔히 광교뜰이라고 부르던 곳이다. 영화역으로부터 100여 보 남짓 도로 동쪽에 '觀吉野'라고 새겨진 표석이 있었다.

長安門; 수원시 장안동에 있는 화성의 북문이다. 관길야 표석으로부터 30보쯤 떨어진 지점이다. 『화성지』에 의하면 장안문 다음에 行宮이 표기되어 있다.

鐘街; 북문으로부터 종로로 가는 거리로 추정된다.

華城站撥所前路; 종로 네거리 부근으로 추정되며, 어가가 행궁에 도착하면 左右軍營 前路 → 新豊樓 前橋 → 新豊樓 → 華城府 行宮 → 신풍

루 → 신풍루 전교 → 좌우군영전로를 지나 다시 원소로 가게 된다. 즉 국왕의 행차가 종로 네거리에서 행궁에 들렀다가 다음 지점인 팔달문으로 향하려면 노정을 반복하여 진행해야 했기 때문에 지명이 중복되고 있다. 『화성지』에서는 이 노정을 장안문-행궁-팔달문으로 단순화하였다.

八達門; 수원시 팔달로에 있는 화성의 남문으로 화성행궁으로부터 1리쯤 거리에 있다. 보물 제402호로 지정되었다.

梅橋; 보통 '매교다리'로 통하는 곳이다. 팔달문으로부터 3리쯤 되는 길의 서쪽으로 '梅橋'라고 새겨진 표석이 있었다. 처음 이름은 梅山橋이었다가 1795년에 이름을 바꾸었다.

上柳川店; '옛매교'에서 100여 보 거리의 상유천에 이르면 '上柳川'이라는 표석이 있었는데 처음에는 삼거리라고 불리다가 1795년에 개명하였다.

建壯洞; '건장굴'로 불리워지던 곳으로 『화성지』에 의하면 매교-황교사이에 새로운 필로가 조성되었음을 알 수 있다, 즉 매교-萬和峴-建壯洞-下柳川-황교로 이어지는 노선이 그것이다.

皇橋; 처음 이름은 小皇橋였다가 1795년 개명하였으며 '皇橋'란 표석이 있었다. 지금 수원비행장 경내의 '샛말'이라고 불리던 지역에 있었다.

甕峯; 황교로부터 100여 보 떨어진 도로의 서쪽으로 '甕峯'이라는 표석이 있었다. 처음에는 獨峯이었다가 1795년에 개명하였다. '옹'과 '독'은 모두 항아리를 뜻하는 의미로 쓰여졌고 지형이 항아리처럼 둥글게 불쑥 올라온 모습이어서 이름지어진 것으로 보인다.

大皇橋; 옹봉으로부터 100여 보 떨어진 도로의 서쪽으로 '大皇橋'라는 표석이 있었다. 처음에는 '黃橋'였다가 1795년에 개명하였다. 조그만 정자가 있었으나 수원비행장 확장공사로 없어지고 1970년에 그 골조를 이용하여 화산 융릉안에 대황교를 설치하였다. 『화성지』에 의하면 대황교 다음에 陵園所火巢를 蹕路에 첨가하였다.

逈瞻峴; 처음 이름은 '鵲峴'인데 1795년 개명하였다. 장승이 있었으며 옹봉으로부터 5리 지점이다.

安寧里; 지금 화성군 태안읍 안녕리이며 유첨현으로부터 3리쯤에 있다. '安寧里'라는 표석과 장승이 있었다. 순조 때에도 큰 마을이 있었다고 한다.

逈觀橋; 처음 이름은 '士成橋'인데 1795년에 개명하였다. 안녕리로부터 1리쯤 도로 북쪽에 '逈觀橋'라는 표석이 있었다.

萬年堤; 처음 이름은 '防築藪'인데 1795년에 개명하였다. '萬年堤'라는 표석이 있었다.

陵園所洞口; 현륭원 입구로 안녕리로부터 3리에 있다.

園所齋室; 현륭원 齋室이다.

2) 道路의 수치와 舟橋의 건설

(1) 도로의 수치와 治道役

도성 창덕궁에서 園所까지 도로 개설과 수치문제는 永祐園을 花山에 천봉할 때부터 논의되었다. 우선 천봉도로의 개설은 西氷庫 渡涉論과 廣津 渡涉論의 대두에서 비롯되었다. 즉, 정조 13년(1789) 7월 13일 여러 대신과 遷奉 절차를 논의하는 자리에서였다. 당시 대부분의 의견은 한강을 건너는 津渡는 서빙고를 거쳐 과천으로 가는 것이 좋다는 의견이 지배적이었다. 그러나 慈宮의 망극한 심정을 헤아려 城內 作路보다는 城外 作路하는 편이 낫다고 하여 廣津渡涉을 주장하게 되었던 것이 그것이다.[46] 이에 경기감사 徐有防은 園所로부터 廣津까지 1畫停으로 삼고 나루를 건넌후 1站은 과천읍에 이르는 도로는 극히 甚難하지 않는다고 하였고, 좌의정 李性源은 학여울(鶴灘)이 매우 험한 곳이라 하자 서유방은 평평하게 깎으면 장애가 되지 않을 것이라 하였으나 결말을 내리지 못하였다. 16일에 다시 논의, 도당감상 鄭民始는 鶴灘이 험준하고 또 좁아 도로를 개설하기엔 어렵고 또한 廣津을 경유하면 너무 우회하고 만약 獻陵 洞口에 길을

---

46) 『일성록』, 정조 13년 7월 13일.

내면 비록 평탄하나 너무 멀리 돌아 거의 60리가 되기 때문에 차라리 泥板里로부터 斗浦로 길을 내면 도로도 평탄하고 멀리 돌아가는 불편함도 없을 것이라 하여 이판리-두포도로를 이용할 것을 주장하게 되었다.[47]

또 8월 20일에는 園所에 전배하기 위하여 銅龍門 入直軍 60명을 先·後廂으로 삼고, 御營·禁軍 각 10명을 거느리고 거둥할 때에 의논된 바에 의하면 往十里-小寺峴-纛島에 이르는 길을 택하여 강을 건널 때는 兵防船을 京江에 정박시켜 건너려고 하였다. 그러나 楊花津에서 纛島까지 사이에 간혹 개울이 얕거나 바위가 있는 경우는 배가 왕래하기가 어려움이 있자 三軍門으로 하여금 水深의 깊이와 배가 왔다갔다 하는데 장애물이 없는지를 측량하도록 조치하고 있는 데서 廣津 또는 纛島(현재의 뚝섬)를 중심으로 통과하지 않았는가 생각된다.[48] 그리하여 수차례에 걸친 논의 끝에 舊園所 青龍洞□를 출발하여 典農里-踏十里-馬場里-往十里를 거쳐 浮橋가 놓여 있는 纛島까지의 도로를 修治하여 이용하게 되었던 것이다.[49]

그리하여 영우원 천봉시의 도로는 '道路節目'[50]에 따라 다음과 같이 결정되었다.

舊園所(路祭所)-中橋(1)-馬場里(5리)-中橋(1)-車峴(5리)-箭串石橋-隱溝(1)-纛島晝停所(5리)-廣州淸潭里-靖陵火巢外鶴峴-隱溝(3)-狋鳩停(5리)-狋鳩停後峴-隱溝(1)-少坪里(5리)-果川 沙坪里-藝峴-盤浦里店-小橋(2)-隱溝(2)-盤草里(5리)-枏峴店-枏峴-良才街店-隱溝(3)-道里井(5리)-隱溝(3)-胎峯(5리)-牛眠川大橋-隱溝(2)-和樂洞(5리)-公須川大橋-小橋(1)-隱溝(1)-果川宿所(5리)-邑內前川中橋-鄕校前路-冷井店-小橋(1)-隱溝(2)-銀杏亭峴(5리)-泥川中橋-仁德院店後川中橋-仁德院川大橋-小橋(1)-隱溝(1)-廣州 禿白里

---

47) 『일성록』, 정조 13년 7월 16일.
48) 『일성록』, 정조 13년 8월 20일.
49) 『일성록』, 정조 13년 8월 23일.
50) 『일성록』, 정조 13년 9월 20일.

(5리)-葛山店-葛山峴-禿洞峴-軍堡川店-軍堡川峴-小橋(1)-隱溝
(3)-自棧洞(5리)-院洞店-小橋(1)-隱溝(3)-沙斤川店(5리)-小橋(1)-
隱溝(2)-水原 沙斤峴(5리)-彌勒堂店-小橋-隱溝(1)-一用里(5리)-眞
木亭店-小橋(2)-龍洞前路(5리)-新基里-隱溝(1)-水原新邑 晝停所(5
리)-鄕校前路-柳川大橋-上柳川店(5리)-下柳川 後坪(5리)-小橋(1)-
禿峯(5리)-新作路-繁沐川大橋-隱溝(2)-鵲峴洞(5리)-鵲峴新作路-
隱溝(2)-細藍橋隅(5리)-隱溝(2)-園所洞口(5리)

이상 도로 길이는 120리로 각각 舊園所~黌島 15리, 黌島~果川宿所 35
리, 果川官門~水原新邑 40리, 水原新邑~園所洞口 30리였다. 이때 斥堠
및 伏兵과 傳語軍제도를 마련하여 시행하였는데 이것은 나중에 정기적인
원행체제를 만드는데 기초가 되었다. 특히 果川宿所로부터 園所洞口까지
의 노선은 이후 원행의 중요노선으로서의 역할을 하였다.

그러면 이러한 도로의 수치는 어떻게 하였을까? 도성안의 도로 수치는
대개 燻造契貢人들이 맡았다. 원래 훈조계는 왕실에 메주를 제조, 납부한
공인인데, 도성안의 도로를 보수하는 治道軍의 역할도 수행하게 되었
다.51) 그러나 영우원의 御路였던 청량리 근처의 淸凉川이 범람하여 도로
가 파손되자 도성의 坊民이나 田夫가 동원되어 治道하기도 하였다.52)

정조 13년(1789) 영우원 천봉 때의 사례를 보면, 과천~수원간의 경우
원래부터 溫幸路이었기 때문에 일찍부터 修治에 힘썼으며, 그 넓이는 대
개 6把 정도 또는 말 5필이 지나갈 정도였다. 그러나 세월이 지남에 따라
민간인들의 토지에 混入되기도 하여 이를 보수할 때에 도로에 편입된 땅
값을 요구하게 되자 온행로의 규정에 의거하여 6把 이외의 전답은 민간
인들로 하여금 경작하게 하는 대신에 도로의 보수에 대한 力役의 댓가는
쌀과 돈으로 지급하게 되었던 것이다.53)

---

51) 『일성록』, 정조 10년 4월 8일.
52) 『일성록』, 정조 11년 6월 5일.
53) 『일성록』, 정조 13년 10월 10일.

우의정 蔡濟恭의 말에 의하면 당시 원행 거둥시 외방도로의 수치는 대개 田夫, 즉 농민들에게 儲置米를 지급하여 그 경비를 사용하고 있는 것을 알 수 있다.[54] 그러나 고양, 파주, 교하 등의 輦路에는 이른바 橋契가 있어 도로와 교량의 보수를 담당하였다. 즉 정조 16년(1792) 2월 28일 암행어사 申獻朝 등의 보고에 따르면

> 도로의 수치와 교량의 수선 비용은 품삯(雇價)을 주거나 돈 또는 쌀을 지급함으로써 각 읍마다 다르므로 役民들의 혜택이 그렇지 않은 곳이 없다. 또 춘궁기나 농사를 짓지 않은 시기에는 백성들이 모두 治道의 赴役에 나아가 생활비용을 충당한다. 橋契의 설치는 畿民들에게는 큰 혜택인데 이번 도로의 수치는 비록 해빙이 되지 않아도 진창길이 없이 교량이 견고한 것은 모두 橋契를 두었기 때문이다.[55]

고 한 데서 도로보수와 교량의 수선에 橋契가 담당하고 있음을 알 수 있다.

衿川(현재 시흥)지방의 도로 보수비용은 關西지방의 南塘城을 축성하고 난 나머지 돈 1만 3천냥의 일부를 取用해서 충당하기도 하였다. 즉, 정조 18년(1794) 4월 경기감사 徐龍輔가 "園幸 沿路의 지방 중에서 과천 경내는 고갯길이 가파를 뿐만 아니라 교량 또한 많아 매년 幸行때에 어찌할 바를 모르겠습니다. 또 治道 때에는 民力이 倍가 들어가 그 폐단을 시정하라는 명령이 있었으나 前後의 道臣들이 모두 衿川의 路程은 편리하다고 하는 陳達이 있었습니다. 신 또한 看審해 보았는데 비단 道里의 원근이 현격하게 다른 곳은 없이 편편하고 넓어 다시 논의할 것은 없습니다. 내년의 행행시에 內衙를 수리하고 도로를 보수하는 것 등은 불가피하게 거행해야 하나 재력을 융통할 방도가 없으면 관서 지방의 南塘城 축성 비용 나

---

54) 『일성록』, 정조 13년 8월 20일.
55) 『일성록』, 정조 16년 2월 28일.

머지 돈 1만 3천냥을 우선 取用하자고"[56) 하였던 것이다. 또한 江都米 移轉條 1만 석중에서 3천 석을 劃付하여 이자곡(取耗)으로 삼아 衿川縣의 제반 經用에 충당함으로써 新作路 등의 도로수치 비용을 확보하였다.[57)

한편, 현륭원 원행시의 도로를 수치하는 과정에서 길에 편입되는 백성들의 토지는 10步마다 1負의 조세를 면제해 주기도 하였다. 화성지역의 경우는 元結로 획급하고, 시흥·과천은 宮結로 지급하였으며, 광주 역시 화성의 관례에 따라 給復하였다. 즉, 정조 22년(1798) 1월의 조치 내용을 보면 수원유수 徐有隣은 遲遲峴에서 逌瞻峴까지 35리 가운데 城邑과 村坊을 제외하면 나머지 길의 양편은 모두 2만 3백 14보이며, 15보마다 1부를 면제하면 13결 54부 2속이 된다고 하였고, 또 경기관찰사 李在學은 시흥경계와 과천경계에서 읍내의 취락을 제외하고 연로의 양편을 계산하면 1만 8천 9백 88보로 15보마다 1부씩을 면제하면 시흥이 8결 41부이고 과천이 4결 25부라고 전하고 있는 것에서 알 수 있다.[58)

이와 같이 영조 26년(1750)에 국왕이 온천으로 거둥할 때와 장헌세자가 1760년에 온천으로 거둥할 때에 溫幸路가 있었으나 그 후 이용되지 않아 민간인들이 많이 犯耕하였다. 그러나 정조 13년(1789)에 사도세자의 영우원을 옮긴 후 국가에서 길가의 전답을 매입하여 길을 넓히고 눈을 제거하는 비용 등을 마련하였다. 특히 修理所를 두어 장정을 고용하여 제설작업과 治道를 담당하게 하고 부족분은 儲置米나 公錢으로 지출하도록 하였던 것이다.

(2) 露梁津 舟橋의 설치

한편, 원행에 있어 한강을 건너는 일은 최대의 과제였다. 초기에는 龍

---

56)『일성록』, 정조 18년 4월 2일.
57)『일성록』, 정조 18년 10월 13일.
58)『정조실록』권48, 정조 22년 1월 기사.

舟 또는 浮橋를 이용하는 경우가 많았다. 용주는 임금이 직접 승선하여 이동하는 것으로 이에는 船艙 시설이 뒷받침되어야 했다. 용주가 나루를 건너면 先·後廂과 左右 挾船이 扈從하였다. 용주로 운반된 사례는 숙종 23년(1677) 금강산 楡店寺에 전각을 설치하고 임금의 影幀을 용주로 운반하여 봉안한 것[59]이나 영조 44년(1768) 3월 獻陵에 제사지내기 위하여 廣津을 용주로 건넌 사실[60] 그리고 정조 3년(1779) 8월 寧陵에 전배하기 위하여 창덕궁−화양정−광진주정소를 거쳐 선창소에서 龍舟를 타고 남한행궁으로 행차한[61] 사례가 그것이다.

또 浮橋제도는 용주, 선창의 폐단을 극복하고자 정조13년(1789) 7월, 모든 津渡에 浮橋를 설치할 것을 반포함으로써 등장하게 되었다.[62] 대개 漕運船이나 軍船(兵船, 防船)을 이용하곤 하였는데, 정조 13년의 경우 牙山漕倉의 조운선이나 江華 橋洞 또는 湖西 및 海西의 새로 만든 兵·防船을 사용한 것이 그것이다.[63] 당시에 선창대신에 부교를 설치한 이유에 대해서는

… 船艙을 浮橋로 대신하는 것으로 말하자면 만전을 보장할 수 있다. 선창은 소용되는 배가 많게는 1천척 가까이 되는데 부교의 경우는 백척도 되지 않으니, 이것만 하더라도 폐해를 줄이는 셈인데, 더구나 또 완고하고 견실하기가 육지나 다름없으니, 영구히 준행할 수 있을 것이다. 다만 생각컨대, 이 이후로 부교에 드는 경비는 京江에 전적으로 떠맡기되, 배의 경우는 별도로 作隊하는 제도를 수립하여 그들로 하여금 시기에 맞춰 役에 응하도록 하고, 조정에서 줄 수 있는 혜택을 깊이 강구하여 그들로 하여금 이익을 입고 힘을 바치도록 하는 것이 좋을 듯하다.

---

59)『숙종실록』권31, 숙종 23년 1월 갑자.
60)『영조실록』권110, 영조 44년 3월 기유.
61)『정조실록』권8, 정조 3년 8월 갑인.
62)『정조실록』권27, 정조 13년 7월 을사.
63)『일성록』, 정조 13년 7월 19일.

그러니 내 생각에는, 외방 畿邑의 稅穀을 경강의 諸船에 나눠주어 마치 都監船에 運稅를 元定하듯이 한다면, 강가의 백성들이 억울하다고 불평할 이유가 없을 듯하고, 뱃사람들 역시 기꺼이 나설 듯하다……64)

고 한데서 알 수 있듯이 浮橋가 船艙보다는 배의 이용이 절감되고 또 京江人들에게 배를 부교에 제공하는 대신에 稅穀의 운송권을 지급해 주고 생활안정 대책을 마련했기 때문이라고 본다. 또, 선창제도의 폐단이 나타나자 정조 13년 영우원 천봉 때부터 선창의 폐단을 극복하고자 병조참판 李獻慶은 松坡, 三田渡와 豆毛浦지역이 얕고 좁아 船艙을 만들어 이용하기가 좋다는 이견을 제시하기도 하였으나65) 浮橋를 이용하는 문제의 대책을 강구하도록 하였다.66) 그 결과 龍舟, 浮橋에 대신하여 구체화된 것이 舟橋제도이다.

일찍이 한강유역에는 津渡67)를 설치하여 행인의 渡涉과 檢閱을 시행하였는데 이를 위해 官船으로서의 津船과 渡船을 비치하여 조세 및 행인 등을 운송하였다. 화성과 현륭원 행차시에 가장 많이 이용된 곳이 바로 露梁津이다. 그리고 獻陵 · 英陵 및 寧陵을 행차할 때에는 대부분 廣津을 이용하는 경우가 많았다.

한강에는 여러 군데에 진도가 설치되었는데 현륭원에의 행차에는 노량진을 주로 이용하였다. 이보다 앞서 노량진이 중요한 교통로로서 특히 輦路의 구실을 하게 된 것은 지리적 입지가 우선이었다. 또 章陵의 연로로서 일찍이 이용되었기 때문이다. 그것은 영조 21년(1745) 御眞을 강화부萬寧殿에 봉안하기 위해서 津路를 결정하는 과정에 다음과 같이 잘 나타나 있다.

---

64) 『정조실록』 권28, 정조 13년 9월 신축.
65) 『일성록』, 정조 13년 7월 26일.
66) 『일성록』, 정조 13년 7월 16일.
67) 露梁津, 松坡津, 漢江津, 廣津, 三田渡, 新川津, 楊花渡, 孔巖津 및 鐵串津 등을 말하는데, 이에 대해서는 李鉉淙, 崔完基 등의 연구가 있다.

어진을 받들고 갈 때의 津路를 楊花渡로 결정하였는데, 비록 민력을 많이 들이더라도 선창을 완전히 쌓을 형세가 없습니다. 露梁津은 건너기가 편리하고 쉬움이 세 津가운데서 제일이고, 또 이는 章陵의 輦路이니, 이 길로 받들어 가는 것이 사체에 당연합니다. 비록 20리를 돌아가 멀기는 하나 만약 일찍 출발하면 金浦 숙소에 밤 늦게 도착할 염려는 없으니, 노량진으로 길을 고쳐 잡는 것이 마땅합니다……68)

이상에서 볼 수 있듯이 露梁津이 漢江 渡涉의 주요 교통로가 되었으며, 노량진의 주교 설치는 舟橋司를 설립과 동시에 구체화되었다. 정조 13년(1789)에 濬川司를 舟橋司로 개칭하여 도제조 3명ㆍ제조 6명ㆍ낭청 3명을 두고 영남의 別會穀 중에서 大米 2,000석을 떼어 주어 재원으로 충당함으로써 주교사가 설립된 것이다.

이와 같은 주교에 대한 구체적인 설계는 정조 14년(1790) 7월에 직접 구상한 『舟橋指南』에 잘 나타나 있다.69)

① 주교의 위치 즉, 舟橋의 地形에 대해서는 東湖 이하에서부터 露梁이 가장 적합하다고 인식하였다. 물론 그 이전부터 노량은 앞에서 살핀 바와 같이 강화부나 삼남지방에 가는 요충지였던 데도 그 이유가 있었지만 무엇보다 東湖(동호대교 주변)는 물살이 느리고 강언덕이 높은 것은 취할 만하나 강폭이 넓고 길을 돌게 되는 것이 불편했다. 빙호(서빙고 주변) 또한 강폭이 좁아 취할만하나 남쪽이 평평하고 멀어 만약 물이 조금만 불어도 언덕이 물러나 선창을 넓히는 문제와 강물의 유속이 빨라 연결할 배에 미칠 충격이 커서 부적합하다고 보았다. 반면에 露梁津은 양쪽의 언덕이 마주 대하여 높고 강복판의 흐름은 평온하면서 깊으며 강폭 또한 뚝섬(纛島)이나 西氷庫보다 3분의 1은 적어 지형의 편리와

68)『영조실록』권61, 영조 21년 2월 임술.
69)『정조실록』권30, 정조 14년 7월 기묘.
　　『원행을묘정리의궤』권4, 주교, 어제주교지남.

공역의 절감이 五江중에서 가장 으뜸이라고 하여 결국 露梁津으로 결정하였다.

② 물 넓이는 배를 수용하는 데 중요하다. 노량진은 강물 넓이가 약 200把(1把는 指尺 6척임)이나 강물의 진퇴를 고려하여 300把를 기준으로 정하였다.

③ 배의 선정은 아산의 漕運船과 훈련도감의 兵船 대신에 한강의 五江에 있는 京江船을 선택하여 배의 높낮이에 따른 순서 및 기호를 정하여 관리한다.

④ 배의 수효는 배 1척의 넓이와 강폭을 계산하여 만약 배 1척의 넓이가 30척이라면 강폭을 1800척으로 기준하면 京江船 60여 척이 필요하다.

⑤ 주교의 높이는 가운데가 높고 양쪽은 낮게하여 穹窿橋의 형태로 하면 미관 뿐만아니라 실용에도 합당하다고 보았다. 따라서 선체의 높낮이에 따라 五江의 船主로 하여금 각자의 선박의 정박처, 높이와 넓이의 척수 및 선주의 이름을 적어 관리하되 발송 기일에 의거하여 집결하여 배다리를 완성한다.

⑥ 배의 세로 연결 즉, 縱梁문제는 돛대 대신에 별도의 장대를 준비하여 다른 배의 駕龍木(배안의 가로지른 나무)에 연결하되, 御路가 4把이면 1把마다 1개씩의 종량을 놓아야 하므로 배마다 5개씩, 모두 60척의 경우 300개의 장대가 필요하다. 1척의 배에 100개를 실으면 3척의 운반선이면 충분이 실어나를 수 있다.

⑦ 가로판자(橫板) 역시 御路의 폭이 4把면 횡판도 4把에 해당, 횡판의 넓이1척, 두께를 3치로 표준하면 강폭 1,800척의 경우 횡판도 1,800장이 필요하다. 배1척이 300개를 실으면 6척의 운반선으로 나를 수 있다. 종량과 횡판 제작에 소요되는 목재량 은 소나무 750주 정도는 장산곶, 안면도에서 벌목하여 운송한다.

⑧ 잔디를 까는 문제는 선주들이 각자의 배로 지나는 길(楊花나 西江)에서 사공들이 떼어 내어 실고 와서 깔고 필요한 삼태기나 가래 등의 도구는 관청에서 마련해 준다.

⑨ 난간 설치는 御路의 가장자리에 양편 1把에 1개씩 말뚝을 세워 만

드는데, 선창까지 약 700여 개 필요하며 둘러 치는 대나무발은 150 浮 내지 160浮정도 필요하다.

⑩ 닻을 내리는 일은 각자의 뱃머리에 질서정연하게 닿게 하여 서로 엉키는 문제가 발생하지 않도록 한다.

⑪ 기구의 보관은 도구의 소속 배와 종류를 분별해서 창고에 보관, 출납하도록 하고 각 隊伍로 하여금 인수인계를 철저히 한다.

⑫ 대오를 편성(結隊)하는 것은 號令과 賞罰을 명확하게 하기 위하여 필요한데, 上船 중심으로 10척을 1대로 조직하여 좌부3대, 우부3대로 편성한다. 각 3대중에서 제1호. 제2호 … 제10호로 번호를 붙여 대장 · 부장 · 별감관의 지휘관을 차례로 임명하여 통솔하면 자연 軍制가 형성되어 지휘통솔이 확립된다.

⑬ 상벌은 舟橋의 役事를 성공적으로 이룩하는데 중요한 것이다. 부역에 종사하는 船主들의 소원과 이익을 물어 세곡 운반이나 소금 운송 및 舟橋案에 들어가 隊伍를 편성하는 일을 선택, 帖紙를 주어 이권을 차지하도록 허락하면 백성들을 자연적으로 참여하게 권장할 것이며 만약 범죄가 있을 경우 명단에서 제거하고 다른 배로 대신하게 하면 五江의 船人들도 주교에 편성되는 것을 좋아할 것이며 부장 · 대장은 몇 번의 행차를 겪으면 邊將이나 屯監으로 승격시키면 더욱 권장하는 일이 될 것이다.

⑭ 기한안에 배를 집결하는 일은 서울 포구의 배가 항상 9, 10월에 각처로 나가 정박하고 있다가 봄 漕運을 기다리지 않고 봄 행차 끝난 후에 나가거나 가을 행차 역시 8월 10일 경에 대기하도록 하면 그만큼 남과 경쟁할 필요없이 이익을 확보할 수 있게 된다.

⑮ 船艙은 浮板을 만들어 선창다리가 물을 따라 오르내려 舟橋와 서로 오르락 내리락하여 서로 떨어지지 않고 유지하게 하였다. 노량진의 밀물과 썰물의 차이와 주교의 높낮이를 연결하기 위하여 물의 부력을 이용한 매우 과학적 발상이다.

이와 같은 주교지남의 규정에 따라 정조 17년(1793)에 이르러 주교사에 의해『주교절목』이 작성되었으며70) 이것은 정조 19년(1795) 원행시

의 주교제도에 반영되었다. 이『주교절목』과『원행을묘정리의궤』에 의
거하여 살펴보면 다음과 같다.

주교의 관리체계는 먼저 1월 28일 舟橋司 堂上에 徐龍輔를 임명(총융
사, 경기감사)하고 整理所의 整理使를 총리대신 채제공으로 임명하여 총
괄지휘, 감독하도록 하였다. 1795년 2월 13일 설치하기 시작하여 2월 24
일 완성하였다.

주교 체계는 橋排船 36척과 左右衛 護船 12척으로 구성되었다. 주교선
은 원칙적으로 한강의 경강선 80여 척을 이용하되 실제 교배선은 36척을
쓰고 나머지는 주교의 좌·우측에 배열, 주교를 잡아매거나 호위하는 역
할을 하도록 하였다. 이에 따라 80여 척 중에서 실제 주교의 교배선으로
36척이 쓰이고 나머지 12척은 호위선으로 활용되었던 것이다. 당시 한강
의 실제 넓이는 190把=336.4m 였으므로 (1파=指尺6척, 1척=29.5cm)
주교 길이 역시 330~340m 정도였다. 왜냐하면 渴水期인 2월에는 河床이
낮기 때문이다.

橋排船에 들어간 재료는 橫樑 72株, 縱樑 175株, 鋪板 1,039立, 撑柱
170箇, 蛭木 70箇, 回龍木 108개, 大小釘 900개, 牽馬鐵 5,804개, 頭釘 24
개, 叉釘木 175개, 大叉釘 10개, 小叉釘 10개, 輪桶 10坐, 大蛭釘 10개, 大
牽鐵 8개, 鐵索77巨里, 大鐵索 8巨里였다.

欄干은 240척으로 板 92개, 法首 242주, 曲釘 292개, 鸛鐵 73개, 排目
146개로 만들었다.

紅箭門은 3면으로 남·북 선창에 각각 1개씩 세워 배다리의 경계를 표
시하고 중앙의 가장 높은 데도 세워 강물의 한복판임을 표시하였다. 1개
의 홍살문에는 鸛板 2좌, 頭釘 8개, 升旗紅大索 4거리가 사용되었다.

船艙은 나무로 만든 浮板 대신에 雜石을 石灰와 함께 석축하여 항구적
인 시설로 하였다. 배의 결구는 상류로 향하여 닻을 내리고, 배의 삼판을

---

70)『정조실록』권37, 정조 17년 1월 을사.

犬牙相制 형태로 연결, 남·북 선창 가까이 있는 項船의 머리·꼬리부분을 묶어 결박한 후 세로막대기(종량)과 버팀목(탱주)을 연결하여 橫板을 깔고 난간과 홍살문 설치하여 마치 弔橋처럼 만들어 조수의 흐름에 따라 주교와 선창이 신축적으로 연결되도록 하였다. 그리고 주교선은 京江船과 訓鍊都監船 이용하되, 설치하거나 철수시에는 格軍과 匠人을 給價雇傭하였다.

한편, 주교의 호위는 배 1척당 格軍 12명을 배치하여 戰巾을 착용하고 청·황·적·백·흑색의 號衣를 착용하고 좌우 난간 뱃머리에 排立시키고, 挾船의 경우도 같았다. 남쪽은 前部, 북쪽은 後部로 편성하여 3척으로 1선단을 조직, 5개 선단을 편성하였으며 協總(주교사도청이 겸임) 1인이 전·후부를 통솔하였다. 전·후부의 領將(주교사의 감관으로 임명) 2명을 배치하여 단속하며 각 선단에는 1명씩 주교사의 영장으로 임명하여 통제한다. 이의 총감독은 수어청 또는 총융청의 수어사나 총융사의 지휘를 받도록 하였다.

이와 같은 주교의 호위구성을 좀 더 구체적으로 살펴보면 舟橋堂上 徐龍輔, 舟師大將 李漢豊, 敎鍊官 최태영 외 8명, 別軍官 조방규 외 3명, 別武士 김유상 외 9명, 藥房 1명, 馬醫 1명, 書吏 2명, 牟子 32명, 巡令手 30명, 吹鼓手 25명, 細樂手 11명, 大旗手 23명, 塘報手 13명, 燈籠軍 9명, 牙兵 16명, 別破陳 13명, 協摠 1명, 標下軍 13명, 令旗手 2명, 棍杖手 2명, 列牌頭 1명, 陪下人 3명, 帳幕軍 1명, 卜馬軍 1명, 都牌頭 1명, 吹鼓手 10명, 軍物都監官 1명, 副監官 2명, 領將 10명, 書吏 5명, 旗軍 432명 등으로 구성되었음을 알 수 있다.

4. 驛站의 신설과 접대

1) 화성 축성 이전의 역참

조선시대의 역로는 고려시대와 마찬가지로 驛道―屬驛체계를 중심으로 구성되었다. 도로의 상태와 중요도 및 산천의 거리에 따라 수 개 내지 수십여 개의 역을 한데 묶어 驛道로 편성한 다음 역승이나 찰방의 지휘 감독 아래 순행, 고찰하면서 역을 관리하였던 것이다. 수원지방의 역참이 구체적으로 나타난 것은 고려시대부터이다. 고려시대의 역도는 충청주도에 소속되었는데, 同化驛, 長足驛, 菁好驛이 있었다. 조선시대 태조, 태종을 거쳐 세종 때에는 전국적인 규모의 驛道와 驛路網을 새로이 조직하여 재편되었다. 『세종실록』 지리지에 의하면 당시 조선은 전국에 산재한 538개의 역을 44개의 역도로 편성하여, 경기도에는 다음 <표 5>에서 볼 수 있는 바와 같이 8개 역도의 60역, 충청도에는 9개 역도의 70역, 경상도에는 10개 역도의 165역, 전라도에는 7개 역도의 58역, 황해도에는 3개 역도의 36역, 강원도에는 3개 역도의 77역, 평안도에는 1개 역도의 13역, 함길도에는 3개 역도의 59역이 설치되었다.

<표 5> 세종대의 경기도 역로망

道	驛道	屬驛
京畿	左道 忠淸道 程驛 (祭訪: 7)	良才(果川) 樂生(廣州) 駒興(龍仁) 金寧(龍仁) 佐贊 (竹山) 分行(竹山) 無極(陰竹)
	右道程驛(祭訪: 8)	迎曙(楊州) 碧蹄(高陽) 馬山(原平) 東坡(臨津) 招賢(長湍) 靑郊(開城) 狻猊(開城) 中連(海豐)
	京畿 江原道 程驛 (祭訪: 5)	綠楊(楊州) 安奇(抱川) 梁文(永平) 豊田(鐵原) 雙谷(抱川) 其餘十八驛 皆在江原道界
	重林道(驛丞: 6)	慶申(仁川) 石谷(安山) 盤乳(衿川) 南山(陽川) 金輪(富平) 種生(通津) 重林(仁川)

同化道(驛丞: 6)	長足(水原) 海門(南陽) 菁好(振威) 加川(陽城) 康福(安城) 同化(水原)
平丘道(驛丞: 11)	仇谷(楊州) 雙樹(楊州) 奉安(慶州) 娛賓(楊根) 田谷(砥平) 冬白(砥平) 甘泉(加平) 連洞(加平) 平丘(楊州) 青坡 · 蘆原(楊州)
慶安道(驛丞: 9)	慶安(廣州) 德豊(廣州) 阿川(利川) 吾川(利川) 留春(陰竹) 楊花(川寧) 新津(驪興) 安平(驪興) 無極(陰竹)
桃源道(驛丞: 7)	桃源(臨江) 仇和(臨江) 白嶺(長湍) 玉溪(漣川) 龍潭(鐵原) 丹金(積城) 湘水(積城)

당시 수원에는 同化驛과 長足驛이 설치되어 남양의 海門驛, 진위의 菁好驛, 양성의 加川驛, 안성의 康福驛과 함께 同化道에 속하였다. 동화도에는 驛丞이 파견되었으며, 남쪽으로 충청지역의 成歡道와 직결된 교통의 요지로서 기능하였다.

세종 때의 역도체계는 그 뒤 세조대에 이르러 대폭 개편되어 『경국대전』의 역도체계를 확립하는 발판이 되었다. 세조대의 역도 개편은 세조 3년(1457)과 6년(1460), 그리고 8년(1462) 등 3차례에 걸쳐 이루어졌는데, 1차 개편은 주로 기존의 역도를 통합하는 방향으로 시행되었으며, 2 · 3차 개편은 역 사이의 거리를 조정하여 재편성하는데 목적이 있었다. 그 결과 경기지역에는 <표 6>에서 나타난 바와 같이 영서도 · 도원도 · 중림도 · 양재도 · 경안도 · 평구도 등 6개 역도에 58역이 설치되었고, 충청좌도에는 3개 역도에 41역, 충청우도에는 3개 역도에 24역, 전라좌도에는 4개 역도에 30역, 전라우도에는 2개 역도에 23역, 경상좌도에는 6개 역도에 67역, 경상우도에는 5개 역도에 81역, 강원도에는 4개 역도에 78역, 황해도에는 3개 역도에 30역, 평안도에는 2개 역도에 32역, 함경도에는 3개 역도에 49역이 개설되었다.

<표 6> 세조대의 경기도 역로망

道	驛道	屬驛
京畿	迎曙道(楊州)	碧蹄(高陽) 馬山(坡州) 東坡(長湍) 青郊(開城) 中連(豊德)
	桃源道(長湍)	仇和(長湍) 白嶺(長湍) 玉溪(漣川) 丹棗(積城) 湘水(積城)
	重林道(仁川)	慶信(仁川) 盤乳(衿川) 石谷(安山) 金輪(富平) 種生(通津) 南山(陽川)
	良才道(果川) (→迎華道)	樂生(廣州) 駒興(龍仁) 金嶺(龍仁) 佐贊(竹山) 分行(竹山) 無極(陰竹) 康福(安城) 加川(陽城) 菁好(水原) 長足(水原) 同化(水原) 海門(南陽)
	慶安道(廣州)	豊德(廣州) 楊花(驪州) 新津(驪州) 安平(驪州) 阿川(利川) 吾川(利川) 留春(陰竹)
	平丘道(楊州)	綠楊(楊州) 安奇(抱川) 梁文(永平) 奉安(廣州) 娛賓(楊根) 雙樹(楊州) 田谷(砥平) 白冬(砥平) 仇谷(楊州) 甘泉(加平) 連洞(加平)

당시 수원지역의 菁好·長足·同化 3역은 良才道에 속하였는데, 청호역은 수원도호부의 동쪽 25리에 있었으며, 장족역은 府의 동쪽 30리, 동화역은 부의 서쪽 7리에 위치하였다. 그리고 수원에는 이밖에 烏山院·蛇院·大梯院 등 3개의 원이 설치되어 있었다.

2) 迎華驛의 신설과 운영

(1) 영화역의 신설

조선 후기에 이르러 수원지방의 역참은 대부분 전기의 역참이 그대로 존속되어 운영되었다. 다만 역참의 규모에 대해서는 자세히 알려진 바 없으나 후기 영조 대에 편찬된『여지도서』수원부읍지에 의하면 동화역은 부의 서쪽 10리에 위치하여 大馬 1필, 卜馬 4필, 驛奴 8명 정도가 배치되어 역참 임무를 수행하였으며, 장족역은 부의 북쪽 25리에 있으며, 대마 1필, 기마 2필, 복마 2필, 역노 5명, 그리고 청호역은 부의 동남쪽 25리에 위치하여 대마 2필, 복마 3필, 역노 7명의 규모로 운영되고 있었을 정도였다.

그런데 후기 수원지방의 역참에 있어서 커다란 변화가 나타났는데 그것은 곧 迎華驛의 신설이었다. 영화역은 良才驛을 폐지하고 수원 장안문 밖에 이설함으로써 수원지역의 중요한 역으로 자리잡게 되었다. 그 내력을 살펴보면『화성성역의궤』에 다음과 같이 나타나 있다.

> 영화역은 장안문 밖 동쪽 1리 쯤에 있다. 丙辰年(정조20;1796) 가을 華城 直路에는 역참이 없고 북문 밖은 인가가 없이 텅비어 특히 막아 지키는 형세에 흠이 되기 때문에 경기 良才道 驛을 옮겨 이곳에 새롭게 설치하고 우선 역에 속한 말과 역호를 이주시켰다. 이어서 관해를 짓고 역명을 바꾸도록 명하니 迎華라 이름하였다.[71]

라고 한 데에서 잘 알 수 있다. 곧 영화역은 화성을 축조하고 나서 장안문 밖의 공한지에 인구를 이주시키고 성의 북쪽을 막아 지키는 斥候의 역할을 하기 위하여 신설한 것이라고 말할 수 있다. 이것은 찰방으로 하여금 군제 편성과 더불어 北城의 斥候將을 겸직하게 한데서도 엿볼 수 있다. 원래 양재역은 고려시대에는 廣州道에 소속된 良梓驛이었으나 조선 세종 때에 驛道의 개편과 더불어 오늘날의 良才驛으로 개칭되었다. 양재역은 종 6품직의 찰방이 근무하고 있는 중심역으로서 樂生驛 등 12개의 屬驛을 가지고 있는 역로상의 咽喉에 해당하는 중요한 역이었다. 그리고, 양재역은 삼남지방의 大路에 위치하고 있어 관물ㆍ진상의 운송은 물론 사신들의 왕래에 따른 접대와 영송, 그리고 숙박 제공 등으로 인하여 관리, 운영에 지대한 관심을 기울였던 곳이다. 따라서 찰방의 임명과 역마의 입대 및 관리에 있어 꽤 심혈을 기울였던 역이었다.

그러나 시대가 내려감에 따라 경기도 지역의 다른 역과 마찬가지로 驛

---

71)『화성성역의궤 부편』권1, 영화관.

役의 과중한 부담과 말값의 앙등으로 역리가 도망가고 역마의 남승에 따라 많은 폐단이 속출하게 되었다. 이에 양재역을 소생시킬 목적으로 하삼도의 역민을 入居시키거나 사명이외의 사적인 역마이용을 규제하는 등의 대책을 마련하기도 하였다.[72] 때로는 진상물품의 운송에 따른 驛務의 과다로 인하여 水站船을 이용하도록 조치하였다.

특히 임진왜란 이후에는 전국적인 역의 폐단현상이 나타났으니 양재역도 예외는 아니었다. 임진왜란 당시 수도서울의 방어로 말미암아 한강 이남의 直路에 위치하고 있었던 양재역은 주변에 木柵을 설치하여 마을 주민과 흩어진 驛卒들을 불러 보아 屯田을 경작토록 조치하였다.[73] 임진왜란 당시 양재도 찰방으로 있던 朴汝樑은 전란을 수습하는 과정에서 양재역의 소생대책[74]을 다음과 같이 다각도로 마련하였던 것이다. 역리 · 역졸과 공사천 소생의 日守충원, 진상물의 민간인과 역졸 분반 운송과 향전물의 역졸 운송, 경기목장 말의 분급, 驛卒 復戶의 지급, 사신들의 역리 구타 방지 등이 그것이다.

그러나 이와 같은 양재역은 정조 20년(1796) 8월 29일 水原으로 이설하여 영화역으로 개칭함으로써 迎華道察訪체제로 재편되기에 이르렀다. 이러한 사실은 『만기요람』에도 영화도 속역 11개의 역으로써 樂生 · 驪興 · 金嶺 · 佐贊 · 分行 · 無極 · 果川邑站 · 水原本站 · 海門 · 加川 · 康福을 들고 있는 데서 잘 알 수 있다.[75] 그런데 당시 영화역의 신설은 그에 따른 재원 마련에 있어 많은 어려움이 있었다. 일찍이 知事 李奭祚는 이른바 '華城條件'이라는 상소를 비변사에 올리면서 화성문제와 관련하여 駒興 · 長足 · 同化 3개의 역을 합하여 하나의 郵驛을 두고 이것을 화성 근처로 옮겨 찰방을 설치하자는 대안을 제시하였다.[76] 이에 당시 비변사 대

---

72) 『중종실록』 권67, 중종 25년 2월 정묘.
73) 『선조실록』 권56, 선조 27년 10월 신유.
74) 『선조실록』 권182, 선조 37년 12월 경술.
75) 『만기요람』 군정편 1, 역체 각도속역.

신들은 3역을 하나의 역으로 합하여 이설할 경우 馬位畓의 경작과 代土의 부족 등을 이유로 실행 불가능함을 제기하였던 것이 그 하나이다. 그럼에도 불구하고 화성 근처에 역을 설치해야 한다는 당위성은 점점 커졌다. 그리하여 정조 20년(1796) 8월 1일 수원부유수 趙心泰에게

> 화성은 바로 삼남의 요충지로서 비록 이미 축성은 했다 하더라도 虛疎한 것은 마찬가지이다. 北邊은 매우 허소하기 때문에 북문 밖에다 驛館을 설치하고자 하니 재력이 조금 여유가 생기기를 기다려 서서히 의논하는 것이 마땅하다.[77]

고 하여 역관 설치를 의논토록 함으로써 박차를 가하게 되었다. 그리하여 같은 해 8월 29일 양재찰방 李五鎭으로 하여금 驛舍건물 그림을 그려 바치도록 하고, 흩어진 驛民 20여 호를 우선 移接토록 조치하였다.[78] 그 뿐만 아니라 재원 마련책으로써 屯田을 설치하여 세를 거둠으로써 재원을 충당토록 하였으며 역졸에 대한 우대책도 마련토록 하였다. 이렇게 신설된 영화역의 규모는 『화성성역의궤』에 따라 살펴보면 館舍는 正堂 및 三門이 있는데 모두 남향이며 內衙는 모두 52칸이라 하였다.[79] 또 다른 기록에는 영화역의 官廨는 40칸이나 되었고 새로 들어온 민호는 50여 호 정도였다고 한다.[80]

이와 같이 영화역은 당시 임금이 "영화역 新館은 이미 매우 精緻하고 郵治를 맡은 건물들이 즐비할 뿐만 아니라 도중에서 바라보면 하나의 큰 官村을 이루고 있다"[81]고 할 정도로 제법 역촌의 모습을 갖추었다고 할 수

---

76) 『화성성역의궤』 권1, 계사 을묘 6월 초4일.
77) 『화성성역의궤 부편』 권2, 연설, 병진 8월 초1일.
78) 『일성록』, 정조 20년 8월 29일.
79) 『화성성역의궤 부편』 권1, 역관 영화관.
80) 『일성록』, 정조 21년 1월 29일.
81) 『화성성역의궤 부편』 권2, 전교, 정사 2월 초1일.

있다. 이와 같이 영화역은 正祖 20년(1796) 8월 29일 良才驛을 수원에 이설하고 양재도 찰방을 迎華道察訪으로 개편함으로써 명실공히 수원 지방에서의 중요 역참으로 기능을 수행하게 되었던 것이다.[82]

(2) 迎華驛의 규모와 운영

영화역의 규모는 『華城志』郵驛條에 따라 살펴보면 察訪 1명, 驛吏 12명, 通引 6명, 使令 9명, 官奴 5명, 人夫 18명, 驛奴 133명, 驛婢 2명, 奉足 216명(매명 1냥 1전씩 납부), 驛馬 108필(本驛 35필, 駒興驛 7필, 金嶺驛 5필, 良才驛 17필, 樂生驛 3필, 果川站 18필, 加川驛 9필, 分行驛 6필, 佐贊驛 5필, 無極驛 5필임)이었으며, 경제적 재원으로는 馬位田 167石落, 馬位畓 149石落이었으며, 당시 驛村의 호구는 97호였다고 한다. 그리고 迎華館이 전간 11칸, 부속건물 2칸, 行廊 9칸이고, 內三門 3칸, 內衙 10칸 半, 行廊 10칸, 門 2칸이며, 別堂 4칸, 衙前廳 6칸, 外三門 3칸 등 모두 60여 칸의 대규모였다.[83]

이러한 영화역은 현륭원 조성과 화성 축조 이후 정조의 園幸에 따른 역마의 입대를 준비해야 했다. 園所站과 華城站에 임금의 거동시에 騎馬 또는 卜馬를 제공하였던 것이다.[84] 그 뿐만 아니라 서울에 칙사나 본국 사행이 오갈 때에는 '上京應役'이라 하여 서울에 역마를 入把시키기도 하였다.[85] 그러나 이것은 오랫동안 먼거리까지 입파함으로써 폐단이 발생하고 특히 새로 정착한 馬戶들이 감당할 수 없어 제반 支勅이나 사행에 대한 入把役은 다른 5역(영화역 이외의 중림역, 평구역 등)에게 맡기고 영화역의 '上京應役'은 폐지하게 되었다.[86]

---

82) 『일성록』, 정조 20년 8월 29일.
83) 『화성지』, 우역.
84) 『일성록』, 정조 23년 12월 29일, 비변사이경기각역리폐절목계.
85) 『일성록』, 정조 23년 12월 29일.
86) 『일성록』, 정조 23년 4월 18일.

한편 영화역의 재정 확보는 다각도로 강구되었다. 정조 20년(1796) 11월 수원유수 趙心泰의 요청에 의거하여 신설에 필요한 재원을 총액 2만 냥을 한도로 하여 영 · 호남지방의 加分耗條 각각 3천 石을 획급하여 조달하였다.[87] 정조 21년(1797) 우의정 李秉模의 건의로 부족분은 海西 수영의 군량미 2만 1천 8백여 석중에서 3,000석을 획부하여 매년 耗條 300石으로 보충하게 되었다.[88] 또 정조 24년(1800) 1월에는 영화찰방 李元膺의 요청에 의해 華城留守府의 公貨 5,000냥 중에서 3,000냥을 매년 300냥씩 갚는 조건으로 10년간 대여받아 조달하였으며, 심지어는 남양 海門站, 안성 康福站이 僻路에 있어 사신왕래가 별로 없게 되자 두 역의 馬戶를 영화역에 移付하고 馬位田 收稅를 영화역에 옮겨 公用에 보충하는 조치 등을 취하였다.[89]

영화역의 구체적인 운영문제와 실태에 대해서는 암행어사의 서계에 잘 나타나 있다. 정조 22년(1798) 2월 암행어사 呂駿永의 迎華驛弊瘼에 대한 서계[90]에 따르면 다음과 같다.

1. 본역(迎華驛)의 馬戶는 同化 · 菁好 · 長足驛 등에서 移屬해 온 자와 京願立 下來자를 합쳐 모두 35戶이나 元戶로서 移接해 온 자는 겨우 8戶에 불과하고 나머지는 戶主의 差人으로서 무뢰배이기 때문에 아침에 모였다가 저녁에 흩어질 염려가 많습니다. 이들이 객지에서 살아가기가 매우 어려울 뿐만 아니라 경작할 만한 토지가 거의 없어 땔나무(柴草)나 겨(糠粃) 등을 모두 무역하므로 쓸데없는 비용이 여러 갑절이나 되고 심지어는 떠날 생각을 하고 있습니다. 그 사정을 물어보면 모두 멀리 떨어져 있는 마위전을 가까운 私田으로 相換해주거나 그렇지 않으면

87) 『화성성역의궤 부편』 권2, 계사, 병진 11월 11일.
    『일성록』, 정조 21년 1월 30일.
88) 『일성록』, 정조 21년 6월 24일.
89) 『일성록』, 정조 24년 1월 17일 및 동2월 27일.
90) 『일성록』, 정조 22년 2월 9일.

元戸 馬主를 조속히 영화역으로 이속하게 해야 합니다.

1. 京願立(서울에서 영화역의 입마를 위해 내려온 자) 15호는 전토를 팔지 않고 來接할 수 있는 자는 단지 4호에 불가합니다. 그 중 1호는 지탱할 수 없어 철수하여 돌아갔고, 일찍이 京願立의 應役이 무겁고 힘들어 처음에 낭비의 出斂이 없고 또 人夫의 責立을 하지 않아 替把할 道里도 매우 가까워 왕래하기가 편했습니다. 그러므로 都中의 閑民이 모두 입마를 원합니다. 한번 스스로 京願立이 畿營에 속할 때에 흉년을 만나면 북한산성의 餉穀을 受食하기를 呈訴하여 마침내 전례를 만듭니다. 지금 이속 후 또 15석을 받아 35호에 분급, 遠路作錢하여 나눠주더라도 매호마다 받을 수 있는 것이 8전에 불과합니다. 지난 가을 각 호에 납부된 것이 2냥 6전에 이르고 있으니 비록 사소한 폐이나 면제해주는 것이 합당할 것입니다.

1. 본부(華城留守府)에서 입마하는 마필은 전에는 府使 坐馬 1필, 轎馬 2필에 불과하였으나, 유수부로 승격된 이후에는 좌마, 교마, 중군, 패장 및 서리청직 등이 탈 말이 모두 14, 5필이 되어 원근을 막론하고 모두 대령합니다. 심지어 及唱輩들까지 중간에 억눌러 濫騎하니 새로 설치한 역이 실로 지탱하기 어려울까 걱정스럽습니다.

1. 35호의 位田내에서 上等 馬位田은 불과 13필에 지나지 않으며 그 중 10필은 세력있는 將吏에 속하여 다른 나머지 역호들은 이미 탄식할 구석마저 없습니다. 이른바 將吏들은 죽은 말이나 병든 말을 代立하지 않습니다. 본부의 將校 林懋昌, 畿營 營吏 羅就長은 대립하지 않은지 이미 수년이 지났습니다. 본역의 驛吏 鄭卜順은 입마하지 않고 마위전을 공공연히 耕食하고 본부 書吏 羅應三은 몰래 2필을 上中等이라고 일컬어 驛戸에게 分給하고 위전을 耕食하는 등 그 侵漁하는 바가 한 둘에 그치는 것이 아닙니다. 비록 말이 있을지라도 제반 고역은 다른 도에 돌아가 여의치 않으면 驛吏, 驛長이 임으로 심문하고 다스려도 찰방은 보통 때와 똑같이 봅니다.

1. 본도의 찰방 李五鎭은 일을 전혀 해결하지 않고 오직 잘 처리한다고 자랑하며 …(중략)… 安集은 오직 馬戶에 있으나 이대로 하지 않고 반대로 다른 사람을 招集하여 …(중략)… 본역에 來接자는 누구를 막론하고 위전을 지급한다는 말이 민간에게 크게 퍼져 城內의 貧民 15호가 家舍를 팔거나 稱貸하여 마위전이 찰방이 지급을 허락하지 않은 자 또 閒民으로서 冒受할 수 없는 자가 장차 해마다 두루 미쳐 이익이 없는 백성은 원망을 일으켜 留守에게 호소하고 備局에 呈訴하나 모두 發落이 없습니다. 이 백성들의 가고 머무름이 본역과 무슨 상관이 있어서 찰방이 원망을 이기지 못하여 마침내 耗條錢 800냥으로 보리밭(牟田)을 매입하여 매호마다 3일경으로써 15호에 분급한다고 합니다. 실은 2일경 혹은 1일 반경입니다. 또는 6일경으로써 특별히 驛戶중 2명에게 지급하므로 客民은 이미 位田을 지급하지 않고 또 牟田이 減給되는 것을 원망하고 驛戶는 客民에게 給田한 것 때문에 또 2명에게 치우쳐 지급한 것을 원망합니다.

1. 본 역의 驛戶 숫자는 主客을 물론하고 52호일지라도 將吏는 단지 건물을 짓고 들어가지 않으며 찰방된 자는 마땅히 來接자를 엄하게 감독하되 만일 명령을 듣지 않거든 位田을 다른 사람에게 移給하여 허다하게 使役하도록 一任함으로써 다른 집들이 침해를 받아 점차 凋殘하게 됩니다. 더욱 놀라운 것은 전일에 본부의 幕裨나 府中의 將吏를 지낸 사람들이 친구 아닌 사람이 없어 10여 馬戶가 평등하게 사귀면서 무릎을 맞대고 익살부리면 驛戶로서 처음 본 자는 비웃지 않음이 없고 부끄럽게 官長이라 칭하여 貢錢은 지급하지 않고 개인 호주머니에 다 들어가며, 復戶는 임의로 삭감하여 12結을 제멋대로 官用에 붙여 수백 금을 驛民에게 殖利합니다. 더욱 놀라운 것은 재차 강제로 지급하여 마침내 富實한 戶로 하여금 瓦舍를 버리고 공공연히 멀리 도피하여 驛馬가 죽게 된 것이 4필이요 병든 것이 1필입니다. 1, 2년 責立할 수 없는 자는 비단 馬戶의 죄이고 添價錢이 上下로 쓰이지 않고 이익은 자기에게 해는 驛民에게 미칩니다.

라고 한 데서 알 수 있듯이 영화역의 馬戶 확보, 上京立役의 폐단, 마필의 濫乘, 마위전 分給, 驛戶의 생활 안정 대책 등이 제시되고 있다.

그리하여 정조 23년(1799)에 수원유수 徐有隣은 京畿各驛釐弊節目[91]에서 영화역과 경기 5역의 捄弊에 대해 아래와 같이 제시하였다.

1. 迎華驛의 제반 公役을 除減한 후 전부터 入把 마필은 5驛에 분배하여 移定한다.

1. 금년 봄(1799, 정조 23년－필자) 支勅 및 우리나라 대소 사신의 사행에 따라 본역에서 應役할 200필 중, 영화역 入把馬 45필. 경기 5역 201필을 보충해도 부족하니 긴요치 않은 명목의 마필은 除減토록 할 것.

1. 본도 監司, 都事, 中軍의 座馬는 迎華驛에 責立시키지 말 것. 元數2필 중 각 1필 除減하고, 타역 소재의 2필로써 輪回入番하고, 칙행시 都事, 中軍 座馬중 1필을 出番시킬 것.

1. 迎華驛馬의 上京應役은 영구히 감제하며, 驛屬으로서 營門 立役자는 馬頭이하 긴요 및 완만 여부를 물론하고 영구히 減하고, 심지어 賈牌는 본래 驛屬이 아니고 서울에서 雇立한 자이니 영화역 賈牌 15명은 5역에 分屬하여 옛과 같이 使役하고 朔料錢은 復戶米木으로써 지출하고 매년 부족한 돈 141냥은 영화역에 責出하기가 어려우니 公役이 아니면 疊役시에 약간 명을 제감해도 장애가 되지 않으므로 15명 내에서 5명은 감액하여 料錢으로 삼을 것.

1. 勅行시 영화역에 贈給한 銀子 70냥 및 인부, 별세, 松都留糧 등 雜費는 지금 본역으로 하여금 담당하기 어렵기 때문에 감영이 힘써 添補할 것.

1. 화성 幸行시 園所站과 本府站에 驛馬 待令은 영화역이 거행할 것.

---

91) 『일성록』, 정조 23년 12월 29일.

1. 畿驛이 조잔하게 된 폐단의 이유는 入把 증가, 다양한 侵漁에 있으니 지금 釐正이 그치지 않고 대소 사행과 三都留守, 각도 監·兵·水使 이하 각 행차의 夫馬 入把는 定例가 있으나 매번 濫把의 폐단이 없지 않다. 지금부터 舊典을 밝혀 혹 濫把한 경우가 있으면 감영에 보고할 것. 驛馬入把시에 下屬들의 誅求가 1驛 1년의 소비가 적어도 백 여금을 내려가지 않으니 만약 이 폐단을 금하지 않으면 나머지 驛이 실로 지탱할 수 없으니 일체 엄금하고 범법자가 있으면 주는 자나 받는 자나 적발하여 법도를 바로잡을 것. 모든 濫把나 誅求의 폐단을 만약 해당 역에서 은익하고 보고치 않으면 찰방을 심문할 것.

1. 대소 사행은 兵曹 역마로써 外驛에 도착하여 初站에서 비로서 替把하는 것이 法例이다. 근래에 매번 서울로부터 入把하는 폐단이 있기 때문에 下屬들이 틈을 타 誅求하는 이유가 이로부터 말미암는다. 定式을 밝혀 대신이나 부연사신의 사행 이외 서울로부터 입파하는 것은 일체 엄금하고 차후 해당부서에서 일체 草料를 성급하지 말고 혹 濫騎한 경우가 있으면 다해 찰방을 적발하여 엄히 論劾한다.

1. 본도의 監營의 神將, 執事, 營吏 등이 公務로 왕래할 때에는 비록 騎馬의 예가 있다하더라도 責把를 憑藉하여 폐단이 없지 않으니 이후부터 번에 따라 왕래하거나 공무로 出使하는 경우를 제외하고 일체 막을 것이며 감영부터 정식으로 시행하여 범하는 폐단이 없도록 할 것.

1. 본도의 防禦使가 赴任하거나 遞來시에는 騎馬의 예에 따르되, 그 외 私行에는 일체 말을 지급하지 말고 立待의 폐단을 제거할 것.

1. 勅行시 각 驛道에서 맡은 直路의 留站馬는 1, 2필에 불과하여 兵曹馬가 初站에 도착해도 만약 말이 없어 越站하는 일을 당하면 徵貰의 수가 극히 과다하여 이것 역시 폐단의 하나가 되니 이후로는 이른바 越站貰錢은 매 10리마다 1전을 넘지 않도록 하며 혹 科外로 濫徵하는 자는 감영으로부터 병조에 보고하여 엄히 금할 것.

1. 대소의 公行은 中火 宿所를 물론하고 邑站으로부터 먼 곳은 驛村
이 먼저 支供하고 그 乾價를 本邑에서 받는데 주고 받을 때에 삭감하여
받지 못하는 것이 所費의 반도 안 되어 단지 왕래하는 수고로움이 된다.
그러므로 이것이 驛民의 원망하는 것이 된다. 광주의 德豊, 奉安, 慶安,
양주의 綠楊 등의 여러 역은 모두 이 폐단이 있으므로 불가불 申飭해야
하며 심지어 綠楊驛은 매번 樓院에 出站하게 하는데 이곳은 역촌이 아
니므로 부당하게 피로에 찬 驛卒을 수 십리 떨어진 곳에 교체하여 出站
하는 것은 극히 뜻있는 일이 아니므로 차후에 樓院支供은 본 고을에서
편리에 따라 거행하고 나머지 역을 侵責하지 말 것을 정식으로 삼아 예
전의 폐가 없도록 할 것이다.

1. 본도 5驛의 上中等馬는 모두 201필인데 매번 勅使의 행차시 많은
수가 應把하여 차례로 늘어놓을 수가 없다. 지금 부득이하게 除減한 바
가 있어도 오히려 고생할 염려가 없지 않다. 심지어 각 역의 卜馬가 부
족한 숫자가 너무 많아 유명무실하게 되었는데 변통의 방책이 있어야
합니다. 그러므로 그 중 평구역 11필, 경안역 6필, 연서역 5필, 중림역 3
필, 도원역 5필 합계 30필을 中等馬와 바꿔 세우고 교체비용과 차후 부
족할 경우 改立添價는 감영에서 힘써 마련하여 지출할 것이다.

라고 제시한 것이 그것이다. 그러나 이미 언급한 바와 같이 조선시대의
역참은 조선 후기에 이르러 驛政의 문란과 그에 따른 역마가의 앙등과 남
승의 폐단, 역민의 업무과다로 인한 역민들의 유망과 凋殘 등으로 말미암
아 점차 그 폐해가 많아지게 되었다. 그것은 특히 공공업무 이외에 개인
적인 용무로 역마를 이용하는 규정을 위반하여 역마를 私用하는 사례가
빈번하게 되었고, 역마의 공급이 원활하지 못하며 역마 부족 현상이 발생
된 데에도 큰 원인이 있었다.

더욱이 역리에게 부과된 입마의무는 1필당 布 300~500필에 이르는
말값의 앙등으로 역리·졸 등이 도망하여 숨어 살거나 심지어는 떠돌아
다니는 사례까지 발생하여 역호가 조잔하게 되었던 것이다.

3) 撥站의 신설과 운영

(1) 擺撥制의 성립

조선시대 초기부터 중앙과 지방을 연결하는 공공의 군사통신망으로는 봉수제와 파발제가 있었다. 烽火 · 狼火 · 狼煙이라고도 하는 烽燧는 외적의 침입과 같은 변경의 급한 소식을 밤에는 횃불(烽), 낮에는 연기(燧)로 중앙에 전하는 군사적 목적의 통신 수단이었으며, 파발제는 임진왜란 이후 새로 대두된 군사통신의 하나로 南撥, 北撥, 西撥로 조직되어 擺撥軍이 擺撥馬를 타고 긴급한 변경의 군사상황을 전달하는 것이다.[92] 그런데 이 파발제의 등장은 전기의 봉수의 기능이 유명무실해지자 그 대안으로 나타났다.

이러한 파발제를 처음 개설한 나라는 중국의 宋이었다. 송나라는 북방의 여진족이 세운 金나라가 빠른 속도로 남하해 오자 이에 대비하기 위해 일종의 군사첩보기관인 擺鋪를 설치하여 변경의 동정을 중앙에 전달케 하였다. 전달방법은 步遞, 急脚遞, 馬遞 등으로 나누어졌다. 보체와 급각체는 발빠른 鋪卒들이 릴레이식의 달리기로 문서를 전달하는 방식이고, 마체는 騎馬로 전달하는 방식인데, 급각체로는 하루에 400리를 갔으며, 마체로는 500리를 달렸다고 한다. 이와 같은 擺鋪遞는 이후 元나라를 거쳐 明나라에로 계승 발전되었는 바, 이것이 임진왜란 때 조선에 원군으로 온 명나라 군대를 통해 조선에 소개되어 채용되기에 이른 것이다.

그리하여, 임진왜란을 통해 봉수제의 폐단이 또 다시 문제되자 정유재란이 일어난 선조 30년(1597)에는 파발제 설치가 본격적으로 논의되었다. 특히 봉수대가 너무 많아 다 지킬 수 없으니 撥軍을 세우는 것이 좋겠다는 領事 金應南의 건의는 경험을 바탕으로 한 것이었기에 그대로 인정되었으며,[93] 명나라처럼 騎撥은 25리마다 1참씩, 步撥은 30리마다 1참씩

---

92) 남도영, 「조선시대 군사통신조직의 발달」, 『한국사론』 9, 1981.

두자는 집의 韓浚謙의 건의 또한 받아들여져 마침내 西撥 · 北撥 · 南撥[94]
의 3대로를 근간으로 한 파발제가 인조, 효종때 국방력 강화정책의 하나
로 성립하게 되었다.

(2) 華城 撥站의 신설과 운영

수원지방에 파발이 설치되었다는 최초의 기록은 정조 19년(1795) 3월
29일 "화성의 직로에 擺撥站을 설치하였다"[95]고 한 데서 알 수 있다. 원래
수원지방에는 파발제도가 시행될 초기에는 파발이 없었다. 당시 경기도
지역에는 단지 수도 서울의 京營站에서 釜山站에 이르는 東南大路上에
지금의 잠실방면의 新川站 → 栗木站 → 黔北站 → 慶安站 → 雙橋站(이상
廣州) → 高尺站 → 大浦站 → 素沙站(이상 利川)밖에 설치되지 않았다.

그런데 수원지방에 파발참이 설치된 배경은 顯隆園의 전배에 따른 원
행과 밀접한 관련이 있음을 알 수 있다. 서울의 창덕궁 궁궐에서 매년 정
기적으로 현륭원에 전배하고 화성행궁에서 숙박하기 위해서는 원행에 따
른 園幸定例의 규정을 수립하고 이에 따른 교통대책을 수립하지 않을 수
없었다. 한강을 건너는데 필요한 舟橋의 설치, 도로의 보수, 만안교 등 교
량의 신축 그리고 왕명을 신속히 전달하기 위해 발참의 신설은 그런 이유
에서였다.

이와 같은 화성직로상에 파발이 성립하게 된 배경에 대해서는『일성
록』에 좀 더 구체적으로 나타나고 있다. 즉 정조 19년(1795) 3월 29일에
임금이 景慕宮에 거둥할 때 原任 直提學 徐龍輔가 京營站에서 華城에 이
르는 곳에도 西道 즉, 수도 서울에서 신의주까지의 예에 따라 파발을 설
치하여 왕명을 전달해야 한다고 주장한 것이 계기가 되었다.[96] 그 결과

---

93)『선조실록』권85, 선조 30년 2월 병술.
94)『만기요람』군정편1, 역체 발참.
95)『정조실록』권42, 정조 19년 3월 경진.

파발의 설치에 따른 비용은 壯勇營 內營錢 1만 냥을 劃給하여 조달케 하였으며, 大同米 중에서 지방의 재정에 사용하기 위해 저장한 儲置錢의 일부로써 驛馬를 改立케 하였다. 이러한 사실은 平薪 牧場의 목장마 15필을 분급하여 사용케 하였던 것에서도 잘 알 수 있다. 그리하여 서울의 궁궐에서 현륭원에 이르는 화성직로상의 원행로에 파발참이 설치되었으니, 鷺梁站 · 始興站 · 肆覲坪站 · 彌勒堂站 · 華城站 또는 水原站 · 園所站이 그것이다.[97] 대개 이러한 파발참은 원행에 따라 어가행렬이 머물거나(晝停所) 또는 숙박하는 곳(宿所)에 설치되어 왕명의 전달과 숙박 및 음식의 편의 등을 제공하였던 것이다.

따라서 華城撥站의 원활한 운영을 위해 여러 가지 대책을 강구하게 되었는데 정조 19년(1795)에 제정된 이른바 '華城撥站節目'[98]이 그것이다. 이에 의하면

첫째, 서울 京營站과 華城까지의 거리는 75리로 계산하여 5개의 撥站을 설치하는데, 각 참의 거리는 20리 또는 15리로 정하되 京營站에서 始興 新村站까지 20리, 新村站에서 果川 安養站까지 20리, 安養站에서 廣州 沙覲站까지 15리, 沙覲站에서 華城官門站까지 20리로 한다.

둘째, 이 5站의 撥所는 오로지 華城을 위하여 설치한 것으로 화성에 왕래하는 시급한 公事 즉, 공문서를 중앙의 各司와 지방의 營邑간에 撥馬를 使役하여 전달하되 각 站에는 2필씩을 배치한다.

셋째, 각 참의 將卒은 西撥의 예에 따라 每站마다 '1將3卒'의 원칙에 따라 撥將과 撥卒을 畿營에서 兵曹에 移文하여 차출한다. 京營站은 본래의 撥將을 겸해서 差出하고 그 외 新村站은 始興將校, 安養站은 畿營 將校, 沙覲站은 廣州 有料將校, 華城站은 本府 有料將校를 差定하며 5년 임기마다 교체한다.

---

96) 『일성록』, 정조 19년 3월 29일.
97) 『원행을묘정리의궤』에는 화성발참절목과 달리 노량참, 시흥참, 미륵당참, 원소참이 설치되었다.
98) 『일성록』, 정조 19년 4월 16일.

넷째, 撥所의 需用은 壯勇營에서 劃給한 1만 냥을 錢·穀으로써 殖利하여 마련한다.

다섯째, 撥將과 撥卒의 朔料와 馬料는 마땅히 西撥의 예에 의거하여 마련하며 新村站, 安養站외의 京營站·沙覩站·華城 3참의 撥將은 모두 有料將校로써 差定하여 原料의 有無와 厚薄을 參量하되 京營站·華城站의 撥將은 每朔 添料錢 3냥씩, 沙覩站 添料錢 5냥, 新村站·安養站은 每朔 料米각 6斗, 錢 5냥씩 나누어 지급한다. 5참의 撥馬는 西撥의 예에 따라 每匹마다 每朔 11냥씩 지급하고 이외에 紙地·草價는 畿營이 참작하여 마련한다.

여섯째, 京外에 付撥하는 일이나 撥將의 殿最는 壯勇營節目에 따르고 이외 사소한 일들은 역시 畿營에서 節目을 만들어 영구히 遵行한다.

일곱째, 壯勇營節目·畿營節目을 合錄하여 備局·壯勇營·華城府에 비치하여 관리한다.

고 하여, 발참간의 거리, 발마 2필 배치, 1將 3卒 원칙하에 撥將·撥卒 차출과 임기, 장용영의 발참비용 지원, 발장·발졸의 朔料 지급 등을 규정하였던 것이다.

한편, 이와 같은 파발참이 신설되고 원행로가 형성됨으로써 서울~수원간의 교통로는 그 비중이 증대하게 되었다. 그 뿐만 아니라 당시에 쓰던 지명도 새로 고쳐 부르게 되었다. 즉 정조 19년(1795) 윤2월 1일 京畿監營의 보고에 따르면 경기도 경내 지명을 새로 고쳐 부르게 되었는데 素沙峴 → 萬安峴, 沙斤川 → 沙覩坪, 一用峴 → 日用峴, 沙斤峴 → 彌勒峴으로 고쳤으며, 또 수원부 경내의 지명 역시 小黃橋 → 皇橋, 梅山橋 → 梅橋, 三巨里店幕 → 上柳川店幕, 獨峯 → 甕峯, 黃橋 → 大皇橋, 鵲峴 → 逍瞻峴, 士成橋 → 逍覩橋, 防築藪 → 萬年堤로 고치게 되었던 것이다.[99]

이로써 살펴본다면 노량참·시흥참·사근평참 등은 원행시에 어가행렬에 수반하여 進排할 물건과 柴草 등을 마련하기 위하여 주로 행궁이 있

---

99) 『원행을묘정리의궤』 권3, 이문, 윤2월 초1일.

는 곳에 설치하였던 것을 알 수 있다.

4) 撥站에서의 접대와 驛馬 備立

각 파발참의 설치장소와 원행에 따른 접대에 대해서 정조 19년(1795)
의 『원행을묘정리의궤』에 나타난 각 참에서의 접대 실태를 분석해 보면
다음과 같다.

鷺梁站에서는 윤2월 9일 출궁 및 윤2월 16일 환궁할 때의 晝停所로서
접대를 맡았는데 노량진 鎭將의 大廳에 수라를 진설하기 위하여 龍驤鳳
翥亭 밖에 內衙로서 假家 2칸을 배설하여 어가행렬을 접대하였다. 대개
주정소의 경우는 여러 가지 餅果 · 藥飯 · 强精 · 茋子湯 및 魚菜, 片肉 등
의 早茶小盤果를 慈宮(혜경궁 홍씨) · 大殿(正祖) · 淸衍君主 · 淸璿君主 그
리고 대소 관리들에게 접대하였으며, 또한 밥 · 탕 · 찜(助致) · 구이 · 생
선 · 포 등의 아침 수라(朝水刺)를 대접하였다.[100]

始興站은 역시 윤2월 9일의 出迎할 때와 윤2월 15일 還宮할 때의 宿所
로서 시흥당 동쪽 밖에 假家 10칸, 宮人 및 整理所 당상 이하를 供饋할 假
家 5칸을 지어 晝夜로 茶小盤果 및 저녁수라(夕水刺) 등을 노량참에서의
메뉴와 비슷하게 접대하였다.[101]

沙覲站은 윤2월 10일 出宮할 때와 윤2월 15일 還宮할 때 晝停所로서
사근참 행궁 북쪽에 수라용 假家 5칸, 궁인 및 정리소 당상 이하를 供饋
하기 위하여 5칸의 假家를 점심의 茶小盤果 및 수라와 미음을 각각 대접
하였다.[102]

또한 華城站은 윤2월 10일부터 14일까지 園所에 전배하기 위하여 화성

---

100) 『원행을묘정리의궤』 권4, 찬품, 노량참.
101) 위의 책, 찬품, 시흥참.
102) 위의 책, 찬품, 사근참.

행궁에 머무르면서(宿所) 수라간을 神將廳에 설치하고, 별도의 熟設所에 別廚 등 여러 仮建物을 두어 임금과 자궁, 신하와 내빈 그리고 수행한 군병들에게 각양각색의 음식을 각각 접대하였다.[103] 이외에 園所站에도 윤2월 12일 園所를 배알하기 위하여 수라용 仮家 5칸, 궁인 및 정리소 당상 이하를 공궤하기 위하여 역시 仮家 5칸을 齋室 대문 밖 동쪽에 지어 규례에 따른 음식을 접대하였다.

한편 각 站에서는 이러한 접대에 필요한 器用을 확보해야 했다. 기본적으로 원행 때에 쓰일 각 站의 물품은 대부분 都廳, 곧 整理所에서 준비하여 때에 따라 운송하여 구비하나, 이외에 무역해서 구입하거나(貿用) 돈을 주고 빌려쓰는 경우(給價用還)도 있다.[104]

鷺梁站의 경우, 자궁과 대전·내외빈 등에 쓰일 비품들은 대부분 식사 및 미음용 그릇류가 대부분이고, 熟設所에서 사용되는 물건들도 취사 및 음식용 그릇이나 운반·보관용 비품들이다. <표 7>에서 알 수 있듯이 整理所, 本站에서 준비하거나 戶曹, 壯勇營 등에서 돈을 주고 빌려쓰는 경우가 많으며, 貿用하여 措備하였음을 알 수 있다. 이외의 각 站에서도 이와 같은 방법으로 조달하고 있다.

<표 7> 乙卯園幸시 鷺梁站에서의 물품조달 현황

용도	器皿종류 및 숫자	조달방안	비고
慈宮	鍮盤床(1부), 周鉢(1좌), 湯器(1좌), 大楪(1좌), 助致器(2좌), 甫兒(1좌), 楪匙(5좌), 鍾子(3좌), 錚盤(1좌), 黑漆足盤(4립)	豫備	
	銀酒煎子(1좌), 襦袱(1건), 揮巾(1건), 揮巾錚盤(1좌)	整理所	

---

103) 위의 책, 찬품, 화성참.
104) 『원행을묘정리의궤』 권4, 기용.

	畵器(3립)	本站	
大殿	鍮盤床(1부), 周鉢(1좌), 湯器(1좌), 大楪(1좌), 助致器(2좌), 甫兒(1좌), 楪匙(7좌), 鍾子(3좌), 錚盤(1좌), 黑漆足盤(2립)	豫備	
	鍮酒煎子(1좌), 襦袱(1건), 揮巾(1건), 揮巾錚盤(1좌)	整理所	
盤果用	大砂鉢(1죽), 砂楪匙(2죽), 砂鍾子(6립), 黑漆足盤(4립)	整理所 豫備	
米飲用	畵砂鉢(6립), 畵楪匙(3립)	本站	
	鍮錚盤(3좌), 銀杯(2좌), 銀籤(1개)	熟設所	
	鐵峯爐(4좌), 銅炒兒(4좌), 大雨傘(1병),	各站 替用	
	架子(1부)	整理所	
	輜重車(1량)	壯勇營	
淸衍·淸瑃君主	鍮盤床(각1부), 周鉢(각1좌), 湯器(각1좌), 大楪(각1좌), 助致器(각1좌), 甫兒(각1좌), 楪匙(각5좌), 鍾子(각2좌), 錚盤(각1좌), 黑漆足盤(각2립)	豫備	
	鍮酒煎子(1좌), 襦袱(각1건), 揮巾(각1건), 揮巾錚盤(1좌)	整理所	
內賓	鍮盤床(1부), 周鉢(1좌), 湯器(1좌), 大楪(1좌), 助致器(1좌), 甫兒(1좌), 楪匙(5좌), 鍾子(2좌), 黑漆足盤(1립)	各站 替用 豫備 取用	
宮人	鍮大盒(6좌), 鑄錚盤(4좌), 銅酒煎子(2좌), 大隅板(3립), 湯器(1죽)	整理所	
外賓·閣臣	鍮周鉢(2죽5립), 鑄湯器(2죽5립), 大隅板(1립), 小隅板(2죽), 鍮東海(6좌)	壯勇營 取用	
	砂湯器(2죽), 砂大楪(2죽), 砂甫兒(1죽3립), 砂楪匙(1죽5립), 砂鍾子(1죽5립), 行擔(5부)	給價 用還	
熟設所	炙金(적쇠4부), 鏇金(석쇠4개), 鏇者(석자3개), 火箸(5부), 鐵工伊(1개), 食刀(10개), 餠刀(2개), 手刀(10개), 硏(1좌), 毛老(1좌), 小執介(1부), 高足床(5좌), 卓子(1좌), 隅板(4립), 茶食板(3개), 木火爐(3좌), 大樻(2부), 架子(4부), 龍脂(10병), 黃燭(5쌍), 肉燭(70병)	整理所	
熟設所	地衣(3부), 鍮匙(1단), 菜刀(2개), 剪刀(2개), 薑板(2개), 絹蒒(1개), 馬尾蒒(3개), 竹蒒(2개), 木周艮	貿用	

	給價用還	
(2개), 齒瓢(2개), 柤盤(3죽), 薪省(2개), 草省(5개), 釣乃(3개), 大砂鉢(2죽), 砂磁椀(1죽), 砂瓶(10좌), 砂缸(15좌), 膏飮缸(2좌), 細長竹(200개), 於音炙串(300개), 炙串(200개), 揮巾布(1필20척), 行子布(15척), 苧布(20척), 白木(1필), 各色扇子紙(5장), 五色紙(5장), 油壯紙(2권), 油白紙(3권), 壯紙(1권), 白紙(5권), 紅小索(50파), 苧絲(1냥), 雨傘(2병), 中礪石(2괴), 木燈(5좌)		
鑪所羅(2좌), 鑪凉盆(9좌), 鑪半瓶入里(2좌), 鑪錚盤(6좌), 銅前大也(2좌), 鑪沙用(2좌), 鑪煮(3개), 函之朴(6좌), 刀亇(3좌), 案板(5좌), 木臼(2좌), 中竹(20개)	給價用還	
食鼎(10좌), 爐口(3좌), 燔鐵(6좌), 小磨石(1좌), 水瓮(7좌), 陶甁(2좌), 陶所羅(10좌), 陶東海(10좌), 方文里(10좌), 柳筥(유지5부), 柳箕(2부), 行擔(10부), 擔桶(3부), 水桶(5부), 束古里(2개), 大所古味(5개), 軟瓢(15개), 斗升(각2개), 木燭臺(20개), 細繩(100파), 網席(5립), 空石(75립), 柴炭, 燒木, 柤木, 柤炬, 藁草	畿營 待令	
銅爐口(20좌), 靑衣巾(각20건), 草芚(20부),	各營門, 濟用監, 宣惠廳 用還	
補階所	補階板(240립), 屯太木((40개), 足木(200개)	戶曹 用還, 整理所 수송.
	葛芰(4동), 四寸釘(950개)	貿用

자료: 『園幸乙卯整理儀軌』권4, 器用.

<표 8> 各站에서 사용된 支出 現況

	鷺梁站	始興站	沙(肆)觀站	園所站	華城站
水刺·盤果 米飮	323냥 3전	1,015냥 2전	330냥 8전	177냥 9전	
器皿 貿入價	52냥 1전 9푼	57냥 4푼	52냥 1전 9푼	17냥 1전	

貰價		19냥 7전	21냥 7전	19냥 7전	8냥 6전	
馱價		4냥 8전	11냥 2전	25냥	18냥 7전	
內外賓員役供饋		45냥 4전	90냥 8전	45냥 4전	22냥 7전	
盤纏	郎廳			9냥	7냥	
	帶隸驅從			7냥 8전	4냥 2전	
	書吏 糧饌錢	3냥 6전	6냥 8전	3냥 2전	2냥	
	熟手 糧饌錢	29냥 2전	36냥	15냥 6전	12냥	
	使喚軍雇 價錢	24냥	27냥	26냥	19냥 2전	
立待馬價		1냥 9전 5푼	5냥 6전 7푼	7냥 8전	4냥 2전	
江心水 馱價			7냥 5전			
待令懸板馱價			2냥			
壯油紙價			2냥	5냥 4전		
行擔價			5냥 7전 5푼			
其他 費用			4냥	4냥 2전		
合計		504냥 1전 4푼	1,292냥 6전 6푼	551냥 4전 9푼	293냥 6전	6,971냥 7전[105]

자료: 『園幸乙卯整理儀軌』권3, 手本, 乙卯 2月 20日.

그리고 각 화성 5참에서 원행 때에 지출된 비용은 노량참 504냥 1전 4푼, 시흥참 1,292냥 6전 6푼, 사근참 551냥 4전 9푼, 원소참 293냥 6전 모두 2,641냥 8전 9푼이며, 화성참까지 포함한다면 9,613냥 5전 9푼이 소요

---

105) 화성참의 합계는 『원행을묘정리의궤』권5, 재용의 통계임.
    같은 책 권3, 手本에는 누락.

되었다. 그 중 鷺梁站의 경우 수라(水刺), 盤果, 米飲 마련에 323냥 3전, 그릇 구입에 52냥 1전 9푼, 각종 빌린값(貰價)에 19냥 7전, 운송값(駄價) 4냥 8전, 내외손님 접대에 45냥 4전, 盤纏에 56냥 8전, 입대 말값 1냥 9전 5푼 등 모두 504냥 1전 4푼이 지출되었다.

이와 같은 원행 재원의 확보는 대부분 整理所의 재원으로 마련하였다.[106] 정리소는 정조 18년(1794) 12월 원행을 위해 설치하였는데, 당시 3남 지방을 휩쓴 전국적인 흉년 때문에 어려움이 많았다. 당국은 구황책을 강구하는 등 대책 마련에 부심하였다.[107] 그럼에도 불구하고 정조의 사도세자에 대한 추모와 혜경궁 홍씨의 회갑을 맞아 원행대책이 속속 수립되어 장용영 제조 鄭民始와 원행재원 확보방안을 의논한 결과 10만 3천 여냥 정도의 재원 확보방안을 제안하게 되었다. 그리하여『원행을묘정리의궤』에 의하면 정조 19년(1795) 당시의 총재원은 화성 축조시 화성 주민에게 빌려준 진휼청 이자의 하나인 華城貸下利條錢 26,000냥, 關西·鐵山 등 吏逋作錢 31,081냥 8전, 德川 還米作錢 14,220냥, 湖南 貿米作錢 剩條 24,800냥, 耗條作錢 6,960냥으로 합계 103,061냥 8전이었던 것이다.[108] 이외에도 內帑金(또는 內下錢)이 사용되기도 하였다.[109] 이와 같은 재원은 초기에 宣惠廳에 유치되었다가 賑恤廳으로 이관되었으며 대부분은 壯勇營에서 貸下하여 지출되었던 것이다.[110] 이것은 장용영이 친위군영이면서 재정 기구로서의 역할까지 맡았음을 말해주고 있어 당시 장용영의 위상을 알게 해준다.

각 참의 뜰 아래에 깔 돗자리의 확보는 長興庫에서 내려준 것을 운송해

---

106) 정숭교,「정조대 을묘원행의 재정운영과 정리곡 마련」,『한국학보』82, 1996.
107)『정조실록』, 정조 18년 10월 기사, 무인.
　　『일성록』, 정조 18년 11월 1일.
108)『원행을묘정리의궤』권5, 재용.
109)『일성록』, 정조 19년 2월 20일.
　　『일성록』, 윤2월 11일.
110) 정숭교, 앞의 논문, 149~152쪽.

두었다가 사용하거나 京畿監營에서 준비해 둔 것을 사용했는데 각 참에 소용되는 돗자리는 각 고을로 하여금 필요한 분량을 납입케 하고 그 비용은 정리소에서 지급해 주었다.111)

각 참에 布帳을 설치하는 일은 군영에서 담당토록 하였는데, 노량진은 禁衛營, 시흥행궁은 訓鍊都監, 사근평은 御營廳의 3營門이 나누어 맡고 포장을 수령할 장교와 졸병들의 노잣돈과 貰馬費는 정리소에서 지급해 주었으나,112) 肆覲坪站의 경우 서울과의 거리가 멀어 물자를 운반하는 폐단 때문에 화성부에 보관하고 있는 포장의 수량이 많고 거리도 가까워 운반하기에 편리하므로 화성부의 것을 사용하도록 하였다.113)

이와 같이 각 발참은 어가행렬에 따른 宿所 또는 晝停所로서의 역할을 주로 맡았으며, 왕명을 전달하기 위하여 임시의 假家와 布帳을 설치하고 撥將과 撥卒 그리고 撥馬를 배치하여 교통, 통신의 기능을 수행한 임시기구의 성격을 띠었던 것이다. 그리고 각 站의 관리를 위해 鷺梁站에는 堂上 徐龍輔, 郎廳 金龍淳을, 始興站에는 당상 李時秀, 낭청 洪大榮을, 肆覲坪站에는 당상 徐有防, 낭청 李潞秀, 水原站에는 당상 尹行恁을, 園所站에는 당상 徐有大, 낭청 具膺을 각각 파견하여 지휘 · 감독케 하였다.114)

각 站에서 사용할 쌀과 콩의 구입은 정리소에서 지급한 재원으로 貿入해서 보충하였는데, 시흥참 쌀 60석, 콩 15석 사근참 쌀 30석, 수원참 쌀 170석 콩50석, 원소참 쌀 15석이었다.115)

한편, 역마의 확보는 매우 중요하였다. 원행시에는 어가 및 수행원들을 태우기 위하여 司僕寺와 경기도에 소속된 각 驛의 驛馬를 出役시켜 입시케 하였다. 을묘년 원행 때에 필요한 마필은 慈宮 관련 마필이 67필, 임금

111) 『원행을묘정리의궤』 권2, 계사, 을묘 2월 5일, 정리소 당상 윤행임, 경기감사 서유방 계.
112) 『원행을묘정리의궤』 권2, 계사, 을묘 2월 1일, 정리소낭청의 계.
113) 『원행을묘정리의궤』 권2, 계사, 을묘 2월 9일, 정리소 낭청의 계.
114) 『원행을묘정리의궤』 권2, 계사, 을묘 2월 1일, 정리소 낭청의 계.
115) 『원행을묘정리의궤』 권3, 이문, 을묘 2월 30일.

御駕 수행관련 마필이 132필로 모두 199필이 조달되었다. 한편 어가를 호위하는 마필은 『園幸定例』에서 집계하면 장용영 기복마 65필, 용호영 군마 154필, 사복마 2필, 훈련도감 기복마 367필, 금위영 기복마 115필, 어영청 기복마 155필, 총융청 기복마 10필, 경기감영 군마 34필, 광주부 표하마 11필, 장교마 3필 등이었다. 그러나 『원행을묘정리의궤』班次圖에 의하면 당시 어가를 수행한 인원은 1,779명이고(『원행을묘정리의궤』 배종 명단을 통계하면 실제 인원은 약 6,000여 명임), 마필은 무려 779필이나 되었다. 이 가운데 경기도의 重林驛의 역마 51필 가운데 17필을, 桃原驛의 역마 43필 가운데 20필을, 良才驛의 역마 113필 중에서 32필을, 延曙驛의 역마 73필 중 22필을, 平丘驛의 역마 95필 중에서 28필, 慶安驛 63필 중에서 32필 씩 모두 151필을 차출시킨 것이다.[116] 또 司僕寺 소속의 마필 199필과 군용마 등을 조달하여 어가 호위와 승용 및 卜馬로 사용되었다.

이상과 같이 수원지방에 옮긴 사도세자의 현릉원에 행차하기 위해 도로변에 행궁과 더불어 설치한 영화역 및 발참은 19세기말 근대적인 교통·통신제도가 도입되면서 역과 더불어 폐지되었다.

5. 맺음말

이상 살핀 바를 요약하면 다음과 같다.

정조는 부친 思悼世子의 능침인 永祐園을 수원 화산으로 옮겨 顯隆園을 조성하고 수호하기 위하여 華城을 축성하였다. 그리고 이곳을 참배하고 왕위계승의 정통성을 확보하기 위하여 여러 차례 원행을 하였다. 특히 정조 19년(1795)의 乙卯園幸은 모친 혜경궁 홍씨와 돌아가신 사도세

---

116)『원행을묘정리의궤』권3, 내관, 을묘 윤2월 초8일.

자의 회갑을 경축하기 위해서였다. 이에 따라 원행은 사실상 국가적 경축행사였고 왕권 안정과 민의 수렴의 커다란 계기였던 것이다. 이와 같은 국가적 원행의 시말을 기록한 것이 『園幸乙卯整理儀軌』이다. 이 자료는 원행의 전반적인 출궁, 환궁 절차나 어가수행 관료와 호위 군병, 원행노선 및 교량, 주교 설치 그리고 왕명의 전달체계와 접대, 영화역과 발참의 설치 등을 파악하는데 국방 및 교통사적으로 사료적 가치가 매우 크다고 하겠다.

원행의 목적과 절차는 예조와 정리소의 규정에 따라 돈화문을 출발하여 노량진·시흥·사근평·화성행궁을 거쳐 현륭원을 전배하되 화성에서 進饌, 養老宴, 謁聖文武科 시험과 城操를 사열하는 것이었다.

시위는 先·後廂 군병을 편성하며 別雲劍, 別軍職이 大駕앞 좌우에서 시위하고 대가 뒤에서는 承傳宣傳官이 시위하면서 왕명을 전달한다. 대가의 巡視는 禁衛營의 주관 아래 令旗手, 軍牢手信箭手가 맡아 출입인을 통제한다. 그리고 거둥시의 傳命은 禁軍중에서 禁軍別將이 차출하여 배치하되 일반적인 傳語는 대궐문에서 노량진까지는 衛軍 150명을 차출, 배치하되 도성안은 척후병만, 광주, 과천, 시흥경내의 척후병과 복병은 수어사, 총융사 소속의 경기도 束伍步軍을 뽑아 배치하였다. 壯勇衛는 좌우 5마대를 편성하여 挾輦軍의 뒤를 따라 행진하며 善騎別將은 善騎隊를 지휘하여 주정소, 숙소, 원소 등을 시위한다. 禁軍은 5마대를 편성하여 先驅禁軍, 攔後禁軍으로 나눠 행진하다 각 숙소, 주정소, 원소에서는 禁軍과 別抄軍이 고을입구에서, 先驅禁軍과 攔後禁軍은 동구 밖에서 合陣하여 시위한다.

임금의 교외 거둥시 도성수비는 留都 및 留營, 留陣체제를 수립하여 방어하였다. 일반적으로 훈련도감이 대가를 수행하면 금위영이 홍화문 밖에서 留陣하고 어영청이 도성을 방어하였다. 留都大臣은 도성을 수비하기 위하여 金虎門박에서 결진하여 출궁시 호위하고 나서 도성을 수비하였다. 을묘원행시에는 실제로 護衛別將 2명, 所任軍官 3명, 軍官 305명, 書吏 2명, 使令 4명, 房直 1명, 標下軍 54명, 前排軍 21명으로 편성하였다.

守宮은 南所에 入直하여 궁궐 안의 각처를 宿衛하였는데, 禁軍 · 護衛軍官 · 訓鍊都監軍 · 局出身 · 有廳軍士를 점검하였다. 從事官(1), 禁衛營別武士(1), 摠戎廳敎鍊官(1), 前排軍(35), 兵曹結束色書吏(1), 奎章閣檢校直閣(1), 承政院仮承旨(1), 仮注書(1), 兼春秋(1), 內醫院提調(1), 兵曹參判(1), 佐郎(1)으로 편성하였다.

留營은 국왕의 교외 거둥시 도성을 수비하기 위하여 예비병력으로써 남아있는 군영으로서, 원행 때는 주로 御營廳, 摠戎廳 군병으로써 留營을 통솔하였는데 東營, 南小營으로 나누어 파수하였다. 留駐는 乙卯園幸 때에는 訓鍊都監敎鍊官(1), 別武士(2), 禁衛營敎鍊官(1), 別武士(1), 書吏(1), 御營廳敎鍊官(1), 別武士(1), 書吏(1), 前排軍(42-訓鍊都監, 禁衛營, 御營廳의 巡令手, 牢子로 편성), 大旗手(16), 燈籠軍(4), 御營廳帳幕軍(4), 訓鍊都監哨官(1), 中哨軍(122-旗鼓手, 旗摠, 隊摠, 銃手, 火兵, 卜馬軍으로 구성)으로 편성되었다.

留陣은 원래의 자기부대에서 출동하여 홍화문 밖에서 도성의 외부를 수비하는 것으로 을묘원행시에는 禁衛營이 담당하였다.

현륭원 행차에는 百官大臣을 포함하여 內外賓, 宗親 등 많은 수행원이 陪從하여 각각의 업무를 분장하였다. 內外賓은 慈宮의 同姓 8촌 친척과 異姓 6촌 이상이 참석하였는데, 奉壽堂 進饌宴에 참석하기 위해서였다. 內賓은 故 判書 趙曮의 아내 정부인 홍씨, 同敦寧 洪龍漢의 아내 송씨, 故 參判 洪樂仁의 아내 민씨, 同敦寧 洪樂信의 아내 이씨, 同敦寧 洪樂任의 아내 정씨 등과 同敦寧 洪駿漢 · 洪樂信 · 洪樂仁 · 洪樂任의 딸, 이외에 종친 및 친척들이었다.

外賓으로는 同敦寧 洪駿漢 · 洪龍漢(洪鳳漢의 동생)과 洪樂信 · 洪樂任 · 洪樂倫(洪鳳漢의 아들), 洪樂佐(홍봉한의 서자) 등으로 영의정 洪鳳漢의

동생 및 그 아들과 서자와 光恩副尉 金箕性, 興恩副尉 鄭在和의 아들·사위와 같이 異姓의 5, 6촌이 대부분이었다.

한편 百官大臣은 掖庭署 이상은 衛內에서 御駕를 수행하며, 宗親府 이하는 衛外에서 어가를 수행하였다. 整理所에서는 총리대신 蔡濟恭이 총괄하며 整理使 沈頤之는 園所站을, 경기관찰사 徐有防은 沙覎站과 饌卓을 담당하였다. 호조판서 李時秀는 始興站 및 饌卓을, 行副司直 徐有大는 華城站과 壯勇營內使職을 맡고, 行副司直 徐龍輔는 鷺梁站과 揮巾을, 整理郎廳 副司果 洪守榮은 都廳 및 壯勇營 從事官으로서 수행하였다. 行副司直 尹行恁은 華城站과 進花를, 副司果 洪大榮은 始興站 郎廳으로서, 濟用監 判官 金龍淳은 鷺梁站 郎廳을, 策應監官 卞世義는 慈宮의 水刺 담당, 行副護軍 洪樂佐 역시 慈宮水刺 및 온돌 點火와 慈宮駕轎의 別隨駕 역할을 맡으면서 수행하였다. 이외에 書吏·書寫 등 하급 관리 및 倉庫直, 雨具直, 使令 및 帶隷, 差備 등의 직책을 가진 수행원들은 각각의 임무를 띠고 원행에 따른 雜役을 수행하였다.

수행인원은 整理所 200명, 承政院 87명, 奎章閣 71명, 藝文館 10명, 內醫院 55명, 弘文館 13명, 兵曹 197명, 都摠府 22명, 別雲劍 7명, 別軍職廳 12명, 宣傳官廳 40명, 內侍府 33명, 掖庭署 199명, 宗親府 14명, 議政府 60명, 中樞府 29명, 敦寧府 16명, 儀賓府 12명, 義禁府 34명, 吏曹 30명, 戶曹 38명, 禮曹 18명, 刑曹 20명, 工曹 17명, 司憲府 21명, 司諫院 12명, 司僕寺 6명, 掌樂院 23명, 尙瑞院 5명, 通禮院 2명, 軍職廳 7명, 備邊司 10명, 香室 4명, 忠義廳 9명, 禁漏官 6명, 宗廟署 4명, 景慕宮 4명, 奉常寺 9명, 尙衣院 4명, 內需司 2명, 濟用監 3명, 內資寺 3명, 禮賓寺 4명 합계 1,394명으로 중복자를 제외하면 1,364명이 수행하였던 것을 알 수 있다. 특히 정조의 개혁정치 지지세력과 측근을 陪從으로 배치함으로써 정치, 군사적 우월성을 강화하고 왕권을 확고히 내외에 과시하려는 의도를 내포하고 있다고 본다.

한편, 어가의 호위체제를 살펴보면 大駕를 수행할 騎兵과 步兵은 3營, 즉 訓鍊都監, 禁衛營, 御營廳에서 교대로 隨駕하는 것이 원칙이다. 그러나 正祖 19년(1795)에는 訓鍊都監이 大駕를 호위하고, 壯勇營의 鄕軍 3哨는 노량진 행궁을 호위하다가 御駕가 지나가면 後廂이 되었다. 그리고 壯勇衛는 挾輦軍의 뒤를 따라 행군하여 晝停所와 宿所 및 園所 동구 밖 이외의 곳에서 편리에 따라 주둔하였다. 善騎別將은 善騎隊 1哨와 本陣의 旗手와 鼓手 및 前排를 인솔하여 먼저 나루터에 가서 주둔하다가 주교를 건널 때에 영접하며 다만 1哨는 壯勇衛를 뒤따라 행군하다가 나루터에 이르면 미리 온 선기대와 함께 주둔한다. 장용영의 京軍 2哨는 먼저 나루터로 가서 어가가 주교를 건너면 장용영 대장이 善騎隊 2哨와 통합하여 壯勇衛 뒤에서 시위한다.

어가를 訓鍊都監이 호위하는데 園幸定例에 의하면 騎馬兵 2초와 步兵 3초가 수레 앞에서 호위하고 別抄는 수레 뒤에서 호위하며 禁軍 50명과 別隊馬兵 50명도 수레를 호위하며 挾輦軍 80명과 예비병 50명을 前排로 삼아 호위하도록 되었으나 수원부 호위병 10哨와 훈련도감 보병 2哨, 기마병 2哨로써 어가를 호위하는 한편, 別隊馬兵은 생략하고 이를 塘馬에 이용하였다. 그리고 壯勇營의 隨駕軍兵은 內營에서는 馬軍 2哨, 步軍 2哨, 鄕軍 3哨로 하고, 外營에서는 親軍衛 200명, 別軍官 100명, 步軍 5哨로써 편성하여 節目에 따라 御駕를 빙둘러 호위하였다.

한편, 노량진에서의 隨駕軍兵은 현륭원 행차 때마다 壯勇營의 內營鄕軍이 1~2哨로 편성하여 시위하였으나 정조 19년(1795)에는 3哨(약 300명)를 차출해서 호위하도록 하였다.

노량진 別將은 左右 牙兵을 거느리고 蔓川근처에 머무르며 大駕를 영접하고 大駕가 통과하면 장용영 후미에서 뒤따라 행군한 다음 나루터에 도착하면 편리한 곳에 머물렀다. 서울에서 한강 노량진에 이르기까지 大駕를 호위할 부대의 편성은 홍화문 밖에서 留陣하고 있는 군사 중에서 차출, 수행하여 留都大將이 인솔하여 갔다 오는 동안 수도를 지키는 留營大將(또는 中軍)이 수도경비 부대와 홍화문 밖의 殘餘留陣軍을 인솔하여 수도를 수비했다. 禁軍 100명과 挾輦軍 100명은 留營軍에서 선발하여 侍衛하였다.

현륭원 展拜시의 호위체제를 살펴보면 壯勇營 外使가 親軍衛 군사 200명, 別軍官 100명, 그리고 步兵 5哨를 영솔하여 眞木亭에서부터 先廂이 되고, 訓鍊都監의 先廂軍兵은 양쪽에 늘어서서 大駕가 지나가면 後廂이 되어 호위하였다.

그리고 禁衛營 中軍은 本營의 騎士와 訓局 隨駕外 馬步軍을 인솔하여 左巡廳 앞길에서 結陣하다가 출궁 후에는 돈화문 밖에 나아가 陣을 치고 禁衛大將은 落後軍兵을 이끌고 들어와 함께 통솔하며 환궁 때에도 출궁 때와 마찬가지로 노량진 강가에 가서 前·後廂을 이루며 入闕후에는 信箭을 기다렸다가 罷陣하고 騎士 및 訓局 隨駕外馬步軍은 禁衛營 中軍이 통솔하여 左巡廳 앞길에 退陣했다가 입궐 후 罷陣한다.

舟師大將은 戰笠과 戰服을 착용하고 旗·鼓手를 인솔하여 出宮 하루 전에 노량진에 나아가 舟師를 감독하되 大駕가 강을 건넌 후에는 本營에 留營하고 있다 還宮시에도 미리 나와 거행한 다음 信箭에 따라 罷出한다.

御營廳 騎士 및 諸色 標下軍은 前 御營大將이 대신 領率하여 本營에 留營하고 있다가 御營大將이 舟師를 거행하고 돌아와 領率하며 환궁시에도 어영대장이 舟師로 出去하면 전임 어영대장이 대신 통솔하다가 信箭에 따라 罷出한다.

前 摠戎使는 訓鍊都監의 餘軍 1哨를 인솔하여 弘化門 밖의 朝房에서 留駐하였다가 還宮후에 信箭에 따라 罷出한다. 훈련도감의 餘軍은 將官의 통솔하에 北營에 留營한다.

守禦廳, 摠戎廳 諸色 標下餘軍들은 作隊하여 將官 인솔하에 本營에서 留待 入直하다가 유도대장의 통솔하에 절차에 따라 거행한다. 宿所의 開

閉는 吹打로써 거행하며 당해 승지가 임시로 啓稟하여 宣傳官이 맡아 시
행한다.

이때의 隨駕군병 현황을 집계해보면 壯勇營外營 1,380명, 壯勇營內營
1,946명, 龍虎營 351명, 訓練都監 1,289명, 禁衛營 26명, 御營廳 82명, 守
禦廳 65명, 摠戎廳 67명, 左右捕盜廳 16명 등 5,222명과 경기도 144명 등
합계 5,366명의 대규모 군병이 수행하였음을 알 수 있다.

그리고 중요한 요충지에 노선경호와 왕명전달을 위해 당마를 배치하
였는데 마병 3명과 별무사 1인을 편성하여 시흥로의 경우 24곳에 배치하
여 운영하였다. 또한 원행 주변에는 척후와 복병을 배치하여 외곽경호를
맡겼는데 도성의 척후는 어영청이 담당하고 외방은 경기도 각읍의 束伍
步軍을 징발하여 담당케 하였다.

원행노선은 시흥로와 과천로로 나누어 이용되었는데 을묘년의 시흥노
선은 83리, 교량 24곳이며 敦化門 → 敦寧府前路 → 把子廛石橋 → 通雲石
橋 → 鐘樓前路 → 大廣通石橋 → 小廣通石橋 → 銅峴屛門前路 → 松峴 →
水閣石橋 → 崇禮門 → 桃楮洞前路 → 靑坡橋 → 石隅 → 栗園峴 → 羅業山
前路 → 蔓川 → 舟橋(北紅箭門 中紅箭門 南紅箭門) → 鷺梁行宮 → 龍驤
鳳翥亭晝停所 → 萬安峴 → 蕃大坊坪 → 文星洞前路 → 始興縣行宮 始興
堂 宿所 → 大博山前坪 → 安養橋 → 長山隅 → 淸川坪 → 院洞川 → 肆覲
坪行宮 凝鑾軒晝停所 → 日用峴 → 彌勒峴 → 槐木亭橋 → 眞木亭橋 → 長
安門 → 鐘街 → 左右軍營前路 → 新豊樓 → 華城府行宮 長樂堂 宿所 → 新
豊樓 → 左右軍營前路 → 鍾街 → 八達門 → 梅橋 → 上柳川 → 上柳川店幕 →
下柳川 → 下柳川店幕 → 皇橋 → 甕峯 → 大皇橋 → 迫瞻峴 → 迫覲橋 →
萬年堤 → 園所幕次이었다.

이와 같은 원행 노선상의 道路 修治는 영우원 천봉 때부터 논의되었는
데 西氷庫와 廣津渡涉論이 그것이다. 그리하여 泥板里-斗浦 도로 이용과
전농리-답십리-마장리-왕십리-뚝섬까지의 도로를 수치하였으며, 천

봉 이후에는 과천로와 시흥로를 중심으로 도로의 보수와 만안교 등과 같은 교량을 건설하여 통행의 편리를 도모하였다. 이러한 도로의 수치는 도성의 경우 도성의 坊民이나 燻造契貢人들이 맡았으며, 외방의 경우는 田夫 즉 농민들의 부역노동이나 雇立勞動에 의하여 시행하였다.

그리고 원행에 있어 한강의 도강은 매우 중요한 과제였다. 종래의 龍舟, 浮橋에 의한 방법을 쓰지 않고 舟橋를 설치한 것이 특징이다. 露梁津에 일찍부터 津渡가 설치되어 이용되고 있는 이점을 살려 舟橋司의 설립과 함께 왕이 직접 구상한 『주교지남』에 따라 이곳에 주교를 설치하였다. 주교는 한강의 京江船을 이용하여 넓이 300把를 기준으로 60척이 소요되었으며 穹窿橋 형태로 설계되었으며 縱梁, 橫板, 欄干, 船艙, 紅箭門 시설 등을 갖추었다. 실제로 『주교절목』과 『원행을묘정리의궤』에 의하면 주교는 橋排船 36척과 左右護船 12척으로 구성되었으며 나머지는 주교의 좌우측에 배열하여 주교를 잡아매거나 호위선으로 이용되었다. 그리고 주교의 호위는 배1척당 格軍 12명을 배치하여 수어사 영장─주교사 협총 지휘 아래 전·후부 선단을 통제하였는데 주교당상, 주교대장, 교련관, 별군관, 별무사, 약방, 마의, 서리, 순령수, 취고수, 세악수, 대기수, 당보수, 등롱군, 아병, 별파진, 기군 등 432명으로 편성되었다.

한편, 현륭원 행차에 따라 왕명의 전달과 접대 등을 위하여 驛站의 신설과 接待문제 또한 중요한 일이었다. 화성 축성 이후 良才驛을 이설하여 북문(장안문) 근처에 迎華驛을 신설하였다. 『화성성역의궤』, 『화성지』 등에 의하면 迎華驛의 규모는 察訪 1명, 驛吏 12명, 通引 6명, 使令 9명, 官奴 5명, 人夫 18명, 驛奴 133명, 驛婢 2명, 奉足 216명(매명 1냥 1전씩 납부), 驛馬 108필(本驛 35필, 駒興驛 7필, 金嶺驛 5필, 良才驛 17필, 樂生驛 3필, 果川站 18필, 加川驛 9필, 分行驛 6필, 佐贊驛 5필, 無極驛 5필임)이었으며, 경제적 재원으로는 馬位田 167石落, 馬位畓 149石落이었으며, 당시 驛村의 호구는 97호였다고 한다. 그리고 迎華館이 전간 11칸, 부속건물 2

칸, 行廊 9칸이고, 內三門 3칸, 內衙 10칸 半, 行廊 10칸, 門 2칸이며, 別堂 4칸, 衙前廳 6칸, 外三門 3칸 등 모두 60여 칸의 대규모였다. 그리고 영화역은 현륭원 조성과 화성 축조 이후 정조의 園幸에 있어 역마의 입대해야 했다. 園所站과 華城站에 임금의 거동시에 騎馬 또는 卜馬를 제공하였던 것이다. 그 뿐만 아니라 서울에 勅使나 본국 使行이 오갈 때에는 '上京應役'이라 하여 서울에 역마를 入把시키기도 하였다.

한편 영화역의 재정 확보는 다각도로 강구되어 정조 20년(1796) 11월 수원유수 趙心泰의 요청에 의거하여 신설에 필요한 재원을 총액 2만 냥을 한도로 하여 영·호남지방의 加分耗條 각각 3천 石을 劃給하여 조달하거나 정조 21년(1797) 우의정 李秉模의 건의로 부족분은 海西 水營의 군량미 2만 1천 8백여 石중에서 3,000石을 劃付하여 매년 耗條 300石으로 보충하게 되었다. 또 정조 24년(1800) 1월에는 영화찰방 李元膚의 요청에 의해 華城留守府의 公貨 5,000냥 중에서 3,000냥을 매년 300냥씩 갚는 조건으로 10년간 대여받아 조달하였으며, 심지어는 남양 海門站, 안성 康福站이 僻路에 있어 사신왕래가 별로 없게 되자 두 역의 馬戶를 영화역에 移付하고 馬位田 收稅를 영화역에 옮겨 公用에 보충하는 조치 등을 취하였다.

또한 화성의 直路에 撥站을 설치하여 왕명의 신속한 전달체계를 확립하였다. 정조 19년(1795) 3월 徐龍輔의 제의에 의하여 경영참에서 화성까지 75리 사이에 5개의 발참 즉 시흥참, 안양참, 사근참, 화성관문참, 원소참을 설치하고 '1將3卒'에 따라 발장과 발군을 배치하였으며 재정은 壯勇營에서 획급한 1만 냥을 殖利하여 충당하였다. 그리고 각 발참에서는 假家와 布帳을 지어 임시 주정소로 삼아 각종 器用을 마련하여 수행원이하 군병들에게 숙식을 제공했던 것이다. 원행에 필요한 역마가 779여 필을 준비해야 했는데 司僕寺, 軍馬 및 경기도 중림역, 도원역, 양재역, 연서역, 평구역, 경안역 등에서 차출되어 조달되었다.

이와 같이 현륭원 천봉과 화성 축성에 따라 수원지역은 교통사적 측면에 있어서 十字路의 건설, 游衡車 등 교통도구의 개발, 안면도, 장산곶 등의 목재 운반에 따른 鷗浦의 해상운송 중심지 역할, 鷗浦와 華城을 연결 육상도로의 개설 및 확장, 과천, 시흥로의 개발로 서울~수원간의 新作路 확장과 만안교 등 교량건설, 그리고 이에 따른 지방도시–서울간의 상업 경제발달을 촉진함으로써 사람과 삼남의 物貨가 流通되는 교통로서의 역할을 하였던 것이다.

앞으로 현륭원 연구는 『조선왕조실록』이나 『원행정례』 및 『원행을묘정리의궤』의 자료에 국한되지 않고 『日省錄』, 『顯隆園謄錄』, 『幸行謄錄』, 『顯隆園幸行節目』, 『顯隆園園所都監儀軌』, 『遷園謄錄』, 『永祐園遷奉謄錄』 등의 儀軌類나 謄錄類에 대한 종합적인 분석을 통해 종합적인 연구가 필요하다고 본다.

제3장
조선시대 봉수제도의 확립과 天臨山 봉수

Ⅰ. 한국 봉수제도의 성립과 발달

1. 머리말

烽燧는 흔히 烽火라고 하는데 변방의 군사정보를 낮에는 연기(烟)로, 밤에는 불빛(烽)을 이용하여 중앙에 전달하는 군사통신 수단의 하나이다. 봉수는 중국 漢代에 있어서는 역참과 더불어 군사통신의 양대 산맥이라 할 수 있는데,1) 중국의 봉수제도는 우리나라 고대국가 성립시기에 어느 정도 영향을 주었을 것으로 판단된다. 우리나라의 봉수유래는 일찍이 삼국시대부터 설치, 운영된 것으로 추정된다.2) 그러나 제도적인 격식이 갖춰지기 시작한 것은 고려 중엽의 毅宗 3년(1149)이며3) 조선시대의 세종시기에 이르러 전국적인 봉수노선과 제도가 확립되었다.4)

---

1) 臧嶸, 『中國古代驛站與郵傳』, 北京 商務印書館, 1997, 53쪽 참조.
2) 『삼국유사』 권2, 기이 가락국기.
　『삼국사기』 권23, 백제본기1, 시조온조왕 10년조.
　같은 책 권2, 신라본기2, 나해니사금 29년조.
3) 『고려사』 권81, 병지1, 의종 3년 8월조.
4) 남도영, 「조선시대 군사통신조직의 발달」, 『한국사론』 9, 1981.
　허선도, 「근세조선전기의 봉수제(상)」, 『한국학논총』 7, 1985 참조.

이러한 봉수에 관한 연구는 중앙집권체제를 유지하는 군사통신으로서 중요성이 일찍 제기되었음에도 불구하고 종래 학계에서 별로 주목받지 못한 연구분야의 하나였다. 고려시대의 역사서나 조선 초기의『세종실록』지리지나『신증동국여지승람』등의 지리지에서 부분적인 봉수 현황을 소개하는 정도였다. 그런데 조선 후기에 이르러 읍지나 고지도의 편찬과정에서 나타난 바와 같이 驛院과 더불어 봉수 항목을 별도로 작성하여 전국의 봉수 현황을 파악하고 있다. 이는 임진왜란과 호란을 겪은 이후 봉수에 대한 국방상 중요성이 증대된 때문이라고 말할 수 있다. 실학자 李晬光이 조선의 봉수제가 중국 당제에서 기원하였음을 밝히고, 李瀷 또한 봉수제에 대해 고증한 것이나,[5] 柳馨遠이 봉수군 劃定과 봉수대 도구(小房板床, 鍋竈, 水缸 등)의 備置를 강조하고 鎭堡, 城堞에도 봉수를 설치하자고 주장한[6] 것은 그 반증이라 할 수 있다.

그 후 일제시기에 이르러 식민지 정책의 하나로 조선총독부 통신국과 중추원에서 봉수내력과 전국적인 봉수를 조사한 바 있으며[7] 和田一郞은 조선의 토지제도와 지세제도에 대한 조사와 관련하여 烽臺屯 및 烟臺屯 항목에서 봉수에 대해 간단히 언급하였다.[8] 또 松田甲은『이조시대의 烽燧』를 발표한 바 있다.

한편, 해방 이후 한국에서의 봉수연구는 차상찬과 김호일의 연구[9]를 이어 허선도,[10] 남도영[11] 및 방상현[12]의 연구는 봉수제도에 관한 시기별

---

5)『증보문헌비고』권123, 병고15, 봉수.
6)『반계수록』권21, 병제, 봉수군.
7) 조선총독부 중추원,『봉수조사표』(국사편찬위원회 소장).
   조선총독부 통신국,『조선봉수고』.
8) 和田一郞,『조선토지제도급지세조사제도조사보고서』.
9) 차상찬,「봉화」,『조선외교사』, 1947.
   김호일,「봉수고」,『문경』17, 중앙대 학생회, 1964.
10) 허선도,「봉수」,『한국군제사 근세 조선전기편』, 육군사관학교 한국군사연구실, 1968.
    이를 보완하여 발표한『근세조선 전기의 봉수』,『한국학논총』8, 국민대, 1986 참조.
11) 남도영,「봉수제도」,『서울 육백년사』, 1977.

연혁과 변천 및 국방관계를 천착함으로써 봉수연구의 개척자적 위치를 차지하게 되었다. 그러나 조선전기에 치중한 나머지 통시대적 봉수제도와 봉수군의 군역 실상에 대한 고찰은 미흡한 편이다. 이후 남도영은 조선 후기 봉수제의 운영에 대하여 봉수변통론을 중심으로 擺撥과 관련하여 후고[13]를 발표함으로써 봉수제도의 통사적인 연구를 촉진하는 계기를 마련하였다. 이외에 진용옥[14]은 현대통신과 봉수와의 유사점과 차이점을 분석하였으며, 북한에서는 리종선[15] 윤영섭[16]의 구가 진행되었다.

이후 봉수제의 연구는 1980년대에 이르러서 지방자치제의 시행에 따른 지방화 및 지방사 연구가 활발하게 수행됨으로써 각 지방의 지역문화유산으로서의 봉수에 대한 연구가 활기를 띠기 시작하였다. 강인중,[17] 이원근,[18] 이존희,[19] 주웅영,[20] 박상일,[21] 손덕영,[22] 김기섭,[23] 조병로[24]의

_____, 「조선시대의 봉수제」,『동국대사대논총』, 1978.
12) 방상현, 「조선전기의 봉수제-국방상에 미친 영향을 중심으로-」,『사학지』14, 단국대, 1980.
13) 남도영, 「조선시대 군사통신 조직의 발달」,『한국사론』9, 국사편찬위원회, 1981.
14) 진용옥, 「한국봉수제도에 대한 현대 통신공학적 분석」,『한국통신학회』, 1982.『봉화에서 텔레파시 통신까지』, 지성사, 1993.
15) 리종선, 「고려시기의 봉수에 대하여」,『력사과학』제4호, 1985.
16) 윤영섭, 「리조초기 봉수의 분포」,『력사과학』제1호, 1988.
17) 강인중, 「부산지방의 봉수대 및 위치고」,『박원표선생회갑기념 부산사논총』, 1970.
18) 이원근, 「한국봉수제도고, 그 내용과 전보실천연습」,『초우 황수영박사 고회기념논총』, 1988. 이어서 崔根茂·盧憲植·李元根,『한국의 성곽과 봉수』, 한국보이스카우트연맹, 1989. 이는 전국 봉수터를 실지답사, 조사하여 국내에서 최초로 집대성한 것이라고 할 수 있다.
19) 이존희·김영관, 「아차산봉수 위치고」,『향토서울』59, 1994.
20) 주웅영, 「조선전기 한양 정도와 경상도지역의 봉수제 운영」,『향토사연구』7, 1995.
21) 박상일, 「조선시대의 봉수운영 체계와 유적현황-제5거 봉수로선을 중심으로」,『청대사림』6, 1994.
22) 손덕영, 「조선시대 공주지방의 봉수」,『웅진문화』8, 1995.
23) 김기섭, 「천림산봉수의 위치와 현황」,『조선시대의 사회와 사상』, 1998.
24) 조병로, 「천림산봉수의 연혁과 위치비정」,『천림산봉화 고증을 위한 학술세미나 발표』, 성남문화원, 1999. 이를 완고한 「조선시대 천림산봉수의 연혁과 위치」,『성남문화연구』7, 2001.

연구가 그것이다. 그리고 학술적 연구논문으로는 손덕영 이외에 김주홍[25] 등의 연구결과가 최근에 발표되었다. 이와 같은 봉수에 대한 관심은 이의 복원과 문화정체성 확립을 위한 주민축제에서의 활용을 중심으로 더욱 관심이 증폭하게 되었으며, 그 결과 지표조사 및 발굴조사보고서가 다수 발간되게 되었다.[26] 그러나 이들 보고서는 대체로 봉수대의 구조나 주변 시설 및 유물의 발굴에 상당한 성과가 있음에도 불구하고 아직도 해결해야 할 과제를 남기고 있다. 봉수대의 건축사적 측면 이외에 화덕이라 할 烟竈의 구조형태 및 烟筩시설에 대한 명확한 증거물이 아직 발굴되지 않고 있어, 수원 화성의 烽墩과는 달랐을 것으로 추정되는 조선전기 內地烽燧의 봉수대 원형 복원에 많은 어려움이 있다. 봉수군의 假屋이나 武器庫 등의 부속 건축물 및 각 武器와 烟竈로 추정되는 위치에서 연료로 사용했을 각종 재의 흔적이 발견되지 않고 있어서 문헌사료의 한계를 극복하는데 제한이 되고 있다. 그러나 최근에 봉수관련 고문서의 발견[27]과 향후 봉수터의 지속적인 발굴조사로 이와 같은 과제를 해결할 수 있는 실마리가 풀리기를 기대해 본다.

---

25) 김주홍, 『경기지역의 봉수연구』, 상명대 대학원 석사학위논문, 2000.
26) 나동욱, 「강서구 천가동 연대산봉수대 지표조사」, 『박물관연구논문집』 3, 1995.
　　최용규 · 박상일, 「청주 것대산봉수터 발굴조사 약보고서」, 『박물관보』 9, 청주대 박물관, 1996.
　　충북대 호서문화연구소, 『충주 주정산봉수대 발굴조사보고서』, 충주시, 1997.
　　명지대학, 「정왕산봉수」, 『시화지구 사업구역 지표조사』, 1988.
　　제주도, 『제주의 방위유적』, 제주도, 1996.
　　부산광역시립박물관, 「기장군 효암리 이길봉수대 시굴조사」, 『부산광역시립박물관 연구총서』 17, 1999.
　　토지박물관, 『성남천림산봉수 정밀지표조사보고서』, 성남시, 2000.
27) 봉수에 관한 고문서는 제주지역의 봉수 및 연대에 대한 『濟州兵制烽臺摠錄』(규장 각도서 4485), 「濟州三邑烽燧烟臺及將卒摠錄」 및 울산 남악봉수 관련의 『南木(玉) 烽燧別將書目』과 호남지방의 봉수 장교와 봉수군에 관한 『湖南烽臺將卒摠錄』(규 장각도서 4482) 등이 있다.

2. 봉수의 유래와 연혁

1) 봉수의 개념

봉수란 횃불(烽)과 연기(燧)로 변방의 긴급한 군사정보를 중앙에 알리는 군사통신제도의 하나이다. 흔히 봉화라고 하였으며 이리 똥을 사용하였기 때문에 狼火 또는 狼煙이라고도 불리었다. 대체적으로 수십 리의 간격으로 후망하기 좋은 산봉우리에 煙臺 또는 烽燧臺를 축조하여 변경에서의 적의 침입을 낮에는 연기로써 밤에는 횃불로써 중앙의 병조와 지방의 鎭堡에 전달하는 통신수단이다. 이와 같은 봉수는 郵驛과 더불어 근대적인 전기통신 시스템이 사용되기 이전의 전통시대에는 가장 보편적 군사통신 방법이었다.[28] 봉수는 일반 백성들의 개인적 의사소통이나 소식을 전달할 수 있는 것이 아니라 오직 공공의 정치적·군사적 통신을 목적으로 설치되었던 것이다. 이는 중앙집권적인 통치제제를 유지하는데 없어서는 안 될 중추신경이요 중요한 동맥인 셈이었다. 다시 말해서 오늘날의 사회안정망이요 사회간접자본이라고 볼 수 있다. 따라서 국가에서는 이의 조직과 관리를 위해 지대한 관심을 가지고 시설의 축조, 유지와 인력을 동원하여 후망하는 일에 만전을 기하였던 것이다.

2) 중국 봉수의 기원과 구조

우리나라의 봉수제도는 일찍이 중국의 봉수제도의 영향을 받았지 않았을까 생각된다. 실학자 李睟光의 견해에 따르면 "우리나라의 봉수제도는 당나라의 제도를 사용하였다"[29]고 전해지고 있는데서 추정된다. 중국

---

28) 조병로 외,『한국의 봉수-옛날 우리조상들의 군사통신네트워크』, 눈빛, 2003.
   남도영,「조선시대의 봉수제」,『역사교육』23, 1978.
29)『증보문헌비고』권123, 병고15, 봉수1.

봉수제의 기원은 아마도 주나라 이전부터 있었던 것으로 추정된다. 인간의 통신활동은 상형문자에 의한 통신방식(以物示意)이나 갑골문자에 나타나고 있는 '鼓'에 의한 邊報의 전달 그리고 骨簡이나 簡書의 존재에서 찾을 수 있다. 그러나 보다 제도적으로 구체화된 것은 周나라 때부터라고 본다.

西周말기에 주나라 幽王이 총애하는 褒姒을 웃기고자 하여 봉화를 들어 제후들을 모이게 하였는데 제후가 다 모이자 포사가 그때서야 웃었다. 이렇게 하기를 세 번이나 하였는데 그 뒤 申侯가 犬戎을 데리고 주나라를 공격하자 유왕이 또 봉화를 들었으나 제후들이 장난으로 알고 오지 않아 주나라가 마침내 멸망하게 되었다는 故事[30]에서 보듯이 주나라 때에 어느 정도 봉수제도가 실시되고 있음을 알 수 있다.

西周의 긴급한 군사정보를 전달하는 것으로 烽燧와 大鼓가 있었다. 이는 북방의 犬戎으로부터 침입을 막기 위한 것이었는데 東部에 있는 驪山 위에 烽火臺와 大鼓를 설치하고 주변의 제후들과 약속하기를 만약 봉화를 피우면 적이 쳐들어 온 것으로 간주하고 각 지방의 제후들이 勤王하도록 하였다.[31]

춘추전국 시대에 이르러서 봉화는 각 제후국의 변경에 널리 설치되었으며 烽火臺를 邊亭이라고 개칭하였다. 魏나라에서는 亭障이라 하였고 한나라에서는 亭鄣이라고 했다. 이와 같은 봉수는 長城의 축조와 더불어 북방의 이민족을 막기 위해 장성을 따라 봉화를 올려 적의 침입을 단시간에 후방에 알렸던 것이다. 봉화에 종사한 사람을 邊人 또는 候人이라 한다.

한편 大鼓는 긴급한 경보를 전달하는 방법으로서 이는 商代의 卜辭(甲骨文)에서 나타난 것으로 聲光통신 중 가장 빠른 것의 하나이다.

김주홍, 『조선시대 봉수연구』, 서경문화사, 2011, 55쪽 참조.
30) 『사기』 권4, 주본기 제4, 유왕 3년.
31) 劉廣生, 「제4절 周代의 軍事通信」, 『中國古代郵驛史』, 人民郵電出版社, 1986, 28~30쪽.

漢代에 이르러 郵驛通信과 병행하여 烽火通信이 사용되었다. 後漢 光武帝 12년(A.D.36)때 북쪽의 오랑캐의 침략을 물리치고 변경을 수비하던 驃騎大將軍 杜茂가 오랑캐의 침입 여부를 살펴보기 위하여 亭候를 쌓고 봉수를 두었다는 기록에서 그 기원을 찾을 수 있다.[32] 최근의 고고학자들의 연구에 따르면 新疆, 甘肅, 內蒙古 일대에서 한대의 북부지방에서 사용했던 봉수와 亭障 및 장성의 유적이 여러 군데서 발견되었다. 특히 한대에는 서쪽의 羅布泊 사막에서부터 克魯庫特格 산록에 이르는 지역에 봉수를 설치하였다.

봉수 설치는 한대의 기록에 따르면[33] 5里에 1燧, 10리에 1墩, 30리에 1堡壘, 100리에 城寨를 설치하였다. 그리고 봉수규정은 매우 엄격하였다. 봉수대는 5丈 높이의 土臺 위에 烽竿을 설치하였다. 봉간은 마치 물을 긷는 桔橰와 같았다고 한다. 봉간 위에 방직품 같은 천을 둘둘 감아 평일에는 내려놓고 적병이 나타나면 즉시 들어올린다. 이를 表라 한다. 일반적으로 백색을 사용하여 쉽게 눈에 뜨이게 하였다. 밤에 보이지 않을 때는 횃불을 피웠는데 이를 烽이라 한다. 항상 봉화대 주변에는 불을 피울 수 있는 섶(땔나무)을 쌓아두어 준비하였다.

현존하는 漢簡(漢의 竹簡을 말함) 속에서 봉화 신호체계를 알 수 있다. 만약 적병 1인 혹은 수명이 침범하면 섶을 묶어 태워서 2개를 올리고, 500명 내지 1,000명이 침범하면 섶을 태워 3개의 봉화를 올렸다. 이러한 신호를 서로 약정하여 군내의 신속 정확한 敵情을 알려 필요한 조치를 취하게 하였다. 이외에도 적군이 침입하면 봉화를 올림과 동시에 尉吏가 적병의 상황을 상급부대인 都尉府에 보고하였으며, 만약 비바람으로 말미암아 불을 피울 수 없을 경우에는 快馬 또는 飛騎 및 步遞로써 보고하였다. 이러한 봉화대의 제 규칙을 적은 것이 『塞上烽火品約』이다. 이것은 한대

---

32) 『후한서』 권1, 하, 광무제기 12년 12월.
33) 유광생, 앞의 책, 1986, 76~78쪽.

에 흉노족이 국경을 쳐들어 왔을 때에 봉화 규정을 상세히 전해주는 중요한 자료이다. 그리하여 봉수는 郵驛과 밀접하게 배치하여 변경의 군사정보를 중앙에 알려주는 상호보완관계를 유지하면서 발전하였다.

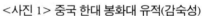

<사진 1> 중국 한대 봉화대 유적(감숙성)

唐代에는 북쪽의 突闕을 방어하기 위하여 兵部烽式에 의거 완성되었다.[34] 봉수대 설치기준은 30리 간격이었으며 매봉화대에 師 1명, 副 1명, 烽子 5명을 배치하였다. 봉화대 위에는 土筒 4개, 火台 4개와 柴, 蒿, 목재, 갈대 및 狼糞등의 擧火재료를 비치하였다. 통신방법은 晝烟夜火였으며, 바람이 불거나 안개가 끼어 봉화를 식별할 수 없을 때에는 脚力人이 달려가 보고하였다. 거화방법은 적병이 50명~500명일 경우 1炬, 500명~3,000명 2거, 500騎~1,000기의 경우 3거, 1,000~10,000명의 경우 4거를 올려 신호하였다.[35] 적병의 인원수를 기준으로 거화방법을 세분한 점에 우리와는 사뭇 다르다. 이와 같은 당대의 봉수제는 한국, 일본 등 동아시아 봉수제의 원류로서 중요한 영향을 끼쳤다고 추정된다.

---

34) 『당육전』 권5, 병부.
35) 유광생, 앞의 책, 1986, 165~166쪽.

<사진 2> 명대 화광곡 봉화대 유적(하북성 무령현)

3. 한국 봉수의 연혁과 발달

1) 삼국시대의 봉수

우리나라 봉수제가 군사적 목적으로 처음 실시되었다는 기록은 고려 중기이다. 그러나 산정상에서 서로 바라보며 신호로써 의사를 소통하는 지혜는 기록상 삼국시대부터 발달하였을 것으로 본다. 문헌상 봉수에 관한 유래는 일찍이 駕洛國 首露王 전설에 보이고 있다.『삼국유사』가락국기에 의하면 가락국의 김수로왕이 허황후를 맞이하기 위하여 留天干을 시켜 望山島 (京南 島嶼)앞 바다에 나가게 하고 神鬼干을 시켜 乘岾 輦下國으로 나아가게 하여 붉은 빛의 돛을 달고 붉은 깃발을 휘날리는 배를 횃불로써 안내하였다[36]는 기록에서 횃불을 들어 신호했던 데서 봉수의 유래를 추정할 수 있다.

---

36)『삼국유사』권2, 기이, 가락국기.

한편, 삼국시대에 이르면 백제시대의 기원전 19년(온조왕 10)에 말갈족이 국경을 침입하여 군사 200여 명을 파견하여 昆彌川에서 막아 싸웠으나 패배하여 靑木山에서 방어하고 있다가 다시 정병 100여 명을 거느리고 烽峴을 나와 공격했더니 적들이 퇴각하였다는 사실이나,[37] 266년(고이왕 33)에 신라의 烽山城을 쳤다는 사실[38] 등에서 봉현, 봉산성, 봉산의 명칭들이 보이고 있어 삼국시대 초기에 봉화대가 설치되지 않았을까 추측케 한다. 그러나 이러한 지명의 존재만 가지고 봉수제 실상을 설명하기에는 설득력이 부족하다. 좀 더 구체적으로 역사지리서를 찾아보면 散見되는 사실이 나타나고 있다. 6세기 초 고구려 안장왕 때에 "漢氏 姜女가 높은 산꼭대기(高山)에서 烽火를 피워 安藏王을 맞이했다고 하여 高烽이라 이름지은" 사실[39]이나 백제 義慈王이 皇華臺 위에서 遊宴하였다는 논산의 皇華臺烽燧[40] 그리고 특히 신라시대 축성되었다고 전하는 강원도 동해안가의 襄陽 水山봉수, 德山봉수, 草津山봉수, 陽野山봉수[41]와 杆城의 戌山봉수[42] 등의 설치 사실을 통해서 어느 정도의 봉수제가 실시되고 있음을 알 수 있다.

또한, 삼국시대에는 수도를 중심으로 지방의 군현 및 변방의 국경을 연결하는 중요 교통로를 따라 산 정상을 이용한 경보체계가 발달할 가능성도 높다고 보여진다.

고구려에서는 환인의 졸본성에 도읍한 이후 환도산성 및 국내성 천도

---

37) 『삼국사기』 권23, 백제본기1, 시조온조왕 10년 10월.
38) 『삼국사기』 권24, 백제본기2, 고이왕 33년 8월.
39) 『신증동국여지승람』 권11, 고양군, 고적.
   김주홍, 앞의 책, 2011, 55쪽 참조.
40) 『신증동국여지승람』 권18, 충청도, 은진현, 산천.
41) 『여지도서』 상, 강원도, 양양부, 봉수.
   김주홍, 앞의 책, 55쪽 재인용.
42) 『여지도서』 상, 강원도, 간성군, 봉수.
   김주홍, 앞의 책, 55쪽, 재인용.

로 양 지역 간의 교통로가 발달되었으며 대외팽창 정책을 추진하여 부여, 북옥저, 동옥저 등을 정벌, 영역을 확대하고 那部 중심의 행정조직을 갖추면서 어느 정도 교통로가 확보되었을 것으로 사료된다. 특히 국내성과 요동지역 사이에는 北道(혼하 상류-유하-휘발하-혼강-위사하)와 南道(혼하-소자하-부이강-혼강-신개하)의 2개 교통로가 개척되어 군사적으로나 경제적으로 중요한 역할을 하였다. 따라서 남도와 북도에 연하는 도로변에 산성(신성, 남소성 등)을 축성하여 지방통치를 강화하고 前燕의 군사침략을 격퇴할 수 있었던 군사통신체계를 갖추었을 것이다. 그리고 평양성 천도(427, 장수왕 15) 이후에는 요동에서 평양성으로 이어지는 교통로 확보에 이어서 백제, 신라와의 영토 확장전을 치르면서 평양성 중심의 교통로를 확대하게 되었다. 그 결과 남한강은 물론 소백산맥 지역의 충주-죽령지역까지 진출, 북남 교통로의 확장을 가져오게 되었다.[43)]

백제의 경우도 교통로는 중앙 및 지방 통치조직의 확립에 따라 발달하였을 것으로 추정된다. 한성시기에는 낙랑과 말갈 및 고구려와의 전투를 위해 북방교통로가 발달하여 자비령로, 방원령로, 재령로가 개척되었으며, 웅진시대에 이르러서는 擔魯制의 시행과 성왕대 사비천도 이후 16관등제, 22부, 수도의 5部-5巷제 및 지방의 方·郡-城체제로 개편되면서 중앙과 지방통치를 원활히 하기 위해 교통로가 발달하였을 것이다.[44)] 최근의 道路遺構에 대한 고고학적 발굴 성과가 이를 뒷받침해 주고 있다. 도로유구는 한성시기의 풍납토성과 사비시기의 왕궁리와 궁남지 유적 그리고 쌍북리, 관북리유적 등에서 발굴되었다.[45)]

---

43) 여호규, 「3세기 후반~4세기 전반 고구려의 교통로와 지방통치조직-南道와 北道를 중심으로-」, 『한국사연구』 91.
   이도학, 「고대국가의 성장과 교통로」, 『국사관논총』 74, 1997 참조.
44) 박순발, 「사비도성의 구조에 대하여」, 『백제연구』 31, 2000 참조.
45) 박상은·손혜성, 「도로유구에 대한 분석과 조사방법」, 『야외고고학』 7, 2009, 97쪽 재인용.

그리고 신라시대의 교통로는 소국의 병합과 정벌활동, 9주 5소경 등 지방통치체제 확립에 따른 교통기구의 정비와 5通—5門驛의 실재를 통해서 교통로가 발달되었다고 본다. 신라는 사로 6국에서 출발하여 음즙벌국(안강), 실직국(삼척), 우시산국(울산), 거칠산국(동래), 압독국(경산), 감문국(김천), 사벌국(상주) 등 소국의 병합으로 영토를 확대함에 따라 군사적 측면뿐만 아니라 경제적 측면에서도 교통로의 개발과 도로를 구축해야 했다. 일찍이 156년(아달라왕 3)에 雞立嶺, 158년(아달라왕 5)에 竹嶺을 개척하였으며 487년(소지왕 9)에 이르러 사방에 郵驛을 설치하고 官道를 수리한 것은 도로교통의 필요성을 반영하는 것이었다.[46]

한편, 법흥왕·진흥왕대 이후 정복활동 지역의 통치를 강화하고자 진평왕·문무왕대에는 교통기구를 정비하였는데, 내정기구로서 尻驛典, 供奉乘師에 이어 御龍省을 설치하였고, 중앙의 京都驛에 이어 진평왕·문무왕대는 乘府, 船府를 설치하여 육상 및 수상 교통업무를 관장하게 되어 명실상부한 도로교통 정책을 시행할 수 있게 되었다.[47]

이상과 같이 삼국시대에는 군사체계 및 지방군현제의 수립과 삼국간의 영토확장·병합과정을 통한 통일과정에서 변방의 군사정보를 전달하는 신호체제가 발달할 수 있었을 것이다. 도성과 지방의 산성을 연결하는 교통로와 병행하여 정보를 주고받는 경보시스템을 바탕으로 고대국가의 정치, 군사체제가 유지될 수 있었다고 보여진다.

46) 장용석, 「신라도로의 구조와 성격」, 『영남고고학』 38, 2006.
   박방룡, 「신라 도성의 교통로」, 『경주사학』 16, 1997.
   한정훈, 「신라통일기 육상교통망과 五通」, 『부대사학』 27, 2003.
   이청규, 「영남지방 고대 지방도로의 연구」, 영남대학교 대학원 석사학위논문, 2006.
   서영일, 『신라육상교통로 연구』, 학연문화사, 1999.
   조병로, 『한국역제사』, 한국마사회 마사박물관, 2002 참조.
47) 한정훈, 「6·7세기 신라교통기구의 정비와 그 성격」, 『역사와 경계』 58, 2006.
   김정만, 「신라왕경의 성립과 확장에 관한 연구—도로유구와 기와건물지를 중심으로—」, 경주대학교 대학원 석사논문, 2007, 42쪽.
   국립경주문화재연구소, 『신라왕경』, 2002 참조.

2) 고려시대의 봉수

한국 봉수에 관한 구체적 문헌기록이 나타나기 시작한 것은 고려시대 중기이다. 1123년(인종 원년)에 중국 송의 사신 徐兢이 쓴『高麗圖經』에 의하면 송의 사신이 흑산도에 들어서면 매양 야간에는 항로 주변의 산정상 봉수에서 횃불을 밝혀 순차적으로 왕성까지 인도하였다는 사실[48]이 전해지고 있어 봉수제가 비교적 잘 운영되고 있음을 알 수 있다.

그러나 봉수제의 제도적 규정이 확립된 것은 1149년(의종 3) 8월에 서북병마사 曺晋若의 주장에 의하여 烽燧式을 정한 데서부터 비롯되었다.[49] 평시에는 횃불과 연기를 1炬, 2급시에는 2炬, 3급시에는 3炬, 4급시에는 4炬를 올리고 각 봉수소에는 防丁 2명과 白丁 20명을 배정하고 平田 1결씩을 지급한 것이 그것이다. 방정은 조선시대의 오장과 봉수대의 관리와 봉수군을 지휘, 감독하는 하급장교이며, 백정은 전방을 바라보며 횃불을 들거나 방어를 담당한 근무병 내지는 보초병이었을 것이다. 조선의 봉수군에 해당한다. 그리고 이들에게 지급된 평전은 봉수업무에 대한 대가로 생활대책을 마련해 준 것이라고 본다. 그리하여 수도 개경과 지방을 연결하는 봉수제도가 정비되었음을 알 수 있다.

고려시대 봉수의 설치나 입지 등에 대해서 자세히 알 수 없으나 1281년(충렬왕7)에 "印侯 를 昭勇大將軍 鎭邊萬戶로 삼고, 또 張舜龍을 宣武將軍 鎭邊摠管으로 삼아 合浦, 加德, 東萊, 蔚州, 竹林, 巨濟, 角山 등의 바다 어귀와 탐라 등지에 봉획을 설치하고 병선을 감추어 두고 밤낮으로 순시하였다"[50]라는 기록에서 남해안지역이나 산성과 가까운 곳에 봉수가 널리 분포되고 있음을 알 수 있다. 또 고려시대 북한의 봉수유적에 관한 리

---

48)『고려도경』권35, 해도 2, 흑산.
49)『고려사』권81, 지35, 병1, 의종 3년 8월.
50) 김주홍, 앞의 책, 2011, 58~59쪽 참조.

종선의 연구에 의하면[51] 고려의 봉수유적으로 의주군 중단리 봉수터, 춘산리 언대봉 봉수터, 천마군 일령리 연두봉 봉수터, 대우리 나승산 봉수터 등의 유적이 조사되었다고 한다. 이는 의주로부터 동남방향의 구성, 영변을 거쳐 개성에 이르는 내수봉수로 추정된다. 따라서 남해안에서 서해안을 거쳐 개성 또는 의주에서 개경에 이르는 중요 요해처에 봉수를 설치하여 운영했음을 알 수 있다.[52]

이러한 고려의 봉수제도는 몽고의 침입으로 일시 무너지게 되었으나 여말선초 왜구와 홍건적의 침입으로 다시 복구, 재편되었다. 1351년(충정왕 3) 8월에 송악산봉수(호)소를 설치하고 장교 2명, 부봉수(호)에 장교 2명과 군인 33명을 배치하였다[53]는 사실에서 알 수 있다. 당시 왜구는 서남해안을 무대로 고려의 조운로를 차단하고 수많은 인명과 재물을 약탈해갔다. 이에 조정에서는 왜구의 침입으로부터 백성과 국경을 보호하기 위하여 서해안 방어전략으로써 鎭堡의 수축과 봉수 재건에 주력하였다. 김주홍의 연구에 의하면[54] 개경 근처의 서해안에 지역을 따라 枇串山, 白石山, 城山(文鶴山), 大母城(大母城山), 鎭江山, 網山, 別立山, 松岳(南山), 修井山, 城山(華盖山) 등의 봉수가 설치되었다고 한다. 그 결과 1377년(우왕 3)에 왜구가 강화도를 침입하자 강화도로부터 개경에 봉화가 끊어지지 않고 계속 전달되었으며[55] 1388년(우왕 14)에 왜구가 개경 근처 椒島에 침입하자 경성의 병사들이 모두 종군하고 노약자만 남은 상태에서 밤마다 봉화가 거화되었다고 한다.[56] 그리고 공민왕대에 이르러 왜구의 침입을 막지 못한 죄인을 봉수군으로 정배한다거나,[57] 각 주군에 명하여 척

---

51) 리종선, 「고려시기의 봉수에 대하여」, 『력사과학』, 1985-4, 26~27쪽 참조.
52) 김난옥, 「고려후기 봉졸의 신분」, 『한국사학보』 13, 2002, 166~167쪽 참조.
53) 『고려사』 권81, 지35, 병1, 충정왕 3년 8월.
　　『고려사』 권83, 지37, 병3, 간수군.
54) 김주홍, 앞의 책, 2011, 61~64쪽 참조.
55) 『고려사』 권133, 열전46, 신우 3년 5월.
56) 『고려사』 권41, 세가41, 공민왕 15년 5월 을사.

후와 봉수를 삼가 인접과의 연락을 신속히 하여 왜구 방어에 만전을 기하도록 조치하였다.[58]

3) 조선시대의 봉수제도 확립

(1) 4군 6진의 개척과 연변봉수 설치

조선시대의 봉수제도는 고려의 제도를 이어받아 개경에서 한양으로 옮긴 후 중앙집권적인 정치체제를 구축함과 동시에 재정비되었다. 여말 선초 북방의 홍건적과 여진족의 침입에 대한 방비책과 남쪽의 왜구에 대한 방어가 무엇보다 긴급한 국가 과제였다. 그리하여 먼저 동북지방 4군 6진의 설치와 국경수비 대책을 서둘러 마련하면서 봉수체계도 점차 정비되었다. 그것은 1406년(태종 6) 동북면 도순문사가 경원지역에 흩어져 살고 있는 군민을 불러모아 성 가까이 모여 농사를 지으면서 적이 나오는 요충지에 망을 볼 수 있는 높은 곳에 봉수를 설치하고 척후를 부지런하게 하도록 국방대책을 건의한[59] 데서 알 수 있다. 봉수는 산성 축성과 함께 변방의 적을 방어하는 長技였기 때문이다. 어떻든 조선 초기 세종 시대에 이르러서 4군 6진의 설치와 병행하여 野人(여진족)에 대한 방어책으로써 鎭堡의 수축과 더불어 봉수 즉, 煙臺 축조 및 이의 운영을 통하여 변방의 국경방비를 튼튼히 하였다.

조선 초기에는 북쪽의 野人, 남쪽의 倭人에 대한 여러 대신들이 외적에 대한 제어책을 수립하여 각 지방관리에게 하달하여 시행케 하였는데, 야인 방어책으로써 평안도의 경우 그냥 산꼭대기에서 후망하자는 山頂上侯

---

57) 『고려사』 권44, 세가44, 공민왕 22년 7월.
58) 『고려사』 권112, 열전25, 설장수.
　　허선도, 「근세조선전기의 봉수제(상)」, 『한국학논총』 7, 1985, 144~146쪽 참조.
59) 『태종실록』 권11, 태종 6년 3월 을미.

望論과 연대를 축조하여 후망하자는 烟臺設置論이 대두하여 갑론을박하다가 연대설치론이 대세로 자리잡아갔다.[60] 그리하여 압록강~두만강 연변의 4군 6진 지역을 중심으로 연대를 축조하게 되었다.

1433년(세종 15) 1월 영의정 황희, 좌의정 맹사성 등이 閭延~江界에 이르는 연변지역 방어와 관련 평안 · 함길도에 朝官을 파견하여 木柵, 軍器, 城子 등을 점검케 하고 강변에 煙臺를 설치할 것[61]을 주장하게 되었다. 그 결과 진보와 봉화대간의 거리를 살펴 石城을 신축하거나 봉화 연대를 추가로 설치하였다. 1434년(세종 16) 6월 江界지역의 理山으로부터 봉화대까지 120여리, 도을한봉수 60리, 통건 60리, 산양회 90여리이므로 중앙인 新寨里에 석성을 쌓은 것을 계기로[62] 세종 18년 5월에는 평안도도절제사 李蕆에게 보낸 지시에 따라 강계지역의 閭延으로부터 理山에 이르기까지 강을 따라 높은 고지에 10리 혹은 15리 간격으로 중국의 제도에 의하여 烟臺를 축조하고 매일 올라가 망을 보다 적변이 있으면 角을 불고 혹은 砲를 쏘아 聲勢를 서로 호응하며 적이 접근해 오면 불을 놓거나 돌을 던져 제어하도록 연대를 축조하였다.

이와 같은 연대에서는 척후병 4~5명을 배치하여 망을 보다가 적이 출현하면 軍器監에서 제작하여 보낸 鼓을 치거나 角을 불거나 또는 砲를 쏘아 백성을 鎭堡에 들어가게 하는 淸野入堡전략을 실행하였다. 이 당시 연대를 지키는 척후병은 황해, 평안도의 보충군과 혁거사사노비를 전속시켜 번갈아 수비하게 하였다.

그리하여 1437년(세종 19) 2월 비로소 각도 沿邊의 初面에 이른바 初起烽燧를 세우게 되었다. 즉 세종 19년 2월 의정부의 제안에 따라 각도의 極邊 初面으로써 봉화가 있는 곳은 烟臺를 높이 쌓고 근처에 사는 백성으로써 10여 인을 모집하여 烽卒로 배정하여 매번 3인이 병기를 가지고 항상

---

60) 『세종실록』권73, 세종 18년 윤6월 계미.
61) 『세종실록』권59, 세종 15년 1월 정묘.
62) 『세종실록』권64, 세종 16년 6월 병오.

그 위에서 주야로 정찰하여 5일 만에 교대하게 하고 사변이 있으면 급히 알리도록 하였다.63) 이것이 이른바 沿邊烽燧 또는 烟臺의 실체인 것이다. 여기에 따르면 연변 봉수 즉 연대에서는 봉수군(또는 候望人, 烽卒) 3명이 5일 교대근무를 하고 있음을 알 수 있다.

1437년(세종 19) 5월 閭延·趙明干에 야인 도적 300여 기병 중 40여 騎兵이 먼저 강을 건너 쳐들어오자 煙臺에서 2번 信砲를 발사하여 목책 밖의 들에서 농사짓던 사람에게 도적이 온 것을 알렸더니 혹은 목책 안으로 들어가고 혹은 숲 사이에 흩어져 숨어서 죽거나 사로잡힘을 피해 연대의 유익함을 징험할 수 있었다.64) 척후를 위한 연대설치는 더욱 증가하게 되었다. 그리하여 평안도 所用怪, 趙明干, 於怪用의 연대에 중국식 제도를 모방하여 臺를 축조하고 대 밑에는 塹壕를 파서 적의 침입에 대비하였다.

이에 평안지역 방어책이 구체적으로 제시되었다. 1438년(세종 20) 4월 평안도 경차관 朴根의 방어책에 따르면65)

> 1) 연변에 5리 간격으로 낮에 후망하는 晝望 1개소를 설치하고 萬戶가 농사철에 군인을 인솔하여 순행하며 수호한다.
> 2) 閭延에서 理山에 이르기까지 현재 설치되어 있는 연대 15개 중에서 虞芮煙臺는 조속히 수축하고 나머지는 그전대로 둔다.

라고 하여 평안도 연변에 대한 방어책으로서 척후를 위한 연대 수축이 얼마나 중요한가를 살필 수 있다.

이후 1440년(세종 22) 3월에 평안·함길도 도체찰사로 병조판서 皇甫仁을 파견하여, 연변 읍성과 口子의 石堡와 목책의 견고성 조사, 연변 각 구자의 연대와 晝望 및 요해처 증감, 防戍 상황과 군인 숫자 점검, 각 구자

---

63) 『세종실록』 권76, 세종 19년 2월 기묘.
64) 『세종실록』 권77, 세종 19년 5월 기해.
65) 『세종실록』 권81, 세종 20년 4월 정사.

의 화포 및 화약 점검, 함길도 신설 읍의 入居 인물의 流移 실태, 甲山~閭
延, 昌城~義州 사이 邑의 신설 여부, 江界 및 理山, 小朔州의 축성 便否 등
의 事目을 작성하여 조사함으로써 대대적인 연변 방어책을 강구하게 되
었다.66)

그 결과 같은 해 7월에 황보인이 沿邊備禦策을 건의한 것 가운데 연대
관련 사항만을 추려보면 다음과 같다.

> 1) 평안도의 경우 閭延府의 無路煙臺는 읍성과의 거리가 멀고, 강 건
> 너에는 적들의 왕래로가 많기 때문에 溫大 畵望峯과 趙明干 동쪽 봉우
> 리 사이에 연대를 축조할 것
> 2) 함길도 갑산군의 池巷浦는 적의 요충로이니 石堡를 수축하고 갑산
> 군 동쪽 加音麽洞과 東良北이 서로 연하고 있으니 甘音坡에 성벽과 연
> 대를 축조할 것
> 3) 의주 서쪽의 今音, 同暗, 林弘, 勒堂의 口子와 鎭兵串에 信砲소리가
> 들릴만한 곳에 연대를 쌓을 것
> 4) 함길도의 鍾城을 愁州에 이설하고 多溫平에 새로 읍을 설치하며,
> 會寧 서쪽 權豆家 西峰에 堡壘를 쌓은 다음, 권두가 서봉부터 慶興 남쪽
> 徐水羅串에 이르기까지 信砲소리가 들릴만한 곳을 헤아려 모두 연대를
> 설치할 것67)

그 뿐만 아니라 평안도의 변방 방비책에 대해서는 수많은 논의를 거쳐
연대 축조를 가속하였다. 1441년(세종 23) 9월 평안도 도관찰사 鄭苯이
여진족 吾良哈이 閭延, 楡坡 및 虞芮口子에 잠입하여 군인과 부녀자 및 우
마를 노략질한 사건을 알려오자 이에 대한 방어책을 여러 각도로 강구하
였으며,68) 1442년(세종 24) 1월 도체찰사 이숙치가 평안도 수비에 대해

---

66) 『세종실록』 권88, 세종 22년 3월 갑진.
67) 『세종실록』 권90, 세종 22년 7월 기사.
68) 『세종실록』 권93, 세종 23년 9월 병신.

朔州府의 小朔州 이설, 무창~의주사이에 萬戶를 증설하여 36개의 鎭堡 설치, 연대와 봉수를 설치하여 적변을 후망하게 할 것을 건의한 바 있었으며,[69] 1443(세종 25) 4월 도체찰사 황보인이 평안도에서 돌아와 보고함으로써 결국은 昌州口子, 田子洞 峰頭와 義州 靑水口子 峰頭에 농한기를 이용하여 연대를 축조함으로써 결국 茂昌에서 義州까지의 연변에 거의 모두 연대를 축조하게 되었다.[70] 그리고 1443년(세종 25) 9월 도체찰사 황보인을 시켜 加波地堡와 因車外堡를 審定하게 하고 평안도 農所里 峰頭와 함길도 惠山堡를 연결하는 연대를 설치함으로써[71] 압록~두만강 연변의 烟臺網은 거의 완성되게 되었다.

그런데 연대의 신설과 이설 그리고 혁파를 통해서 연변지역의 봉수체계를 재정비하게 되었다. 평안도 의주의 石階煙臺를 伐坐里 봉우리로 이설하였으며, 小朔州 延平峴 연대 신설, 慈城 경내의 虛空橋口子 연대 신설, 강계부 狄踰嶺 烽燧를 신설하였으며, 반면에 평안도 의주지방의 연대혁파에 대한 논의 결과 造山煙臺, 也日浦煙臺, 光城煙臺를 혁파하였다. 당시 의주일대에는 남쪽에 統軍亭연대, 造山연대, 吳彦基연대, 也日浦연대, 古靜州연대, 光城연대, 麟山연대, 岐城연대가 있었고, 북쪽에 九龍연대, 石階연대, 水口연대, 松串연대가 있었다. 賊路의 위치와 연대간의 간격을 고려하여 3개의 연대는 폐지하게 된 것이다.

또, 1458년(세조 4) 12월 평안도·황해도 도체찰사 申叔舟의 啓本에 의거하여 병조의 주장에 따라 연대의 거리가 멀지 않은 곳을 중심으로 벽동군 水落연대, 창성군 城底연대, 영유현 堂代연대, 長京串연대, 증산현 加乙串연대, 함종현 立石연대, 용강현 下鋤村연대, 삼화현 東林山연대, 廣梁연대, 木村연대, 용천군 吾道串연대, 梁郎연대, 信知島연대를 혁파하였다.[72]

---

69)『세종실록』권95, 세종 24년 1월 기묘.
70)『세종실록』권100, 세종 25년 4월 기해.
71)『세종실록』권101, 세종 25년 9월 신미.

1459년(세조 5) 4월 함길도 도체찰사 신숙주의 계본에 의거, 병조의 주장에 따라 회령부 甫乙下煙臺가 야인들의 경계에 깊이 들어가 있어 형세가 고단할 뿐만 아니라 斡朶里가 거주하는 곳과 너무 가까워서 지형상 불리하므로 甫乙下煙臺를 혁파하였다.[73] 그리고 1460년(세조 6) 4월 평안·황해도 도순찰사 김질의 계본에 의거, 병조의 주장에 따라 강계부 山端연대와 乾背者介연대를 혁파하였으며,[74] 1460년(세조 6) 11월 강원도·함길도 도체찰사 계본에 의거, 병조가 주장함에 따라 갑산진 鎭東堡의 이설과 함께 東仁院에 東仁院堡 및 東仁院煙臺를 신축하였다.[75]

　　한편, 함길도 지역의 경우 연대 설치에 대해 살펴보면 1432년(세종 14) 6월 함길도 도순찰사 鄭欽之의 건의에 의하여 慶源과 石幕 上院平 성터 이북과 남쪽의 龍城에 이르는 곳에 煙臺 17개소를 설치하여 煙火를 마주보며 포성을 서로 듣게 하고 연대 한 곳마다 火㷁肄習人 1명, 봉수군 3명을 두어 간수하게 하고 신포 2~3발, 대발화 4~5자루, 白大旗 등의 비품을 준비해 두었다가 적변이 일어나면 낮에는 연기를 올리고 밤에는 횃불을 들며 또 신포를 쏘아 서로 호응하며 백대기를 장대에 달아 편의한 방법으로 적변을 알리게 하였다.[76]

　　그 후 수차례의 논의를 거쳐 1441년(세종 23) 1월 도체찰사 황보인을 다시 함길도에 보내어 鍾城의 愁州 이설과 童關·東豊·西豊·鷹谷·防垣堡의 신설, 회령에 高嶺·和豊·雍熙堡 신설, 多溫平에 穩城府 설치와 豊川·周原·樂土堡 신설, 경원에 訓戎·鎭北·安定·撫夷堡 신설, 경흥에 鎭邊堡 설치, 회령부로부터 경흥 두만강 연변에 연대를 설치하게 됨으로써 6진 지역의 진보의 설치와 연대를 축조하게 되었다.[77] 1443년(세종

---

72) 『세조실록』 권14, 세조 4년 12월 정묘.
73) 『세조실록』 권16, 세조 5년 4월 임신.
74) 『세조실록』 권20, 세조 6년 4월 정미.
75) 『세조실록』 권22, 세조 6년 11월 신묘.
76) 『세종실록』 권56, 세종 14년 6월 계사.
77) 『세종실록』 권92, 세종 23년 1월 정묘.

25) 10월 함길도 도절제사 金孝誠이 갑산군 知項浦, 惠山口子, 虛川江 등에 봉화 10개소를 더 설치하고 연대를 축조하도록 건의하였으며,[78] 1446년(세종 28) 7월에는 황보인을 파견하여 함길도 군사 1만 명을 동원하여 종성 남쪽과 회령 북쪽을 연결하는 行城(行營)과 甲山石堡를 축조함으로써 행성과 진보의 축조를 통한 6진지역의 방어책을 한층 강화하였다.[79]

이와 같은 압록강~두만강 연변의 연대 설치를 계기로 봉수제도가 점차 정비되어 이윽고 1446년(세종 28) 10월 烽燧法[80]이 다음과 같이 상세하게 정해졌다.

1) 연변의 연대 1개소에 봉화군 10명, 감고 2명을 정하여 상·하번으로 나누어 교대근무하게 한다.

2) 내지봉수에 봉화군 6명과 감고 2명을 정하고 2번으로 나누어 밤낮으로 후망하되 낮에는 연기로써, 밤에는 불로써 중앙에 전달한다.

3) 각도의 水路와 陸地에 따라 봉화의 相互照應하는 곳과 山名,息數를 수로와 육지로 나누어 장부에 기록하고 병조와 승정원, 의정부 및 관찰사, 절제사, 처치사의 각 營에 비치하여 후일의 憑據로 삼는다.

4) 관찰사와 절제사의 관할구역에 사람을 파견하여 근무실태를 조사하되 點考에 빠지면 초범은 笞刑 50대, 재범은 杖刑 80대, 삼범은 杖刑 100대를 집행하며, 고찰하지 못한 관리는 초범 태형 50대, 재범은 장형 100대와 관직을 파면시킨다.

5) 만약 老弱과 殘疾로써 임무를 감당할 수 없어 사적으로 대체시킨 자는 大明律에 의거, 대체한 자는 杖 60대와 收籍充軍하고, 대체시킨 자는 杖 80대에다 이전의 역에 충군한다. 단 子孫, 弟姪과 同居親屬이 代替를 원하면 허가해 준다.

6) 평상시에는 낮에 연기로, 밤에 불로써 전하게 하며 만약 앞의 봉화가 相準 즉 봉화를 올리지 않으면 다음 봉화에 즉시 알리고 所在官에서

78)『세종실록』권102, 세종 25년 10월 신축.
79)『세종실록』권113, 세종 28년 7월 기묘.
80)『세종실록』권114, 세종 28년 10월 경자.

는 까닭을 推考하여 병조에 공문으로써 알린다. 봉화를 피우거나 올리지 않은 군사는 사변시에는 장 100대를 집행하고 무사시에는 명령을 어긴 죄로 논하며 봉화를 거행하지 않아 호구와 성을 함몰시킨 자는 斬刑에 처한다.

7) 서울과 지방의 죄인 중에서 徒刑을 범한 자는 봉화군에 충원하여 供役하게 하되, 만기가 되면 놓아준다.

8) 남산봉수대 5소의 看望軍은 전의 15명에다 5명을 추가하여 상·하 양번으로 나누고, 매소 2명은 入直하고 5명은 警守上直하는 예에 의거, 봉화가 있는 곳에 서로 번갈아 밤낮으로 입직하게 하고 출근여부와 후망의 勤慢을 고찰하여 병조에 보고하게 한다.

9) 沿邊 烟臺의 축조하는 법식과 中部(內地) 봉화의 排設하는 제도와 봉수군의 출근 등에 대한 조목은 병조로 하여금 마련하여 시행할 것.

그리고 이듬해 곧바로 연대의 축조방식과 내지 또는 腹裏봉수의 배설 제도가 다음과 같이 마련되었다.[81]

1) 沿邊의 각 곳에 烟臺를 축조하되 높이는 25척, 둘레는 70척이며 연대 밑의 4면은 30척으로 한다. 밖에는 塹壕를 파는데 깊이와 넓이는 각각 10척으로 하며 모두 營造尺을 사용하며, 坑塹의 외면에는 3척 길이의 木柵을 설치하되 위를 뾰족하게 깎아 땅에 심고 넓이는 10척으로 한다.

2) 연대 위에는 假屋을 지어 兵器와 朝夕에 사용하는 물과 불을 담는 器皿 등의 물품을 간수한다.

3) 侯望人은 10일 동안 서로 번갈아 지키되 양식이 떨어졌을 때에는 고을의 감사와 절제사가 모자라는 것을 보충해 준다.

4) 監考와 봉화와 바다를 바라보는 侯望人은 貢賦 외에 雜役을 일체 감면한다. 監考 중에서 부지런하고 조심성 있는 사람은 6년마다 한 차례 散官職을 제수하며 적을 잡게 한 후망인은 敍用하고 상을 준다. 그 나머지는 船軍의 예에 의거하여 到宿을 계산하여 海領職에 임명한다.

81)『세종실록』권115, 세종 29년 3월 병인.

5) 腹裏烽燧는 전에 배설한 곳에 연대를 쌓지 말고 산봉우리 위에 烟竈 (아궁이)를 쌓아 올려 위는 뾰족하게 하고 밑은 크게 사각형 또는 원형으로 하며, 높이는 10척에 지나지 않게 한다. 또 垣墻을 쌓아 사나운 짐승을 피하게 한다.

6) 봉화는 사변이 있으면 監考가 즉시 해당 고을 관리에게 알리고 사변이 없으면 매 10일마다 1회씩 監司에게 보고하며 매4季月마다 兵曹에 통첩을 보내 후일에 참고하게 한다. 그리고 監考와 烽燧軍의 勤慢을 수령과 감사가 고찰하게 하고, 軍器를 點考하는 敬差官도 아울러 사실을 검사하여 啓聞하게 한다.

이렇게 하여 조선 초기 북방지방 4군 6진 지역을 중심으로 한 연변봉수 체계가 확립되었던 것이다. 『세종실록』 지리지에 나타난 연변봉수(연대) 네트워크를 종합하면 다음과 같다.

■ 4군 지역
○ 義州牧
統軍亭[동－水口, 남－성威遠古城]－水口－金同田洞中[동－驢鉈灘中[－延平[동－昌城 甲波回[－威遠古城[남－麟山 刀山]
○ 麟山郡
枷山[남－龍川 西山, 북－威遠鎭城山[水路의 鎭兵串立所－于里巖[남－龍川 吾都串]
○ 龍川郡
郡西山[북－麟山 刀山, 남－鐵山 熊骨山]
水路의 石串立所[남－所串立所, 북－少爲浦立所]－少爲浦立所－辰串立所－吾道串[북－亏里岩]
○ 朔州府
城頭[북－梨洞, 남－所串, 泰川 籠吾里]－梨洞－件田洞－延平[북－昌城 廟洞]－所串[남－龜州合排 古城頭]
○ 寧邊府

撫山 栗峴[서-泰川 籠吾里, 남-博川 禿山]

○ 昌城郡

廟洞[동-廻限洞, 남-朔州 延平古介]-廻限洞[동-碧潼 胡照里]

○ 碧潼郡

郡內口子[서-胡照里, 북-大波兒]-大波兒-小波兒-廣坪-阿耳口子
[동-理山 羅漢洞口子]-胡照里[서-昌州口子]

○ 江界府

伊車加大[동-餘屯, 남-分土]-餘屯[동-山端]-分土[서-理山 林里]-
山端-好頓-伊羅[동-閭延 多日]

<그림 1> 대동여지도상에 나타난 연변봉수망

○ 理山郡

山羊會[동-都乙漢, 서-羅漢洞]-都乙漢[북-林里]-林里[북-江界 分
土]-羅漢洞[서-碧潼 阿耳口子]

○ 閭延郡

築臺[서-無路]-無路-虞芮-多日[남-江界 伊羅]

○ 慈城郡

小甫里[동-虞芮 泰日, 서-所灘]-所灘-西解-伊羅-好屯-楡坡-南坡[서-江界 山端]

○ 茂昌郡

厚州東峯-西峯-甫山南峯-占里-時介-邑城西峯-奉浦-宋元仇非-甫浦山-家舍洞-禾仇非[서-閭延 孫梁]

○虞芮郡

趙明干主山[동-閭延 下無路, 서-申松洞]-申松洞-楡坡-小虞芮-泰日[서-慈城 小甫里]

○ 渭原郡

舍長仇非山[동-江界 馬實里山, 서-南坡山]-南坡山-銅遷山[서-理山 蛤池山]

■ 6진 지역

○ 慶源府

伯顏家舍[동-慶興 撫安 前山, 서-阿山]-阿山-守貞-東林[북-南山, 서-者未下]-者未下[서-鍾城 內廂]-南山-中峯-馬乳[북-穩城 立巖]

○ 會寧府

北面下乙介[북-鍾城, 남-高嶺北峯]-高嶺北峯-高嶺前峯-吾弄草-鰲山-府東隅-永安-念通-錢掛[남-富寧 高峯]-西面保和-甫乙下-禿山-關門[동-府東隅]

○ 鍾城府

甫靑洞[북-穩城 童巾古城, 남-童關堡北峯]-童關堡北峯-府北峯-府南峯-中峯-三峯-防垣北峯-時應居伊[서-會寧]

○ 부穩城府

立巖[동-慶源 馬乳, 북-石峯]-石峯-錢江-迷錢-浦項-坪烽火-南山-綏遠-壓江-古城-時建-犬灘-中峯-松峯-小童巾[남-鍾城 甫靑浦]

○ 慶興府

獐項[북-鎭邊堡前峯]-鎭邊堡前峯-仇信浦-多弄介家北山-波泰家
北山-撫安前山[북-慶源 伯顔家舍]

○ 富寧府

高峯[북-會寧 錢掛, 남-茂山堡北峯]-茂山堡北峯-邑城西峯-上獐
項-下獐項[남-鏡城 羅赤洞岾]

○ 三水郡

農所烽火[서-茂昌 厚州堡, 서-加乙波知]-加乙波知-松峯-南峯-
禿湯-羅暖[동-甲山 崔乙春家暖峯]

(2) 왜구 방비책과 남 · 서해안지역 봉수망 구축

한편, 남쪽의 왜구에 대한 대책과 남 · 서해안의 방어 및 봉수체제 구축
에도 심혈을 기울였다. 13~16세기에 걸쳐 우리나라 해안에 출몰하여 약
탈을 일삼은 일본 해적을 우리는 흔히 왜구라 한다. 이 왜구들은 고려시
기 여몽연합군의 일본정벌과 일본 국내의 내란으로 몰락한 무사와 농민
들이 노예와 미곡을 약탈하기 위하여 對馬島, 松浦, 壹岐 등을 근거지로
하여 발생하였다. 이에 대해 여말선초의 홍건적의 침입과 원명교체라는
사회격변기에 적절히 대처하지 못하여 우왕 때에만 378회나 왜구의 침입
을 받게 되어 양곡의 약탈과 인민의 노략 특히 세곡을 운반하는 조운에
큰 타격을 주었다.[82] 서남해안의 피해가 더욱 컸던 것이다. 따라서 새 국
가를 세운 조선왕조에서는 왜구대책을 소홀히 할 수 없었다. 남쪽의 왜구
를 막는데 남 · 서해안가의 海望의 수단으로써 봉수는 軍情의 긴급한 중
대사였다.

태종대부터 왜구가 시도 때도 없이 침입하므로 봉수를 삼가고 척후를

---

82) 차용걸, 「고려말 왜구의 방수책으로서의 진수와 축성」, 『사학연구』 38, 1984.
    이재범, 「고려후기 왜구의 성격에 대하여」, 『사림』 19, 2003.
    박종기, 「고려말 왜구와 지방사회」, 『한국중세사연구』 24, 2008 참조.

엄격히 하도록 조치하였으나 그 후 세종대에 이르러 좀 더 구체화되었다. 1419년(세종 1) 5월 병조에서 외적의 침입에 대비하는 봉화법에 대한 구체적인 방안을 제시하였던 것이다.[83] 종래의 2거화법을 5거화법으로 바꾸었다. 왜적이 바다에 있으면 봉화를 2거, 근경에 오면 3거, 병선이 접전하면 4거, 육지에 상륙하면 5거를 들도록 하였고, 육지에서 賊變이 일어나 국경 밖에 있으면 2거, 국경 가까이 있으면 3거, 국경을 침범하였으면 4거, 접전하면 5거를 들되 낮에는 연기로 대신하도록 하였다.

그리고 경상도 해안지역의 방어책으로써 1439년(세종 21) 6월 경상도 관찰사의 보고에 의하면 각 浦의 兵船 관리와 봉화를 단속하여 왜적이 침입해 올 경우 수륙군의 협공에 의하여 국경을 방어하도록 조치하였으며,[84] 같은 해 11월 경상좌도 도절제사 李澄玉의 備邊策[85]에 나타난 바와 같이 동래와 영일에서 영해까지 3鎭 이외의 연변 각 고을의 수령으로 하여금 방어에 전력하게 할 것, 남방 연해변의 鄕戶를 선택하여 북방에 入居시키지 말 것, 연해 각 고을의 居民들이 어염의 이익을 돌보도록 각 고을 경내의 해변의 중앙에 軍堡를 설치하여 수륙군사가 협공하도록 할 것 등 진보 설치와 봉화를 점검토록 하였다.

그리하여 1442년(세종 24) 3월 경상도관찰사의 보고에 의거하여 경상도 居叱多浦와 가까이 있는 防垣峴에 연대를 설치하여 角聲이 서로 들릴 수 있도록 角軍을 배치하도록 하였다.[86]

그리고 경상도 연해에 민물이 서로 통하는 곳에 물지기(水直)가 있었다고 한다.[87] 그런데 그 물지기를 혁파하는 대신에 연대를 축조함으로써 해안방어를 더욱 튼튼하게 하였다.

---

83) 『세종실록』권4, 세종 1년 5월 경오.
84) 『세종실록』권85, 세종 21년 6월 임진.
85) 『세종실록』권87, 세종 21년 11월 병인.
86) 『세종실록』권95, 세종 24년 3월 임술.
87) 『세종실록』권120, 세종 30년 4월 을해.

1451년(문종 원년) 4월에 일찍이 연해의 민물이 통하는 곳에 監考 1명과 군인 5명을 배치하여 왜적의 變故를 망보게 하는 물지기를 배치하였으나 왜적이 몰래 와서 그들을 사로잡아가게 되므로 바닷가의 경주, 울산, 장기의 地境에 煙臺를 축조하여 왜적을 망보게 하고 그 대신 물지기는 혁파하게 되었다는 것[88])이 그것이다.

1444년(세종 26) 8월 왜구의 침탈을 막기 위하여 남해, 거제 등 경상도 · 전라도 관찰사와 도절제사에게 봉화와 척후를 엄히 검찰하여 대비토록 조치함으로써[89]) 남해안 경계에는 연대의 형태로 연변봉수를 축조함으로써 점차 체계적인 봉수망을 확립하게 되었다.

고흥지역 같은 곳에서는 진보와 봉수를 연계한 방어체제를 구축하게 되었으니, 1425년(세종 7) 8월에 전라감사, 절제사, 처치사들이 아뢴 바와 같이 현재의 고흥지방 왜구 방어책을 논하는 가운데 呂島의 병선을 草梁 대신에 蛇梁으로 옮겨 정박시키고, 馬北山과 愁德山에 별도의 海望 즉, 烟臺를 설치하여 낮에는 연기, 밤에는 봉화를 올리고 구름이 끼어 어두울 때는 나팔을 불어 적변을 통지하도록 함으로써 고흥지역 왜구 침략에 대비하였다.[90])

한편, 서해안 지역에 대한 방어대책도 서둘러 마련하였다. 1447년(세종29) 4월 충청도 도순찰사 김종서의 계본에 의거하여 태안군의 서쪽 智靈山과 南面의 潛文伊에 봉화대를 쌓아 信砲를 배치하여 해안방어에 대비하자고 함으로써 서해안 해안봉수시스템도 점차 확립하게 되었다.[91])

제주지역을 포함하여 진도, 해남, 영암 등지의 봉수 설치 역시 왜구에 대한 방어에서 비롯되었다. 세종 16년 6월 李吉培의 상소에 따라 진도에 제주민을 추쇄하여 이주시키고 마을마다 20~30호 또는 40~50호를 거

---

88) 『문종실록』 권1, 문종 즉위년 4월 기축.
89) 『세종실록』 권105, 세종 26년 8월 신미.
90) 『세종실록』 권37, 세종 9년 7월 갑오.
91) 『세종실록』 권116, 세종 29년 4월 병신.

주하여 서로 바라보이는 곳에 목책을 설치하며 밤이면 징을 치고 각을 불어 순시하게 하고 낮에는 봉화와 해망을 엄하게 함으로써 남해안 각 섬에서의 해망과 봉수를 설치 · 운영하게 되었다.[92] 이와 같이 서남해안의 봉수대에서 밤에는 징 또는 북을 치고 낮에는 봉화를 들게 하여 해안방어 및 신호체계를 수립하였던 것이다.

강원지역에도 왜적을 방어하기 위하여 연대를 배설하게 되었는데, 1510년(중종 5) 5월 함경도 관찰사 高荊山이 왜적을 방비하는 계책을 주장함으로써 安邊에서 歙谷사이에 있는 壓戎串, 馬岩岾, 浪城浦岾 등에 연대를 설치하도록 하였다.[93]

<사진 3> 고흥지방의 유주산봉수

그리고 지역에 따라 부분적으로 봉수의 이설과 복설을 시행하였다. 1456년(세조 2) 경상도 창원부의 峯山봉수와 양산군의 鷄鳴山봉수가 낮고 작아서 먼 곳과 통할 수 없기 때문에 봉산봉수는 솝山으로, 계명산봉수는 渭川驛 北山으로 이설한 것이나,[94] 1475년(성종 6) 전라도 관찰사의

92) 『세종실록』 권64, 세종 16년 6월 갑자.
93) 『중종실록』 권11, 중종 5년 5월 을해.

계본에 의거하여 興陽 즉, 지금의 고흥지방의 馬北山봉수와 楡朱山봉수를 復設하기도 하였다.[95] 또 긴요하지 않은 봉수는 폐지하기도 하였다. 1454년(단종 2) 전라도 南海縣의 望雲山과 城峴烽燧를 폐지하고 봉수군들은 城峴防護所에 이동하였다.[96]

이윽고 1475년(성종 6) 5월 烽燧事目에 따라 봉수제도의 기틀을 다음과 같이 마련하였다.[97]

> 1) 변방에서 서울에 이르는 사이의 봉수가운데 후망을 게을리 하여 중간에 끊어져 통하지 않을 경우 鞠問하여 重罪한다.
> 2) 병조는 옛 예에 따라 사람을 배정하여 후망하게 하되 변고가 있으면 밤에라도 곧 승정원에게 보고하고 일이 없으면 이튿날 새벽에 보고한다.
> 3) 봉수군은 신역이 헐하다 하여 사람들이 앞을 다투어 들어가므로 혹 먼곳에 사는 사람으로써 충정하여 황혼을 이용하여 후망할 뿐, 낮과 밤으로는 다시 사람이 없으니 앞으로는 모두 부근에 사는 사람으로써 차정하여 늘 떠나지 말고 후망하며 해당 수령이 엄하게 단속한다.
> 4) 낮에 알리는 것은 반드시 연기로 하는데 바람이 불면 연기가 곧바로 올라가지 못하므로 후망하기 어려우니 봉수가 있는 곳은 모두 煙筒을 만들어 사용한다.
> 5) 바람이 불어 연기가 흩어져 후망할 수 없을 때에는 봉수군이 달려가서 알린다.

이와 같이 조선 초기에는 북방의 야인, 남방의 왜구의 침입에 대비하여 북방지방 및 서남해안의 연변에 연대를 축조하고 봉수시설 및 봉수군의 근무규정과 거화법을 구체화함으로써 결국 1471년(성종 2) 경국대전의

---

94) 『세조실록』 권32, 세조 10년 2월 무술.
95) 『성종실록』 권52, 성종 6년 2월 계묘.
96) 『단종실록』 권10, 단종 2년 1월 갑자.
97) 『성종실록』 권55, 성종 6년 5월 을해.

반포와 더불어 전국적인 봉수망이 확립되게 되었던 것이다.

(3) 제주도의 연대 및 봉수의 설치

그리고, 제주도의 경우 역시 왜구에 대한 수비책으로써 봉화와 척후를
중시하였다. 1439년(세종 21) 윤2월 제주 도안무사 韓承舜의 보고에 의하
면 왜구가 배를 댈 수 있는 요충지인 제주의 金寧, 朝天館, 都近川, 涯月,
明月과 대정현의 遮歸, 東海와 정의현의 西歸浦, 水山을 중심으로 馬兵과
步兵으로 편성된 防禦所 또는 防護所를 두고 봉화를 설치하였다.[98] 제주
의 동쪽 金寧에서 板浦까지 10군데, 대정현 서쪽 遮歸에서 동쪽의 居玉까
지 5군데, 정의현 서쪽에서 북쪽 只末山까지 7군데를 설치하고 봉화군 5
명씩 배정하고 연대를 축조하였다. 연대의 높이와 너비가 각각 10척으로
하고 후망인에게 병기와 깃발, 각을 가지고 올라가 적변이 있으면 봉화를
들고 각을 불어 통보하게 하고 만약 적이 상륙하면 육군과 수군으로 하여
금 협공하도록 하였다. 그리고 역참을 설치하여 마병을 배치, 使客이나
군사의 긴박한 일을 알리도록 하였다.[99]

제주도의 경우에도 왜구에 대한 방어책으로써 해안가를 따라 진보를
쌓고 봉수 또는 연대를 축조하여 상호보완 속에서 해안 방어를 하도록 봉
수망을 조직하였다.[100] 그만큼 봉수는 변방의 긴급한 왜적 침입을 알리
는 군사통신으로서 중요한 몫을 차지하였음을 알 수 있다. 당시 제주도의
봉수조직은 『세종실록』지리지에 의하면 다음과 같다.

　　○ 제주목
　　주의 동문東門－別刀－元堂－西山－笠山－旌義縣 只末山－南門－道

---

98)『세종실록』권84, 세종 21년 윤2월 임오.
99)『세종실록』권84, 세종 21년 윤2월 임오.
100) 김명철, 「조선시대 제주도 관방시설의 연구－읍성 · 진성과 봉수 · 연대를 중심으
　　　로－」, 제주대학교 교육대학원 석사학위논문, 2000, 54～64쪽.

道里山−水山−高內−서쪽 郭山−板浦山−大靜縣 遮歸山

　○ 정의현

　현의 남쪽 達山−岳沙只−水山−只末山− 笠山−達山−서쪽 兎山−
狐兒村−三每陽−大靜 居玉岳

　○ 대정현

　현의 동쪽 仇山−居玉岳−旌義 三每陽−남쪽 貯里別伊−서쪽 毛瑟
浦岳−遮歸岳−제주 板浦岳

<그림 2> 『대동여지도』, 「제주삼현도」에 나타난 제주봉수

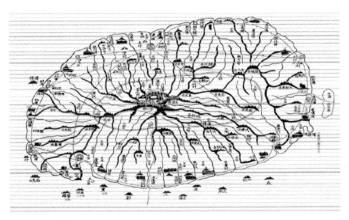

4. 봉수대의 구조와 비치물자

1) 봉수대의 시설구조

조선시대 초기의 봉수대의 구조는 거화시설이나 방호시설을 그다지
설비하지 못했다. 특히 국경이나 해변가에 위치한 연변봉수의 경우 의지
할 만한 堡壁조차 축조되지 않은 까닭에 적에게 침탈당하는 일이 종종 있
었다. 따라서 적의 동향과 지형의 차이를 고려하여 각각 다른 형태의 봉

수대 시설구조가 축조되었다. 해안 및 연변봉수에는 후망하는 목적으로 연대를 쌓았고, 내지봉수에는 산정상부에 자연석으로 축대를 쌓은 다음 그 위에 烟竈를 쌓는 형태가 기본이 되었다. 제주도에는 해안가에 연대를, 내륙쪽에는 봉수대를 설치하여 운영되었다.

이에 대해 좀 더 구체적으로 살펴보면 경상도 해안에는 1422년(세종 4) 8월에 경상도수군도안무처치사의 건의에 따라 연변봉수대에 연대를 높이 축조하여 그 위에 화포와 무기를 비치함으로써 점차 남해안지역의 연변봉수에도 연대시설과 무기 등의 비치물품을 갖추게 되었다.[101]

북방지역의 연변봉수에도 1432년(세종 14) 2월에는 여진족에 대한 방어대책으로써 연대를 축조하고 신포 등의 화포를 비치함으로써 본격화되었다.[102] 같은 해 6월에는 慶源과 龍城에 이르는 길목에 연대 17곳을 설치하고 매 연대마다 火㷁肄習人 1명, 봉수군 3명을 배치하고 동시에 신포 2~3개 大發火 4~5자루 및 白大旗 등을 비치하였다.[103] 이와 같이 연변지역의 봉수대에 연대를 축조해야한다는 대책은 실전에서 그 효능을 발휘하여 연대 축조는 더욱 강화되었다. 이윽고 1438년(세종 20) 1월에 烟臺築造規式을 제정하였다.[104] 이에 따르면 연대의 4면의 아래 넓이는 布帛尺을 써서 매 면당 20척, 높이는 30척으로 하되 4면에는 모두 구덩이 즉 참호를 파도록 하여 맹수나 적의 침입으로부터 보호하도록 하였다. 그리고 1446년(세종 28) 10월의 봉수법 제정[105]과 1447년(세종 29) 3월에 연변봉수 외에 경봉수·내지봉수의 봉수대 규정을 모두 제정함으로써 구체적으로 실시하게 되었다.[106] 이에 따라 각 봉수 종류별 시설구조에 대해 살펴보기로 한다.

---

101) 『세종실록』권17, 세종 4년 8월 계묘.
102) 『세종실록』권55, 세종 14년 2월 기해.
103) 『세종실록』권56, 세종 14년 6월 계사.
104) 『세종실록』권80, 세종 20년 1월 경자.
105) 『세종실록』권114, 세종 28년 10월 경자.
106) 『세종실록』권115, 세종 29년 3월 병인.

(1) 남산봉수(京烽燧)

남산의 목멱산봉수대에 관한 설치규정은 1423년(세종 5) 2월 병조의
요청에 따라 남산에 봉화 5所를 설치하게 된 데서 알 수 있다.[107] 봉수대
에 대한 설치 규정을 보면 동쪽의 제1봉화는 明哲坊 방향에 위치하여 양
주 峨嵯山烽火와 서로 마주 보며 함길도, 강원도에서 오는 봉화를 받으며,
제2봉화는 誠明坊 방향에 위치, 광주 穿川峴烽火(뒤의 천림산봉수)와 마
주 보며 경상도 봉화를 수신, 제3봉화는 薰陶坊 방향에 위치, 毋岳東烽과
조응, 평안도 봉화를 수신, 제4봉화는 明禮坊 방향에 위치, 毋岳西烽과 조
응, 평안도, 황해도 봉수 수신, 제5봉화는 好賢坊 방향에 위치, 양주 開花烽
조응, 충청도, 전라도 봉화를 수신하였다. 봉수대를 축조하는 일은 한성
부가 맡았으며 標를 세워 서로 마주보는 곳의 지명과 봉화를 올리는 式例
를 쓰도록 하였다.

목멱산봉수의 경우 봉대 주변에 표식을 세워 경계를 삼고 거짓봉화하
거나 방화할 때는 100보 이내는 병조가 담당하고, 100보 이외는 해당 영
에서 맡도록 하였으며 봉수대 근처에서 淫祀, 祈禱를 犯한자는 制書有違
律로 엄히 다스렸다.

목멱산봉수대의 시설규모는 별도의 규정은 없다. 그러나 중앙 봉수대
로서 정치, 군사상의 중요성 때문에 거화 및 방호시설을 갖추었다고 본다.
앞에서 언급한 목멱산 5소가 곧 거화하는 연조인 셈이다. 아마도 연대와
같은 기단부를 축조하고 그 위에 5개의 연조를 원통형으로 쌓은 다음 연
통을 세워 거화했을 것으로 추정된다. 그리고 부대시설로써 거화에 필요
한 땔감이나 각종 무기를 저장할 무기고와 봉수군의 숙직하는 가옥(초가
또는 기와집)이 있었을 것이다. 그 뿐만 아니라 일상생활 및 후망하는데
필요한 생필품을 비치할 여러 가지 창고가 건립되었을 것이다.

---

107)『세종실록』권19, 세종 5년 2월 정축.

<그림 3> 목멱산봉수 복원

(2) 연변봉수

연변봉수는 두만강~압록강의 강가나 서·남해안 및 동해안을 중심으로 해안가에 주로 연대를 축조하여 척후의 구실을 하는 봉수이다. 연대의 규모에 대해서는 1438년(세종 20) 1월의 烟臺築造規式을 통해서 비로소 구체화되었다.[108) 즉, 연대의 4면의 아래 넓이는 포백척으로 매 면당 20척, 높이는 30척으로 하되, 4면에는 모두 구덩이 즉 참호를 파도록 하였다. 그러나 세종 29년 3월의 규정에서는 연대의 높이는 營造尺을 사용하여 25척, 둘레 70척으로 하며, 연대 밑의 4면은 30척으로 하되 그 바깥에는 깊이와 넓이 각각 10척의 참호를 빙 둘러 파고 참호 바깥에도 뾰족하게 다듬은 길이 3척의 나무말뚝을 넓이 10척 규모로 목책을 설치하였다. 그리고 연대 위에는 假屋을 지어 무기와 아침·저녁으로 쓸 물과 불을 담는 그릇, 角聲이나 火砲 등의 비품을 간수하도록 하였으며, 양식이 떨어지면 감사나 절제사가 보충해 주었다. 이리하여 연대는 擧火, 信號 및 防護시설과 생활도구를 갖추어 변방의 군사요새지로서의 역할과 군사통신으로서

---

108) 『세종실록』 권80, 세종 20년 1월 경자.

의 전달기능을 수행하였던 것이다.

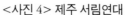

<사진 4> 제주 서림연대

그러나 연변봉수의 구조에 대해 김주홍은 축조 재료나 성격에 따라 구조가 다르다고 최근 현지조사를 통해 분석하였다.[109] 구체적으로 강화도의 경우는 연대형과 연대＋연조형, 연조＋방호벽형으로 구분하고 고흥지방의 경우 연대의 형태를 원형, 타원형, 말각형 및 장방형 등으로, 울산지역은 연변봉수의 축조재료에 따라 토축, 석축, 토축＋석혼축 등으로 구분하였다.

한편, 이철영은 연변봉수의 입지는 후망과 신호전달에 주안점을 두고 부지를 선정하되 국지적인 위치를 조정함으로써 적의 침입으로부터 안정성 확보와 방어의 용이성을 고려하였으며, 수군의 浦鎭이나 진보, 산성과 연계시켰다고 보여지며, 봉수대의 평면형태는 원형, 반원형, 타원형, 방형, 말각형으로 분류하고 남해안 지역은 원형과 타원형, 동해안은 원

109) 김주홍, 『한국의 연변봉수』, 한국학술정보, 2007, 24~26쪽.
　　김일래, 「조선시대 충청도지역의 연변봉수」, 서울시립대 석사학위논문, 2001.
　　이철영·김성철, 「조선시대 동해안지역 연변봉수에 관한 연구」, 『건축역사연구』17-2, 2008 참조.

형, 서해안지역은 타원형이 비교적 많다고 하여 지역적 차이성을 발표하였다.[110]

(3) 내지봉수

내지봉수는 내륙에 위치한 봉수로서 腹裏烽燧라고도 한다. 이 내지봉수는 변경의 연변봉수에 비해 위험도가 비교적 낮으므로 연대를 쌓지 않고 산정상 또는 중턱에 장방형(또는 타원형이나 원형)의 축대를 쌓은 다음 그 위에 연조를 쌓고 봉수대 주변에는 담장을 쌓은 구조를 하고 있는 것이 일반적이다.[111]

<사진 5> 천림산봉수

연조는 사각형 또는 원형의 하단부에 1, 2단의 자연석 석축을 하고 그 위에 원형으로 쌓아 올려 차차 위로 올라갈수록 뾰족하게 하되 높이는 10

---

110) 이철영, 『조선시대 연변봉수에 관한 연구』, 대구가톨릭대학교대학원 박사학위논문, 2006.
111) 내지봉수의 구조와 형태에 대한 상세한 내용은 김주홍, 「Ⅳ. 내지봉수의 구조 · 형태와 시설」, 앞의 책, 2011, 229~299쪽 참조.

척 규모로 하였다.[112) 또, 성종 이후에는 연기가 수직으로 올라가도록 연통을 올렸다.[113) 연조는 대개 방호벽 안에 설치하는 게 보통이나 밖에 두는 곳도 있다. 배치형태는 방호벽 안의 동-서 혹은 남-북으로 배치되는 경우가 많으며, 평균 직경은 1.9m 정도이고 연조 사이의 간격은 1~8m(평균 간격 3.5m)로 다양하다.

<사진 6> 천림산봉수 연조

연조 외에 방호벽, 출입시설이나 건물지가 있다. 방호벽은 타원형과 방형으로 나뉘며 대부분 타원형이다. 출입시설은 개방형, 계단형, 경사형 등으로 나누며, 건물지는 대개 와가나 초가 등의 형태로 봉수군들의 숙소나 무기 등을 보관하는 창고, 또는 우물터가 있다.[114)

최근의 성남 천림산봉수터의 발굴조사에 의하면[115) 동·남·북 3면이

---

112)『세종실록』권115, 세종 29년 3월 병인.
113)『성종실록』권55, 성종 6년 5월 을해.
114) 김주홍, 앞의 책, 2011, 298~299쪽.
115) 한국토지박물관,『성남 천림산봉수 정밀지표조사보고서』, 성남시, 2000, 83~118쪽.
   조병로,「조선시대 천림산봉수의 구조와 출토 유물」,『경기사론』4·5, 2001, 46~

석축으로 쌓인 장타원형 기단 위에 5개의 연조가 동서방향으로 일렬로 배치되어 있다. 연조 상부는 무너져 주변에 자연석 화강암 돌들이 흩어졌지만 연조 기단부는 보존상태가 대체적으로 양호한 편이었다. 그래서 연조 아랫부분이 사각형 구조이고 윗부분은 원형의 형태임을 확인할 수 있었다. 연조 주변과 집터유적에서 상평통보와 각종 토기류, 자기류 및 기와류 등이 출토되어 당시 봉수군의 생활상과 화폐의 주조 실태를 엿볼 수 있게 한다.

2) 봉수대의 비치물품

봉수대에는 불을 피우는데 쓰는 거화재료나 화포 등의 방어용 무기 그리고 신호를 알리는 깃발, 각성과 같은 신포 등의 물품을 비치하여 두었다. 따라서 북방 연대의 경우 銃筒, 神機箭, 信砲를 비치하였고, 그 중에서도 갑산, 혜산, 삼수 등의 연대에는 紙信砲 대신에 鐵信砲를 제조하여 비치하고 있다. 그리고 최근의 봉수터 조사·발굴로 당시의 생활모습을 유추할 수 있는 유물들이 많이 출토되고 있어 봉수군의 생활상을 이해하는 데 시사하는 바 많다.[116] 봉수대에 비치할 물품에 대해서는 연대기적 자료보다는 각종 지리서나 봉수관련 고문서 그리고 출토 유물을 통해서 어느 정도 윤곽이 드러나고 있다.

경상지역의 경우 봉수대에 비치된 물품에 대한 정보를 유일하게 제공해 주고 있는 것은 地理書와 南木烽燧別將書目이다. 즉,『여지도서』(1760)의 梁山 渭川烽燧·三嘉 金城烽燧,『獻山誌』(1786)의 彦陽 夫老山烽燧,『경상도읍지』(1832)의 金山 高城山·所山烽燧·咸安 巴山烽燧,『영남읍지』(1871·1895)의 金山 高城山烽燧 ·所山烽燧·梁山 渭川烽燧·함안

78쪽 참조.
116) 조병로, 앞의 논문, 46~78쪽 참조.

파산봉수 등 총 6개소이다. 여기에 최근 울산에서 발견된 남목봉수별장서목(1889)의 비치물목을 더하면 총 7개소의 봉수대에서 비치물목이 확인되고 있다.[117]

지역적으로는 대부분 경남지역의 봉수이다. 이들은 모두 제2거 노선으로서 직봉이 2개소, 간봉이 5개소이다. 세부적으로 부산 다대포 鷹峰烽燧에서 초기하는 직봉노선의 봉수는 양산 위천봉수, 언양 부로산봉수 등 2개소이다. 다음 간봉노선의 봉수로서 부산 해운대 干飛烏烽燧에서 초기하는 봉수는 울산 남목봉수 1개소이다. 다음 거제 加羅山烽燧에서 초기하는 봉수는 함안 파산봉수 1개소이다. 다음 남해 錦山烽燧에서 초기하는 봉수는 삼가 금성산봉수, 금산 고성산봉수 등 2개소이다. 이들은 대부분 연변봉수의 형태이나 언양 부로산봉수의 경우 특이하게 평면 원형의 형태로써 석축의 방화벽과 상부 담장지 등이 내지봉수의 축조형태를 띠고 있는 점이 다르다.

여기에서는 『여지도서』의 양산 위천봉수와 삼가 금성봉수를 중심으로 살펴보고자 한다. 나머지 경상도 지리서에 보이는 봉수의 비치물목이 거의 동일하기 때문이다.

조선 후기 대표적인 지리서인 『여지도서』는 1757년(영조 33)과 1758년(영조34) 사이에 각 읍에서 편찬한 읍지를 모아 개수하여 전 55책으로 만든 것이다. 여기에는 경상지역 63개소의 지역에 모두 153개소의 봉수가 소재지·대응노선·대응거리 등이 간략하게 기록되어 있다. 그 가운데 양산군 渭川烽燧(圓寂山烽燧라고도 함)와 三嘉縣 金城烽燧 등 2개소 봉수에 대해 각종 봉수대 운영에 필요한 비치물목이 전해지고 있다. 다음 <표 1>에서 볼 수 있듯이 각 봉수별로 거화시설 및 재료 약 35종, 방

---

117) 김주홍 외, 「경상지역의 봉수(II)−비치물목을 중심으로」, 『실학사상연구』 23, 무악실학회, 2002.
김주홍, 앞의 책, 2011, 159~179쪽 참조.

호시설 및 무기 약 26종, 생활시설 및 비품 약 23종으로 총 80종 내외의 봉수 운용과 봉수군의 생활에 필요한 각종 비치물목이 일목요연하게 구분되어 있다. 대체로 두 봉수의 시설 및 비치물목은 대동소이한 편으로 이를 통해 당시 경상지역 봉수의 각종 비치시설 및 물품을 대강이나마 짐작할 수 있다. <표 1>을 통해 다음의 다섯 가지 중요한 사실을 알 수 있다.

<표 1>『輿地圖書』에 나타난 渭川·金城烽燧의 시설 및 비치물목

구분	내용	단위	위천봉수	금성봉수	구분	내용	단위	위천봉수	금성봉수
거화「擧火」시설 및 재료	연대(烟臺)		1	5	시설 및 무기	창(鎗)	병(柄)	1	5
	연굴(烟窟)		5	5		연환(鉛丸)	개(箇)	30	30
	화덕(火德)		1	1		활(弓子)	장(張)	1	5
	망덕(望德)		1	1		환도(環刀)	병	2	5
	불화살(火箭)	개(箇)·병(柄)	9	9		쇠도끼(鐵斧子)	병		1
	당화전(唐火箭)	개·병	9	9		방패(防牌)		6	6
	통아(桶兒)	통환(筒)	1	5		낫(鎌子)	병	5	3
	화약(火藥)	양(兩)	5	5		밧줄(條所)	거리(巨里)	3	3
	대기(大旗)	면(面)		1		법수목(法首木)	개	5	5
	대백기(大白旗)	면(面)	1			사다리(前梯)		1	1
	부싯돌(火石)	개	2			능장(稜杖)	개	20	20
	부쇠(火鐵)	개	2	2		고월라(古月羅)	개	15	10
	화통(火桶)		5	5		멸화기(滅火器)		5	5
	종화분(種火盆)	좌(坐)	5	1		도끼(斧子)	개	20	20
	싸리나무해(杻炬)	병·눌(訥)	50	50		말목(抹木)		무정수	무정수
	배대목(排大木)			6		삼혈총(三穴銃)	병	1	
	화승(火繩)	사리(沙里)	1	1		머리가리개(俺頭)	좌(坐)	1	
	뿔나팔(戰角)	목(木)	1	1		몸가리개	좌	1	

품목	단위		
겨(粗糠)	석(石)	5	5
소나무홰(松炬)	병	50	50
초거(草炬)	병	50	
땔나무(積柴)	눌	5	5
풀(草)	눌		50
토목(吐木)	눌	5	5
교주울(橋轎主乙)	사리	1	1
사를풀(烟草)	눌	5	5
홰(同烟)同	병	3	3
탄(炭)	석	5	5
석회(灰)	석	5	5
가는 모래(細沙)	석	5	5
쑥(艾)	동(同)	5	5
말똥(馬糞)	석	5	5
소똥(牛糞)	석	5	5
5색표기(五色表旗)	면	5	
작은 북(小鼓)		1	

방호(火)	품목	단위		
	장전(長箭)	부(部)	5	5
	편전(片箭)	부	1	5
	조총(鳥銃)	병	2	1
	교궁자(校弓子)	장(張)	1	
	놋쇠징(鍮錚)		1	
	철갑옷(鐵甲冑)		1	
	승자총(勝字銃)	병		1

	품목	단위		
	(俺心甲)			
	종이갑옷(紙甲冑)		1	
	비상용쌀(待變粮米)	석(石)	1	10
	밥솥(食鼎)	좌	1	1
	유기(柳器)	부(部)	2	1
	물통(水曹)	말(抹)	6	6
	가마솥(釜子)	좌	1	1
	초석(草席)	립(立)	5	2
	약승(藥升)	대(大)	1	
생활시설 및 비품	거는 표주박(縣瓢子)	개	5	5
	대야(盤)	립	5	
	수저(匙)	지(指)	5	5
	접시(接匙)	죽(竹)	1	
	사발(沙鉢)	립	5	5
	노구(爐口)	좌	1	1
	무릉석(無稜石)	눌	5	5
	화주을(火注乙)	건(件)	5	3
	물독(水瓮)	좌	5	5
	횡자(橫子)	좌	1	
	구유통(槽桶)		5	5
	가마니(空石)	립	10	5
	초가(草家)	간(間)		2
	가가(假家)	간		2
	기와집(瓦家)	간	2	
	창고(庫舍)	간	2	

자료: 이원근, 「조선 봉수제도고」, 『초우 황수영박사 고희기념 미술사학논총』, 통문관, 1988, 397~398쪽.
남도영, 「마정과 통신」, 『한국마정사』, 마사박물관, 1996, 541쪽.
김주홍, 「경상지역의 봉수(Ⅱ)-비치물목을 중심으로」, 『실학사상연구』 23, 2002.

첫째, 거화시설 및 재료현황에서 煙臺 수의 차이(위천봉수 1, 금성봉수 5)에도 불구하고 煙窟의 수는 5개소로 동일하다. 이는 당시 조선의 봉수가 5거제를 기본으로 하였던 만큼 이에 적합한 신호를 보내기 위해 연굴 5개소를 갖추고 있었음을 입증하는 것이다.

둘째, 봉수의 거화를 위한 재료로 여우똥 대신에 말과 소의 똥을 많이 사용하고 있음을 알 수 있다. 이 외에 쑥 · 풀 · 싸리 · 관솔 · 섶나무 등 주변에서 흔히 구할 수 있는 모든 재료를 연료로 사용되었다. 이외에도 炭 · 灰 · 粗糖 등은 위의 재료에 섞어 낮에 연기에 의한 거화시 연기가 바람에 흐트러지지 않게 하기 위한 보조재료로써 사용된 품목으로 여겨진다.

셋째, 초기에는 횃불과 연기 등 주로 시각적인 방법을 신호수단으로 하였을 뿐만 아니라 별도의 신호수단으로 작은 북 · 뿔나팔 · 불화살 · 대기 · 백기 · 5색표기 등 주로 청각과 시각에 의한 신호방법을 보조수단으로 활용하고 있었다. 또한 鳥銃, 勝字銃 등의 화포 외에 三穴銃을 비치하고 있어 신포로써 사용했다고 판단된다.

넷째, 방호시설 및 무기현황에서 금성봉수의 경우 봉수별장이 착용했을 엄심갑 · 엄두 · 지갑주 · 철갑주 등 개인방호 무기가 위천봉수에 비해 상대적으로 갖추어져 있지 않다. 또한, 봉수의 운용주체자인 봉수군의 생활과 밀접한 관련이 있는 생활시설 및 비품현황에서는 금성봉수의 경우 草家, 假家 등으로 임시거처의 성격이 크다. 반면, 위천봉수는 瓦家와 庫舍를 제대로 갖추고 있어 비교적 규모가 컸던 봉수대로 짐작된다. 따라서 봉수대에는 봉수군의 후망보는 望德이나 숙소시설 및 위급한 경우 방어할 수 있는 무기를 비치하고 있음을 파악할 수 있다.

다섯째, 봉수군의 식수 및 식사도구인 縣瓢子, 匙, 沙鉢 등의 수가 5개인 점은 당시 봉수 근무인원이 5인 교대로 근무하고 있었음을 시사해 주고 있다. 따라서 『여지도서』 봉수조의 위천봉대에서 별장 1인, 감고 1인, 봉수군 100명은 실제 근무 인원이라기보다 이중 75명은 근무를 서는 봉군에 대한 경제적인 지원을 하는 烽軍保이며, 남은 25명이 5명씩 조를 짜서 5교대로 별장과 감고의 지휘, 감독하에 근무를 섰던 것으로 여겨진다. 이는 『여지도서』에 기재되고 있는 다른 봉수대의 인적구성에서도 별장 1인, 감고 5인, 봉수군 25명, 보인 75명으로 편성되고 있는 사실에서 더욱 분명하다. 이러한 다섯 가지 사실 외에도 각 봉수 주위에는 방호를 위한 抹木 즉, 木柵을 무수하게 설치하여 맹수 및 외적 등 외부로부터의 침입에 대비하고 있었다.

5. 봉수의 조직망과 관리체계

1) 봉수 조직망

조선시대의 봉수망은 태조 이성계가 수도를 한양으로 옮기면서 개경의 송악봉수소 대신 남산의 木覓山봉수를 중심으로 재편되었다. 1419년(세종 1)에 擧火法을 정하고[118] 1422년(세종 4)에 왕명으로 새 봉수제를 제정하고,[119] 점차 남북 변경의 연변봉수대를 증설하여 갔다. 1423년 2월 병조의 요청에 따라 남산에 봉화5소를 설치한 것을 계기로 5개노선의 봉수망을 운영하였다.[120] 즉, 봉수대 설치규정을 보면 동쪽의 제1봉화는 明哲坊 방향에 위치하여 양주 峨嵯山烽火와 서로 마주 보며 함길도, 강원도에서 오는 봉화를 받으며, 제2봉화는 誠明坊 방향에 위치, 광주 穿川峴烽火(뒤의 천림산봉수)와 마주 보며 경상도 봉화를 수신, 제3봉화는 薰陶坊 방향에 위치, 毋岳 東烽과 조응, 평안도 봉화를 수신, 제4봉화는 明禮坊 방향에 위치, 무악 西烽과 조응, 평안도, 황해도 봉수 수신, 제5봉화는 好

---

118) 『세종실록』 권4, 세종 1년 5월 경오.
119) 『세종실록』 권18, 세종 4년 12월 계유.
120) 『세종실록』 권19, 세종 5년 2월 정축.

賢坊 방향에 위치, 양주 開花烽에 조응하여, 충청도, 전라도 봉화를 수신하도록 한 것이 그것이다.

그리고 1446년(세종 28)에는 서울 남산의 목멱산봉수를 중심으로 내지 · 연변봉수로 이어지는 전국 봉수망을 정비하고 또한 노선별로 烽燧臺帳을 만들어 의정부 · 병조 · 승정원 및 해당 지방관아에 보관케 하였다.『세종실록』지리지에 보이는 약 549개의 봉수는 이때를 전후하여 설치된 것으로 보인다. 그러나 세조 때에 이르러 4군을 철폐함으로써 서북면 지역의 일부 연대를 감축하였으며, 성종 때의『경국대전』단계에서는 봉수를 5대 노선으로 나누고 각 노선으로부터 중앙의 목멱산봉수대에 집결하도록 하였다. 그 후에도 봉수망은 계속하여 증설하거나 이설 · 폐지하는 등 변동이 많았다.

봉수망을 정하는 데는 적의 동태와 산세 · 지세, 기후 및 산림 등의 자연조건을 고려해야만 한다. 중국의 경우 봉수는 대략 35리 또는 10리를 기준으로 하였으나 5리를 기준으로 설치하는 경우도 있었다. 바라보기 쉽게 하기 위해서다. 우리나라의 경우에는 중국의 제도를 모방하였으나 지형이 중국과 다르므로 실제로는 10리～20리를 기준으로 하되, 연변봉수는 적의 침입을 대비하여 최단 3리, 최장 10～15리 내로 조밀하게 배치하여 砲聲이나 角聲이 들리게 하였으며, 내지봉수는 최단 10리, 보통 30～50리, 최장 70리로 하였다.

조선시대의 봉수 조직망[121]에 관한 사료로는『경상도지리지』(세종 7년, 1425) ·『세종실록』지리지(단종 2년, 1454) ·『경국대전』(성종 2년, 1470) ·『신증동국여지승람』(성종 12년 완성, 중종 25년(1530) 증보)을 비롯하여 신경준의『도로고』(영조 16년, 1740) 및『여지도서』(영조 때 편

---

121) 허선도, 앞의 논문, 1985.
　　남도영, 앞의 논문, 1978.
　　박상일,「순천에서 서울까지의 봉수제 운영-제5거봉수로망을 중심으로-」,『향토사연구』7, 1995 참조.

찬) · 『만기요람』(순조 8년, 1808) · 『대동여지도』와 『대동지지』(철종 12
년1861) · 『북관지』· 『해동지도』· 『동여도』 등이 있다. 그 가운데 『세종
실록』 지리지와 『신증동국여지승람』은 전국의 봉수망을 5대 노선별로
直烽 · 間烽으로 나누어 기록하고 있어 매우 중요하나, 제주도 봉수망은
누락되어 있다. 봉수대 숫자는 『세종실록』 지리지에 572개소, 『동국여지
승람』에 738개소, 『증보문헌비고』(제주도 제외)와 『여지도서』에 518개소,
『만기요람』에 643개소(제주도 제외), 『대동지지』에 510개소였다. 이를
도별로 정리하면 <표 2>와 같다.

<표 2> 조선시대 전국의 봉수대 수

도	세종실록 지리지	신증동국여지승람	여지도서	대동지지
한양	3	2	–	2
경기도	41	39	18	41
충청도	51	41	38	44
경상도	133	141	128	125
전라도	37	72	39	66
황해도	38	40	34	45
강원도	48	48	35	11
평안도	114	223	126	37
함길도	107	132	100	139
합계	572	738	518	510

출처: 남도영, 『한국마정사』 한국마사회, 1996, 528쪽.

위의 표에서 볼 수 있듯이 조선의 봉수망은 『증보문헌비고』와 『만기
요람』을 통해서 보면, 크게 5개 노선, 5거으로 구분하되 이를 직봉로과 간
봉로로 나누어 조직하였음을 알 수 있다. 직봉은 봉수의 주요 간선으로
써, 동북방 지역은 두만강변의 경흥 牛巖, 동남방 지역은 경상도 해변의
동래 鷹烽, 서북방 지역은 압록강변의 강계 餘屯臺와, 의주 古靜州, 서남

방 지역은 전라도 해변의 순천 突山浦 등 5개 처를 기점(이를 初起라 함)으로 하여 모두 서울의 남산 목멱산봉수대로 집결되어 있었다. 그리고 간봉은 보조선 또는 지선으로써 22개 노선1로에 5개소, 2로에 9개소, 3로에 2개소, 4로에 3개소, 5로에 3개소)이 설치되었다. 그 가운데는 거제 加羅山으로부터 마산 直烽 제2거 간봉 2)에 이르는 것과 같이 직봉 사이의 중간 지역을 연결하는 장거리의 것도 있었고, 반면에 압록강~두만강 국경방면의 최전선 연대로부터 本鎭 · 本邑으로 연결되는 단거리의 것도 있었다.

5대 노선중 제1로는 함경도 방면에서 출발하여 강원도, 양주 아차산을 거쳐 서울 남산 목멱산봉수 제1소에 도달하는 것이고, 제2로는 경상도 방면에서 광주 천천현을 거쳐 목멱산봉수 제2소에, 제3로는 평안도 방면의 육로로부터 무악동봉을 거쳐 제3소에, 제4로는 평안 · 황해의 해로로부터 무악서봉을 거쳐 제4소에, 제5로는 전라 · 충청도에서 양천 개화산을 거쳐 5소에 도달하였다. 이들 5대 노선에 설치된 직봉과 간봉의 수를 『증보문헌비고』와 『만기요람』을 중심으로 정리하면 <표 3>과 같다.

<표 3> 5대 노선별 직봉 · 간봉 수(제주도 제외)

전거	제1로			제2로			제3로		
	직봉	간봉	계	직봉	간봉	계	직봉	간봉	계
증보문헌비고	122	59	181	44	110	154	79	20	99
만기요람	120	60	180	40	123	163	78	22	100
전거	제4로			제5로			합계		
	직봉	간봉	계	직봉	간봉	계	직봉	간봉	계
증보문헌비고	71	21	92	61	26	87	377	236	613
만기요람	71	35	106	60	34	94	369	274	643

자료: 남도영, 『한국마정사』, 한국마사회, 1996, 529쪽.

그런데 <표 3>에는 제주도 봉수망이 빠져 있다. 제주도 봉수[122]는 ①
『세종실록』지리지에 18(19)개소, ②『신증동국여지승람』에 23개소, ③『탐
라지』에 25개소, 그리고 나머지는 봉수와 연대를 같이 표시하여, ④『濟州
三邑烽燧煙臺及將卒總錄』⑤『濟州兵制烽燧煙臺總錄』⑥『海東地圖』는 봉
수 25개, 연대 38개로 되어 있으며, 『耽羅巡歷圖』에는 봉수와 연대를 합쳐
서 63개소로 전하고 있다. 이로써 보면 제주도의 봉수는 초기 23개소에서
후기까지 큰 변동 없이 25개소로 유지되었음을 알 수 있다. 이들 제주 봉
수는 남해를 거쳐 제5로를 통해서 중앙에 전달되었으며, 후기에 이르러
서도 왜구와 중국, 異樣船 등의 잦은 침입에 대비하여 연대를 추가로 축조
하는 등의 변화가 있었으나, 여전히 남방 최전선의 전초지로서 간봉의 구
실을 다 하였을 것으로 믿어지며, 그런 사실은 『해동지도』, 『제주삼현도』
의 봉수 배치도로써도 충분히 짐작할 수 있다.

제주도에 배치된 봉수대 및 봉수군에 관한 구체적인 내용은 『濟州三邑
烽燧烟臺及將卒摠錄』에서 자세히 살필 수 있거니와, 이를 정리하면 봉수
대 25개소, 연대 38개소, 봉수군 1, 278명 別將 378, 烽軍 444, 直軍 456)
으로서 <표 4>와 같다.

<표 4> 제주 3읍의 봉수 및 연대의 별장과 봉수군 현황

읍명	봉수명	연대명(煙臺名)	별장	봉군	직군
제주목	사라(紗羅)		6	36	
(濟州牧)	원당(元堂)		6	36	
	도원(道圓)		6	24	
	수산(水山)		6	24	
		수근(修近)	6		12
		조부(藻腐)	6		12

---

122) 김명철, 앞의 논문, 2000 참조.

채북진 (采北鎮)		별도(別刀)	6		12
조천진 (朝天鎮)	서산(西山)		6	24	
		조천(朝天)	6		12
		왜포(倭浦)	6		12
		함덕(咸德)	6		12
별방진 (別防鎮)	입산(笠山)		6	24	
	왕산(往山)		6	24	
		무주(無住)	6		12
		좌가(佐可)	6		12
		입두(笠頭)	6		12
애월진 (涯月鎮)	고내(高內)		6	24	
		남두(南頭)	6		12
		애월(涯月)	6		12
명월진 (明月鎮)	도내(道內)		6	24	
	만조(晚早)		6	24	
		귀덕(歸德)	6		12
		우지(牛池)	6		12
		죽도(竹島)	6		12
		마두(馬頭)	6		12
		배령(盃令)	6		12
		대포(大浦)	6		12
		두모(頭毛)	6		12
小計	10	18	168	264	216
대정현 (大靜縣)	귀산(龜山)		6	12	
	호산(蠔山)		6	12	
	저별(貯別)		6	12	
		변수(邊水)	6		12
		십희천(十希川)	6		12
		대포(大浦)	6		12
		별로천(別老川)	6		12
		당포(唐浦)	6		12
		산방(山房)	6		12
		서림(西林)	6		12

진	봉수	연대			
차귀진 (遮歸鎭)	당산(堂山)		6	12	
		우두(牛頭)	6		12
모슬진 (慕瑟鎭)	모슬(慕瑟)		6	12	
		무수(茂首)	6		12
소계	5	9	84	60	108
정의현 (旌義縣)	남산(南山)		6	12	
	독자(獨子)		6	12	
	달산(達山)		6	12	
	면산(免山)		6	12	
		말등포(末等浦)	6		12
		천미(川尾)	6		12
		소십로(所十路)	6		12
		벌포(伐浦)	6		12
수산진 (水山鎭)	수산(水山)		6	12	
	성산(城山)		6	12	
	지미(指尾)		6	12	
		협자(俠子)	6		12
		오소포(吾召浦)	6		12
		종달(終達)	6		12
서귀포 (西歸鎭)	자배(資盃)		6	12	
	호촌(狐村)		6	12	
	삼매양(三每陽)		6	12	
		금로포(金路浦)	6		12
		우미(又尾)	6		12
		보목(甫木)	6		12
		연동(淵洞)	6		12
소계	10	11	126	120	132
총계	25	38	378	444	456

자료: 『濟州三邑烽燧烟臺及將卒摠錄』

그러므로 앞에서 검토한 <표 3>의 5대 봉수노선의 봉수와 <표 4>의 『제주삼읍봉수연대급장졸총록』에 보이는 제주도 봉수대 수를 합치면 조선시대 전국의 봉수대 총수는 <표 5>와 같다.

<표 5> 조선시대 전국 봉수대 총수

구분	本道 五大路			濟州道			총계		
	직봉	간봉	계	직봉	간봉	계	직봉	간봉	계
증보문헌비고	377	236	613	25	38	63	402	274	676
만기요람	369	274	643	25	38	63	394	312	706

단, 제주도는 『濟州兵制烽臺摠錄』(서울대 규장각도서 4485, 「濟州三邑軍制」 수록).

위의 표에서 볼 수 있듯이 전국의 봉수대 수는 자료에 따라서 약간의 차이가 있으나, 『증보문헌비고』를 바탕으로 하면 5개노선에 직봉 377, 간봉 236, 총 613개의 봉수를 배치하고, 제주도에는 63개(봉수 25, 연대 38)의 봉수를 해변 주위에 설치하여 총 676개의 봉수대가 설치되어 운영되었음을 알 수 있다.

2) 봉수의 관리체계

봉수의 관리는 중앙에서는 병조의 武備司가, 지방에서는 수령의 책임 아래 감사, 병사, 수사, 도절제사, 순찰사 등 군사책임자가 계통적으로 지휘, 감독하였다. 수령은 봉수군의 후망 실태를 감독하거나 봉수군의 차정과 교대근무 및 봉수대의 이상 유무를 감찰하였다. 監考는 봉수대의 이상 유무를 평상시에는 매 10일마다 1회씩 감사에게 보고하되 유사시에는 즉시 보고하였다. 그리고 수령은 이를 3·6·9·12월마다 병조에 보고하여 봉수망 관리체계를 수립하였다. 각 봉수대에는 경봉수 다섯 군데에는 五員 2명씩 10명과 봉수군 4명씩 20명, 연변봉수는 伍長 2명과 봉수군 10명, 내지봉수에는 伍長 2명, 봉수군 6명, 그리고 제주도는 別將 6명, 봉수대 烽軍 12명, 연대 直軍 12명 등의 감독자와 봉수군이 배치되었다.[123]

『경국대전』에 의하면 중앙에서는 경봉수의 五員이 守直하는 병조의 侯

望人에게 보고하면 평상시에는 다음날 새벽에 승정원을 통하여 국왕에게 보고하되, 만일 사변이 발생할 경우는 밤낮을 가리지 않고 直報한다.[124] 지방은 伍長이 主鎭의 鎭將에 보고하도록 되었다. 만약 구름이나 비, 바람으로 인하여 불통할 경우는 봉수군이 차례대로 馳報하였다. 그러나 조선 후기의 『대전통편』에 따르면 경봉수의 경우 5원 대신에 수직 禁軍을 선정하여 교대로 守直하면서 병조에 보고하도록 하였다.[125]

그리고 根幹한 品官으로 각 4명의 監考를 두어 2번으로 나누어 주야로 검거하게 하였으며 봉화가 끊기는 곳의 수령은 장 80, 감고는 장 100에 처하였다.[126]

<사진 7> 봉수 별장 고문서

이들의 신분을 살펴보면 오장은 연변봉수와 내지봉수에서 봉수를 감독하였던 감고를 대신하여 경국대전 이후 봉수대 감독관으로 임명되었는데, 『경국대전』에 따르면 봉수대 근처에 사는 사람으로, 부지런하고 사리

---

123) 조병로, 앞의 책, 2002, 65쪽 참조.
124) 『경국대전』 권4, 병전, 봉수.
125) 『대전통편』 권4, 병전, 봉수.
126) 남도영, 앞의 책, 1996, 506~508쪽 참조.

를 아는 품관이 임명된 것으로 보아 봉수군보다는 상위의 계층이거나 향족출신이었을 것으로 추정된다. 그리고 5원은 초기에 어떤 신분이 임명되었는지 알수 없으나 후기의 『대전통편』에는 禁軍이 맡고 있는 것으로 보아 국왕의 친위병인 內禁衛, 兼司僕, 羽林衛 등에서 차출되지 않았을까 생각된다.

한편, 제주도봉수에서는 별장 6명과 봉수대에는 봉군이, 연대에는 직군이 각각 다르게 배정되어 해안의 경비와 후망을 각 진보에 통보하는 체계를 수립하였다.

6. 봉수군의 신분과 근무생활

1) 봉수군의 신분

봉수군은 흔히 烽卒,[127] 烽軍,[128] 烽火干,[129] 看望軍,[130] 侯望人,[131] 烟臺軍[132] 등으로 호칭되었다. 봉화간은 稱干稱尺[133]이라 불리는 干尺 신분으로 賤人에 해당하였으나 대체적으로 봉수대나 연대 위에서 적의 동태를 바라보기 때문에 간망군, 후망인 및 연대군이라고도 불렸던 것이다. 여기서는 『경국대전』에 따라 봉수군으로 통일하여 부르기로 하겠다. 봉수군의 신분적 지위를 잠간 살펴보면 초기에 봉수군을 봉화간이라 하였다. 이에 대해 1419년(세종 1) 5월 기록에 의하면 "봉화간은 봉화를 올리

---

127) 『세종실록』 권76, 세종 19년 2월 기묘.
　　남도영, 「조선시대 군사통신조직의 발달」, 『한국사론』 9, 1981, 86~87쪽.
128) 『증보문헌비고』 권122, 병고15, 봉수.
129) 『세종실록』 권4, 세종 1년 5월 경오.
130) 『세종실록』 권114, 세종 28년 10월 경자.
131) 『세종실록』 권4, 세종 2년 6월 정묘.
132) 『중종실록』 권21, 중종 9년 10월 임인.
133) 『태종실록』 권29, 태종 15년 3월 병오.

는 자인데 國俗에 身良役賤者로서 혹은 干, 혹은 尺이라 한다"[134]고 한 바와 같이 이들은 신량역천으로서 간척신분이었다. 신량역천[135]이란 신분은 良人이지만 身役부담에 있어서는 천인이 종사하는 力役을 부담했기 때문에 조선 초기에 신량역천이라 하였다. 그러나 봉수제도의 정비에 따라 차츰 부유한 戶를 뽑아 정해서 양인 正軍을 奉足으로 번갈아 立番하게 한 것이라든지,[136] 봉수 근처에 사는 民 즉, 양인을 모아서 충원하는 등 부유한 人戶를 차정하는 것이 일반적이었다. 때에 따라서는 동거하는 親屬중에서 역을 대신할 것을 자원하는 자는 봉졸로 충원하기도 하였으며[137] 甲士를 충원하는 경우도 있었다.[138] 『경국대전』에서도 烽火軍과 伍長은 근처의 居民을 차정한[139] 것으로 보아 법제상으로는 일반 양인신분으로 충원되었음을 알 수 있다.

형벌로 봉수군에 영속된 경우도 많았다. 1430년(세종 12) 6월 箭串목장의 말을 사삿마로 잘못 알고 도살한 皀隷 金寶와 종 末生에게 죄를 물어 금보를 유배지의 봉화간으로 영속시키고 있다.[140]

그렇지만 실제적으로 봉수군은 천인이나 다름없이 인식되었다. 또 그들의 군역은 매우 힘든 것이었다. 1514년(중종 9) 10월 柳繼宗이 비변책을 제안하는 중에 "양계의 군민은 넉넉한 사람은 아무도 없습니다. 그 중에서도 연대군은 가장 가난한데 오히려 역은 무겁습니다. 추위와 더위를 구분하지 않고 항상 베옷을 입고 연대에 있어야 하기 때문에 고생이 다른 사람보다 배나 됩니다"[141]라고 실토하고 있는 것에서 알 수 있듯이 추위

---

134) 『세종실록』 권4, 세종 1년 5월 경오.
135) 신량역천에 대해서는 유승원, 「조선초기의 身良役賤―稱干 · 稱尺者를 중심으로」, 『한국사론』 1, 1973 참조.
136) 『세종실록』 권20, 세종 5년 5월 정미.
137) 『세종실록』 권80, 세종 28년 10월 경자.
138) 『세조실록』 권16, 세조 5년 4월 경진.
139) 『경국대전』 권4, 병전 봉수.
140) 『세종실록』 권48, 세종 12년 6월 갑신.
141) 『중종실록』 권21, 중종 9년 10월 임인.

와 싸워야 하고, 심지어는 시설의 미비와 보급품이 제때에 공급되지 않음으로 말미암아 그들이 겪는 고통은 이루 말할 수 없었다. 이는 울산지역의 南木봉수의 봉수군 교체실태에서 나타난 바와 같이 질병과 사망 외에도 도망과 疊役이 가장 많은 비중을 차지하고 있는 것에서도 잘 알 수 있다.[142] 이에 근무를 태만하게 하거나 도망함으로써 봉수군 보충은 중요한 국가적 과제로 떠오르게 되었다.

2) 봉수군의 편성

봉수대에는 종류에 따라 조금씩 다르게 편성되었는데, 대개 五員(또는 伍長)[143]과 烽燧軍으로 구성되었으며 제주의 경우는 烽軍과 直軍[144]으로 나누어 조직되었다.

경봉수(목멱산봉수)　　오원 2명 × 5소=10명

　　　　　　　　　　　봉수군4명× 5소=20명

　　　　　　　　　　　합계 30명

연변봉수(연대봉수)　　오장 2명

　　　　　　　　　　　봉수군 10명

　　　　　　　　　　　합계 12명

내지봉수(복리봉수)　　오장 2명

　　　　　　　　　　　봉수군 6명

　　　　　　　　　　　합계 8명

---

142) 이상호, 「조선후기 울산지역 봉수군에 대한 고찰 −慶尙道蔚山府陸軍諸色庚寅改都案을 중심으로−」, 울산대학교 대학원 석사학위논문, 2004, 14~15쪽, 40~42쪽 참조.

143) 『세종실록』 권111, 세종 28년 1월 갑자.
　　『경국대전』 권4, 병전, 봉수.

144) 『濟州三邑烽燧烟臺及將卒摠錄』.
　　『濟州兵制烽臺摠錄』(서울대 규장각도서 4485 『濟州三邑軍制』 수록) 참조.

제주봉수　별장 6명

봉수대 봉군 12명 (24명, 36명)

연대 직군 12명

합계 봉수대 18명(30명, 42명)

연대 18명(30명)

위에서 보는 바와 같이 목멱산봉수의 경우 봉군호가 30호로 편성되어 매호에 각각 3명씩 給保 즉, 奉足을 지급하고 있으며 모두 120호를 24번으로 나누어 매번 5명씩 6일 교대하도록 하였다. 『중정남한지』에 나타난 성남 天臨山봉수의 경우도 봉수군 25명에 75명의 保人이 배정되고 있다.[145] 이러한 봉수군보는 아마도 일정액의 保布錢을 봉수군에 납부함으로써 봉수군의 군역을 도와주는 구실을 했을 것이다. 실제 호남지방의 봉수대에 배치된 봉수군 현황을 보면 <표 6>과 같다.

<표 6> 『湖南烽臺將卒摠錄』에 나타난 봉수 별장과 봉수군 현황

봉수이름	소재지	전달체계	별장	오장	감고	봉수군	보인	비고
돌산도 (突山島)	순천	동-남해(南海) 소흘산(所訖山) 서-백야곶(白也串) 북-진례(進禮)	6	1	1	20	39	방답진(防踏鎭) 소장(所掌)·매삭(每朔) 봉수군 2명 윤회수직(輪回守直)
백야곶	순천	동-돌산도 서-흥양(興陽) 팔전산(八田山)	6	1	1	20	39	별장, 오장, 감곡 각1인, 봉수군 2명 윤회수직

145) 홍경모, 『중정남한지』 권3, 상편, 봉수.

진례	순천	남-돌산도 북-광양(光陽) 건대산(件對山)	6	1	1	20	39	상동
성황당 (城隍堂)	순천	동-광양 건대산	6	1	1	20	40	상동
건대산	광양	남-순천 진례 서-성황당	13	0	0	21	42	매삭 별장1, 봉수군 5명 윤회수직
팔전산	흥양	동-순천 백야곶 남-마북산(馬北山)	8	1	1	31	29	별장1, 오장1, 봉수군 4명 윤회수직
마북산	흥양	북-팔전산 서-천등산(天燈山)	8	1	1	31	29	상동
천등산	흥양	동-마북산 서-장기산(帳機山)	8	1	1	31	29	상동
장기산	흥양	동-천등산 서-장흥 전일산(全日山)	8	1	1	31	29	상동
수덕산 (藪德山)	흥양	남-장기산	8	1	1	31	29	상동
정흥산 (正興山)	보성 (寶城)	서-장흥 전일산	2	1	1	18	36	매삭 별장1, 오장1, 감고1 봉수군 4명 윤회수직
전일산	장흥 (長興)	동-흥양 장기산 서-억불산(億佛山) 천관산(天冠山) 동-보성 정흥산(正興山)	2	1	1	25	50	별장1 봉수군 5명 윤회수직
억불산		동-전일산	2	1	1	25	50	상동

봉수	군현	대응봉수						비고
		서-강진(康津) 수인산(修仁山)						
천관산	장흥	동-전일산 서-강진 원포(垣浦)	2	1	1	25	50	상동
원포	강진	동-장흥 천관산 서-좌곡(佐谷)	4	0	0	9	17	별장1, 봉수군 5명 윤회수직
좌곡	강진	동-원포 남-완도(莞島)	4	0	0	10	20	상동
완도	강진	북-좌곡 서-영암 달마산(達摩山) 갈두(葛頭)	4	0	0	8	14	상동
수인산	강진	동-장흥 억불산 병영	12	0	0	12	24	별장1, 봉수군 3명 윤회수직
달마산 갈두	영암(靈巖)	동-강진 완도 북-해남(海南) 관두(舘頭)	2	12	0	20	40	별장1, 봉수군 5명 윤회수직
관두	해남	남-영암 갈두 서-진도 여귀산(女貴山)	3	0	1	20	40	별장2 봉수군 10명 윤회수직
황원(黃原)	해남	동-진도 첨찰산(僉察山) 북-무안(務安) 유달산(鍮達山)	3	1	0	20	40	별장2 봉수군 10명 윤회수직
여귀산	진도	동-해남 관두 서-첨찰산	2	3	0	8	16	별장1 봉수군 5명 윤회수직
첨찰산	진도	동-여귀산 서-황원	2	3	0	8	18	상동
굴라포연대(屈羅浦烟臺)	진도	여귀산봉수	0	3	0	6	12	오장1, 봉수군 2명 윤회수직
사구미		여귀산	0	3	0	7	14	상동

봉수	군현	응하는 곳						비고
(沙仇味)연대								
상당곶(上堂串)연대		여귀산	0	3	0	7	14	상동
유달산	무안	남-해남 황원 북-나주(羅州) 군산(群山)	6	0	0	25	48	목포진(木浦鎭) 소장(所掌) ·매삭별장 2 봉수군 8명 윤회수직
군산	나주	남-무안 유달산 북-무안 고림(高林)	4	0	0	15	60	상동
고림	무안	남-나주 군산 북-함평(咸平) 옹산(瓮山)	6	0	0	25	48	다경포진(多慶浦鎭) 소장(所掌) ·별장2 봉수군 10명 윤회수직
옹산	함평	남-무안 고림 서-해제(海際)	7	1	1	25	50	상동
해제	함평	동-옹산 북-영광(靈光) 차음산(次音山)	7	1	1	25	50	상동
차음산	영광	남-함평 해제 북-고도도(古道島)	6	1	1	25	50	별장1 봉수군 5명 윤회수직
고도도	영광	남-차음산 북-홍농산(弘農山)	6	2	1	25	50	상동
홍농산	영광	남-고도도 북-부장(茂長) 고리포(古里浦)	6	12	1	25	50	상동
고리포	무장	남-영광 홍농산 북-소응포(所應浦)	3	1	1	25	50	상동

소응포	무장	남-고리포 북-부안(扶安) 월을고리(月乙古里)	3	1	1	25	50	상동
월을고리	부안	남-무장 소응포 북-계화리(界花里)	3	18	1	19	38	오장3 봉수군 6명 윤회수직
계화리	부안	남-월을고리 북-옥구(沃溝) 화산(花山)	3	19	1	19	38	상동
화산	옥구	남-부안 계화리 동-임피(臨陂) 오성산(五聖山)	4	8	1	17	35	별장2 봉수군 10명 윤회수직
오성산	임피	서-옥구 화산 동-불지산(佛智山)	4	1	1	15	30	별장2 봉수군 12명 윤회수직
불지산	임피	서-오성산 동-함열(咸悅) 소방산(所方山)	4	1	1	15	30	상동
소방산	함열	서-임피 불지산 동-용안(龍安) 광두원(廣頭院)	5	1	1	25	50	별장1 봉수군 5명 윤회수직
광두원	용안	서-함열 소방산 북-은진(恩津) 강경산(江景山)	3	0	0	9	16	상동
합계	좌연 (左沿) 봉수 18 우연봉 수 22	봉수 40 연대 3	201	129	27	843	1,542	2,742

출처:「全羅道烽燧烟臺及將卒摠錄成册」,『湖南烽臺將卒摠錄』(규장각도서, 4482)

위의 자료에서 볼 수 있듯이 호남지방에는 별장 201명, 오장 129명, 감고 27명, 봉수군 843명 그리고 봉수군 보인 1,542명 모두 2,742명의 봉수 요원이 배치되어 봉수를 담당하였던 것이다.

<사진 8> 봉수군 호적(『단성현호적대장』)

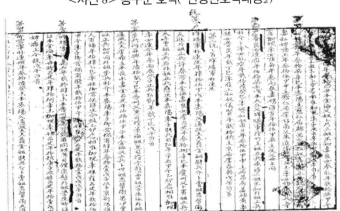

한편, 함경도 지방의 각읍·진보의 봉수대별 봉수군 배치 현황은 <부록 1>과 같다. 『北道鎭堡烽臺將卒摠錄』에 의하면146) 봉대별로 별장, 백총, 감관 그리고 무사로 구성되었다. 경흥부의 경우 별장 3, 백총 6, 감관 45, 무사 181명, 합계 235명이 배치되었으며, 경원부는 총 580명, 온성부 335명, 종성부 796명, 화령부 886명, 무산부 314명, 부령부 337명, 경성부 890명, 명천부 350명, 길주목 762명으로 함경북도는 별장 28명, 백총 52명, 감관 1,026명, 무사 4,479명, 모두 5,585명이 배치되었다. 한편 함경남도인 단천부 837명, 이성현 401명, 북청부 1,001명, 삼수부 264명, 갑산부 515명, 홍원현 101명, 함흥부 401명, 정평현 201명, 영흥부 201명, 고원군 201명, 문천군 101명, 덕원부 201명, 안변부 401명, 모두 별장 25명, 백총 0명, 감관 961명, 무사 4,828명이었다. 함경도 총인원을 집계한 결과를 보면 별장 53명, 백총 52명, 감관 1,987명, 무사 8,321명, 총합계

---

146) 서울대 규장각, 『北道鎭堡烽臺將卒摠錄』(규장각도서 5513).

10,413명이 봉수대를 지키고 있다.

3) 봉수군의 임무

봉수군의 가장 중요한 임무는 산정상에서 전방의 적을 감시하고 전달하는 후망이었다. 북방의 연대에서는 1437년(세종 19) 2월 각도 연변의 초면에 이른바 初起烽燧를 세우고 연대를 높이 쌓아 근처에 사는 백성으로써 10여 인을 모집하여 봉졸로 배정하여 매번 3인이 병기를 가지고 항상 그 위에서 주야로 정찰하여 5일 만에 교대하게 하고 사변이 있으면 급히 馳報하도록 하였다.[147] 여기에서 연변봉수 즉, 연대에서는 봉수군(또는 후망인, 봉졸) 3명이 5일 교대근무를 하고 있음을 알 수 있다.

그러나 봉수군의 근무조건은 매우 열악하였다. 1446년(세종 28) 1월 김종서가 "지금 봉화간은 매처에 殘亡한 1, 2인만 있을 뿐이며 또 봉화로써 수령들의 공과를 삼지 않기 때문에 점점 쇠퇴하게 되었다"[148]라고 보고한 데서 봉수군의 대응 실태나 열악한 근무환경을 엿볼 수 있다. 그리하여 매처마다 봉수군을 각각 6명으로 정하여 3번으로 나누어 근무케 하고 감고를 택하여 정하고 수령과 함께 책임을 지도록 조치하게 되었다. 그뿐만 아니라 봉수군의 근무 또한 매우 엄격하게 적용되었기 때문에 후망을 소홀히 하거나, 대신 闕點을 받거나 또는 봉화를 전달하지 않을 경우 중죄로 다스렸기 때문에 그들의 고통은 더하였다.

봉수군에 대한 우대나 논상책도 마련되었다. 대체로 봉수군은 다른 역이나 기타의 잡역에 종사하지 않고 오로지 후망에만 전념하도록 법적으로 보장받았다. 각 해안가의 봉화군은 봉족을 지급받았으며 잡역을 면제시키는 특전을 주었다. 유능한 자나 왜구를 잡은 자는 船軍으로 등용되기

147) 『세종실록』 권76, 세종 19년 2월 기묘.
148) 『세종실록』 권111, 세종28년 1월 갑오.

도 하였다.[149] 봉족을 지급하거나, 復戶(戶役을 면제해 주는 것)를 지급하는 등의 경제적 우대책도 마련되었으며, 특히 근무를 충실히 하여 적을 잡았을 때는 서용되거나, 근무일수를 살펴 海領職에 差任되었으며,[150] 북도지방의 양계의 봉수군으로서 9년을 근무하면 散官職을 제수하거나, 감고의 경우도 6년 근무에 산관직을 제수받도록 조치하였다. 그러나 이것은 극히 제한적이었다.

1448년(세종 30) 2월에는 연대의 비변책을 강화하기 위하여 單弱하고 노약한 자를 대신하여 富實한 人戶를 선택하여 정하고 때때로 식량을 주게 하였으며 몹시 추워지면 털옷인 襦衣을 주어 곡진히 긍휼하는 조치를 취하기도 하였다.[151]

또, 1459년(세조 5) 12월 야인에 대한 방비책에 대하여 "연대의 망보는 것은 방비에 있어 가장 급하고 노역에 있어서는 가장 괴로운 것인데 군인들이 모두 잔열한 무리들이므로 비록 날마다 세 번 명령하여도 망보는 일에 근신하지 못한다"[152]라고 하고 연대가 있는 鎭의 甲士로 하여금 1인씩 1개월마다 교대하여 군사를 거느리고 후망하게 하였다.

봉수군은 늘 산정상에서 후망하기 때문에 적들이 침입하여 싸우다가 죽은 경우도 많아 항상 위협에 놓여 있었다. 1475년(성종 6) 2월 야인이 평안도 창주를 침략한 뒤에 30여 기병이 姑林의 연대를 포위하여 봉수군 6명이 맞이하여 싸우다가 1명은 화살에 맞아 죽고 나머지는 형세가 궁하여 달아나 숨어 죽음은 면할 수 있었던 사실[153]에서 알 수 있다.

그런가 하면 벼락에 맞아 죽는 일까지 발생하였다. 1556년(명종 11) 9월 서울과 경기지역에 천둥번개를 동반한 큰 비와 우박이 내리는 기상변

149)『세종실록』권20, 세종 5년 5월 정미.
150)『세종실록』권115, 세종 29년 3월 병인.
151)『세종실록』권119, 세종 30년 2월 임오.
152)『세조실록』권18, 세조 5년 12월 을해.
153)『성종실록』권52, 성종 6년 2월 경진.

이 속에서 남원의 봉수군 金世堅이 벼락에 맞아 죽기도 했고[154] 심지어는 1559년(명종 14) 장흥에 큰 비가 내려 億佛山 봉수연대가 벼락에 부서지기도 하였다.[155]

<사진 9> 고흥 유주산봉수의 봉수군 집터 구조

조선시대 봉수군들의 일상생활은 어떠했을까? 우선 화포연습 등의 군사훈련을 들 수 있다. 1459년(세조 5) 4월에 함길도 도체찰사 신숙주의 건의에 따라 병조의 조치로 연변봉수대의 봉수군 5명 중 1명을 줄이는 대신 甲士를 보충해서 매월 교체하여 봉수군의 화포 연습 등을 가르치게 하였다.[156] 이곳에서는 갑사의 지휘 아래 봉수군들이 구체적 하루 일과를 수행하였는데 1) 화포 발사 연습 2) 구덩이(참호) 및 목책의 보수 3) 무기 보수 4) 후망 5) 거화재료인 땔감 모으는 등의 일을 하면서 생활하고 있음을 볼 수 있다.

결국 봉수군의 중요한 임무를 요약해 보면 다음과 같다. 전방의 적정을

---

154) 『명종실록』 권21, 명종 11년 9월 무진.
155) 『명종실록』 권25, 명종 14년 2월 정사.
156) 『세조실록』 권16, 세조 5년 4월 경진.

후망하여 晝烟夜火에 의거, 변경의 군사정보를 중앙과 진보에 전달하는 일, 안개나 비바람 등 악천후로 후망이 불가능할 때에 도보로 다음 봉수대에 직접 전달하는 일, 적의 침입이 있을 경우 신포 각성, 깃발, 화포로써 봉수대 주변의 진보와 백성들에게 알려 대비케 하는 일, 봉수대에 화약과 무기(총, 화포)를 비치하여 적의 침입을 막는 일, 군사훈련(화포 연습 등)과 點閱 등을 받는 일, 봉수대의 거화 및 방비시설을 관리, 보수하거나 거화재료 등을 확보하는 일 등의 임무를 맡았다.[157]

그러나 봉수군의 근무는 질병이나 疊役 외에도 매우 苦役이었기 때문에 기강이 해이해졌다. 이에 1503년(연산군 9) 1월에 司宰監僉正 柳繼宗이 평안도 渭原郡의 수령으로 있을 때 국경을 지키는 봉수군들의 군역이 매우 괴로워 다른 군인들보다 갑절이나 되기 때문에 무예를 가진 사람은 모두 갑사나 기병에 들어가고 그 중 단약하고 빈곤한 사람만이 봉화군에 소속되므로 혹시 적변이 있으면 적에게 대항하지 못하고 왕왕 포로가 되는 사람이 있으니 本鎭 渭原鎭의 別侍衛나 甲士중에서 용감한 사람 7~8명을 뽑아 순번을 정해 보내도록 조치하게 되었다.[158]

4) 봉수군 처벌

봉수제도의 효율적인 운영을 위해서는 봉수대의 시설관리는 물론 봉수군의 근무자세가 무엇보다 중요하였다. 따라서 조정에서는 大明律을 원용하여『경국대전』,『수교집록』,『속대전』및『대전통편』등의 법률을 제정하여 봉수군의 기강을 확립하는데 최선을 다하여 위법자는 엄히 처벌하였다. 대체적으로 點閱(검열에 불참하는 것), 代替(허가 없이 교체하는 것), 不擧(봉수를 올리지 않는 것), 中絶(중간에 전달하지 않는 것), 僞

---

157) 조병로 · 김주홍 외,『한국의 봉수』, 눈빛, 2003, 70~72쪽 참조.
158)『연산군일기』권48, 연산군 9년 1월 경진.

火(거짓으로 올리는 것), 放火(봉수대 주변에서 불피우는 것) 및 감독 불찰 등이 대상이었다.

최초로 처벌한 기사는 1423년(세종 5) 1월 평안도의 閭延郡에 적이 쳐들어 왔는데도 泰日봉수의 烽火干(초기의 봉수군 명칭) 黃連이 봉화를 들지 않자 곤장 80대를 치게 함으로써[159] 이후 봉화를 들지 않아 중간에서 불통되는 경우 이 예에 따라 처벌하게 되는 선례를 만들었다. 또 봉수군이 바다를 망보는 것을 잘못 단속하여 적이 침입, 관내의 사람을 죽게 하면 천호나 만호, 현령 등이 推覈을 당하는 등 봉수군의 후망은 엄하기 이를 데 없었다. 김제군 백성 李山 등이 배를 타고 만경현 바다 가운데 고기를 잡다가 갑자기 왜적을 만나 많은 사람들이 살해되고 도망해 오자 봉수군의 감독을 소홀히 한 지방수령을 치죄한 것이 잘 말해주고 있다.

그리고, 1456년(세조 2) 11월 藍浦의 봉화군 李德明이 승려 學修에게 의탁하여 머리를 깍고 중이 되어 봉화군 漢永과 함께 도망하여 봉수군역을 기피한 사실이 발생하자 충청도관찰사 李重이 이덕명을 杖 100에 변방에 유배도록 하고, 학수는 장 80에 환속하도록 건의하는 일이 있었다. 이에 세조 임금은 봉화군을 치죄하기 보다는 봉화군 이덕명을 免放하고 승려 학수를 침노하지 말라고 하면서 관찰사 이중을 꾸짖고 오히려 사헌부에 명령하여 당시 현령 金有慄을 推鞫하도록 조치하였다.[160] 그 이유는 봉화군 이덕명이 나이 65세가 되었어도 현감 김유률이 면방을 허락하지 않으므로 괴로운 役事를 견디지 못하여 삭발하게 되었다는 것이다. 세조는 당시 불교를 숭상하는 정책을 폈고, 또 국가의 대계가 필부라도 각각 살 곳을 얻게 하고자 하는 것에 있었기 때문에 사찰의 승려를 침노하지 말고 60세 이상 軍丁의 면방 규정에 의거하여 봉화군의 군역을 방면하도록 조치하였던 것이다. 이는 당시 세조의 숭불정책의 결과로 중생을 구제

---

159) 『세종실록』 권19, 세종 5년 1월 경술.
160) 『세조실록』 권5, 세조 2년 11월 경진.

하고자 하는 종교적 성격이 짙게 깔려 있는 것이라고 볼 수 있다.

한편, 전라도 固城지방에는 자주 왜구가 나타나 어민을 찔러 죽이거나 육지에 상륙하여 부잣집 재물을 약탈해 가는 일이 발생하자 변장이 후망을 삼가지 아니하고 왜선에 대한 정보를 즉시 馳報하지 않았으므로 고성현령과 사량만호 및 봉수군을 중형에 처하고 변경에 충군시킨 일이 있었다.

이에 봉수군이 후망을 태만하거나 闕點代立(점호시에 대신 서는 경우)을 할 경우 중죄로 다스렸으며, 거화하지 않으면 참(목을 베는 형벌)하거나 極邊充軍(멀리 변방의 군대에 보내는 것)하였으며, 중도에서 전달하지 않으면 장 80에 처하고 이전의 역役에 정속시키거나 유사시는 장 100, 무사할 때는 違令律로 치죄하였다. 또 궐점한 경우 초범은 태笞 50, 재범은 장 80, 3범은 장 100에 처하였다. 代替한 경우 代立한 자는 장 60에 收籍充軍하고, 대립시킨 자는 장 60으로 이전의 역에 충군하였다. 그 후 봉수가 허술하게 되자 봉수군에 대한 벌칙은 더욱 엄격해졌다. 숙종 때에 편찬된『수교집록』의 처벌규정[161]은 다음과 같다.

① 적이 출현할 때 거화하지 않은 경우 봉수군 장 80, 수령 · 진장은 장 70에 처한다.
② 적이 국경 가까이 출현해도 거화하지 않은 경우 봉수군은 장 100과 함께 변경에 충군하며, 수령 · 진장은 장 100과 파직하고 서용하지 않는다.
③ 적과 접전할 때 거화하지 않으면 봉수군 · 수령 · 진장 모두 참(목을 벤다)한다.
④ 사변이 있을 때 중도에서 봉화를 전달하지 않은 경우 봉수군 · 색리는 장 100에 처하고 極邊充軍하며, 감고는 장 100, 수령은 장 80에 처한다.
⑤ 적의 침입을 보고하지 않는 경우는 봉수군 · 색리는 참한다.

---

161)『수교집록』권4, 병전 봉수.

그리고 정조 때에 편찬된『대전통편』에 따르면 絶火할 때는 수령 장 80, 감고 장 100, 색리 · 봉군 장 100에 변경에 충군하고, 적이 이르렀는데도 보고하지 않은 경우 처단하였으며, 거짓으로 거화한 경우 並用一律, 무사 시의 점고에 빠진 경우 從重決棍, 근처에서 방화 하고 대죄할 경우는 참, 거짓봉화하고 대죄하지 않은 경우 참하였다. 위에서 볼 수 있는 바와 같이 봉수규정은 더욱 엄격해져 거짓봉화를 올리는 경우 사형에 처하였으며, 무사할 때 점호에 빠지면 곤장 형벌을 받았으며, 거짓봉화한 자와 봉화대 근처에서 방화한 자는 모두 참형에 처하는 등 더욱 엄하게 처벌하였다.

5) 봉수군의 복장

봉수군에게는 산정상에서 더위나 추위를 무릅쓰고 근무해야 하기 때문에 이를 극복하기 위해 의복을 지급해야 했다. 봉수군의 복장에 대해서는 여름용으로 布衣 · 衲衣가, 겨울용으로 襦衣 · 紙衣 등이 지급되었던 것을 알 수 있다.[162]

1493년(성종 24) 4월 특진관 呂自新이 말한 바와 같이 함경지방은 매우 추운 곳임에도 불구하고 綿絮(솜)없이 연대군이 포의를 입고 밤이 새도록 경계하므로 납의(솜으로 만든 덧옷)를 만들어 지급하였으며,[163] 1495년(연산군 1) 11월 변경의 봉수대에 근무하는 연대 후망인에게 납의를 평안도 350벌, 함경북도 500벌, 함경남도에 62벌씩을 지급해 주었다.[164] 군공을 남긴 봉수군에게는 갑주와 환도를 하사하기도 하였다. 즉, 1583년(선조 16) 8월 오랑캐의 침입으로 경원이 함락될 때에 종성의 봉수군 韓揚은 적의 화살이 몸에 박혔는데도 불구하고 적중으로 돌격하여 자기 아비를

---

162) 조병로, 앞의 책, 2002, 77~78쪽 참조.
163)『성종실록』권276, 성종 24년 4월 정미.
164)『연산군일기』권10, 연산군 1년 11월 계미.

구해 돌아왔기 때문에 포상으로써 한양에게 무명 襦衣 2벌, 갑주 1벌, 활과 長片箭 그리고 環刀를 하사하기도 하였다.[165] 1890년(고종 27)에 <부록 2>에서와 같이 평안도의 각 봉수군에게 지급된 유의와 지의 실태[166]를 살펴보면 오장에게는 紙衣 1領씩 모두 86영을, 봉수군에게도 1인당 1領씩 襦衣 236領, 紙衣 205領을 지급하고 있음을 볼 수 있다.

7. 봉수의 신호전달 체계

1) 신호전달 방법

봉수는 기본적으로 적의 침입을 신속하게 중앙의 병조와 지방의 진보에 전달하는 것이 급선무였다. 따라서 봉수의 신호전달 체계는 기본적으로 낮에는 연기로, 밤에는 횃불로 전달하였다. 그러나 안개 및 구름이 끼거나 비 · 바람이 불 때는 나팔이나 天鵝聲 등의 角聲, 火砲를 이용하여 信砲로써 전달하였다. 파발제 시행 이후에는 擺撥을 이용하기도 하였다.[167] 이러한 봉수의 신호체계를 흔히 擧火法이라 한다.

따라서 봉수의 신호전달 체계는 횃불을 드는 거화 외에 봉수군이 직접 달려가서 보고하는 馳告, 화포나 나팔로써 전달하는 信砲, 그리고 깃발로써 신호하는 懸旗 등이 있었다.[168]

먼저 거화는 시각신호의 하나로서 草炬(풀), 杻炬(싸리), 松炬(솔잎), 艾炬(쑥)와 馬糞, 牛糞 및 粗糠(겨) 등을 사용하여 횃불이나 연기로써 변경의

---

165) 『선조실록』권17, 선조 16년 8월 갑인.
166) 『各司謄錄』권40, 平安道內江邊各邑鎭烽把將卒襦衣紙衣頒給數爻成冊(高宗 27: 1 890) 참조.
167) 파발제의 시행과 운영에 대해서는 남도영, 앞의 논문, 1981, 108~126쪽 참조.
168) 조병로 외, 앞의 책, 79~82쪽 참조.
  남도영, 앞의 책, 1996, 508~510쪽 참조.

정세를 완급에 따라 전달하는 것을 말한다. 고려시대에는 당나라 제도를 모방하여 4거로 구분하였으나 여말선초에는 2거로 감소되었다. 그 후 1419년(세종 1) 5월에는 왜구 침입에 대비하여 5거화법으로 바뀌었다. 해로와 육지에 따라 왜적이 바다에 있으면 2거, 국경 가까이 오면 3거, 병선이 접전하면 4거, 육지에 상륙하면 5거를 들게 하였고, 육지에서는 국경 밖에서 적변이 일어나면 2거, 국경 가까운 곳이면 3거, 국경을 침범하면 4거, 접전하면 5거를 들도록 하였다. 성종대에 이르러서는 『경국대전』의 시행으로 육상·해상 구분없이 평상시에는 1거, 적이 출현하면 2거, 국경에 접근하면 3거, 국경을 침범하면 4거, 접전하면 5거를 올리도록 하였다.

한편, 馳告는 馳報라고도 하는데 안개나 비·바람으로 앞의 봉수가 보이지 않거나 올리지 않을 경우 봉수군이 직접 달려가거나 역마를 이용하여 다음 봉수대에 알리는 것이다. 1467년(세조 13) 3월 경상도 해변에서 왜선이 보이자 唐浦 彌勒山봉수의 봉수군 吳仲山이 치보하여 각 營鎭으로 하여금 해안 방어를 굳게 한 사실[169]이 그것이다. 치고는 중앙에서 목멱산봉수대를 후망하는 병조의 수직군(禁軍 등)이 문서로 승정원에 보고하는 경우와 각 지방의 봉수대에서 봉수군이 符信을 가지고 전달하는 방법이 있다. 특히 부신을 가지고 치보하는 경우는 1770년(영조 46) 5월 병조참의 申一淸의 제안[170]에 잘 나타나 있다.

1) 각 봉수대의 봉수군은 符信을 사용하여 전달한다.
2) 이때의 부신은 단단한 나무로 만든 牌의 앞면 중앙에 '雲暗'이라는 글자를 새기고, 뒷면 중앙에는 '信'자를 새긴다.
3) 부신의 앞뒤면 양 곁에 각각 서로 응하는 봉수명을 새기고 가운데를 쪼개어 해당 봉수대에 나누어 지급한다.
4) 부신에는 해당 고을의 火印을 찍어 치고할 때에 증거로 삼는다.

---

169) 『세조실록』 권41, 세조 13년 3월 무인.
170) 『영조실록』 권114, 영조 46년 5월 기축.

이것은 허위 보고나 태만하여 지체되거나 중간에 끊어지는 것을 방지하기 위해서였으며, 또한 봉수가 적의 병력 이동이나 규모를 자세히 전달하지 못하는 한계를 극복하는 방법이기도 했다.

또, 봉수 불통의 대안으로 1712년(숙종 38) 1월 尹濟萬의 상소[171]에 나타나 있듯이 함길도에서 철령, 안변을 거쳐 남산으로 오는 길목은 항상 바다 안개와 구름으로 인하여 자주 불통되고 심지어는 엄동설한에 봉수군이 당번을 서지 않는 바람에 봉수가 전달되지 않은 일이 비일비재하게 되자 부득이 연로의 각 驛站에 能走馬 라는 말 4, 5필을 세워 전달하는 報警馬제도를 운영하기도 하였다.

청각신호의 하나인 信砲는 북방의 연대와 같이 서로 대응하는 봉수대가 가까이 있거나, 적의 침입시에 주변의 軍民들에게 급히 알려 진보 등에 피신시키거나 싸움을 준비하기 위해서 화포나 각성 등으로 신호하는 것이다. 구름이 많이 끼거나 비·바람, 안개로 보이지 않을 경우 天鵝聲 같은 각성을 불거나 화포 등으로 신포를 쏘아 올리는 것으로 그 외에 북을 치는 경우도 있다. 이러한 사실은 봉수대 비치물목에서 보이는 바와 같이 鳥銃, 戰角, 鉦, 小鼓은 그러한 용도에 사용되었던 것이라고 생각된다. 1427년(세종 9) 7월에 현재의 고흥지방의 왜구 방어책을 논하는 가운데 呂島의 兵船을 草梁으로 옮기는 문제를 의논한 결과 초량보다는 蛇梁으로 병선을 옮겨 정박시키고, 馬北山과 愁德山에 별도의 海望 즉, 연대를 설치하여 낮에는 연기, 밤에는 봉화를 올리고 구름이 끼어 어두울 때에는 나팔을 불어 적변을 통지한 것에서 잘 알 수 있다.

그리고 懸旗는 적변이 있을 때 큰 기를 장대에 매달아 신호하는 것이다. 1432년(세종 14) 6월 함길도의 연대에서 信砲, 大發火 외에 白大旗 등의 비품을 준비하여 적변이 일어나면 연기와 횃불을 들고, 신포를 쏘아 서로 호응하며 백대기를 장대에 매달아 알리게 한 것[172]은 그 한 예이다.

---

171)『승정원일기』 25책, 숙종 38년 1월 3일.

그리고 앞에서 언급한 봉수대 비치물목에서도 白大旗, 五色表旗 또는 五方高招旗 등을 비치하여 이용함으로써 보조수단으로 사용했음을 알 수 있다.

그러나 흔히 제기되는 바와 같이 비둘기나 독수리 및 연을 이용하여 통신수단으로써 이용했는지에 대해서는 자세히 알 수 없다. 아마도 이런 것들은 봉수 외에 대체수단으로써 많이 사용되었을 개연성은 있다고 보이나 봉수 전달체계에서는 위에서 언급한 것 외에는 자세히 알 수 없는 실정이다.

2) 거화 재료

봉수의 수단은 연기와 횃불이다. 따라서 연기와 불을 만드는 일은 봉수통신의 유지에 매우 중요한 요소이다. 중국에서는 봉수제도가 확립된 당대에 북쪽의 돌궐을 방어하기 위하여 兵部烽式을 제정하여 거화 재료로써 柴, 蒿, 木材, 葦 및 狼糞 등을 이용하여 晝烟夜火의 방법에 의해 전달하였다.[173]

일본의 봉수에서도 고대 율령의 하나인 軍防令에 의하면 연기를 내는데 필요한 재료는 艾(요모기), 藁(와라), 杉, 檜(스기), 生柴(나마시바) 등이고 경우에 따라서는 狼糞을 사용하였다. 그리고 횃불을 피우는데 필요한 재료는 薪(마끼)과 萱(카야) 등이다. 일본에서는 연기를 피우는 재료와 횃불을 피우는 재료가 약간씩 다른 점이 눈에 띈다. 불을 피우기 위해서는 發火材가 필요한데 이를 火炬(카코)라 한다. 건조시킨 갈대나 억새를 중심에 두고 주위에는 소나무 또는 삼나무 잎을 볏짚으로 묶어 사용하였다고 한다.[174]

---

172) 『세종실록』 권56, 세종 14년 6월 계사.
173) 조병로, 앞의 책, 2002, 15~18쪽 참조.

한편, 한국의 봉수에서는 이와 유사한 거화재료를 사용했다. 대부분의 연대기 사료에 보이듯이 쑥, 싸리, 섶, 송진, 말똥, 소똥 등이 대부분 사용되었다고 본다. 왜냐하면 각 지리서에 기록된 비치물목에도 말똥, 牛糞, 말풀, 쑥대, 싸리, 솔잎, 섶나무, 초거, 겨, 담배잎 등이 비치되고 있기 때문이다.

그리고 발화방법에 대해서 명확하게 알 수 없지만 아마도 비치물목에 나타나고 있는 火石이나 火鐵石과 같은 부싯돌을 이용하여 火藥이나 거화재료에 인화시킴으로써 가능하지 않았을까 생각된다. 대체로 횃불을 피우는 데는 싸리나무, 풀잎 그리고 볏짚을 많이 사용했을 것으로 추정되며, 연기를 내는 데는 말똥, 소똥, 겨, 섶나무, 솔잎이나 연초 등을 이용했을 것으로 판단된다.[175] 무엇보다 겨, 청송엽, 연초는 연기를 짙게 내는데 크게 작용하기 때문이다. 특히 이리나 여우똥은 섶이나 솔잎 그리고 쑥대 등에 섞어 불을 피우면 연기가 위로 똑바로 올라가 바람이 불어도 飛散하지 않는다고 하여 일찍이 중국에서 많이 사용되었다.

그러나 우리나라에서는 여우똥을 구하기 어려워 그 대신 말똥이나 소똥을 사용하였다. 원래 이리는 날카로운 이빨로 동물의 피부나 뼈를 먹기 때문에 그 배출물인 똥에는 먹이동물의 털이나 뼈 같은 것이 있는데 이를 毛糞이라고 하였다. 이 모분을 소나무 잎에 넣어 태우면 그 연기가 바람에 흩날리지 않고 수직으로 올라가며 특히 소나무 잎이나 담뱃잎은 연기를 농후하게 하는 성분이 있다고 한다. 일본에서는 에도시대 이리똥과 담배잎 줄기, 염초 및 소나무 잎을 섞어 연기를 피웠다고 전한다.[176]

---

174) 조병로, 앞의 책, 2002, 19~20쪽 참조.
175) 『승정원일기』 35책, 영조 3년 8월 20일. 북도봉수의 경우 봉수군이 粃糠이나 마분(말똥), 麻炬, 生松 등의 사용법을 잘 모르고 있는 것을 지적하고 있는 데서 알 수 있다.
176) 平川 南·鈴木靖民 編, 『烽(とぶひ)の道』, 靑木書店, 1997 참조.

3) 봉수의 전달 속도

봉수는 변경의 긴급한 군사정보를 전달해야 하기 때문에 그 속도는 무엇보다 중요하였다. 그러나 이의 소요시간을 명시한 규정은 없으며 단지 몇몇 기록을 통해 추정할 수 있다. 변방에서 횃불을 올리는 시각은 대개 한낮이므로 서울 남산에서 멀리 떨어진 곳은 주로 연기를 올렸고(晝煙), 서울에 가까울수록 밤에 올리는 횃불(夜火)로써 목멱산에 도달하였다. 1419년(세종 1)에 봉수가 염려되어 몰래 변방에서 시험적으로 봉수를 올리게 해보니 과거 5, 6일 걸리던 것이 이제는 1개월 걸려도 통하지 않음을 걱정하고 있는 것으로 보아 소요시간이 많이 걸렸음을 짐작할 수 있다. 이 경우는 봉수가 정상적으로 가동되지 않았을 때의 경우이다.

그러나 북방 6진의 경우, 1701년(숙종 27) 북병사 李弘述이 6진부터 서울까지 길이 멀어 初境의 봉화를 오후에 올리면 날이 저물어서야 비로소 아차산봉수에 도달한다고 말하고 있는 것으로 보아 서수라 牛巖에서 목멱산까지 대략 6시간 정도 소요되고 있음을 추정할 수 있다.[177] 아차산에서 종성까지의 거리를 약 550km로 산정하면 시간당 약 110km를 전달했다는 계산이 나와 매우 신속하였다고 볼 수 있다. 또 1763년(영조 39)의 기록에 따르면 6진 여러 고을에서 巳時(9~11시)나 午時(11시~1시)에 晝煙을 올려 단천을 지나 마운령 이남에 이르러 夜火로 서로 응하여 목멱산에 이르고 있는 것으로 보아 약 9시간 걸리는 것을 추측할 수 있다.[178]

동래~남산간이나 순천~남산간의 경우는 이른 아침에 올려 초저녁에 도달하도록 하고 있는 것으로 보아 대략 12시간이 소요되고 있음을 알 수 있다. 이로써 전국의 봉수는 동북의 우암~목멱산, 서북의 의주~목멱산,

---

177) 육군본부, 『한국군제사』, 1968, 516~518쪽 참조.
178) 『증보문헌비고』 권123, 병고15, 봉수.
　　남도영, 앞의 책, 1996, 510쪽 참조.

동래~목멱산을 막론하고 初境에서 봉화를 올리는 시간을 아침으로 하고 서울에 도착하는 시간을 초저녁으로 삼아 약 12시간이면 목멱산에 도달하도록 하였던 것 같다. 그런데 始擧時間에 대해서는 영·정조시기에 논란이 있어 1770년(영조 46) 병조참의 申一淸은 平朝를 기준으로 삼자고 하였으며,[179] 남병사 李漢昌은 京烽時限을 앞당기기 위해 晝烟으로 전달하되 날이 저물면 夜火로 전달하자고 주장하였다.[180] 그러나 1778년(정조 2)에 영의정 金尙喆이 다시 문제를 제기하였으나 始擧時間을 平朝로 하고 경봉시한을 초저녁으로 결정한 것 같다. 그리하여 유사시를 제외한 평상시에는 목멱산에 도착한 변경의 정보는 다음날 아침에 승정원을 통해 국왕에 보고하였던 것이다.

8. 봉수의 허실과 그 원인

봉수는 변경에서 외적의 군사적 침입에 대비하여 긴박한 군사정세를 중앙과 진보에 전달하기 위하여 설치된 군사통신이다. 따라서 조선시대의 정책당국자들은 이의 관리, 유지에 대하여 운영상의 여러 가지 문제를 보완하면서 제도 보완에 최선의 노력을 기울였다. 그럼에도 불구하고 시행과정에서 많은 허실이 드러났다. 이에 그 실태와 원인을 분석해 볼까 한다.

조선전기에 국한해 볼 때 『조선왕조실록』 기사에는 태조~선조 연간에 34건 정도의 적변이 일어났음에도 4건을 제외하고는 不擧火(아예 봉화를 올리지 않음), 中絶(중간에 오다가 단절), 誤擧(잘못 오인하여 올리는 경우) 등으로 말미암아 봉수가 전달되지 않았다.[181]

1491년(성종 22)의 建州衛 여진족인 兀狄哈이 병사 1,000여 명을 이끌

---

179) 『영조실록』 권114, 영조 46년 윤5월 신미.
180) 『영조실록』 권115, 영조 46년 7월 계축.
181) 남도영, 앞의 책, 516쪽 참조.

고 造山堡를 쳐들어와 경흥부사 羅嗣宗과 군사 및 우마를 노략질해 간 사건이 발생했음에도 불구하고 봉수를 전달하지 않은 것이라든지,[182] 1510년(중종 5)의 삼포왜란, 1544년(중종 39)의 사량진왜변, 1555년(명종 10)의 을묘왜변, 1583년(선조 16)의 尼蕩介의 난,[183] 심지어는 1592년(선조 25)의 임진왜란[184] 당시에도 봉수가 경보기능을 제대로 발휘하지 못하였다. 1544년(중종 39) 4월에 왜선 20여 척이 蛇梁鎭(현재의 고성)에 침입하여 왜변을 일으켰을 때에도 망보지 않고 평상시 거화만 하여 적 침입을 제대로 알리지 않아 성이 포위되고 많은 인명의 피해를 당하는 꼴이 되었다.[185] 이러한 외침의 조짐들이 남방에서 수시로 나타났음에도 불구하고 단순히 봉수군을 치죄하는 선에서 미봉책만을 시행함으로써 결국은 임진왜란이라는 국난을 당하게 되었으며, 봉수제는 심각한 문제에 봉착하게 되었던 것이다.

이에 대해 최근에 임진왜란 당시 봉수제의 기능에 대해서는 두 가지 견해가 나타나고 있다. 하나는 종전과 같이 봉수가 虛設化 되어 거의 기능이 마비되어 제 역할을 못했다는 부정적 견해(허선도, 남도영 등)이고 다른 하나는 왜적의 침입과 부산성 전투 소식이 부산포 일대의 봉수를 통해 주변지역으로 전파되어 신속한 동원체제가 이뤄졌다고 보는 긍정적 견해(노영구 등)이다.

노영구의 연구[186]에 의하면 『壬辰壯抄』[187]를 근거로 "일본군의 침입 소식과 부산성 전투 소식은 부산포 일대의 봉수를 통해 주변지역으로 전파되었다"라고 전제하고 "1) 4월 13일(양 5월 23일) 가덕진 소속 응봉 및

---

182) 『성종실록』권249, 성종 22년 1월 병신.
183) 육군본부, 앞의 책, 1968, 502~503쪽 참조.
184) 육군본부, 앞의 책, 1968, 502~503쪽 참조.
185) 『중종실록』권102, 중종 39년 4월 을유.
186) 노영구, 「임진왜란 초기 양상에 대한 기존인식의 재검토」, 『한국문화』31, 2003, 172~175쪽 참조.
187) 『임진장초』, 因倭警待變狀 (1), (2), (3).

연대에서 일본선단의 접근 사실을 가덕진 첨사를 통해 다음날 오전 10시에 경상우수영에 보고하였다. 2) 이 소식은 다음날 밤 8시 關文을 통해 전라좌수사 이순신에게도 알려졌다. 3) 부산성 전투가 일어난 4월 14일(양 5월 24일) 새벽 6시 부산진 전투 소식이 황령산 봉수군을 통해 경상우수사 원균에게 알려졌다"라고 하고 "이러한 사실은 전쟁이 발발한 시기에 봉수 및 파발을 통한 문서 전달체계 등 경상도 연해지역 조선군의 통신체계가 매우 적절히 가동되고 있었음을 의미한다"라고 주장하였다.

이와 같은 주장은 종래의 견해를 수정하는 것이어서 매우 바람직한 지적이라고 본다. 그러나 임진왜란 이전 봉수의 운영 실태에 대해서는 많은 우려가 제기되고, 실제로 앞에서 언급한 바와 같이 임금까지도 봉수가 事變에 적절히 대응하지 못하고 있어 수시로 봉수 후망을 단속하도록 지적한 것188)도 사실이다. 임진왜란의 경우를 살펴보면『조선왕조실록』의 기록에 "왜구가 침입했다"189)라고 되어 있는데, 이를 어떻게 알았을까 하는 것이다. 봉수를 통해서 알았는지 역마를 통해 전달된 것인지 구체적이지 않다. 4월 17일에 變報가 도착하여 李鎰을 巡邊使로 삼아 상주에 내려가 적을 방어하도록 조치한 것190)에서 보면 결코 왜적의 침입에 대한 변경의 급보 전달체계가 완전히 마비된 것은 아닌 것 같다. 다만 '變報'가 도착했다는 '변보'가 봉수를 통한 것인지 아니면 역마를 이용한 전송인지가 규명되어야 한다. 그렇더라도『임진장초』의 기록에 의거한 노영구의 견해는 수긍할 만한 부분이 적지 않다고 본다. 부산포 일대의 가덕진 응봉 봉수나 부산진 전투의 황령산봉수군을 통한 경상우수사에게의 전달은 곧바로 봉수가 제 기능을 회복한 것이 아닌가 생각된다. 전시체제이기에 봉수 전달체계와 관문이나 관보를 통한 군령의 전달체계가 동시에 국지적 방어체계상 이뤄지지 않았나 추정된다.

---

188)『선조실록』권21, 선조 20년 3월 임진.
189)『선조실록』권26, 선조 25년 4월 임인.
190)『선조실록』권26, 선조 25년 4월 병오.

일반적으로 조선전기 봉수가 허술한 사태까지 이르는 데는 여러 가지 원인이 있었다고 본다.

첫째, 일반적으로 봉수대가 험준한 산정상에 자리잡고 4군 6진을 포함한 압록~두만강 연변과 남·서해안의 긴 해안선에 널리 배치되어 있어 봉수군에 대한 인적·물적 보급과 시설유지에 따른 재정지원과 봉수대 관리가 허술한데 그 원인이 있다.

둘째, 봉수대 상호간의 상호거리가 너무 멀어, 비록 간봉을 설치하고 도보로 알리도록 보조장치를 마련했음에도 불구하고 악천후와 울창한 숲으로 인하여 후망하는데 자연적 장애요건의 한계성을 벗어나지 못한 점이다.

셋째, 무엇보다 봉수군에 대한 처우가 열악한데다, 고된 후망으로 말미암아 교대근무를 제대로 이행하지 않거나 심지어는 봉수대를 비워두는 무사안일한 근무태도 때문이다. 평상시에는 아침에 거화하여 저녁에 서울에 도착한 후 그 다음날 국왕에게 보고하기 때문에 봉수가 각각의 봉수대를 통과하는 시간이 대체로 정해져 있었다. 따라서 봉수군이 하루 종일 후망하지 않고 일정시간에 맞추어 근무하거나 설령 앞의 봉수가 보이지 않거나 올리지 않아도 평상시 1거만을 올리고 말았기 때문이다.[191] 이에 임진왜란과 병자호란을 겪으면서 이에 대한 대비책을 여러 각도로 강구하게 되었으며, 무너진 봉수제도를 복구하는 데 필요한 다양한 변통책을 수립하게 되었다.

9. 조선 후기 봉수의 복구와 변통론의 대두

1) 임진왜란 이후의 봉수복구

봉수제는 임진왜란을 전후하여 군사통신 수단으로서의 기능을 충분히

---

191) 조병로, 앞의 책, 2002, 85~86쪽 참조.

발휘하지 못하였다고 본다. 일부 경상도 부산포 지역에서 응봉 및 황령산 봉수가 국지적으로 기능했다는 최근의 연구를 십분 고려하더라도 선조 임금 자신도 봉수 후망의 소홀을 인식하고 이의 단속을 강화하였다. 따라서 전후에 1597년(선조 30) 2월에 봉수의 구폐책을 논하는 자리에서 영사 金應南이 撥軍을 세워 봉화의 기능을 대신하자고 주장하였고,[192] 이어 같은 해 5월에 韓浚謙의 건의[193]로 擺撥제도[194]가 성립되었다. 그러나 이로 인해 봉수제도의 복구가 이루어지지 않은 것은 아니다. 1597년(선조 30) 파발제의 설치를 논의하던 때에도 봉수제의 중요성은 강조되어 봉수제가 파발제와 병행하여 변방의 급보를 전하도록 여러 가지 타개책이 나오고, 기존의 봉수제도를 가능한 한 복구하여 군사 통신상의 목적을 달성하려는 통치자들의 노력이 이어졌다. 특히, 北路烽燧에 대한 관심이 지대하여 우선적으로 정책 배려가 이루어져 임란 이후에는 봉수제가 점차 복구되었고, 봉수군의 기강 확립을 위한 여러 정책이 실시되었다. 봉군이 오판하여 거화하거나 실제 상황에 거화하지 않을 경우 법에 의해 엄히 처벌하고 수시로 선전관을 연대에 파견하여 순시하도록 하였다.[195] 뿐만 아니라 허설화된 봉수를 새롭게 설치하거나 신설하도록 하였으며 연대간의 거리가 너무 멀어 서로 연락할 수 없을 때는 연대를 새롭게 가설하기도 하였다. 동래의 干飛島봉수나 수원 禿山城봉수를 가설한 것[196]이 그 한 예이다.

한편 봉수군의 보충에 있어서도 큰 관심을 가지고 조치하였다. 제주도의 경우 老殘한 봉군 대신 壯丁에게 그 임무를 맡기도록 한 조치가 보이고,[197] 서울 목멱산(남산)의 봉수에 있어서도 병조판서가 燧長, 烽軍 등의

192) 『선조실록』 권85, 선조 30년 2월 병술.
193) 『선조실록』 권88, 선조 30년 5월 기미.
194) 파발제의 성립과 운영에 대해서는 남도영, 앞의 논문 참조.
195) 『인조실록』 권7, 인조 2년 11월 기미.
196) 『비변사등록』 17책, 효종 5년 11월 8일.
　　　『비변사등록』 44책, 숙종 16년 4월 25일.

관리 소홀을 지적하며 烽戶保 100인에게서 거둔 포를 2필씩 나누어 주어 봉군차정에 충실하려 한 모습이 보인다.198)

특히, 이와 같은 노력은 北路烽燧의 虛疎와 중간에서 봉수가 단절되는 中絶문제가 자주 발생하자 수시로 선전관을 파견하여 관리하게 하였는데,199) 그 내용은 첫째가 烽臺備置物 문제이고 둘째가 오장 및 봉군의 충정과 입번, 봉군의 고역에 따른 도산(도망)과 처우 문제, 그리고 셋째는 거화법에 대한 것이었다.

첫째 문제인 봉대에 비치해야할 기물로는 三穴銃, 弓箭, 麻骨炬, 糟糠, 馬狼糞, 三稜杖 등이 있는데 이것들을 비치하는데 어려움이 있어 이를 확보하는 문제로 논의가 분분하였다.200)

둘째는 오장과 봉군을 충정하고 立番苦役으로 인한 도망을 막는 문제이다. 모든 봉화에는 오장 2명, 봉군 5명이 있어야 하지만 봉군이 신량역천 계층으로 신분이 세습되고, 고역이기 때문에 도망하는 자가 속출하였다. 그리하여 늙은 후망군 대신에 장정을 대신 세우도록 하고 양천을 막론하고 着實人 5명을 선정하여 산 위에 머무르게 하였다.201) 또 봉군을 충정하기 어렵게되자 定配人을 봉군으로 차정케 하기도 하였다.202) 또 봉군의 기피는 그들에 대한 신분적 차별과 충분한 생활대책을 마련하지 못한 데서 기인하므로 그들의 생활 안정을 위한 구휼책으로 保人을 지급하였을 뿐만 아니라, 유사시에 대비한 儲置米를 나누어주기도 하였다.203) 또 봉수군은 고지에서 추위와 싸워야 했기에 방한용 의복인 유 · 지의의

---

197) 『비변사등록』 35책, 숙종 5년 10월 14일.
198) 『비변사등록』 50책, 숙종 25년 윤7월 17일.
199) 『비변사등록』 31책, 숙종 원년 4월 4일, 西北烽燧 摘奸事目.
200) 『비변사등록』 39책, 숙종 11년 6월 4일.
　　『비변사등록』 47책, 숙종 19년 11월 29일.
201) 『비변사등록』 50책, 숙종 25년 윤7월 17일.
202) 『비변사등록』 34책, 숙종 4년 8월 24일.
203) 『비변사등록』 77책, 영조 원년 정월 29일.

충분한 지급이 필요하였는데, 지급과정에서 부정이 생겨 봉군에게 보급되지 못하는 일이 있어 이를 엄격히 단속하도록 하고 있었다.

셋째는 거화법 문제로 擧火中絶 또는 不擧火의 문제를 타개하는 것이다. 임진왜란 후 봉화불거나 중도단절 원인은 봉화군의 도산과 근무 태만에도 있지만, 자연적인 요인으로 雲暗과 수목 및 고산준령에 의한 視界 불확실에 더 큰 이유가 있었다. 이를 극복하는 방안의 하나로 각각 거화하는 이른바 各自擧火를 제시하기도 하였다.[204] 원래는 운암으로 인해 봉화가 서로 연락이 안 되면 직접 봉군이 도보로 가서 연락하는 것이었는데 30리 혹은 60~70리나 떨어져 있는 봉수대를 오간다는 것은 쉬운 일이 아니었기에 숙종대 이후에는 여러 가지 변통론이 대두되었다.

2) 다양한 변통론의 대두

봉수가 중도에 단절되거나, 연대와의 거리가 너무 멀어서 후망할 수 없는 문제를 타개하기 위한 변통론은 各自擧火 실시, 봉수의 이설과 신설, 馬撥의 排立, 火砲 설치 등으로 요약될 수 있다.[205]

첫째, 각자거화론은 북쪽 변방 4군 6진 지역의 봉수가 접경지로써 군사상으로 중요하기 때문에, 안개나 비·바람 등의 자연적인 조건으로 만약 차례로 전할 수 없을 경우에는 독자적으로 최초로 봉화를 올리는 火底烽, 곧 초기봉대(경흥 西水羅烽燧)의 거화에 구애됨이 없이 강변 6읍의 연대에서 각자 거화하여 邊患에 대비케 하자는 것이다. 이것은 중국의 바둑판모양의 봉수 배치와는 달리 수직적으로 조직되어 있는 까닭에 앞의 봉수에서 거화하지 않거나 中絶되면 군사상의 막대한 피해를 주기 때문에 초기 봉수인 서수라봉수에서 거화한 것을 기다리지 않고 곧바로 강

---

204) 『비변사등록』 33책, 숙종 3년 3월 12일.
205) 남도영, 앞의 논문, 1981, 132~138쪽.

변에 연하여 있는 각각 연대에서 유사시 거화하여 차례대로 전달하자는 것이다. 논란 끝에 1695년(숙종 21)부터 실시하게 되었다.[206]

둘째, 봉수대간의 거리가 너무 멀어 서로 연락하기가 불편하므로 사이에 間烽을 설치하거나 봉수대를 옮기자는 주장이다.[207] 그러나 간봉의 신설이나 이설은 민폐나 봉군의 충정과 군기물의 비치 문제가 수반되어 쉽게 해결할 수 없었기에 논의가 분분하고 간봉의 치폐나 이설과 가설이 사정에 따라 수시로 행하여졌던 것이다. 高原과 文川의 간봉 설치,[208] 甲山 同仁堡 이설에 따른 봉수 신설,[209] 安邊과 淮陽의 간봉 가설,[210] 6진 봉수의 간봉 설치[211] 등이 그것이다.

셋째, 기존의 파발을 이용하는 馬撥을 설치하자는 주장으로[212] 田結에 따라 立撥케 하고, 목장마를 각 참에 분급하여 마발을 세우자는 것이다. 그러나 西路를 제외하고는 騎兵의 부족으로 마발을 세우기가 어려웠지만 馬料 문제나 步兵의 보충과 刷馬價 지급이 해결될 경우 마발의 설립은 가능하였다. 그 결과 안변과 회양 사이 남산역에서 철원에 곧바로 도달할 수 있도록 역참을 이용한 마발 배치는 가능하였던 것이다.[213] 1816년(순조 16) 11월 함경도 長津府의 蘆灘烽燧에 撥站을 설치한 것[214]은 그런 이유에서였다.

끝으로 봉수대에 火砲를 설치하여 소리로써 서로 응하게 하자는 주장이다.[215] 원래 화포는 임란 이전부터 봉대에 비치되어 신포의 일종으로

---

206)『비변사등록』49책, 숙종 21년 6월 5일.
207)『비변사등록』40책, 숙종 12년 4월 18일.
208)『비변사등록』169책, 정조 19년 8월 1일.
209)『비변사등록』189책, 정조 23년 7월 16일.
210)『비변사등록』154책, 영조 46년 윤5월 24일.
211)『비변사등록』200책, 순조 10년 4월 18일.
212)『비변사등록』40책, 숙종 12년 10월 25일.
213)『비변사등록』47책, 숙종 19년 11월 24일.
214)『비변사등록』205책, 순조 16년 11월 20일.
215)『비변사등록』205책, 순조 16년 11월 20일.

사용된 것으로 새로운 것은 아닌데, 원거리를 화포로써 전달한다는 것은 결코 용이한 것이 아니었다. 소리로써 상호 연락하려면 봉대간의 간격이 좁아야 하고, 화약을 보급하고 화포 취급자를 교육한다는 것이 선행되어야 하기에 이 또한 실현이 쉽지는 않았다.

이러한 변통책을 바탕으로 전후에 점차 봉수제의 복구나 전반적인 개혁이 이뤄졌다. 그러나 부분적인 한계가 있었으나 이후 치폐를 거듭하다가 1894년(고종 31) 전국의 8로의 봉수는 현대적인 전화통신의 등장으로 폐지되었다.

10. 맺음말

이상 살핀 바와 같이 한국 봉수제도의 특징을 요약하면 다음과 같다.

첫째, 한국 봉수는 3면이 바다로 둘러싸인 해안과 압록강~두만강을 연해 있는 북방의 연변을 중심으로 고려시대에는 거란족과 몽고족, 조선시대에는 북쪽의 오랑캐인 여진족과 만주족 그리고 남쪽의 왜구를 방어하기 위하여 설치되었다. 따라서 해안 및 연변에는 烟臺를 수축하였고, 내륙지방에는 중앙의 남산에 목멱산봉수대와 지방에는 5개의 烟竈를 쌓은 봉수대를 축조하였다.

둘째, 신호전달체계는 서북쪽은 신의주 방면과 4군지역을 기점(火底라함)으로, 동북쪽에는 6진지역을 기점으로 하여 각 鎭堡와 연결하면서 중앙의 兵曹에 전달하였고, 남쪽에는 부산 동래와 순천지역의 돌산도를 기점으로 하여 역시 각 진보와 연계되면서 중앙으로 전달하는 중앙집중적인 X자형 전달체계를 가진 점이 특징이다. 이는 驛站이나 擺撥의 배치와도 상호밀접하게 연결되고 있는 점에서 군사통신상의 특성을 엿보게 한다.

셋째, 봉수의 기능상 가장 큰 특징은 신속성이다. 따라서 전보수단으로 낮에는 연기를, 밤에는 횃불을 올려 5거화법에 의한 단계별 통신방법과 그 외에 화포, 깃발, 나팔이나 북 등의 信砲 및 角聲에 의한 보조수단을 병행하여 신호를 전달하였다는 점이다. 이는 멀리는 중앙의 병조에 신속하게 알리고, 가깝게는 봉수대 근처의 군영이나 주민들에게 빨리 대피하게 함으로써 피해를 최소화하려는 전략적 방어책이라고 할 수 있다.

넷째, 중국의 봉수제에 있어서는 거화체계가 적병의 인적 규모에 따른 5단계 거화방법을 사용한 반면에, 한국에서는 적의 접근성—국경선으로부터의 원근과 접전상태—을 위주로 5단계 거화를 하고 있는 점이 다르다. 따라서 한국 봉수가 적의 규모나 이동 상황을 자세히 전달하는 데는 한계점을 가지고 있다. 이에 봉수가 중도에서 끊어지거나 불통될 경우 구체적인 적의 현황은 驛馬나 脚力을 이용하여 徒步로 알리게 하는 보조수단을 강구하여 운영하고 있다.

다섯째, 봉수는 연기와 횃불로써 적정을 신속하게 알리는데 그 목적이 있다. 따라서 어떻게 연기와 불을 피우는가에 대한 發火材 즉, 炬火재료의 확보는 운영상 매우 중요한 과제이다. 대체적으로 중국이나 일본의 경우와 마찬가지로 주변에서 쉽게 구할 수 있는 쑥, 갈대, 싸리나무, 솔잎, 볏짚과 섶나무 그리고 동물의 분뇨인 여우똥이나 소똥·말똥을 많이 이용하고 있다. 특히 여우똥은 毛糞 성분이 들어 있어 담배잎, 소나무잎 등과 같이 사용하면 짙은 연기를 뿜어내어 비·바람에 飛散하지 않고 수직으로 올라가는 성질이 있다고 한다. 그러나 현재로는 연기를 내는 재료와 불을 피우는 재료가 어떻게 정확하게 쓰였는지는 알 수 없다. 다만, 비치물목에 나타난 것을 종합해보면 火石이나 火鐵石과 같은 부싯돌을 이용하여 섶이나 솔잎 등에 發火한 다음에 횃불을 올릴 때는 싸리나무(杻炬), 풀(草炬), 볏집 등을 주로 사용한 듯하며, 연기를 피울 때는 말똥,소똥 및 왕겨(糟糠), 솔잎(松炬), 煙草 등을 섞어 사용한 것으로 추정된다. 한편, 특별한 화학성분의 재료는 사용한 것 같지는 않으나 일본에서는 焰硝를 이용한 것으로 전해지고 있다.

여섯째, 봉수의 성패는 봉수군의 근무자세에 달려있다고 해도 과언이
아니다. 그들은 조선 초기에는 烽火干이라 하여 稱干稱尺이라 불리는 干
尺계층이 충원되었으나, 점차로 良人신분이 군역의 형태로 候望을 담당
하였다. 주로 전방의 적정을 살펴 다음 봉수대에 전달하는 것이 주임무이
며, 그 외에 봉수대의 보수, 거화재료의 채취, 화포 등의 군사훈련과 점열,
봉수대 주변의 순찰 등의 부수적 임무도 수행하였다. 그 대가로 잡역을
면제해 주고 復戶와 奉足(또는 保人)을 지급해주었으며, 열악한 산정상과
악천후로 말미암아 방한복(襦衣 등)을 지급해 주었으나 봉수군의 처벌규
정은 매우 엄격하여 중벌에 처하였다. 봉수군의 逃亡이나 代立, 點閱에 불
참하거나 교대근무를 하지 않으므로 봉수가 제대로 기능하지 못한 경우
도 있었다.

이를 종합해 보건대, 한국의 봉수는 그때 그때마다 외적의 침입을 신속
히 중앙과 지방의 군영에 전달함으로써 국가의 위기를 극복하고 영토와
국민을 보호하는 군사통신 수단으로서 중요한 역할을 다하였던 것이다.

II. 조선시대 天臨山烽燧의 구조와 출토 유물

1. 천림산봉수의 연혁과 위치

1) 천림산봉수의 연혁

(1) 천림산봉수의 유래와 변천

천림산봉수는 언제부터 설치되어 운영되었을까? 우리나라의 봉수는 일찍이 삼국시대부터 설치된 것으로 보이나 옛 광주지역인 성남시에는 기록상 穿川山봉수가 최초이다. 이 천천산봉수가 고려시대에도 설치되었는지는 아직까지 불명확하다. 천천산 봉화에 관한 기록은 세종 5년(1423)에 서울 남산(목멱산봉수라 함)에 최초로 봉화 5군데를 설치한 병조의 다음과 같은 계문에 보이고 있다. 즉

> 서울 남산의 봉화 다섯 곳을 본조(병조-필자)가 鎭撫所와 더불어 산에 올라 바라보고 불을 들어 서로 照準한 뒤에 땅을 측량하여 설치하였는데 그 지명과 내력을 아래와 같이 자세히 기록해 올립니다. 동쪽의 제1봉화는 明哲坊의 洞源嶺에 있는데, 楊州 峨嵯山의 봉화와 서로 마주쳐 함길도와 강원도로부터 오게 되고, 제2봉화는 誠明坊의 동원령에 있

는데, 廣州 穿川의 봉화와 서로 마주쳐 경상도로부터 오게 되고, 제3봉
화는 薰陶坊의 동원령에 있는데, 毋岳 東烽과 서로 마주쳐 평안도로부
터 오게 되고, 제4봉화는 明禮坊의 동원령에 있는데, 毋岳 西烽과 마주
쳐 평안도·황해도의 해안가로부터 오게 되고, 제5봉화는 好賢坊의 동
원령에 있는데, 楊州 개화봉의 봉화와 마주쳐 충청도·전라도의 해안
가로부터 오게 됩니다. 위의 봉화를 들어 서로 마주치는 곳이 年代가 오
래되면 혹 변동이 있을까 염려되오니 청컨대 한성부로 하여금 臺를 쌓
고, 表를 세워 서로 마주치는 지명과 봉화를 드는 式例를 기록하여 둘
것입니다.[1]

라고 한 데서 穿川山烽燧의 명칭이 최초로 보이고 있다.

조선은 신왕조 개창 이후 고려 개경에서 한양으로 천도한 이후 고려의
법제를 계승하면서도 한양 중심의 정치 및 교통체계를 재정비하였다.[2] 봉
수제도 역시 고려의 제도를 계승하였을 것으로 판단되나 아직까지 고려
의 봉수노선에 관한 상세한 기록이 전하지 않아 정확하게 알 수 없는 실
정이다. 조선의 통치구조가 태조·태종을 거쳐 세종과 성종대에 이르러
경국대전체제로 완비된 것으로 볼 때 봉수제도는 세종대에 이르러 대대
적인 정비와 체제를 갖추게 되었다. 따라서 천천산봉수도 세종5년(1423)
남산의 목멱산봉수 설치와 함께 5대노선의 하나인 제2거 봉수노선으로
편성된 것을 알 수 있다. 이로써 보면 천천산봉수의 설치시기는 태종대부
터 세종 5년(1423) 이전이라고 판단된다. 이후 천천산봉수가 천림산봉수
로 개칭되기까지의 변천을 자세히 살펴보면 다음과 같다.

먼저,『세종실록』지리지 광주목에 따르면,

烽火一處 穿川山 在州西 南准龍仁石城 北准京城木覓[3]

1)『세종실록』권19, 세종 5년 3월 정축.
2) 조병로,『조선시대의 驛制 연구』, 동국대 박사학위논문, 1990 참조.
3)『세종실록』권148, 지리지 광주목.

라 하여, 광주의 서쪽에 있으며 남으로 용인의 石城으로부터 전달받아 북쪽의 京城 木覓烽燧에 전달하고 있음을 알 수 있다. 또한, 『신증동국여지승람』광주목에 의하면

穿川峴烽燧 南應龍仁縣寶盖山 北應京都木覓山第二峰[4]

라 하여, 중종 25년(1530)이후에는 세종대의 穿川山烽燧가 穿川峴烽燧로 개칭되었음을 알 수 있으며, 용인의 寶盖山烽燧를 받아 木覓山 제2봉수에 전달하고 있음을 알 수 있다. 여기서 천천산에서 천천현으로의 개칭은 무슨 의미가 있을까? 대개 봉수는 山 또는 峴(嶺)에 설치되고 있는 곳을 볼 때 천천산과 천천현은 밀접한 관련이 있다고 생각되며 결국 穿川山능선에 穿川峴이 있다고 판단된다. 여기에 대해서는 『중정남한지』봉수조에

天臨山烽燧 在大旺面 卽古穿川峴也 南應龍仁寶盖山之嶺南傳烽 北應
京都木覓山之第二峰 烽軍二十五名 保七十五名[5]

라 하여, 헌종 14년(1846) 이전에 천천현봉수가 천림산봉수로 개칭된 사실이 보이고 있다. 언제 천천현봉수가 천림산봉수로 개칭되었을까? 이에 대한 기록 역시 정확하게 알 수 없다. 다만, 편년자료를 고증해 본 필자의 견해에 의하면 헌종 14년(1846)보다 117년 앞선 영조 5년(1729)의 기록에 천림산봉수의 명칭이 보이고 있다. 즉 영조 5년(1729) 6월 16일에 木覓山과 鞍峴봉수에서 雲霧를 핑계로 봉화를 거화하지 않는 일이 발생하여 병조가 봉수장과 봉수군을 불러 치죄하였는데,

(前略) 또 목멱산에서 이미 봉화를 들지 않았는데도 광주의 천림산과

---

4) 『신증동국여지승람』 권6, 광주목.
5) 『중정남한지』 권3, 상편 봉수.

양천의 개화산 봉수에서는 일기에 날씨가 청명하여 서로 전해 받았다
고 일컬었으므로 이 두 곳의 봉수인들에게도 죄를 다스리게 하였다. 그
러나 뒤에 천림산 봉화는 목멱산에서 전해 받지 않았다는 것으로 버려
두게 하였고 개화산은 목멱산에서 서로 전해 받기를 기다리지도 않고
곧바로 먼저 봉화를 철회했다는 것으로 개화산 봉수인만 치죄하였다[6]

라 하여, 천림산봉수군은 다행히 치죄의 대상에서 제외되었다는 기록이
그것이다. 어떻든 헌종 14년(1846) 홍경모가 쓴『중정남한지』의 기록에
의하면 천림산봉수는 광주부 大旺面에 위치하고 있는데 옛날에는 穿川峴
이라고 하였으며, 당시에는 봉수군 25명과 봉수군보인 75명이 편성되어
봉수군을 助役하고 있음을 알 수 있다. 여기서 천림산봉수는 결국 천천산
봉수가 천천현봉수를 거쳐 천림산봉수로 개칭되었음을 파악할 수 있다.
이러한 사실은『광주부읍지』에도 그대로 나타나고 있다.

> 天臨山 在州西三十里大旺面 卽古穿川峴 南應龍仁寶盖山之嶺南傳烽
> 北應京都木覓山之第二烽[7]

그런데 이 천림산봉수는 또 다른 이름으로도 불리었다. 月川峴烽燧가
그것이다.『중정남한지』산천조에는

> 月川峴은 또한 懸川이라고 한다. 輿地勝覽에는 穿川峴이라 지었다.
> 청계산과 천림산 사이에 있다.[8]

이에 대해서는 김정호의『대동지지』에는 "天臨山 一云 月川峴 西三十
里"[9]라 하였고, 또 산수조에도 "月川峴 舊云穿川峴"라 하여, 천림산봉수

---

6)『영조실록』권22, 영조 5년 6월 기축.
7)『광주부읍지』(1842), 봉수.
8)『중정남한지』권1, 상편 산천.

는 월천현이라고 하는데, 월천현은 곧 조선 초기에 불리었던 천천현봉수라는 것이다. 결국 천림산봉수는 초기의 천천산봉수 → 천천현봉수 → 월천현봉수 → 천림산봉수로 변천하게 되었음을 알 수 있다. 그리하여 이후에는 천림산봉수 명칭이 일반화하게 되었다.[10] 때로는 穿川嶺烽燧라 불리기도 하였다.[11]

한편, 일제시기에는 조선총독부 중추원에서 각 지방의 봉수를 조사하였는데 경성에서 부산까지의 경성 제2거 노선상의 천림산조에서

天臨山 一名穿川峴 大旺面深谷里 廣州郡西南三十里 木覓山南四十里[12]

라 하여 천림산봉수는 일명 천천현봉수라고 하는데 大旺面 深谷里에 있으며, 광주군 서남 30리 목멱산 남쪽 40리에 위치하고 있다고 조사되고 있다. 이 천림산봉수는 용인 蒲谷面 金塘里에 있는 寶盖山(일명 石城山)烽燧로부터 전달받아 최종 목적지인 남산 木覓山烽燧로 전달하였다. 이 자료에 의하면 천림산봉수는 大旺面 深谷里에 있는 것으로 조사되고 있다. 그렇다면 종래의 穿川峴 또는 월천현에 있다는 것과는 어떤 역사지리적 관계가 있으며, 세간에 논의되고 있는 금토동 위치설과는 어떤 관계가 있는 것일까? 따라서 천림산봉수가 구체적으로 행정구역상 또는 역사지리적으로 어느 곳에 위치하고 있었는가의 문제가 남는다. 이를 구체적으로 접근해보고자 한다.

---

9) 『대동지지』, 광주부 봉수.

10) 『만기요람』 권1, 군정편 봉수

11) 『동국여지비고』 2권, 한성부 봉수조에 의하면 高宗때에는 "… 목멱산봉수: 동쪽의 제1봉은 양주아차산에 응하는데 이것은 함경 · 강원 · 경기도에서 오는 봉화요, 제2는 광주 천천령(穿川嶺; 天臨山이라고도 함)에 응하는데, 이것은 경상 · 충청 · 경기도에서 오는 봉화이다……"라고 한데서 알 수 있다.

12) 조선총독부 중추원, 『봉수조사표』(국사편찬위원회 소장).

2) 천림산봉수의 위치

(1) 봉수노선상의 위치

천림산봉수가 전국적인 봉수노선상에서는 어떤 위치를 차지하고 있는 것일까? 앞에서 언급한 세종 5년 2월의 남산봉화 설치 사료에서 본 바와 같이 서울 남산의 목멱산봉수 제2봉에 연결되는 제2거 봉수로선상에 위치하여 남쪽의 경상도로부터 오는 봉수를 연결해 주고 있다. 이를 좀 더 구체적으로 보면 에서 상세히 전해 주고 있는 바, 동래 다대포 鷹峰에서 초기하여 梁山 · 彦陽 · 慶州 · 永川 · 新寧 · 義興 · 義城 · 安東 · 禮安 · 榮川 · 奉化 · 順興 · 豊基 · 丹陽 · 淸風 · 忠州 · 陰城 · 竹山 · 龍仁 · 廣州 天臨山으로 통달되는데 직봉이 40처이며, 간봉이 123처라고 하였다.13) 이하『대동지지』, 『대동여지도』등에 나타난 제2거 봉수노선을 살펴보면 다음과 같다.

初起: 鷹峰(부산 동래) → 龜峰(石城) → 荒嶺山 → 鷄鳴山 → 渭川(양산) → 夫老山(언양) → 蘇山(경주) → 高位 → 蝶布峴 → 硃砂峰 → 方山(영천) → 永溪 → 城隍堂 → 城山 → 仇吐峴 → 餘音洞(신녕) → 吐乙山(의홍) → 甫知(只)峴 → 繩木山 → 繩院(의성) → 大也谷 → 城山 → 鷄卵峴 → 馬山 → 甘谷山(안동) → 峰枝山 → 開目山 → 祿轉山(예안) → 昌八來山(영천) → 龍古(岵)山(봉화) → 堂北山(안동) → 沙郞堂(순흥) → 城內山(영천) → 望前山(풍기) → 竹嶺山(순흥) → 所(金)伊山(단양) → 吾峴(峙)(청풍) → 心項(충주) → 馬山 → 加(迦)葉山(음성) → 望夷城(望耳山)(충주) → 巾之山(죽산) → 石城山(寶蓋山)(용인) → 天臨山(광주) → 木覓山 第2峰(이상 45봉수).

---

13)『만기요람』, 군정편 봉수.

3) 도로교통사적 측면에서 본 위치

(1) 양재역-낙생역의 역로와 천천현

조선시대 도성으로부터 양재역을 지나 낙생역에 이르는 도로는 언제부터 개설되었으며, 이 도로 노선상에 驛이 언제부터 설치되었을까? 이 문제는 도성에서 낙생역을 지나 삼남지방으로 가는 중요한 교통의 요충지이기 때문에 또 그 도로교통 노선에 穿川峴이 위치하고 있다면 천천현의 역사적 유래와 천천산 또는 천천현봉수의 유래를 밝힐 수 있는 단서를 찾을 수 있기 때문에 먼저 규명되어야 할 것이다.

『고려사』병지, 참역조에 의하면 개경에서 남경 즉, 조선시대의 도성에 이르는 역로는 靑郊道 소속의 15驛站으로 靑郊(개성)-通波(임진)-馬山(봉성-파주)-碧池(고봉-고양)-迎曙(남경)-平理(덕수-고양)-丹棗(적성)-淸波(남경-한성부)-蘆原(남경-한성부)-幸州(고양)-從繩(수안-통진)-金輪(수주-부평)-重林(인주-인천)-綠楊(견주-양주)이었으며, 또 도성에서 광주에 이르는 길은 平丘道 소속의 30역참 가운데 平丘(남경-양주)-奉安(광주)-娛賓(양근)-田谷(지평)-白冬(지평) 등 이었다. 한편 廣州道 소속의 15역참 중에 德豊(광주)-慶安(광주)-長嘉-安璞-南山(광주-양천)-良梓(과주-과천)-金領(용구-용인)-佐贊(죽산)-分行(죽주-죽산)-五行(이천)-安利(이천)-無極(음죽)-遙安(음성-충주)-丹月(충주)에 이르는 역참이 설치되어 운영되었다.[14]

여기서 고려시대에 설치된 역참 가운데 조선시대에 이르러서도 대부분 한성(고려의 남경이 한성으로 개칭)에 그대로 계승되어 영서역·청파역·노원역·평구역으로 존속되었으며, 도성에서 광주에 이르는 도로에도 양재역·봉안역·덕풍역·경안역·남산역 등이 존속되고 있음을 알 수 있다.

---

14) 고려시대 역참의 위치 비정에 대해서는 內藤雋輔,「高麗驛傳考」,『歷史와 地理』34-4·5, 1934. (『朝鮮史硏究』, 1961, 재수록)에 의거하였다.

한양 천도 이후 도성에서 광주를 거쳐 용인-죽산-이천-음죽-충주에 이르는 이 길은 조선시대에 이르러 부분적인 개편을 통해 조선시대의 교통로 즉 역로를 형성하게 되었다. 단, 樂生驛이 고려시대에 설치된 것인지(위의 長嘉・安璞驛 가운데 어느 것이 해당하는지) 아니면 조선시대에 이르러 설치된 것인지 아직 불명하다. 조선시대의 역로는 태조, 태종을 거쳐 점차 확립되었는데 태종 15년(1415) 2월 14일에 병조가 각 역의 거리에 관한 조목을 계문한 바에 따르면 周尺 6尺을 1步로 삼고 매 360步를 1里로 삼아, 돈화문을 기점으로 서쪽의 영서역, 남쪽의 양재역, 동쪽의 명석원・평구역까지 그리고 북쪽의 광시원・녹양역까지 각 30리를 1息으로 하여 1息마다 1驛을 설치, 사객의 왕래와 숙식을 제공하게 되었다. 따라서 서울 도성부터 양재역을 지나 낙생역에 이르는 역로도 태종시기를 전후하여 확립되었을 것으로 추정된다.

『세종실록』지리지 분석에 의한 서울 도성에서 광주에 이르는 역로는 경기좌도・충청도정역찰방 소속하에 良才(과천)-樂生(광주)-駒興(용인)-金嶺(용인)-佐贊(죽산)-分行(죽산)-無極(음죽)에 이르는 교통로였으며, 『경국대전』반포시기 성종대에는 良才道와 慶安道, 平丘道로 나뉘어 良才道에는 樂生驛(광주)이, 慶安道에는 豊德驛(광주)이, 平丘道에는 奉安驛(광주)이 소속되어 관할되었다. 이로써 보면 조선 초기 태종 이후 성종대에 도성에서 良才驛을 지나 樂生驛(광주)・駒興驛(용인)・金嶺驛(용인)・佐贊驛(죽산)・分行驛(죽산)・無極驛(음죽)에 이르는 역로가 확립되었음을 알 수 있다. 바로 이 역로상에 穿川峴이 위치하고 있는 것에 대해서 좀 더 고찰하고자 한다.

(2) 穿川峴의 유래와 穿川峴路의 개통

조선 초기 역사기록상 穿川의 명칭이 최초로 나타난 것은 세종 5년(1423) 2월 26일에 병조가 남산의 봉화설치를 보고한 데서 비롯되었다. 당시 남산에는 봉화 5처를 설치하였는데, 동쪽의 제1봉화는 明哲坊에 있으며 양주 아차산과 마주보고, 제2봉화는 誠明坊에 있는데 廣州 穿川의 봉화와 마주치며 제3봉화는 薰陶坊, 제4봉화는 明禮坊, 제5봉화는 好賢坊에 설치하였던 것이다.[15]

여기서 광주에는 조선시대 이전부터 천천봉수가 있었던 것으로 파악되나 정확히 언제 설치되었는지에 대해서는 아직 명확하지 않다.

이 穿川이라는 지명은 늘 穿川峴과 연계되어 나타나고 있는데 아마도 당시에는 천천에 큰 고개가 있었고 이 고개를 넘나들면서 하나의 도로가 형성된 것 같다. 천천현에 도로의 개설문제가 대두된 것은 獻陵 참배와 직결되었다. 세종 15년(1433) 7월 22일에 行司正 崔揚善 · 李揚達 · 高仲安 등과 집현전 신하들과의 논쟁에 보인다.[16] 즉 행사정 최양선은 穿川의 큰 길은 獻陵의 主山 來脈이니 불가불 막아야 한다는 입장인데 비하여 이양달 · 고중안은 비록 큰길이 있다하더라도 산맥에는 해가 없으니 그대로 두자는 견해였다. 이에 대해 집현전에서는 『陰陽節目』, 『興廢門庭』, 『行道諸訣』, 『地理全書』, 『地理新書』, 『洞林照膽』, 『明山寶鑑』, 『明堂論』등 여러 풍수지리학에 관한 자료를 근거로 최양선이 주장한 陽星峽의 人迹論을 비판하고, 斷山 · 截斷論의 입장에서 볼 것이 아니라 獻陵主山이 길로 말미암아 끊어진 것은 해롭지 않고 오히려 벌(蜂)의 허리에 해당한다는 논리에서 穿川峴의 도로(길)를 종전대로 두자는 견해를 피력하였다. 여기서 세종 15년 이전에 이미 서울 도성과 천천현을 잇는 도로가 개통되어 인적이 많이 왕래하고 있음을 알 수 있다. 그것은 더욱 다음 사실에서 분명해진다. 천천현 도로의 開塞문제가 세종 26년(1444)에 다시 불거져 존폐 논의가 재론되었다.[17] 방술가 高仲安은 종전의 입장을 선회하여 세종 26년 7월에 獻陵의 圖局안에 있는 여러 무덤을 철거하고 또 主山 서쪽

15) 『세종실록』 권19, 세종 5년 2월 정축.
16) 『세종실록』 권61, 세종 15년 7월 계유.
17) 『세종실록』 권105, 세종 26년 7월 신유.

에 있는 재(嶺, 峴)의 통로를 막아야 한다고 상언하므로써, 의정부와 예조가 재론하게 되었다. 이때 의정부와 예조의 신하들은 高仲安의 주장을 그릇된 私見이라고 치부하였고 또 主山 서쪽의 재(峴)에 대해서는 처음에는 도로가 없었는데 부근의 주민들과 守護軍들이 내왕하여 길이 생긴 것이기 때문에 지금부터 엄중하게 禁亂하도록 조치하고 있는 데서 알 수 있는 바와 같이 일찍이 穿川峴路는 주민들과 수호군이 이용함으로써 자연발생적으로 형성된 것으로 인식되고 있다. 여기서 천천현로는 국가가 치도정책으로 개설한 것이 아니라 이전부터 인적의 왕래에 따라 자연스럽게 형성된 것으로 생각되며, 조선 초기에 이르러 도성의 한양 천도와 삼남지방에로의 왕래로 말미암아 주요한 도로로 이용되고 있었던 것 같다. 그런데 태종의 사후 헌릉을 축조, 참배하게 되는 등의 문제로 인하여 기존의 천천현로의 開塞論議가 대두되었던 것 같다. 여하튼 현재의 사료에 따르면 천천현은 세종 15년 이전에 존재하여 이용되고 있었던 것만은 확실하다.

　그런데 천천현의 개통문제는 문종대에 이르러 다시 논의하게 되었다.[18] 문종 원년(1450) 10월 20일에 공조판서 鄭麟趾가 "또 穿川峴은 下三道를 行旅하는 지름길인데 나라에서 방술자들의 말을 믿고 이 길을 막은 것은 더욱 미편하니 청컨대 옛길을 열어서 행려에게 편하게 하소서" 하니 임금이 "세종께서 일찍이 명하여 이 길을 다시 개통시킨 것을 알고 있는가?" 하였다. 이에 정인지가 대답하기를 "다만 농사를 짓는 사람만이 通來할 뿐입니다. 그 나머지 소·말을 가진 사람은 이 길을 다닐 수 가 없습니다"고 하였다. 결국 이 문제는 천천현의 통로에 대하여 세종이 전교한 내용을 추후에 상고하도록 하였다. 그 이후 문종 1년(1451) 9월에 문종이 驪州에 있는 英陵을 알현하고 귀경길에 천천현 길을 막은 곳으로 行幸하였는데 이때에 風水學提調 李正寧, 司藝 尹統, 行副司直 李賢老 등을 불러 穿川峴開路 여부를 논의하도록 하였다.[19] 문종 역시 이곳의 지세가 높지 않아

---

18)『문종실록』권4, 문종 원년 10월 경인.

서 비록 다시 길을 개통한다고 해도 塹을 이루지는 않겠다고 말하고 세종 당시 개통의 필요성을 인정한 위에서 당초 길을 폐쇄할 때의 文案을 상고하여 의논토록 하였다.

문종대 논의의 초점은 세종때의 術者 崔揚善이 말한 '穿川峴은 獻陵의 來脈'이라는 입장에서 길을 막았었는데 문종 1년 10월에 이르러 천천현에 다시 사람들을 통행하도록 하고 노상에는 薄石을 깔아 지맥의 손상을 막도록 조치하였다. 그리하여 이듬해 문종 2년 2월 21일의 기록에 의하면 穿川峴開路와 薄石役事에 船軍 1,000명 중 900명을 동원하여 역사하기도 하였으나[20] 英陵 부근의 산맥 보축공사 관계로 일시 지연되다가 단종 1년(1453) 8월 21일에 의정부, 예조의 건의를 수용하여 監役官과 軍人을 동원하여 결국 돌을 깔고 통행하게 되었던 것이다.[21] 세조대에 이르러서는 청계산에서 사냥을 하는 등의 일로 천천현에 자주 거둥하였다.[22]

그러나 『세조실록』 권32, 세조 10년 3월에 地理學 崔揚善이 서산군에 은퇴하여 살고 있었는데 이때에 다시 穿川峴을 塞路할 것을 상언함으로써 또 한번 논란을 불러일으켰다. 이유인 즉 천천령을 적당히 補土하고 築城하여 길을 폐지하자는 것이다. 이에 조정에서는 세조 10년(1464) 4월 22일에 여러 지리서를 참고하여 穿川峴의 塞路를 막는 일의 편부에 대하여 의논한 결과, 최양선의 "인적의 왕래가 많고 적음이 성쇠의 크고 작음을 징험한다"는 논리를 반박하여 세종 15년 당시의 논리와 비슷하게 "조종의 來脈과 主山의 過脈하는 곳에 인적이 왕래하는 것은 길하다"는 입장에서 穿川峴路를 옛날 그대로 개통하는 것이 편리하다는 주장이었다.[23] 이후 穿川峴은 헌릉과 같은 능침이 가까이 있다고 해서 막았다가 결국은

---

19) 『문종실록』 권9, 문종 1년 9월 경신.
20) 『문종실록』 권12, 문종 2년 2월 을유.
21) 『단종실록』 권7, 단종 1년 8월 을사.
22) 『세조실록』 권2, 세조 1년 11월 기해.
   『세조실록』 권32, 세조 10년 3월 계유.
23) 『세조실록』 권33, 세조 10년 4월 갑진.

개통하게 됨으로써 이 천천현로를 따라 도성으로부터 양재역을 지나 낙생역에 이르는 삼남지방을 연결하는 주요한 교통로로서 발달하게 되었던 것이다. 그런데 이 천천현의 명칭이 언제 고지도에 나타난 바와 같이 월천현으로 바뀌게 되었는지 아직은 알 수 없다. 그리고 성종대에 이르러 英陵參拜 문제로 서울에서 여주 영릉까지의 능행로가 곧 興仁門－廣州 栗峴－樂生驛－利川－驪州로 가는 길이 새로 개척됨으로써 이후 穿川峴路는 관과 민간인들의 주요한 교통의 요충지가 되었던 것이다.[24]

(3) 月川峴과 경부고속도로 '달래내고개' 切土工事

그런데 월천현의 유래에 대해서는 남원윤씨, 안동권씨 등의 족보 및 墓表에 나타나고 있는 月川(또는 月午川)에서도 찾을 수 있다.『南原尹氏族譜』에 따르면 시조로부터 12대인 克新(1527－1587)대에 이르러 현재의 금토동으로 이주하여 세거하게 된 것 같다. 克新은 선조 9년(1576)에 문과에 급제하여 翰林吏郎, 弘文館應敎ㆍ知製敎 등을 역임한 인물로 그의 묘와 묘비는 당시 廣州 月午川에 있다고 전하고 있다. 필자가 남원윤씨 후손인 윤효상씨와 현장 답사한 바에 의하면(1999년 7월) 금토동의 남원윤씨 先塋에는 克新 이하 여러 명의 묘비가 있는데, 13대 曒, 16대 以載, 以壽 등의 묘 위치가 月午川ㆍ月川 또는 穿川이라고 새겨져 있음을 확인하였다. 12대 又新의 증손 尹棨 및 동생 尹集은 병자호란 때 척화신으로서 유명한 삼학사의 한 사람이었다. 여기에서도 지금의 金土洞은 바로 月川(또는 穿川)으로부터 유래되었음을 확인할 수 있다.

한편, 경부고속도로 건설과 관련한 비화에서도 그 단서를 찾을 수 있다. 이른바 '달래내고개 切土工事'가 그것이다. 민간인들의 구전을 통해 전해 내려오고 있는 속칭 달래내(또는 달이내) 고개는 경부고속도로 양재－판

---

24)『성종실록』권12, 성종 2년 10월 병자.

교 구간에 위치하고 있는데, 현재 금토동 한국도로공사 앞을 가로질러 달리는 곳에 있다. 이 구간은 서울-부산간 고속도로기본계획에 의거, 1968년 1월부터 건설되었는데 이 구간은 수원공구에 소속하였다. 수원공구는 당시 영등포구 良才洞(현 강남구 신사동)에서 華城郡 烏山邑 園里 사이를 잇는 38.6Km로 그 중 달이내고개는 院基(CS292440)~미동(CS315411)의 3km의 난공사 구간이었다. 이 구간의 토목공사는 현대건설이 시공했는데, 달래내 고개만은 육군 제1201 건설공병단 제220대대(대대장 오병주 중령)가 투입되어 암석굴착, 절토, 성토, 용배수로 및 배수관설치, 비탈면 보호공, 옹벽 등을 시공하였다.[25] 1968년 당시를 회고한 고속도로 건설 비화에 의하면[26] 김정호의 대동여지도에 근거하여 이 지역을 한강의 잠원나루에서 시작하여 良才峴-新院-月川峴-板橋院을 거쳐 양지현에 이르는 길로써 파악하고, 良才峴은 지금의 양재고개, 新院은 지금의 新院洞(옛 원터-옛골부근), 月川峴은 달래내고개라고 설명하고 있다. 이 달래내 고개의 공사는 1중대(중대장 노부웅 대위)가 맡았는데 전장 1.8km 구간의 토목공사로 높이 16.4m를 切土하는 대역사였다. 이 공사는 1968년 1월7일 시작하여 6월 20일 준공되었다. 이를 통해 볼 때 달래내 고개는 옛 월천현이었음을 알 수 있다. 이 월천현의 지명은 조선총독부가 제작한『한국5만분지1전도(상, 하)』(경인문화사)에서도 생생하게 표기되고 있음을 볼 수 있다.[27]

이러한 자료의 고증을 통해 볼 때 오늘날의 금토동은 옛 월오천·월천 또는 천천에서 유래되었음을 알 수 있으며, 천림산봉수는 결국 금토동 월

---

25) 건설부·한국도로공사,『서울·부산간 고속도로건설지』, 1974.
　　한국고속도로10년사편찬위원회,『한국고속도로10년사』, 한국도로공사, 1980 참조.
26) 한국도로공사,『고속도로건설비화, 땀과 눈물의 대서사시』, 한국도로공사, 1980, 88~104쪽 참조.
27) 조선총독부,『新舊對照 朝鮮全道府郡面里洞名稱一覽 (상·하)』, 광주군, 경인문화사 참조.

천현에 있었음이 다시 한번 확인할 수 있게 되었다.

(4) 명칭의 변천에서 본 위치

<표 1> 천림산 명칭의 변천 과정

名 稱	位 置	出 處	備 考
穿川山	州의 서쪽	『世宗實錄地理志』	世宗14(1432)
穿川峴		『新增東國輿地勝覽』	中宗25(1530)
天臨山	州의 서쪽 30리	『廣州府邑誌』	憲宗11(1843)
天臨山	大旺面, 淸溪山과 天臨山의 중간인 月川峴	『重訂南漢志』	憲宗14(1846)
天臨山(月川峴)	서쪽 30리	『大東地志』	哲宗13(1862)
天臨山	大旺面 深谷里. 廣州郡 서남쪽 30리	『烽燧調査表』	조선총독부

위의 <표 1>에서 볼 수 있듯이 천림산의 명칭은 초기『세종실록』지리지에 穿川山,『신증동국여지승람』에 穿川峴,『광주부읍지』부터 천림산으로 개칭되었음을 알 수 있다. 결론적으로 말해 천림산봉수는 廣州의 서쪽 大旺面에 있는 淸溪山과 天臨山의 중간인 月川峴(또는 穿川峴) 위에 있었음을 알 수 있다. 이는 지금도 주민들의 구전으로 전해져 온 일명 달래내 고개의 위치와 일치하고 있는 점에서 현재의 金土洞(옛 금현동)위치가 역사적 사실에 가장 적합하다고 판단된다.

(5) 고지도에서 본 위치

한편 현존하는 고지도에서 살펴보면, ①『海東地圖』,「광주부」에서 天

臨山烽燧를 청계산과 천림산 사이에 표시하고 있으며, ②『靑邱圖』에도 天臨山烽燧, ③『大東輿地圖』에도 天臨山烽燧를 청계산과 월천현 주변에 표기하고 있다. 또한 ④『海東八道烽火山岳地圖』(고려대 소장)에서도 이를 확연하게 확인할 수 있으며, ⑤『廣輿圖』에는 天臨山烽臺를 청계산 우측에 표기하고 있다. ⑥『京畿邑誌』,「廣州府誌」(1871)에서는 穿川峴烽燧臺라 하여 언주면 양재역과 돌마면 낙생역을 연결하는 도로축에 천천현이 있고, 천천현 정상에 봉수대를 표시하고 있다. 그리고 ⑦『輿地圖書』에서는 穿呼川烽燧라 하였으며, ⑧『東輿圖』(金正浩, 1860)에서는 天臨山烽燧는 月川峴에 있다고 기록되고 있다. 결론적으로 말하면, 고지도상에 나타난 천림산봉수는 穿川峴 또는 穿呼川·天臨山烽燧로 표기되고 있으며, 청계산과 떨어져 그린 경우와 붙여 그린 경우가 있는데, 지도제작의 정확도 측면에서 본다면 김정호의 실제답사에 의해 제작된 대동여지도나 여지도서의 봉수지도가 비교적 실제 지형과 일치한다고 판단된다.

2. 천림산봉수의 구조와 출토 유물

1) 봉수대의 규모와 축조형태

천림산봉수지는 청계산의 주봉인 망경대와 국사봉(해발 540m) 사이에 있는 봉우리가 동북쪽으로 약 2.7km 가량 길게 뻗어 내려오면서 해발 약 170m 지점에서 완만한 능선을 이루며 평지를 이루고 있는 곳에 있으며, 동쪽 하단부는 경부고속도로 및 금토동과 상적동 옛골사이의 포장도로와 인접해 있다. 봉수대는 중앙의 등산로를 경계로 북쪽은 행정구역상 수정구 상적동 산 49-4에 속하며 남쪽은 금토동 산 35에 속한다.

봉수대의 형태는 현재 3개소의 烟竈가 동-서 방향으로 나란히 하면서 북쪽으로 서울 목멱산(현재 남산)봉수를 향하고 있는 북쪽 방호벽과

弧形의 남쪽 방호벽간의 南北이 짧은 東西 長軸의 長半楕圓形 구조를 띠고 있다.

동쪽 방호벽은 중간지점에 이르러 평면 V자 모양으로 回折하면서 동남 방향 45°각도로 급격히 낮아지고 있는데 서쪽 청계산(해발 618m)으로 오르는 등산로 부분에 이르러 북쪽 방호벽과 남쪽 방호벽이 점차 오므라들면서 폭5m 정도로 좁아지고 있다. 동·남·북 3면이 石築으로 되어 있는 반면에 서쪽은 석축의 흔적이 없이 거의 지면과 맞붙어 연결되어 있다.

봉수의 규모는 전체 둘레가 북·동·남쪽 방호벽 등 석축상부의 가장자리와 서쪽을 이어 측량하였을 때 80m이며, 하단부는 86.9m 가량된다. 동서 길이는 33.6m, 남북길이 12m인데, 그 중 북쪽 방호벽은 30m이고 동쪽 방호벽의 동쪽은 7.8m, 동남쪽은 8.2m로서 총 길이 16m이며, 한편 남쪽 방호벽은 29.3m이다. 봉수대 내부의 전체면적은 333㎡(100여 평)정도이다. 북·동·남쪽 방호벽 3면은 外側을 돌로 쌓고 내부는 원래의 지형을 이용한 片築式으로 쌓은 것이 아닌가 생각된다.

봉수대 안에는 북쪽 방호벽에 인접하여 동쪽 방호벽과 북쪽 방호벽이 만나 회절하는 가장자리 제일 높은 곳에 보존 상태가 양호하고 규모가 가장 큰 연조가 위치하고 있다. 또 서쪽으로는 일렬로 그보다 작은 2개의 연조가 5~7m 간격으로 위치하고 있으며, 제4·5연조로 추정되는 흔적이 남아 있다. 북쪽의 서울 남산봉수를 바라보고 있기 때문인지 현재 남아있는 3개의 연조와 2개의 연조터 및 북쪽 방호벽은 동-서로 거의 일직선 형태를 취하고 있다.

지형적으로 동쪽이 높고, 서쪽으로 가면서 점차 낮아지다가 다시 높아지고 있으며, 봉수대 내부는 북에서 남으로 엇비슷하게 경사를 이루고 있다. 또한 동쪽 방호벽과 동남쪽 방호벽에는 7.5m 거리를 두고 2군데의 출입시설이 나 있다.

참고로 <표 2>는 천림산봉수지의 규모를 나타낸 것이다.

<표 2> 천림산봉수지의 규모(단위: m)

규모			방호벽			연조			출입시설		건물터	
둘레	면적	길이	북	동	남	1	2	3	동남	동	동	남
상단 80 하단 86.9	333	동서 33.6 남북 12	길이 30 높이 1.5 ~ 1.7	길이 16 높이 0.8 ~ 1.7	길이 29.3 높이 0.9 ~ 1.5	동서 2.8 남북 3 둘레 10.9	동서 5 남북 3 둘레 13	동서 3 남북 2 둘레 9.2	높이 1.2	높이 0.7 ~ 0.8	동서 13.7 남북 13	면적 140 둘레 50

2) 烟竈의 구조와 축조형태

봉수대에는 앞에서 언급한 바와 같이 동쪽 방호벽과 북쪽 방호벽이 만나 회절하는 가장자리에 가장 규모가 큰 연조가 남아 있으며 서쪽으로 그보다 규모가 작은 2개의 연조가 일정 간격으로 배치되어 있다. 또 1950년대 이후 경작으로 말미암아 멸실된 것으로 추정되는 제4·5연조터가 남아 있다. 천림산봉수는 남쪽 龍仁의 石城山(또는 보개산)봉수에서 보내는 신호를 받아 북쪽의 목멱산 제2봉수대에 전달하기 위한 동-서 방향의 연조배치 구조를 하고 있는 점이 눈에 띈다. 이를 좀 더 구체적으로 살펴보면 다음과 같다.

(1) 제1연조

제1연조는 동벽과 북벽이 만나 回折하는 가장자리의 제일 높은 곳에 위치하고 있는데, 현존하는 3개의 연조중 가장 보존상태가 양호하고 규모면에서도 큰 연조이다. 현재의 상태로 보아 앞으로 복원할 경우 가장 원형복원이 가능하며, 현재 지상에서 1.2m 가량의 높이로 잔존되고 있다.

구조상 하단부는 동·남·서의 3면이 직각을 이루고 있는 方形 형태의 시설인 반면에, 북면은 半圓形을 이루고 있다. 크기는 동서 2.8m, 남북 3m, 둘레 10.9m이며, 축조형태는 15×50, 18×60, 30×10cm 가량의 석재를 1~3단으로 쌓았는데 각 석축사이로 점토를 다져 놓았다. 이러한 방형시설의 중앙에는 5×30, 7×26, 10×36cm 가량의 석재를 이용하여 1~3당 가량의 원형 연조시설이 남아 있는데, 크기는 동서 1.7m, 남북 2m, 둘레 6.5m정도이다. 또한 제1연조 중앙에는 동서 80cm, 남북 90cm 가량의 소형 석축이 원형을 이루고 있는 점이 특징이다.

　이를 종합해 보면, 제1연조는 직경 3m이내의 커다란 방형의 기단 위에 직경 2m 가량의 원형의 연조시설을 한 것으로 추정된다. 단, 연조하부에 불을 피운 흔적이 아직까지 발견되지 않고 있어 추후 자세한 발굴이 요청된다.

<사진 1> 제1연조 발굴 전 모습

<사진 2> 제1연조 발굴 후 중앙원형 시설 모습

(2) 제2연조

제2연조는 제1연조와 서쪽으로 5.4m 거리에 위치하고 있으며, 현재 지상에서 1m 가량의 높이로 잔존되고 있다. 구조적으로 방형을 하고 있는 제1연조와 달리 동서 5m, 남북 3m, 둘레 13m 크기로 동서가 길쭉한 타원형 형태를 띠고 있다. 중안에는 8×50, 10×74, 10×34, 12×26, 14×50cm 크기의 滑石을 원형으로 돌리고 있는데 남아 있는 석축은 1~3단 가량이다. 크기는 동서 1.6m, 남북 1.5m이다. 제2연조 역시 아궁이에 불을 피운 재나 다른 흔적은 아직 발견되지 않았다.

<사진 4> 제2연조 발굴 후 모습

(3) 제3연조

제3연조는 제2연조와 서쪽으로 6.1m 가량의 거리에 위치하고 있으며, 현재 지상에서 80cm 가량의 높이로 남아 있다. 구조상으로 보면 제2연조와 마찬가지의 원형이며, 남쪽이 일부 교란되어 현재 동서 3m, 남북 2m,

둘레 9.2m 정도의 규모로 남아 있다. 중앙에는 3×22, 5×26, 10×30cm크기의 석재를 원형으로 돌렸는데, 동서 직경 1.5m정도의 크기이다. 남쪽으로 교란이 심한 반면, 북쪽으로는 동서 2.1m, 높이 60cm 가량의 5~6단의 석축이 남아 있는데, 20×8, 26×10, 44×8cm크기의 납작하고 작은 석재를 사용하여 축조하였음을 알 수 있다.

<사진 5> 제3연조의 발굴 전 모습

<사진 6> 제3연조의 발굴 후 모습

(4) 제4 · 5연조터

제4 · 5연조는 제3연조의 서쪽에 위치하며 현재 지상에 노출된 구조물은 없는 상태이다. 그러나 인접한 북쪽 방호벽의 경사면에 다량의 석재가 쌓여 있는 것으로 보아 이것들은 제4 · 5연조의 시설에 사용되었던 석재로 추정된다(주민 강이봉씨의 증언에 따라 이것이 사실로 판명되었음). 더욱 흘러내린 석재 속에는 정연하게 쌓은 石築列이 확인되고 있어 이 사실을 뒷받침하고 있다. 이 제4 · 5연조터는 봉수대 내부의 전체 완성된 레벨을 이용하여 1cm 간격의 등고선 측량을 해 본 결과 10cm 범위 내에서 원형으로 돌아가며 두 개의 연조가 분명하게 윤곽을 나타내고 있다는 사실이 확인되었다. 연조의 규모는 다른 연조와 마찬가지로 직경 3~4m의 범위를 나타내며, 거리는 3 · 4연조간 7m, 4 · 5연조간 6m 정도로 추정된다. 현재 육안으로나 등고선측량과정에서 제4 · 5연조의 윤곽이 나타나고 있는 것으로 보아 연조를 훼손할 당시 지상의 구조물과 表土層까지만 돌을 들어냈을 것으로 추정된다. 따라서 연조의 基底部가 아직까지 지하에 남아 있을 것으로 추정되므로 더욱 정밀한 발굴조사를 통해 그 지하구조를 밝혀야 할 것이다.

<사진 7> 제4 · 5연조터의 모습

3) 출입구 시설

천림산봉수의 출입시설은 금토동에서 청계산으로 오르는 동남쪽과 상적동 옛골에서 청계산으로 오른 동쪽 방호벽에 인접하여 두 군데 遺址가 남아 있다.

(1) 동남쪽 출입구

동남쪽 출입구는 금토동에서 청계산으로 오르거나 내려오는 등산로의 하나로 등산객들의 발길이 잦은 곳이다. 출입구는 풍화암반층 위에 높이 1.2m 가량의 6~7단 석축으로 쌓았는데 경사도는 45도의 경사를 유지하고 있다. 기저부에는 47×20, 50×25cm의 비교적 큰 석재 위에 26×26, 28×18, 44×15cm의 석재를 수평으로 줄눈 맞추듯 축조하여 비교적 定型性을 이루었다. 현재 올라오는 입구에는 36×30, 54×30, 70×34cm의 큰 석재 5~6개가 출입구 석축에서 1.3m 가량 돌출되어 있는데, 이를 발판으로 삼아 봉수대 안으로 진입한 것으로 추정된다.

<사진 8> 동남쪽 출입구 모습

(2) 동쪽 출입구

동쪽 출입구는 상적동 옛골에서 청계산으로 오르내리는 등산로 위에 제 1연조와 가까이 있다. 발굴 전에는 봉수대 안으로 통하는 출입부분이 좌측은 75°의 경사를 유지한 채 일부 석축이 노출되어 있었으나, 우측은 토사로 심하게 묻혀 있어 석축을 확인할 수 없는 상태였다. 그리고 정면은 폭 1.1m 가량으로 U자형을 이루고 있었다. 발굴조사 후에 나타난 동쪽 출입구의 좌측은 높이 70cm로 6단의 석축이 남아 있으며, 우측은 높이 80cm로 7단의 석축이 남아 있는 것으로 확인되었다. 봉수대 안으로 통하기 위해 26×19×8, 30×20×6, 31×22×6cm의 평평한 석재 3개를 고여 디딤돌로 사용하였으며, 45°의 경사를 이루면서 동벽 석축에 기대어져 있다.

<사진 9> 동쪽 출입구 모습

4) 방호벽 시설

방호벽은 청계산 쪽으로 향하는 서쪽 끝을 제외하고는 동 · 남 · 북쪽의 3면이 석축으로 된 높이 0.7~1.7m 가량의 遺址가 잘 남아 있으며, 축조단수는 8~12단 정도이다. 이 석축 방호벽은 현재 3개의 연조시설이 남아 있는 북쪽벽에서 거의 원형이 잘 남아 있다.

(1) 북쪽 방호벽

북쪽 방호벽은 3개의 연조와 2개의 滅失된 연조터가 있었던 곳으로 원래의 석축을 그대로 유지하고 있어 봉수대 基壇部의 석축실태를 연구하는데 귀중한 遺址이다. 전체길이는 30m로서 동쪽에 위치한 제1연조에서 서쪽으로 14.6m 지점까지 3개의 연조와 石築列이 일정하게 잘 남아 있고, 나머지는 경작 과정에서 임의로 훼손한 제4·5연조의 석축 잔해가 무너져 쌓여 있다. 또한 제3연조시설이 있는 북벽의 기저부에는 예비군 塹壕로 판단되는 너비 4.4m, 폭 2.4m 크기의 長方形 시설 흔적이 보이고 있다. 석축의 크기는 제일 높은 곳이 1.7m, 13단 가량의 석축으로 되어 있고, 낮은 곳이 1.5m에 8~9단의 석축이 남아 있는데, 경사는 65°를 유지하고 있다.

축조형태는 基底部는 풍화암반층 위에 크기 54×24, 60×26, 70×28, 90×16cm의 다듬지 않은 장방형의 석재를 일렬로 쌓고 그 위에 20×7, 30×10, 30×22, 40×14, 42×10cm의 얇고 평평한 돌과 작은 돌로 채워 넣었으나, 서쪽으로 갈수록 이러한 규칙성이 없어지고 74×32, 90×34, 100×20cm의 큰 장방형 석재로 축조하고 있음을 볼 수 있다. 또한 이 북쪽 방호벽의 상층부에는 제2연조의 중간지점부터 서쪽으로 너비 50~55cm 가량으로 일반 성벽의 여장을 연상케 하는 2열의 석축이 8.5m 가량 남아 있는 점이 특징이다.

<사진 10> 북쪽 방호벽의 모습

(2) 동쪽 방호벽

동쪽 방호벽은 동쪽과 동남쪽에 7.5m의 거리를 두고 2개의 출입구가 있는 곳이다. 이곳은 평지를 이루고 있는 바깥의 원지형이 높은 만큼 석축 높이가 낮은데, 길이 7.8m, 높이 80~90cm이다. 경사도는 70° 가량으로 거의 수직을 이루고 있으며, 기저부에는 36×16, 50×16, 60×20cm의 비교적 큰 석재와 작은 돌들을 섞어 축조하였다. 한편 동쪽 방호벽은 남쪽 방호벽 쪽으로 45° 가량 꺾이면서 길이 8.2m 정도로 급격히 경사를 이루며 낮아지고 있다. 높이는 동쪽 방호벽과 인접한 곳이 80cm 가량의 8단 정도의 석축으로, 남쪽 방호벽과 인접한 곳은 높이 1.7m에 14~15단 가량의 석축을 쌓았다.

북쪽 방호벽에 비해 석재의 크기가 일정하지 않으나 축조시 수평을 유지한 흔적이 보이며, 상층부에는 폭 1m, 길이 7.7m 가량의 石列이 나타나고 있다.

<사진 11> 동쪽 방호벽 모습

(3) 남쪽 방호벽

남쪽 방호벽은 발굴전에는 토사가 심하게 덮힌 채 상충부의 일부 석재
만 노출된 상태였으나 除土作業의 결과 동남벽과 인접하여 전체 길이
29.3m 중에 약 4.3m 정도의 석축이 비교적 양호하게 남아 있으나 그 외
는 무너져 내린 상태였다. 현존하는 석축은 높이 1.5m, 석축단수 12단 가
량으로 경사도는 45°를 유지하고 있다. 남쪽 방호벽을 구성하고 있는 석
재의 크기는 20×16, 24×14, 26×13, 30×24, 40×20cm이다. 남쪽 방호
벽의 中間部에는 폭 1.8m, 높이 90cm 가량으로 풍화암반층 위에 반원 모
양의 인위적인 시설물 흔적이 있으나 용도는 미상이며 남쪽 방호벽의 下
壇部로 급격한 경사를 이루고 있어 앞으로 이의 규명이 요청된다.

<사진 12> 남쪽 방호벽 모습

4) 건물터

(1)동쪽 방호벽 밖의 건물터

동쪽 방호벽 바깥 건물터는 동쪽 방호벽과 연계되어 半楕圓形의 평지 지형을 이루고 잇는 곳이다. 규모는 동서 13.7m, 남북 13m 가량으로 내부에는 둘레 40cm 가량의 10년생 소나무와 상수리나무가 조밀하게 植栽되어 있으며, 현재 폭 1.3m 정도의 등산객 통행로가 만들어져 있다. 봉수대와 인접하여 평지를 이루고 있는 것으로 보아 봉수운영 등에 필요한 물자(무기, 땔감 등)를 보관하기 위한 가옥(무기고, 창고 등)이 있었던 것이 아닌가 추정된다.

<사진 13> 동쪽 방호벽 바깥의 건물터 모습

(2) 남쪽 방호벽 아래 건물터

남쪽 방호벽으로부터 약 100m 떨어진 곳에 남향의 집터를 말하는데, 그 규모는 면적 140㎡, 둘레 50m 가량이며 동남쪽으로 금토동과 멀리 용인 석성산봉수가 내려다보이는 곳에 있다. 건물터의 형태는 不定 直方形의 모양의 평지이며, 건물터 뒤쪽에 높이 1.1~1.3m, 길이 20m 가량의 축대가 남아 있으며, 앞쪽에도 역시 1.8m, 길이 14.2m 가량의 흘러내린 石築 遺址가 남아 있다. 이곳에는 금토동 주민의 증언에 의하면 일제시기까지도 봉수군이 기거하던 건물이 있었다고 전한다. 따라서 앞으로 정밀한 추가발굴을 통해 봉수군 집터의 구조를 해명하는 실마리를 찾아야 할 것이다.

<사진 14> 남쪽 방호벽 아래 건물터 모습

3. 출토 유물 현황과 특징

1) 제1연조 출토 유물

(1) 토기편

灰色硬質土器 口緣部片으로 胎土는 정선된 泥質土이다. 燒成이 양호하고 外反된 口緣部에는 회전 물손질 흔적이 잔존하고 있다. 기벽단면 두께는 0.5cm이다.

<사진 15> 제1연조 출토 유물 토기편

(2) 토기편

역시 회색경질토기 □緣部片으로 태토가 비교적 정선된 泥質이며, 소
성이 양호한 편이다. 잔존한 파편이 작아 전체의 크기는 알 수 없으나 구
연부는 납작하게 外反되었다. 기벽단면 두께는 0.4cm이다.

(3) 토기편

회색경질토기 胴體部片으로 태토는 石英이 混入된 비교적 정선된 泥質
土이다. 소성은 양호하며 표면에 0.3cm 두께의 太線이 2줄 돌려 있다. 기
벽단면 두께는 0.4cm이다

(4) 토기편

회색경질토기 底部片으로 태토에 미세한 장석, 운모 등이 혼입되어 있
다. 소성은 양호한 편이며, 기벽단면 두께는 0.6cm, 추정되고 있는 바닥지
름은 24.1cm이다.

(5) 자기편

비취빛이 약간 감도는 白磁 底部片으로 내면 바닥과 굽에 모래를 묻혀 소성하였다. 오목굽으로 모래받침 소성을 하기 전 흙물을 찍어 모래를 묻힌 적갈색 띠흔이 남아 있어 粗質한 느낌이 강하다. 施釉형태는 양호한 편이며 氷裂이 보인다. 底徑 6.4cm, 기벽단면 두께 1.1cm이다.

(6) 토기편

회색경질토기 胴體部片이다. 태토는 석영알갱이 및 미세 石粒이 혼입된 泥質土이다. 속심은 회백색, 외면은 회색으로 소성이 양호한 편이며, 내외면 물솔질 흔적이 잔존한다. 기벽단면 두께 0.4cm이다.

(7) 토기편

회색경질토기 동체부편으로 석영 등의 微細石粒이 혼입된 泥質土로 제작되었다. 외면과 겉면, 속심의 색이 연미색, 흑색, 회흑색으로 각기 다르게 나타나 있다. 기벽단면 두께는 0.4cm이다.

(8) 자기편

백자 저부편으로 시유상태는 양호하며, 내·외면에 빙열이 보인다. 고운 모래로 소성한 듯하며 굽은 약간 높은 수직굽으로 굽바닥을 손질하였다. 기벽단면 두께는 0.7cm이다.

2) 제2연조 출토 유물

제2연조의 정리작업 중 표토층에서 4점의 常平通寶가 출토되었다. 상평통보는 숙종 4년(1678)부터 조선시대 유일한 法貨로 채택, 유통되기 시작하여 조선 말기까지 사용된 화폐이다. 상평통보의 무게는 2錢 5分을 원칙으로 하였으나, 원료인 銅의 供給難을 이유로 2전, 2전 7푼, 1전 1푼 등으로 줄었다. 채집된 상평통보 역시 크기가 약간씩 다른데 큰 것은 지름 3cm, 작은 것은 지름 2.3~2.5cm로 대략 대소 2종류로 구분할 수 있다. 청녹 때문에 뒷면의 한자를 확실하게 구분할 수 없는 것도 있다.

(1) 상평통보1

상평통보1은 앞면은 '常平通寶', 뒷면은 縱으로 '開□'이라는 2字가 드러나게 鑄造되었으며, 중간에 0.8cm의 方形 구멍이 있다. 지름 3cm, 두께 0.18cm, 무게 6g이다

<사진 16> 제2연조 출토 상평통보

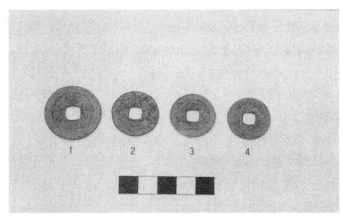

(2) 상평통보2

상평통보2는 앞면에 '常平通寶', 뒷면에 '戶四一'字가 드러나게 주조되

었으며, 중간에 0.7cm의 방형 구멍이 있다. 지름 2.5cm, 두께 0.18cm, 무게 5g이다.

(3) 상평통보3

상평통보3은 앞면에 '常平通寶', 뒷면에 '口 四'字가 드러나게 주조되었으며, 중간에 0.7cm의 방형 홈이 있다. 지름 2.5cm, 두께 0.18cm, 무게 4g이다.

(4) 상평통보4

상평통보4는 앞면에 '常平通寶', 뒷면에 '戶口 二'字가 드러나게 주조되었으며, 중간에 0.6cm의 방형 홈이 있다. 지름 2.4cm, 두께 0.17cm, 무게 4g이다.

3) 제3연조 출토 유물

(1) 자기편

백자 대접의 口緣部片으로 施釉상태가 양호하며, 氷裂은 보이지 않는다. 기벽단면 두께 2.5cm, 推定 口徑은 15.8cm이다.

<사진 17> 제3조 연조 출토 유물 자기편

(2) 토기편

회흑색 경질토기 底部片으로 胎土는 석영이 혼입되어 정선된 것이며, 燒成도 양호하다. 내면에는 회전물손질흔과 손누름흔이 잔존한다. 추정 底徑은 15.2cm, 기벽 두께는 7cm이다.

(3) 자기편

회색빛이 감도는 백자 저부편으로 모래받침 소성을 하였다. 시유상태는 양호한 편이며, 오목굽이다. 추정 저경은 4.5cm, 기벽단면 두께는 1.2cm이다.

(4) 자기편

푸른 빛이 감도는 백자 저부편으로 내면과 굽에 모래를 묻혀 소성하였다. 시유상태는 보통이다. 굽은 오목굽으로 모래 알갱이가 조잡하게 묻어 있으며, 그 아래로 적갈색 흙물을 찍은 흔이 잔존한다. 저경 4.5cm, 기벽 단면 두께 0.5cm이다.

(5) 자기편

연비취빛이 감도는 백자 구연부편이다. 소성 및 시유상태가 양호하며, 빙열이 보인다. 기벽단면 두께 0.4cm이다.

(6) 토기편

회흑색 경질토기 동체부편으로 태토는 정선된 편이며, 소성도 양호하다. 내외면은 회흑색 슬립을 입힌 듯하며 회전 물손질흔이 잔존한다. 기벽단면 두께 0.6cm이다.

(7) 토기편

회색 경질토기 시루의 저부편이다. 태토는 정선된 편이며, 소성도 양호하다. 시루의 바닥은 끊어내기로 제작하였다. 추정되는 시루구멍은 지름 4~5cm이며, 바닥둘레는 24cm이고, 기벽단면 두께는 0.6cm이다.

4) 제4 · 5연조 출토 유물

(1) 토기편

회색경질토기 구연부편으로 미세한 석영, 장석립이 혼입된 비교적 정선된 태토로 제작되었다. 소성은 양호한 편이며, 구연단은 外反되어 꺾여 있다. 片이 작아 口徑은 알 수 없고 器壁斷面 두께는 0.6cm이다.

(2) 토기편

회색경질토기 동체부편으로 石粒이 혼입된 비교적 정선된 태토로 소성도 양호한 편이다. 외면에는 0.3~0.4cm 두께의 물손질 홈이 돌려져 있다. 기벽단면 두께는 0.5cm이다.

(3) 토기편

회색경질토기 동체부편으로 5-2와 유사하며 외면에 약간의 굴곡이 있고, 외내면은 회전 물손질로 정면하였다. 기벽단면 두께는 0.5cm이다.

(4) 토기편

회색경질토기 구연부편으로 태토는 정선되었고 소성도 양호하다. 구연부는 外反되었으며, 기벽의 단면 두께는 0.2cm로 얇다. 추정구경은 28.6cm이다.

< 사진 18> 제4 · 5연조 출토 토기편

(5) 자기편

회색빛의 백자 대접편으로 소성 및 시유상태가 양호하다. 구연부는 약
간 외반되어 있으며, 추정되는 구경은 13cm이고 기벽단면 두께는 0.5cm
이다.

5) 남쪽 방호벽 출토 유물

(1) 토기편

흑회색 경질토기 동체부편으로 운모 등의 미세 석립이 혼입된 정선된
태토이다. 내면과 외면에는 테쌓기로 제작하여 물손질한 듯한 물손질흔
이 잔존해 있다. 기벽단면 두께는 0.7cm이다.

<사진 19> 남쪽 방호벽 출토 유물 토기편

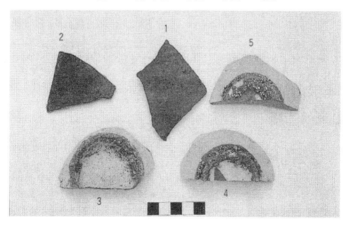

(2) 토기편

흑회색 경질토기 동체부편이다. 태토는 정선된 泥質土로 속심은 회색,

외면은 흑색이다. 내면에는 박자흔이 남아 있고, 외면은 회전물 손질하였다. 기벽단면 두께는 0.5cm이다.

(3) 자기편

백자 저부편으로 모래받침 소성하였고, 소성상태는 양호한 편이다. 시유상태가 불량하여 기포가 표면에 나타나 있으며, 오목굽이다. 기벽단면 두께는 0.6cm이다.

(4) 자기편

백자 저부편으로 모래받침 소성하였고 소성상태는 양호한 편이다. 낮은 오목굽으로 굽에는 흙물을 찍은 흔이 잔존하며, 내면의 내원경은 8cm로 추정되며, 기벽단면 두께는 0.6cm이다.

(5) 자기편

백자 저부편으로 모래받침 소성하였고, 시유 및 소성상태는 양호하다. 낮은 오목굽으로 굽에는 적갈색 흙물흔이 남아 있다. 기벽단면 두께는 0.5cm이다.

6) 북쪽 방호벽 출토 유물

출토지는 제1연조와 인접한 북쪽 방호벽이며, 석축 정리 과정중에 波濤紋, 魚骨紋이 施紋되거나 無紋의 암키와, 수키와가 여러 점 출토되었다. 태토는 석영 알갱이 등이 혼입되거나 비교적 미세한 石粒이 혼입된 泥質의 태토가 사용되었다. 문양은 대체로 파도문, 어골문 등이 施紋되었으며 일부는 지워지기도 하였다. 瓦刀는 이면에서 표면쪽으로 반정도만 그은 후 부러뜨려 제작하였다. 시대는 대체로 조선시대로 추정된다.

(1) 파도문 암키와편

회색경질의 파도문 암키와편이다. 태토는 석영 등의 알갱이가 혼입되어 있다. 표면의 물결파도문은 물손질로 약간 지워져 있고 이면에는 잔존된 포목흔 역시 하단부는 지워져 있다. 이면에서 와도로 그은 이후 부러뜨려서 갈랐으며, 단면은 와구부로 갈수록 얇아진다. 단면 두께는 2cm이다.

<사진 20> 북쪽 방호벽 출토 유물 파도문 암기와편

(2) 무문 수키와편

회색경질의 무문 수키와편이다. 비교적 정선된 태토를 사용하였고, 표면은 좌우, 상하로 물손질하였다. 이면에는 포목흔이 잔존하며 이면에서 표면으로 와도를 반만 그은 후 부러뜨려 제작하였다. 단면 두께는 2cm이다.

<사진 21> 북쪽 방호벽 출토 유물 무문수키와편 탁본

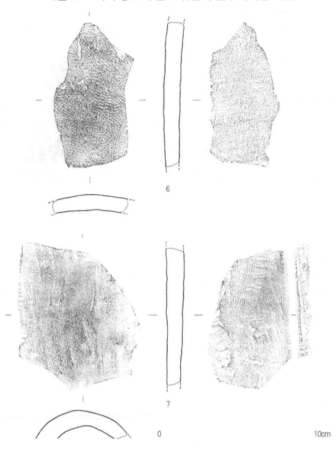

6

7

0   10cm

(3) 파도문 암키와편

　회색경질의 파도문 암키와편이다. 비교적 정선된 태토를 사용하였으며, 표면의 파도문은 물손질로 약간 지워져 있다. 내면에는 포목흔이 선명하게 남아 있다. 단면 두께는 2.1cm이다.

(4) 복합문 수키와편

회색 경질복합문(變形魚骨紋, 垂直針線紋)의 수키와편이다. 비교적 정선된 태토에 석립이 혼입되어 있다. 표면에는 斜線太針線紋, 魚骨紋, 直線太針線紋이 선명하게 나타나 있고, 이면에는 약간 흘러내려 접힌 마포모양의 포목흔이 잔존한다. 와구부는 얇게 정리되었다. 이면에서 瓦刀를 반만 그어 부러뜨려 제작하였다. 단면 두께는 2.4cm이다.

<사진 22> 북쪽 방호벽 출토 유물 복합문 수키와편

(5) 무문 수키와편

회흑색 경질의 무문 수키와편이다. 태토에 석립이 혼입되어 있다. 표면은 약간의 어골문이 남아 있으나 상하로 물손질 정리하여 무늬가 지워졌다. 와구부는 단면상 얇게 정리되어 있으며, 이면에서 와도를 반만 그어 부러뜨려 제작하였다. 단면 두께는 1.8cm이다.

(6) 무문 수키와편

회색경질 무문 수키와편이다. 비교적 정선된 니질토를 사용하였으며, 소성도 양호한 편이다. 미구부가 잔존한 것으로 표면의 문양은 물손질로 지운 듯 하다. 미구부는 와도로 깨끗이 정리되었고 이면에서 와도를 반만 그어 부러뜨려 제작하였다. 단면 두께는 2cm이다.

(7) 파도문 수키와편

회색경질의 수키와편으로 태토는 석영, 장석 등의 알갱이가 혼입되어 있다. 표면에 파도문과 비슷한 문양이 보이지만 물손질로 인하여 거의 지워져 확실하지 않다. 이면에는 포목흔이 남아 있다. 태토에 혼입된 석립으로 인하여 매끈하게 그어지지 않았으나, 이면에서 와도로 그은후 부러뜨려 제작되었다. 미구에 언강이 약간 잔존해 있다. 단면 두께는 2.5cm이다.

7) 동쪽 출입구 출토 유물

(1) 토기편

회색경질토기 구연부편으로 태토에는 미세한 석영립이 다량 혼입되어 있다. 소성은 양호한 편이며 기벽단면 두께는 0.5cm이다.

<사진 23> 동쪽 출입구 출토 유물 토기편

(2) 토기편

회색경질토기 동체부편으로 태토는 미세 석립이 혼입된 정선된 태토이며 소성은 양호하다. 기벽단면 두께 0.6cm이다.

4. 맺음말

천림산봉수는 1996년에 성남시 수정구 금토동(일명 月川 또는 月峴)에서 발견된 조선시대의 봉수터 유적이다. 이 천림산봉수터는 역사적으로 조선시대 초기에 광주에 설치되었던 穿川山烽燧로서 서울 남산의 木覓山 제2봉수와 동래 多大浦 鷹峰을 잇는 중요한 군사통신 역할을 하였다. 고려의 뒤를 이은 조선왕조는 중앙집권적 통치체제를 유지하기 위하여 驛站이라는 교통기관과 더불어 봉수라는 군사통신망을 근간으로 조정의 통신체계를 확립하였는데, 이것들은 왕명과 변경의 긴급한 군사상황을 신속히 중앙의 병조와 국왕 그리고 지방의 군현 및 진보에 전달하여 적의 침입에 대비하는 국가의 동맥이자 중추신경이었다. 봉수란 흔히 봉화로 잘 알려져 있듯이 낮에는 연기로, 밤에는 횃불로써 변경의 급박한 군사정세를 전달하는 것으로, 전국의 5개 노선에 直烽과 間烽으로 조직되어 국토방위 위에 없어서는 안 될 중요한 군사통신 수단의 하나였던 것이다. 성남의 천림산봉수도 그 하나이다.

천림산봉수의 설치 유래는 조선 초기의 천천산봉수로부터 비롯되었는데, 아마도 이것이 기록상 최초의 것으로 현재까지의 판단에 의하면 고려시대에도 설치되었는지는 미지수다. 대체적으로 미루어보면 조선왕조의 개창과 더불어 한양으로 천도한 이후 국가체제의 정비과정에서 설치되었을 가능성이 높다. 태종~세종 5년 사이로 추정된다. 이 천천산봉수는 이후 몇 차례의 명칭이 변경되어 『세종실록』 지리지에는 穿川山烽燧, 『新增東國輿地勝覽』에는 穿川峴烽燧, 영조 5년(1729) 이후 기록이나 『중정남한지』에는 天臨山烽燧로 개칭되어 오늘에 이르고 있다. 중간에 穿川峴烽燧로 바뀌게 된 것은 선초에 판교 樂生驛과 도성을 잇는 교통로의 개통, 즉 穿川峴路의 개발과 관련이 깊다. 일찍이 삼남지방에서 도성에 이르는 중요 교통로상에 놓여 있는 穿川峴은 헌릉의 주산 山脈遮斷 때문에 일시적으로 개통되지 않았으나 점차 통행인구 및 물자운송의 증대로 교통로서의 기능이 중요하게 인식되어 결국은 樂生驛과 도성을 잇는 穿川峴路로서 개통되었다. 이때를 전후하여 천천산봉수가 천천현봉수로 개칭된 것이 아닌가 추정된다. 이 천림산봉수는 조선왕조의 5대 봉수노선의 하나인 동래 多大浦 鷹峰에서 도성의 木覓山 제2봉에 이르는 간선봉수로상에 있는 봉수로서 왜구침입 이후 임진왜란을 거치면서 동남쪽 변방의 군사정세를 신속히 중앙에 전달하는 군사통신으로서 역사적 의의가 매우 컸다.

이러한 천림산봉수에 대한 봉수터의 위치를 확인하고 지표 및 발굴조사에 참여한 필자의 입장에서 보면 이번 봉수터의 발굴 의미는 남다르다. 왜냐하면 그 동안의 국내 봉수복원실태를 보면 남산이나 아차산봉수 등의 예에서 보듯이 거의 대개가 수원 華城烽墩을 참고로 하여 복원하였다. 화성봉돈은 18세기의 산물이다. 그렇다면 조선 초기의 봉수대 시설구조물은 어떠하였을까 하는 것이 늘 뇌리를 떠나지 않고 있던 차에, 천림산봉수터를 발굴하면서 烟竈 下部 구조 및 봉수대 출입구, 방호벽의 시설구조를 파악함으로써 봉수대의 원형을 복원할 수 있는 가능성이 높았기 때문이다. 앞으로 정밀 발굴조사를 기대해야 하겠지만 1차발굴조사의 결과를 요약하면서 향후 과제에 대해 언급할까 한다.

천림산봉수는 석축으로 된 기단부 봉수대 위에 현재 3개의 烟竈가 동―서방향으로 일렬로 배치, 남북이 짧고 동서가 긴 長半楕圓形 모습을 띠고 있다. 위치는 청계산 주봉인 망경대와 국사봉사이의 봉우리가 동북쪽으로 약 2.7km 뻗어내려 오면서 해발 170m 완만한 능선에 있다. 규모는 동서길이 33.6m, 남북길이 12m로서, 북쪽 방호벽은 30m, 동쪽 방호벽의 동쪽 7.8m, 동남쪽 8.2m, 반면에 남쪽 방호벽은 29.3m이며, 서쪽은 능선과 연결되어 있으며, 방호벽 3면은 外側을 돌로 쌓았으며 내부는 원지형을 이용, 片築式으로 축조한 것으로 추정된다.

연조시설은 모두 5개 있어야 하나 현재는 3개만 남아 있고 나머지는 유실되어 殘石들이 북쪽 방호벽 주변에 널려 있다. 제1연조는 가장자리 맨 우측에 있는 것으로 보존상태가 양호하고 규모 또한 크다. 현재 지상에 1.2m 가량 잔존된 구조물이 있는데, 하단부는 동서 2.8m, 남북 3m, 둘레 10.9m의 방형석축 시설로 되어 있으나, 북면은 반원형의 형태를 보여주고 있다. 1~3단의 석축을 쌓았고, 석축사이는 점토를 넣었다. 제2연조는 제1연조로부터 5.4m 거리에 위치하고 있으며, 지상 1m 가량의 석축이 남아 있다. 동서 5m, 남북 3m, 둘레 13m 의 크기로 동서가 길쭉한 타원형 형태이다. 滑石을 1~3단 규모로 돌린 채로 남아 있다. 제3연조는 제2연조와 서쪽으로 6.1m 떨어진 위치에 있으며, 동서 3m, 남북 2m, 둘레 9.2m 규모이며, 동서직경 1.5m 정도의 크기이다.

한편, 봉수대의 출입구 시설이 2군데 발굴되었다. 동남쪽 출입구는 금토동에서 청계산에 왕래하는 등산로로 이용되고 있는데, 풍화암반층 위에 높이 1.2m 가량의 6~7단 석축으로 축조하였으며, 45도의 경사를 유지하고 있다. 이것은 기저부로부터 크고 작은 석재를 안정적으로 축조하여 봉수대의 출입구 역할을 한 것으로 추정된다. 동쪽 출입구는 제1연조 근처에 있는데, 75도의 경사를 유지한 채 일부 석축이 노출되었으나, 발굴전에 우축은 토사가 심하게 묻혀 있고 정면은 폭 1.1m 정도의 ∪자형 모습을 하고 있었으나, 발굴 후 출입구 좌측은 높이 70cm의 6단 석축이, 우축에는 80cm 높이의 7단 석축이 남아 있었으며, 평평한 석재 3개를 고여 디딤돌로 사용하였다.

또한, 방호벽 시설구조를 살펴보면 북쪽 방호벽은 원형의 석축이 그대로 남아 있어 봉수대 基壇部 구조를 연구하는데 귀중한 遺址이다. 전체길이는 30m이며, 제1연조에서 서쪽 14.6m까지는 3개의 烟竈와 石築列이 비교적 일정하게 잘 남아 있으나, 나머지는 4.5연조의 석축잔해가 무너져 쌓여 있다. 제일 높은 곳이 1.7m, 13단 정도의 석축이, 낮은 곳은 1.5m에 8~9단의 석축이 65도의 경사를 유지하고 있다. 축조형태는 基底部는 풍화암반층 위에 다듬지 않은 장방형 석재를 일렬로 쌓고 그 위에 작은 돌로 채워 넣었으나 서쪽으로 갈수록 규칙성은 사라지고 있다. 주목할 것은 북쪽 방호벽 상층부 제2연조 중간지점에 넓이 50~55cm 가량의 성벽 여장을 연상케 하는 2열 石築이 8.5m 가량이 남아 있다는 점이다. 그리고 동쪽 방호벽은 길이 7.8m, 높이 80~90cm, 경사도 70도 가량으로 거의 수직 형태이며, 기저부에는 비교적 큰 석재와 작은 돌들을 섞어 축조하였는데, 출입구시설 2곳이 있다. 남쪽 방호벽은 발굴 전에는 토사가 심하게 덮여 있었으나, 除土 후 전체길이 29.3m 중에 약 4.3m 정도의 석축이 비교적 양호하게 남아 있다. 석축 높이는 1.5m, 12단 가량의 45도 경사를 유지하고 있으며, 중간부에 용도미상의 인위적 시설물이 남아 있어 앞으로 이의 규명이 필요하다.

건물터는 무기고, 봉수군 가옥 등이 있었을 것으로 사료되는데, 이번에는 일부만 조사하였다.

동쪽 방호벽 주변 건물터는 동쪽 방호벽에서 반타원형의 지형에 연결되어 있는데, 동서 13.7m, 남북 13m 정도이며 아마도 봉수운영에 관계된 무기고 또는 창고 시설이 아닐까 추정된다. 남쪽 방호벽으로부터 약 100m 정도 떨어져 있는 곳에 꽤 넓은 규모의 집터가 조사되었는데, 주민의 고증에 따르면 봉수군의 집터로 생각된다. 둘레 약 50m, 넓이 140㎡으로 不定直方形의 平地이며, 건물터 뒤쪽으로 높이 1.1m, 길이 20m 내외의 석축(담장?) 유지가 남아 있어 집터로 확인된다. 앞으로 추가 발굴조사로 봉수군 집터 구조를 해명하는데 기여하기를 기대해 본다.

한편, 천림산봉수터에서는 여러 가지 종류의 유물이 출토되었다. 그 중에서도 제1연조에서 제3연조에 이르는 곳에서 토기편, 자기편과 상평통보 및 암키와 · 수키와편이 출토되어 봉수군의 생활상과 봉수대 구조를 파악하는데 도움이 될 것으로 사료된다.

토기편은 대체로 연조주변에서 많이 출토되었는데, 대부분 회색경질 토기 구연부 · 동체부 및 기저부편이며, 일부는 석영이나 장석 · 운모 등이 혼입된 것도 있으나 정선된 泥質土 胎土로 비교적 燒成이 양호한 토기편들이다. 백자편은 백자 대접의 저부편이 대부분인데, 시유상태는 양호하며 모래받침 소성을 한 것이 많으며, 낮은 오목굽과 빙열 흔적도 보이고 있다. 이것들의 연대측정과 감정으로 당시의 음식문화 내지는 그릇문화의 수준과 실태를 알 수 있을 것이다. 그리고 제2연조에서는 조선 후기 화폐인 常平通寶 4점이 출토되었는데, 0.6cm~0.8cm의 方形구멍이 뚫려 있는데, 앞면에는 '상평통보', 뒷면에 '開口', '戶四一' 및 '戶口 二'이 주조된 것으로 보아 戶曹 등에서 주조한 화폐임을 알 수 있으며 아마도 봉수별장과 봉수군들에게 지급된 급료의 일부였을 것으로 추정된다. 끝으로 기와편은 대개 북쪽 방호벽에서 출토된 것으로, 회색경질의 파도문 암키와와 회색 또는 회흑색 경질의 무문 및 파도문수키와가 대분이다. 일부 석영 등이 혼입되어 있으나 비교적 정선된 태토를 사용하였으며, 물손질 및 와도의 흔적과 포목흔이 남아 있어 정밀분석을 통하여 당시 기와 제작 실태를 이해하는데 도움이 될 것이라 생각된다. 이러한 출토 유물을 통해 조선시대 봉수대의 구조와 봉수군의 생활상의 일부를 엿볼 수 있었다.

그러나, 앞으로 추가발굴을 통하여 좀 더 정밀하게 연조의 축조형태(원형 또는 방형 여부)와 화덕의 위치를 파악할 수 있는 유적이나 유물이 출토되기를 기대한다. 또한 화덕 주변에서 봉수에 사용된 연료(재)의 출토와 연통의 구조를 이해하는데 중요한 유물 그리고 봉수대에 비치해 놓

왔던 각종 무기류의 발굴도 해결해야 할 과제이다. 이러한 발굴조사에 따른 고고학적 검증과 문헌학적 비교를 통해 천림산봉수의 복원을 추진하는 것은 너무나 자명한 일이다.

(이 논문의 '천림산봉수의 구조와 출토 유물'에 대해서는 한국토지공사 토지박물관, 성남 천림산봉수 발굴조사보고서, 2000, 2001에 의거하여 작성되었음을 밝힌다.)

부록

<부록 1>

『咸鏡道各邑鎭堡烽臺及將卒並錄成册』에 나타난 봉수군 조직

각읍진보 (各邑鎭堡)	봉대명칭 (烽臺名稱)	별장 (別將)	백총 (百摠)	감관 (監官)	무사 (武士)	합계
경흥부 (慶興府)	두리봉(豆里峯)	1	1	6	24	32
	굴신포(屈伸浦)	0	1	6	24	31
	망덕(望德)	0	1	6	24	31
	포항(浦項)	0	1	6	24	31
서수라보 (西水羅堡)	우암(牛巖)	0	1	6	24	31
조산보 (造山堡)	남(南)	0	1	5	20	26
무이보 (撫夷堡)	서봉(西峰)	1	0	5	20	26
아오지보 (阿吾地堡)	동(東)	1	0	5	21	27
소계	8	3	6	45	181	235
경원부 (慶源府)	남산(南山)	1	1	9	85	96
	후훈(厚訓)	0	1	9	85	95
	마유(馬乳)	0	1	9	85	95
	중봉(中峰)	0	1	9	84	94
아산보 (阿山堡)	백안(白顔)	1	0	4	18	23
	건가퇴(件加退)	0	0	4	17	21

건원보 (乾原堡)	수정(水汀)	1	0	10	40	51
안원보 (安原堡)	동림(東林)	1	0	10	40	51
훈융진 (訓戎鎭)	성상(城上)	1	0	5	23	29
	장항(獐項)	0	0	5	20	25
소계		10	5	4	74	497	580
온성부 (穩城府)	포항현(浦項峴)	1	1	7	28	37
	평대(平臺)	0	1	7	28	36
	사장(射場)	0	1	7	28	36
	시건(時建)	0	1	7	28	36
	견탄(犬灘)	0	1	7	28	36
황척파보 (黃拓坡堡)	장성(長城)	1	1	3	13	18
미전진 (美錢鎭)	전강(錢江)	1	1	3	13	18
	미전 (美錢)	0	1	3	13	17
유원진 (柔遠鎭)	평(坪)	1	1	3	13	18
	압강(壓江)	0	1	3	13	17
	고성(古城)	0	1	3	13	17
영달보 (永達堡)	중봉(中峯)	1	1	3	12	17
	송봉(松峯)	0	1	3	12	16
	소동건(小童巾)	0	1	3	12	16

소계	14	5	14	62	254	335
종성부 (鍾城府)	북(北)	1	1	20	81	103
	남(南)	0	1	20	81	102
	삼(三)	0	1	20	81	102
	오갈암(烏碣巖)	0	1	20	81	102
	부회환(釜回還)	0	1	20	81	102
동관진 (潼關鎭)	보청포(甫晴浦)	1	1	8	35	45
	북봉(北峯)	0	1	8	35	44
	장성문(長城門)	0	1	8	34	43
방원보 (防垣堡)	신기리(新歧里)	1	0	9	67	77
	포항(浦項)	0	0	9	67	76
소계	10	3	8	142	643	796
회령부 (會寧府)	오농초(吾弄草)	1	1	20	84	106
	오산(鰲山)	0	1	20	82	103
	고연대(古烟臺)	0	1	20	82	103
	운두봉(雲頭烽)	0	1	20	82	103
	남봉(南峯)	0	1	20	82	103
	송봉(松峯)	0	1	20	82	103
고령진 (高嶺鎭)	하을포(下乙浦)	1	1	7	29	38
	북봉(北烽)	0	1	7	29	37

	죽보(竹堡)	0	1	7	29	37
보을하진 (甫乙下鎭)	중봉(中峯)	1	1	14	61	77
	봉덕(奉德)	0	1	14	59	74
	이현(梨峴)	0	1	14	59	74
고풍산보 (古豊山堡)	고현(古峴)	0	1	5	22	28
소계		13	3	13	188	782	886
무산부 (茂山府)	남령(南嶺)	1	1	20	90	112
	쟁현(錚峴)	0	1	20	87	108
양영보 (梁永堡)	서현(西峴)	1	0	6	32	39
풍산보 (豊山堡)	대암(大巖)	1	0	5	22	28
	호박덕(虎珀德)	0	0	5	22	27
소계		5	3	2	56	253	314
부령부 (富寧府)	남봉(南烽)	1	1	20	82	104
	구정판(仇正坂)	0	1	20	82	103
	칠전(柒田)	0	1	20	80	103
폐무산보 (廢茂山堡)	흑모로(黑毛老)	0	1	6	24	31
소계		4	1	4	66	266	337
경성부 (鏡城府)	송곡현(松谷峴)	1	0	20	82	103
	강덕(康德)	0	0	20	82	102
	나적(羅赤)	0	0	20	82	102

	장평(長坪)	0	0	20	82	102
	영강(永康)	0	0	20	81	101
	주촌(朱村)	0	0	20	81	101
	중덕(中德)	0	0	20	81	101
	수만덕(壽萬德)	0	0	20	81	101
어유간진 (漁游澗鎭)	차산(遮山)	0	0	3	13	16
오촌보 (吾村堡)	하(下)	0	0	5	16	21
주을온보 (朱乙溫堡)	불암(佛巖)	0	0	1	6	7
	고봉(古峯)	0	0	1	5	6
보화보 (寶化堡)	송봉(松烽)	0	1	3	13	17
삼삼파보 (森森坡堡)	송봉(松烽)	0	0	2	8	10
소계		14	1	1	175	713	890
명천부 (明川府)	북(北)	1	0	20	97	118
	포항동 (浦項洞)	0	0	20	96	116
	고참(古站)	0	0	20	96	116
소계		3	1	0	60	289	350
길주목 (吉州牧)	녹번(碌礐)	1	0	20	82	103
	최세동(崔世洞)	0	0	20	81	101
	향교치(鄕校峙)	0	0	20	81	101
	산성(山城)	0	0	20	81	101

	장고개(場古介)	0	0	20	80	100
서북진 (西北鎭)	서산(西山)	1	0	6	12	19
	고봉(古峯)	0	0	6	12	18
	동산(東山)	0	0	6	11	17
성진진 (城津鎭)	쌍포령(雙浦嶺)	1	0	20	81	102
	기리동(歧里洞)	0	0	20	80	100
소계		10	3	0	158	601	762
합계		91	28	52	1,026	4,479	5,585
각읍진보 (各邑鎭堡)	봉대명칭 (烽臺名稱)	별장 (別將)	백총 (百摠)	감관 (監官)	무사 (武士)	합계
단천부 (端川府)	호타산(胡打山)	1	0	20	80	101
	오라퇴산 (吾羅退山)	0	0	20	80	100
	마허라산 (亇許羅山)	0	0	20	80	100
	고소리산 (古所里山)	0	0	20	80	100
	장항산(獐項山)	0	0	20	80	100
	사기산(沙器山)	0	0	20	80	100
	증산(甑山)	0	0	20	80	100
이동보 (梨洞堡)	을룡덕산 (乙龍德山)	1	0	3	11	15
	마등령(馬騰嶺)	0	0	3	12	15
	검의덕산 (檢義德山)	0	0	3	12	15
쌍청보 (雙靑堡)	구자산(口字山)	1	0	6	24	31

	곽령(藿嶺)	0	0	6	24	30
	가사산(家舍山)	0	0	6	24	30
소계		13	3	0	167	667	837
이성현 (利城縣)	성문치(城門峙)	1	0	20	80	101
	두을응치 (斗乙應峙)	0	0	20	80	100
	읍주산(邑主山)	0	0	20	80	100
	진도산(眞島山)	0	0	20	80	100
소계		4	1	0	80	320	401
북청부 (北靑府)	마저산(馬底山)	1	0	20	80	101
	허화산(虛火山)	0	0	20	80	100
	후치산(厚峙山)	0	0	20	80	100
	신설산(新設山)	0	0	20	80	100
	사을이산 (沙乙耳山)	0	0	20	80	100
	자라이산 (者羅耳山)	0	0	20	80	100
	석용산(石茸山)	0	0	20	80	100
	산성(山城)	0	0	20	80	100
	불당산(佛堂山)	0	0	20	80	100
	육도산(陸島山)	0	0	20	80	100
소계		10	1	0	200	800	1,001
삼수부 (三水府)	수영동산 (水永洞山)	1	0	15	60	76

별해진 (別害鎭)	노탄산(蘆灘山)	1	0	5	20	26
어면보 (魚面堡)	용봉산(龍峯山)	1	0	7	28	36
자작보 (自作堡)	을산(乙山)	1	0	4	15	20
구가을파지보 (舊笳乙坡知堡)	송을산(松乙山)	1	0	5	18	24
가을파지보 (笳乙坡知鎭)	용기산(龍騎山)	1	0	4	16	21
	옹동산(甕洞山)	0	0	3	12	15
나난보 (羅暖堡)	서봉산(西峯山)	1	0	3	12	16
	가남산(家南山)	0	0	3	12	15
인차외보 (仁遮外堡)	서봉산(西峯山)	1	0	3	12	16
소계	10	8	0	52	204	264
갑산부 (甲山府)	이질가을산 (伊叱笳乙山)	1	0	20	80	101
	남산(南山)	0	0	20	80	100
	용연산(龍因山)	0	0	20	80	100
	응덕산(鷹德山)	0	0	20	80	100
혜산진 (惠山鎭)	아덕금덕산 (阿德金德山)	1	0	5	21	27
운총보 (雲寵堡)	소리덕산 (所里德山)	1	0	11	44	56
동인보 (同仁堡)	아질간산 (阿叱間山)	1	0	6	24	31
소계	7	4	0	102	409	515
홍원현 (洪原縣)	남산(南山)	1	0	20	80	101
소계	1	1	0	20	80	101

함흥부 (咸興府)	집삼미산 (執三昧山)	1	0	20	80	101
	창령산(倉嶺山)	0	0	20	80	100
	초고대산 (草古臺山)	0	0	20	80	100
	성곶치산 (城串致山)	0	0	20	80	100
소계	4	1	0	80	320	401
정평현 (定平縣)	비백산(鼻白山)	1	0	20	80	101
	왕금동산 (王金洞山)	0	0	20	80	100
소계	2	1	0	40	160	201
영흥부 (永興府)	덕치산(德峙山)	1	0	20	80	101
	성황치산 (城隍峙山)	0	0	20	80	100
소계	2	1	0	40	160	201
고원군 (高原郡)	웅망산(熊望山)	1	0	20	80	101
	봉의현산 (鳳儀峴山)	0	0	20	80	100
소계	2	1	0	40	160	201
문천군 (文川郡)	천불산(天佛山)	1	0	20	80	101
소계	1	1	0	20	80	101
덕원부 (德源府)	소달산(素達山)	1	0	20	80	101
	장덕산(長德山)	0	0	20	80	100
소계	2	1	0	40	160	201
안변부 (安邊府)	사동산(蛇洞山)	1	0	20	80	101
	산성산(山城山)	0	0	20	80	100

	사고개산 (沙古介山)	0	0	20	80	100
	철령(鐵嶺)	0	0	20	80	100
소계	4	1	0	80	320	401
합계	62	25	0	961	3,842	4,828
총합계	153 좌(坐)	53	52	1,987	8,321	10,413

자료: 『北道鎭堡烽臺將卒摠錄』, 규장각 도서번호 5513.

<부록 2>

평안도 각 봉수군에게 지급된 襦衣 · 紙衣 현황

(단위: 사람 - 명, 옷-령(領))

읍명	봉수명	伍長(오장-(將))		봉수군(卒)		
		인원	지의 (紙衣)	인원	유의 (襦衣)	
후창(厚昌)	운동(雲洞)	1	1	4	4	
	덕전(德田)	1	1	4	4	
	금창(金昌)	1	1	4	4	
	동돌봉 (東乭峯)	1	1	4	4	
	부흥(富興)	1	1	4	4	
	갈전(葛田)	1	1	4	4	
	추동(楸洞)	1	1	4	4	
	상장항 (上獐項)	1	1	4	4	
	이평(梨坪)	1	1	4	4	
자성(慈城)	하입암 (下立岩)	1	1	4	4	
	고여연 (古閭延)	1	1	4	4	
	중덕(中穗)	1	1	4	4	
	호예(胡芮)	1	1	4	4	
	조속(早粟)	1	1	4	4	
	노동(蘆洞)	1	1	4	4	

	박달구배 (朴達仇俳)	1	1	4	4	
	속사(束沙)	1	1	4	4	
	송암(松巖)	1	1	4	4	
	백산(白山)	1	1	4	4	
자성(慈城)	희아(熙牙)	1	1	4	4	
	강계삼강 (江界三江)	1	1	4	4	
	임토(林土)	1	1	4	4	
	제폐(諸弊)	1	1	4	4	
	용암(龍巖)	1	1	4	4	
	문악(文岳)	1	1	4	4	
강계(江界)	허실리 (虛實里)	1	1	5	유의3 지의2	
구추파진 (舊楸坡鎭)	안흥도가북 (安興道家北)	1	1	5	유의3 지의2	
	김간흘가북 (金千屹家北)	1	1	5	유의3 지의2	
구종포진 (舊從浦鎭)	안명수가북 (安明守家北)	1	1	5	유의3 지의2	
	이고대 (梨古介)	1	1	5	유의3 지의2	
	송봉(松峯)	1	1	5	유의3 지의2	
구외질괴진 (舊外叱怪鎭)	오리파 (五里坡)	1	1	5	유의3 지의2	
	금성민가북 (金城民家北)	1	1	5	유의3 지의2	
포포진(蒲浦鎭)	여둔(餘屯)	1	1	5	유의3 지의2	

	차가대 (車家大)	1	1	5	유의3 지의2	
	재신동 (宰臣洞)	1	1	5	유의3 지의2	
벌등진(伐登鎭)	주토동 (朱土洞)	1	1	5	유의3 지의2	
고산리진 (高山里鎭)	분토동 (分土洞)	1	1	4	유의2 지의2	
고산리진 (高山里鎭)	허린보 (許麟堡)	1	1	4	유의2 지의2	
	마보리 (馬寶里)	1	1	4	유의2 지의2	
위원(渭原)	합장구배 (合長仇俳)	1	1	5	유의3 지의2	
	남파(南坡)	1	1	5	유의3 지의2	
오로량진 (五老梁鎭)	임리(林里)	1	1	5	유의3 지의2	
	봉천대 (奉天臺)	1	1	5	유의3 지의2	
직동보(直洞堡)	신연대 (新烟臺)	1	1	5	유의3 지의1	
갈헌동보 (乫軒洞堡)	동천대 (洞遷臺)	1	1	5	유의3 지의1	
초산부(楚山府)	합지(蛤池)	1	1	5	유의3 지의2	
	북산(北山)	1	1	5	유의3 지의1	
산양회진 (山羊會鎭)	고연대 (古烟臺)	1	1	5	유의3 지의2	
아이진(阿耳鎭)	동연대 (東烟臺)	1	1	5	유의5	
벽동군(碧潼郡)	금창(金昌)	1	1	5	유의1	

벽단진(碧團鎭)	호조리동 (胡照里洞)	1	1	5	유의1	
추구배보 (楸仇俳堡)	추라(楸羅)	1	1	5	유의1	
소길호리보 (小吉號里堡)	소현(小峴)	1	1	5	유의5	
대파아보 (大坡兒堡)	두음지 (豆音只)	1	1	5	유의1	
소파아보 (小坡兒堡)	송림(松林)	1	1	5	유의5	
광평보(廣坪堡)	동연대 (東烟臺)	1	1	5	유의5	
갑암보(甲巖堡)	일봉산 (一峯山)	1	1	5	유의3 지의1	
운두리보 (雲頭里堡)	운두리산 (雲頭里山)	1	1	5	유의3 지의2	
묘동보(廟洞堡)	선두동 (船頭洞)	1	1	5	유의3 지의2	
어정탄보 (於汀灘堡)	어정탄 (於汀灘)	1	1	5	유의3 지의2	
창주진(昌州鎭)	서가동 (徐哥洞)	1	1	5	유의3 지의2	
대길호리보 (大吉號里堡)	길림성 (吉林城)	1	1	5	유의3 지의2	
삭주부(朔州府)	연평(延平)	1	1	5	유의3 지의2	
	건전동 (件田洞)	1	1	5	유의3 지의2	
	오리동 (五里洞)	1	1	5	유의3 지의1	
	고성리 (古城里)	1	1	5	유의3 지의2	
구령진(仇寧鎭)	권적암 (權(榷?)狄巖)	1	1	5	유의3 지의3	

	전왕구배 (田往仇俳)	1	1	5	유의3 지의2
청성진(淸城鎭)	정자산 (亭子山)	1	1	5	유의3 지의2
수구진(水口鎭)	금동곶 (金洞串)	1	1	5	유의5
인산진(麟山鎭)	갈산(葛山)	1	1	5	유의3 지의2
	기리파 (岐里坡煙臺)	1	1	3	유의2 지의1
	우리암 (迁里巖煙臺)	1	1	3	유의2 지의1
용천부(龍川府)	용골산 (龍骨山)	1	1	5	유의5
미곶구진 (彌串舊鎭)	진곶(辰串煙臺)	1	1	7	유의7
철산부(鐵山府)	증봉산 (甑峯山)	1	1	5	지의5
	웅골산 (熊骨山)	1	1	5	지의5
선천부(宣川府)	학현(鶴峴)	1	1	5	유의5
	원산(圓山)	1	1	5	지의5
	서망일 (西望日)	1	1	5	지의5
곽산군(郭山郡)	통경산 (通景山)	1	1	5	지의5
	소산(所山)	1	1	5	지의5
정주목(定州牧)	구령산 (仇寧山)	1	1	5	지의5
	마산(馬山)	1	1	5	지의5
	칠악산 (七岳山)	1	1	5	지의5

| 합 계 | 봉수 장졸 476 | 86 | 86 | 400 | 유의270
지의206 | 유의 236
지의 205 |
| | 연대 장졸 16 | | | | 유의 4
지의 12 | 합계 441 |

자료: 『각사등록』권40, 「平安道內江邊各邑鎭烽把將卒襦衣紙衣頒給數爻成冊」(1890, 고종 27).

『세종실록』지리지 봉수 일람표

지역	지명	봉화 수	봉화 이름
경도	한성부	3	목멱사木覓詞(봉화5소 烽火5所) 무악동봉(毋岳 東峯), 무악서봉(毋岳西峰)
구도	개성 유후사	3	송악(松嶽), 수갑산(首岬山), 개성신당(開城神堂)
경기 도	광주목	1	천천산(穿川山)
	양주도호부	2	대이산(大伊山), 가구산(加仇山)
	원평도호부	1	성산(城山)
	고양현	3	소달산(所達山), 성산(城山), 봉현(蜂峴)
	임진현	1	도라산(都羅山)
	포천현	2	독산(禿山), 잉읍점(仍邑岾)
	수원도호부	1	흥천산(興天山)
	남양도호부	2	염불산(念佛山), 해운산(海雲山)
	안산군	2	오질애(吾叱哀), 무응고리(無應古里)
	용인현	1	석성(石城)
	양성현	1	괴태길곶(槐台吉串)
	철원도호부	2	소이산(所伊山), 혜재곡(惠才谷)
	영평현	1	미로곡(彌老谷)
	임강현	1	천수산(天水山)
	부평도호부	1	유곶(楡串)
	강화도호부	5	대모성(大母城), 진강산(鎭江山), 망산(網山), 별립산(別笠山), 송악(松岳)
	인천군	1	성산(城山)
	해풍군	3	덕적(德積), 삼성당(三聖堂), 둔민달(芚民達)
	김포현	2	주산(主山), 백석산(白石山)

	양천현	1	개화산(開花山)
	교동현	2	수정산(修井山), 성산(城山)
	통진현	2	주산(主山), 약산(藥山)
	소계	44	
충청도	충주목	4	오성(梧城), 대림성(大林城), 마산(馬山), 망이산(望伊山)
	단양군	1	소이산(所伊山)
	청풍군	1	오현(吾峴)
	음성현	1	가엽산(加葉山)
	연풍현	2	마골점(麻骨岾), 주정(周井)
	청주목	2	거차대(居次大), 저산역(猪山驛), 성산(城山)
	옥천군	2	월이산(月伊山), 환산(環山)
	문의현	1	소이산(所伊山)
	죽산현	1	건지산(巾之山;일명 검단산(劒斷山)
	연기현	1	용수산(龍帥山)
	직산현	1	경양산(慶陽山)
	아산현	1	입암산(笠巖山)
	영동현	1	박달산(朴達山)
	황간현	2	눌이항(訥伊項), 소이산(所伊山)
	회인현	1	용산점(龍山岾)
	보은현	1	금적산(金積山)
	청산현	1	덕의산(德義山)
	진천현	1	소이산(所伊山)
	공주목	2	월성산(月城山), 독성(禿城)
	임천군	2	개암(介巖), 주산(主山)
	한산군	2	도리산(都里山), 남산(南山)
	서천군	2	장암(長巖), 다사산(茶沙山)
	남포현	2	덕산(德山), 여도점(余道岾)

	비인현	1	칠지(漆紙)
	은진현	2	강경포(江景浦), 노산(爐山)
	회덕현	1	계족산(鷄足山)
	석성현	1	불암(佛巖)
	니산현	1	산성(山城)
	홍주목	2	홍양산성(興陽山城), 고구성(高丘城)
	태안군	1	주산(主山)
	서산군	2	주산(主山), 도비산(都飛山)
	면천군	1	창덕산(倉德山)
	해미현	1	안국산(安國山)
	당진현	1	고산(高山)
	보령현	1	조침산(助侵山)
	결성현	1	고산(高山)
	소계	51	
경상도	경주부	9	언산(顏山), 하서지(下西知), 독촌(禿村), 대점(大岾), 동악(東岳), 황복(皇福), 내포점(乃布岾), 주사(朱砂), 북형산(北兄山)
	밀양도호부	3	남산(南山), 추화산성(推火山城), 분항(盆項)
	울산군	8	임을랑포(林乙郞浦), 아이포(阿爾浦), 이길(爾吉), 하산(下山), 가리(加里), 천내(川內), 남목(南木), 유등포(柳等浦)
	청도군	2	남산(南山), 팔조현(八助峴)
	흥해군	2	지을산(知乙山), 오연대(烏烟臺)
	대구군	2	법이산(法伊山), 마천(馬川)
	경산현	1	성산(城山)
	동래현	3	東平石城, 黃嶺山, 干飛烏
	창령현	1	峯山

	기장현	1	南山
	장기현	5	卜吉, 磊山, 大串, 沙只, 獐谷
	영산현	2	所山, 餘通山
	현풍현	1	所山
	영일현	2	冬乙背串, 沙火郎岾
	청하현	1	都里山
	안동대도호부	7	南山, 申石山, 若山, 甘谷, 南山, 開目, 烽火岾,
	영해도호부	2	大所山, 廣山
	순흥도호부	1	竹嶺山
	예천군	2	西岩山, 所伊山
	영천군	1	所伊山
	영천군	3	方山, 城隍堂, 所山
	의성현	2	盈尼山, 馬山
	영덕현	2	黃石山, 別畔
	예안현	1	祿轉山
	하양현	1	匙山
	기천현	1	望前山
	인동현	2	件伐山, 朴執山
	봉화현	1	西山
	의흥현	2	吐峴, 繩木山
	신녕현	1	餘音同
	진보현	1	南角山
	비안현	2	肝岾山

	상주목	6	功城回龍山, 靑里西山, 所山, 中车所山, 化寧 國師堂, 山陽 所山
	성주목	5	星山, 角山, 末應德山, 城山, 伊夫老山
	선산도호부	2	石峴, 南山
	합천군	2	所峴, 美崇山
	금산군	2	高城, 所山
	고령현	1	望山
	개령현	1	城隍堂
	함창현	1	南山
	용궁현	1	龍飛山
	문경현	2	炭項, 禪巖山
	군위현	2	馬井山, 朴達山
	지례현	1	龜山
	진주목	5	望津山, 光濟山, 角山鄕主山, 陽芚山, 桂花山
	김해도호부	6	加德島鷹喦, 省火也, 打鼓巖, 子巖山, 沙火郞山, 高山
	창원도호부	3	長卜山, 餘浦, 城隍堂
	함안군	1	所山
	곤남군	3	錦山, 所屹山, 望雲山
	고성현	5	彌勒山, 牛山, 天王岾, 曲山, 佐耳山
	거제현	1	加羅山
	사천현	2	針枝, 城隍堂
	거창현	1	金貴山
	진성현	1	笠喦
	칠원현	1	安谷山
	삼가현	1	金城
	의령현	1	可莫山

	진해현	1	加乙浦
	소계	133	
전라도	만경현	1	길곶이吉串
	임피현	1	매마루鷹旨
	옥구현	4	獅子巖, 花山, 占方山, 刀津
	함열현	1	所伊坊
	용안현	1	廣頭院
	부안현	3	月古伊, 占方山, 界件伊
	나주목	2	群山, 馬岳山
	해진군	1	花山
	영암군	2	葛頭, 黃原
	영광군	3	次音山, 古道島, 弘農
	강진현	3	巨次山, 佐谷山, 修因山
	무장현	2	古里浦, 所應浦
	함평현	2	兒山, 海際
	무안현	2	楡達伊, 高林
	광양현	1	件臺山
	장흥도호부	5	八巓, 場機, 全乃峴, 於佛, 天冠山
	보성군	2	正興, 天燈
	낙안군	1	臨示
	소계	37	
황해도	황주목	2	天柱山, 琵琶串
	서흥도호부	2	所乙亇山, 回山
	봉산군	1	巾之山
	안악군	3	甘積山, 所山, 月乎山
	해주목	5	皮串, 松山, 馬兒彌, 南山, 沙串

	옹진현	2	炭項, 開龍山
	장연현	4	几串, 彌羅山, 青石山, 大串
	강령현	3	堅羅山, 九月山, 蜜岾山
	연안도호부	5	走之串, 定山, 看月山, 白石山, 角山
	평산도호부	4	禿鉢山, 奉子山, 南山, 聲衣串
	배천군	2	奉子山, 彌陀山
	강음현	1	城山
	풍천군	2	古里串, 所山
	은율현	1	巾之山
	장련현	1	今音卜只
	소계	38	
강원도	강릉 대도호부	5	於乙達, 吾斤, 所伊洞, 沙火, 注乙文
	양양도호부	4	水山, 德山, 陽也山, 廣汀
	회양도호부	6	个呑, 餘伊破, 楸池, 所山, 嵐谷城北, 雙嶺
	금성현	3	阿峴, 仇乙破, 城北
	김화현	1	所伊山
	평강현	3	松古介, 栽松, 珍隱村
	이천현	4	所良伊, 檜彌施, 大父院, 加乙峴
	삼척도호부	5	可谷山, 臨院山, 草谷山, 陽也山, 廣津山
	평해군	3	厚里山, 表山, 沙東山
	울진현	4	全反仁山, 竹津山, 竹邊串, 亘出道山
	간성군	3	竹島山, 正陽戌, 戌山
	고성군	3	浦口, 仇莊遷, 都乙目串
	통천군	3	金蘭, 荳白, 戌串

	흡곡현	1	致空串
	소계	48	
평안도	평양부	5	賓堂岾, 雜藥山, 斧耳山, 畫寺, 水路佛谷
	중화군	1	神主院
	순안현	1	獨子山
	증산현	1	炭串立所
	함종현	2	曹士地, 吾串立所
	삼화현	2	新寧江, 貴林串立所
	용강현	1	所山立所
	안주목	5	城隍堂, 靑山, 小山, 烏頭山, 老斤江立所
	숙천도호부	2	通寧山, 餘乙外立所
	영유현	4	米頭山, 闊谷立所, 馬岳立所, 主山立所
	의주목	6	統軍亭, 水口, 金同田洞中, 驪駝灘中, 延平, 威遠古城
	정주목	7	彌勒堂, 舍山, 仍朴串, 馬岩, 蛤화, 馬山, 七岳山
	인산군	3	枷山, 鎭兵串立所, 于里巖
	용천군	5	郡西山, 石串立所, 少爲浦立所, 辰串, 吾道串
	철산군	3	熊骨山, 부현점普賢岾, 所串
	곽산군	4	所山, 靑岩, 亐里串海望, 南峯
	수천군	2	都致串, 仇令嶺
	선천군	2	吾道串, 蟻腰立所
	가산군	1	蓮池山
	삭주도호부	5	城頭, 梨洞, 件田洞, 延平, 所串
	영변도호부	1	栗峴
	창성군	2	廟洞, 廻限洞

	벽동군	6	郡內口子, 大波兒口子, 大波兒, 小波兒, 廣坪, 阿耳口子
	박천군	2	禿山, 德安里
	태천군	1	籠吾里
	강계도호부	6	伊車加大, 餘屯, 分土, 山端, 好頓, 伊羅
	이산군	4	山羊會, 都乙漢, 林里, 羅漢洞
	여연군	4	築臺, 無路, 虞芮, 多日
	자성군	7	小甫里, 所灘, 西解, 伊羅, 好屯, 楡坡, 南坡
	무창군	11	厚州東峯, 西峰, 甫山南峯, 占里, 時介, 邑城西峰, 奉浦, 宋元仇非, 甫浦山, 家舍洞, 禾仇非
	우예군	5	趙明干主山, 申松洞, 楡坡, 小虞芮, 泰日
	위원군	3	舍長仇非山, 南坡山, 銅遷山
	소계	114	
함길도	함흥부	8	石門, 門岩, 蒿三仇未, 耶堆, 馬仇未, 昏同帖, 安也會, 성관산성串山
	정평도호부	1	府城內
	북청도호부	4	多浦, 所應巨臺, 多灘臺, 山芥
	영흥대도호부	2	寧仁, 鎭成
	고원군	1	熊望山
	문천군	1	天佛山
	예원군	1	元定峴
	안변도호부	5	山城, 沙介峴, 鐵嶺, 進士院, 船峴
	의천군	2	戍岾, 見山
	용진현	1	楡岾
	길주목	9	八下, 泥ケ退, 獐項, 古岾, 藥水, 綠磻巖, 山城, 古營, 歧伊洞

	경원도호부	2	南山, 餘背者介
	단천군	4	好禮, 吾羅退, 末訖羅, 磨雲嶺
	경성군	5	靑巖, 於伊管, 長平, 朱乙溫, 朱村
	경원도호부	8	伯顔家舍, 阿山, 守貞, 東林, 者未下, 南山, 中峯, 馬乳
	회령도호부	13	北面下乙介, 高嶺北峯, 高嶺前峯, 吾弄草, 鰲山, 府東隅, 永安, 念通, 錢掛, 西面保和, 甫乙下, 禿山, 關門
	종성도호부	8	甫靑洞, 童關堡北峯, 府北峯, 府南峯, 中峰, 三峯, 防垣北峰, 時應居伊
	온성도호부	15	立巖, 石峰, 錢江, 迷錢, 浦項, 坪烽火, 南山, 綏遠, 壓江, 古城, 時建, 犬灘, 中峯, 松峯, 小童巾
	경흥도호부	6	獐項, 鎭邊堡前峯, 仇山浦, 多弄介家北山, 波泰家北山, 撫安前山
	부령도호부	5	高峰, 茂山堡北峰, 邑城西峰, 上獐項, 下獐項
	삼수군	6	農所烽火, 加乙波知, 松峰, 南峰, 禿湯, 羅暖
	소계	107	
총계	572		

<부록 4>

『증보문헌비고』에 나타난 전국 봉수망

■ 제1노선: 경흥慶興 → 한성漢城(숫자는 지도상의 봉수 번호임)

직봉直烽

초기初起 1. 우암午巖(서수라西水羅 이하 경흥慶興) → 2. 남산南山(조산보造山堡) → 3. 두리산豆里山(조산보造山堡) → 4. 구신포仇信浦 → 5. 망덕望德 → 6. 포항현浦項峴 → 7. 서봉西峰(무이보撫夷堡) → 8. 동봉東峰(아오지보阿吾地堡) → 9. 백안白顔(아산보阿山堡) → 10. 반가퇴伴加退(아산보阿山堡) → 11. 수정水汀(건원보乾原堡) → 12. 동림東臨(안원보安原堡) → 13. 남산南山 → 14. 후훈厚訓 → 15. 성상城上(훈융진訓戎鎭) → 16. 장항獐項(훈융진訓戎鎭) → 17. 마유馬乳(훈융진訓戎鎭) → 18. 중봉中峰(이하 경원慶原) → 19. 장성현長城縣(황척파보黃拓坡堡) → 20. 전강錢江(미전진美錢鎭) → 21. 송봉松峰(미전진美錢鎭) → 22. 미전美錢(미전진美錢鎭) → 23. 포항浦項 → 24. 평연대坪烟臺 → 25. 사장射場 → 26. 평연대坪烟臺(유원진柔遠鎭) → 27. 염강壓江(유원진柔遠鎭) → 28. 고성古城(유원진柔遠鎭) → 29. 시건時建(유원진柔遠鎭) → 30. 대탄大灘(유원진柔遠鎭) → 31. 중봉中峰(영달보永達堡) → 32. 송봉松峰(영달보永達堡) → 33. 소동건小童建(영달보永達堡) → 34. 보청포甫淸浦(동관진潼關鎭) → 35. 북봉北峰(동관진潼關鎭) → 36. 장성문長城門(동관진潼關鎭) → 37. 북봉北峰(이하 종성鍾城) → 38. 남봉南峰 → 39. 삼봉三峰 → 40. 조갈암鳥碣巖 → 41. 부회환釜回還(방원보防垣堡) → 42. 신기리新岐里(방원보防垣堡) → 43. 포항浦項(방원보防垣堡) → 44. 하을포下乙浦(고령진高領鎭) → 45. 북봉北峰(고령진高領鎭) → 46. 죽보竹堡(고령진高領鎭) → 47. 오롱초吾弄草 → 48. 오산鰲山 → 49. 고연대古煙臺 → 50. 운두봉雲頭峰 → 51.

남봉南峰 → 52. 송봉松峰(보을하진甫乙下鎭) → 53. 중봉中峰(보을하진甫乙下鎭) → 54. 봉덕奉德(보을하진甫乙下鎭) → 55. 이현梨峴(고풍산보古豊山堡) → 56. 고현古峴(폐무산보廢茂山堡, 이하 부령富寧) → 57. 흑모로黑毛老(폐무산보廢茂山堡) → 58. 남봉南峰 → 59. 구정판仇正坂 → 60. 칠전산漆田山 → 61. 송곡현松谷峴(이하 경성鏡城) → 62. 강덕姜德 → 63. 나적동羅赤洞 → 64. 장평長坪 → 65. 영강永康 → 66. 주촌朱村 → 67. 중덕中德 → 68. 수만덕壽萬德 → 69. 북봉北峰(이하 명천明川) → 70. 항포동項浦洞 → 71. 고참현古站峴 → 72. 놀번碌磻(이하 길주吉州) → 73. 향교현鄕校峴 → 74. 산성山城 → 75. 장고개場古介 → 76. 쌍포령雙浦嶺(성진진성津鎭) → 77. 기리동岐里洞(성진진성津鎭) → 78. 호타리胡打里(이하 단천端川) → 79. 오라퇴吾羅退 → 80. 마흘내亇訖乃 → 81. 증산甑山 → 82. 성문城門(이하 이원利原) → 83. 읍주봉邑主峰 → 84. 진조봉眞鳥峰 → 85. 석용石茸(북청北靑) → 86. 산성山城 → 87. 불당佛堂 → 88. 육도六島 → 89. 남산南山(홍원洪原) → 90. 고삼구미藁三仇味(이하 함흥咸興) → 91. 창령倉嶺 → 92. 초고대草古臺 → 93. 성곶城串 → 94. 비백산鼻白山 → 95. 왕금동王金洞(이하 정평定平) → 96. 덕치德峙 → 97. 성황치城隍峙(이하 영흥永興) → 98. 웅망산熊望山(고원高原) → 99. 천달산天達山(문천文川) → 100. 소달산所達山 → 101. 장덕산長德山(이하 덕원德原) → 102. 사동蛇洞(이하 안변安邊) → 103. 산성山城 → 104. 사고개沙古介 → 105. 철령鐵嶺 → 106. 봉도지峰道只(이하 회양淮陽) → 107. 소산所山 → 108. 성북城北 → 109. 병풍산屛風山 → 110. 쌍령雙嶺 → 111. 전천箭川 → 112. 송고개松古介(이하 평강平康) → 113. 토수土水 → 114. 소이산所伊山(이하 철원鐵原) → 115. 할미현割眉峴 → 116. 적골산適骨山(이하 영평永平) → 117. 미로곡彌老谷 → 118. 독현禿峴(이하 포천抱川) → 119. 잉읍현仍邑峴 → 120. 한이산汗伊山(이하 양주楊州) → 121. 아차산峨嵯山 → 122. 한성 목멱산 제1봉漢城 木覓山 第1峰

간봉間烽(1)

[1] 아오지보 동봉阿吾地堡 東峰(직봉8) → 1. 금석산金石山 → 2. 피덕
皮德 → 3. 행영行營

[2] 건원보 수정乾元堡 水汀(직봉11) → 4. 진보進堡 → 행영行營

[3] 회령 고연대會寧 古煙臺(직봉49) → 5. 지덕池德 → 6. 남효랑南孝
郞 → 행영行營

간봉間烽(2)

초기初起 7. 남령南嶺(이하 무산茂山) → 8. 쟁현錚峴 → 9. 서현西峴(양
영보 회령梁永堡 會寧) → 10. 대암大巖 → 11. 호박덕琥珀德 → 운두봉雲
頭峰(직봉50)

간봉間烽(3)

[1] 초기初起 12. 차산遮山(어유윤진魚游潤鎭, 이하 경성鏡城) → 강덕
姜德(직봉62)

[2] 초기初起 13. 하봉下峰(오촌보吾村堡, 이하 경성鏡城) → 나적동羅
赤洞(직봉63)

[3] 초기初起 14. 불암佛巖(주온보朱溫堡, 이하 경성鏡城) → 15. 고봉
古烽 → 장평長坪(직봉64)

[4] 초기初起 16. 하전파下田坡(보로지보甫老知堡, 이하 경성鏡城) →
17. 청덕淸德 → 장평長坪(직봉64)

[5] 초기初起 18. 송봉松峰(보화보寶化堡, 이하 경성鏡城) → 20. 영강
永康(직봉65)

[6] 초기初起 19. 동봉東峰(삼삼파진森森坡鎭, 이하 경성鏡城) → 20.
모덕牟德 → 주촌朱村(직봉66)

[7] 초기初起 21. 서산西山(사북진四北鎭, 이하 길주吉州) → 22. 고봉

古峰 → 23. 동산東山 → 24. 최세동崔世洞 → 향교현鄕校峴(직봉73)

간봉間烽(4)

초기初起 25. 은용덕隱龍德(오을족보吾乙足堡, 이하 단천端川) → 26. 마등령馬謄嶺(오을복보吾乙足堡) → 27. 검의덕檢義德(오을복보吾乙足堡) → 28. 구자口字(쌍청보雙靑堡) → 29. 일언日彦(쌍청보雙靑堡) → 30. 사기沙器(쌍청보雙靑堡) → 31. 장항獐項(쌍청보雙靑堡) → 32. 고소리古所里(쌍청보雙靑堡) → 33. 육령가사雚嶺家舍(쌍청보雙靑堡) → 34. 슬고개瑟古介(쌍청보雙靑堡) → 35. 심봉杉峰(쌍청보雙靑堡) → 36. 이동梨洞 → 37. 마저馬底 → 38. 허화虛火 → 39. 후치厚峙 → 40. 신설봉新設峰 → 41. 사을이沙乙耳 → 42. 자라이者羅耳 → 석용石茸(북청北靑, 직봉85)

간봉間烽(5)

초기初起 43. 용봉龍峰(어면보魚面堡, 이하 삼수부三水府) → 44. 을산덕乙山德(자작구비보自作仇非堡) → 45. 송봉松峰(구가을파지보舊茄乙坡知堡) → 46. 용기봉龍起峰(가을파지보茄乙坡知堡) → 47. 옹동甕洞(가을파지보茄乙坡知堡) → 48. 서봉西峰(나원보羅暖堡) → 49. 가남家南(나원보羅暖堡) → 50. 서봉西峰(인차외보仁遮外堡) → 51. 수영동水永洞 → 52. 하방금덕何方金德(혜산진惠山鎭, 이하 갑산甲山) → 53. 소리덕所里德(운총보雲寵堡) → 54. 아질간阿叱間(동인보同仁堡) → 55. 이질간伊叱間 → 56. 남봉南峰 → 57. 우두령牛頭嶺(용연龍淵) → 58. 석용石茸 → 59. 천수령天秀嶺(이하 단천端川) → 슬고개瑟古介(직봉34)

■ 제2노선: 동래東萊 → 한성漢城

직봉直烽

초기初起 123. 응봉鷹峰(다대포진多大浦鎭, 이하 동래東萊) → 124. 구봉龜峰(다대포진多大浦鎭) → 125. 황령산荒嶺山(부산진釜山鎭) → 126. 계명산鷄鳴山 → 127. 위천渭川(양산梁山) → 128. 부로산夫老山(언양彦陽) → 129. 소산蘇山(이하 경주慶州) → 130. 고위高位 → 131. 접포현 蝶布峴 → 132. 주사봉硃砂峰 → 133. 방산方山(이하 영천永川) → 134. 영계永溪 → 135. 성황당城隍堂 → 136. 성산城山 → 137. 구토현仇吐峴 → 138. 여음동餘音洞(신녕新寧) → 139. 토을산吐乙山(이하 의흥義興) → 140. 보지현甫只峴 → 141. 승목산繩木山(이하 의성義城) → 142. 승원繩院 → 143. 대야곡大也谷 → 144. 성산城山 → 145. 계란현鷄卵峴 → 146. 마산馬山 → 147. 감곡산甘谷山(이하 안동安東) → 148. 봉기산峰枝山 → 149. 개목산開目山(안동安東) → 150. 녹전산祿轉山(예안禮安) → 151. 창팔래산菖八來山(영주榮川) → 152. 용점산龍岾山(봉화奉化) → 153. 당북산堂北山(안동安東) → 154. 사랑당沙郎堂(순흥順興) → 155. 성내산城內山(영천永川) → 156. 망전산望前山(풍기豊基) → 157. 죽령산竹嶺山(순흥順興) → 158. 소이산所伊山(단양丹陽) → 159. 오현吾峴(청풍淸風) → 160. 심항心項(이하 충주忠州) → 161. 마산馬山(충주忠州) → 162. 가엽산加葉山(음성陰城) → 163. 망이산望夷山(충주忠州) → 164. 건지산巾之山(죽산竹山) → 165. 석성산石城山(용인龍仁) → 166. 천림산天臨山(고아주廣州) → 167. 한성목멱산제2봉(漢城 木覓山第二峰)

간봉間烽(1)

초기初起 60. 간비도干飛島(동래東萊) → 61. 남산南山(이하 기장機張) → 62. 아이阿爾 → 63. 이길爾吉 → 64. 가리하산加里下山(서생포진西生浦鎭) →

65.천내川內 → 66.남목南木(서생포진西生浦鎭) → 67. 하서지下西知(이하 경주慶州) → 68. 독산禿山 → 69. 복길福吉(이하 장기長鬐) → 70. 뇌성磊城 → 71. 발산鉢山 → 72. 대동배大冬背(영일迎日) → 73. 지을知乙(이하 흥해興海) → 74. 조봉鳥峰 → 75. 도리산桃李山(청하淸河) → 76. 별반산別畔山(영덕盈德) → 77. 대소산大所山(이하 영해盈海) → 78. 광산廣山 → 79. 신법산神法山(진보眞寶) → 80. 약산藥山(이하 안동安東) → 81. 신석산新石山(직봉 148)

간봉間烽(2)

초기初起 → 82. 가라산加羅山(거제巨濟) → 83. 미륵산彌勒山(이하 고성固城) → 84. 우산牛山 → 85. 천치天峙 → 86. 곡산曲山 → 87. 가을포加乙浦(진해鎭海) → 88. 파산巴山(함안咸安) → 89. 가모산可慕山(의령宜寧) → 90. 미타산彌陀山(초계草溪) → 91. 미숭산彌崇山(합천陜川) → 92. 망산望山(고령高靈) → 93. 이부로산伊夫老山(이하 성주星州) → 94. 성산星山 → 95. 각산角山 → 96. 박집산朴執山(이하 인동仁同) → 97. 건대산件臺山 → 98. 석고개石古介(이하 선산善山) → 99. 남산藍山 → 100. 성황산城隍山(개령開寧) → 101. 소산所山(금산金山) → 102. 동룡산同龍山(이하 상주尙州) → 103. 서산西山 → 104. 소산所山 → 105.남산南山(함창咸昌)→106.선암禪巖(이하 문경聞慶)107.탄항炭項→108.마골치麻骨峙(이하 연풍延豊) → 109. 주정산周井山 → 110. 대림성大林城(이하 충주忠州) → 마산馬山(직봉 161)

간봉間烽(3)

[1] 111. 당포진 한배곶唐浦鎭 閑背串(거제巨濟) → 거제 본진巨濟 本鎭

[2] 112. 조라포진 가을곶助羅浦鎭 柯乙串(거제巨濟) → 동상 본진 同上 本鎭

[3] 113. 지세포진 눌일곶知世浦鎭 訥日串(거제巨濟) → 동상 본진 同上 本鎭

[4] 114. 옥포진 옥산玉浦鎭 玉山(거제巨濟) → 동상 본진 同上 本鎭

[5] 115. 율포진 별망栗浦鎭 別望(거제巨濟) → 동상본진 同上 本鎭

간봉間烽(4)

우산牛山(고성固城 간봉間烽2. 84)

116. 사량진주봉蛇梁鎭主峰(고성固城)

117. 좌이산佐耳山(고성固城)

118. 삼천포각산三千浦角山(간봉9.118)

간봉間烽(5)

[1] 119. 가배량진 별망加背梁鎭 別望(고성固城) → 고성본진固城 本鎭

[2] 120. 소비포보 별망所非浦堡 別望(고상固城) → 동상 본진 同上 本鎭

간봉間烽(6)

초기初起 121. 천성보天城堡(이하 웅천熊川) → 122. 사화랑沙火郞 → 123. 고산高山 → 124. 성황당城隍堂(창원昌原) → 125. 안곡산安谷山(칠원漆原) → 126. 소산所山(이하 영산靈山) → 127. 여통餘通(창원昌原) → 128. 태백산太白山(창녕昌寧) → 129. 소이산所伊山(현풍玄風) → 130. 말을응덕末乙應德(성주星州) → 131. 성산城山(이하 대구大邱) → 132. 마천산馬川山 → 성주 각산星州 角山(간봉2. 95)

간봉間烽(7)

사화랑沙火郞(웅천 간봉6.122) → 133. 여포餘浦(창원昌原) → 가을포加乙浦(진해鎭海 간봉2. 87)

간봉間烽(8)

초기初起 천성보天城堡(웅천熊川 간봉6.121) → 134. 성화야省火也(이하 김해金海) → 135. 산성山城 → 136. 자암子菴 → 137. 백산栢山(이하 밀양密陽) → 138. 남산南山 → 139. 성황城隍 → 140. 분항盆項 → 141. 남산南山(이하 청도淸道) → 142. 북산北山 → 143. 법이산法伊山(대구大邱) → 144. 성산城山(경산慶山) → 145. 시산匙山(하양河陽) → 영천 성황당永川城隍堂(직봉 135)

간봉間烽(9)

초기初起 146. 금산錦山(남해南海) → 147. 대방산臺防山(적량赤梁) → 148. 안현산鞍峴山(사천泗川) → 149. 망진望晋(이하 진주晋州) → 150. 광제산廣濟山 → 151. 입암산笠巖山 → 152. 금성산金城山(삼가三嘉) → 153. 소현산所峴山(합천陜川) → 154. 금귀산金貴山(이하 거창居昌) → 155. 거말흘산渠末屹山 → 156. 구천龜川(지례知禮) → 157. 고성산高城山(금산金山) → 158. 눌이항訥伊項(이하 황간黃澗) → 159. 소이산所伊山 → 160. 박달라산朴達羅山(영동永同) → 161. 월이산月伊山(이하 옥천沃川) → 162. 환산環山 → 163. 계족산鷄足山(회덕懷德) → 164. 소이산所伊山(문의文義) → 165. 거질대산巨叱大山(청주淸州) → 166. 소흘산所屹山(진천鎭川) → 충주 망이성忠州 望夷城(직봉 156)

간봉間烽(10)

[1] 167. 남해 원산南海 猿山 → 금산錦山(간봉9. 146) → 남해 본읍 南海本邑(본진本鎭)

[2] 168. 남해 미륵항진 별봉대 南海 彌助項鎭 別烽臺 → 금산錦山(간봉9. 146) → 동상 본진同上 本鎭

[3] 169. 사천 삼천보 별망泗川 三千堡 別望(거제巨濟) → 동상본진 同

上 本鎭

■ 제3노선: 강계江界 → 내륙內陸 → 한성漢城

직봉直烽

초기初起 168. 여둔대餘屯臺(만포진滿浦鎭, 이하 강계江界) → 169. 차가대車加大 → 170. 재신동宰臣洞(만포진滿浦鎭) → 171. 주토朱土 → 벌등진(伐登鎭) → 172. 분토分土 → 173. 허린포許麟浦 → 174. 마시리馬時里 → 175. 봉천대奉天臺 → 176. 임리林里(오로량진吾老梁鎭, 이하 위원渭原) → 177. 사장구비舍長仇非(오로량진吾老梁鎭) → 178. 남파南坡 → 179. 신연대新烟臺 → 180. 동천銅遷 → 181. 합지산蛤池山(이하 초산楚山) → 182. 북산北山 → 183. 고연대古烟臺 → 184. 동연대東煙臺(아이진阿耳鎭) → 185. 동연대東烟臺(광평진보廣坪鎭堡) → 186. 송림松林(소파아보小坡兒堡) → 187. 두음지豆音只 → 188. 금창산金昌山 → 189. 추라구비秋羅仇非 → 190. 호조리胡照里 → 191. 소근고개小斤古介 → 192. 고림성古林城(이하 창성昌城) → 193. 서가동徐加洞(창주진昌州鎭) → 194. 어정탄於汀灘 → 195. 선두동船豆洞(묘동보廟洞堡) → 196. 운두리산雲頭里山 → 197. 이봉산二峯山(갑암보甲岩堡) → 198. 권적암權狄巖(구령진仇寧鎭, 이하 삭주朔州) → 199. 전왕구비田往仇非(구령진仇寧鎭) → 200. 노토탄老土灘(청수진淸水鎭, 이하 의주義州) → 201. 정자산亭子山(청성진淸城鎭) → 202. 금동金洞(방산진方山鎭) → 203. 부개浮箇(왕강진王江鎭) → 204. 금동金洞(수구진水口鎭) → 205. 석계石階 → 206. 통군정統軍亭 → 207. 백마산白馬山 → 208. 갈산葛山 → 209. 용골산龍骨山(용천龍川) → 210. 증봉甑峯(이하 철산鐵山) → 211. 웅골산熊骨山 → 212. 학현鶴峴(이하 선산宣山) → 213. 원산圓山 → 214. 서망일봉西望日峰 → 215. 송족산松足山(이하 곽산郭山) → 216. 소곶所串 → 217. 구령산仇寧山(이하 정

주定州) → 218. 마산馬山 → 219. 칠옥산七獄山 → 220. 동을랑산冬乙郎山(가산嘉山) → 221. 병온산竝溫山(박천博川) → 222. 구청산舊靑山(이하 안주安州) → 223. 오도산吾道山 → 224. 소리산所里山 → 225. 도연산都延山(숙천肅川) → 226. 미두산米豆山(영유永柔) → 227. 독자산獨子山(순안順安) → 228. 부산斧山(이하 평양平壤) → 229. 잡약산雜藥山→230. 화사산畵寺山 → 231. 운봉산雲峰山(중화中和) → 232. 천주산天柱山 → 233. 고매산古每山 → 234. 건지산巾之山(봉산鳳山) → 235. 소변산所卞山(이하 서흥瑞興) → 236. 회산回山 → 237. 독발산禿鉢山(이하 평산平山) → 238. 봉자산奉子山 → 239. 남산南山 → 240. 고성산古城山(금천金天) → 241. 송악 국사당松嶽 國師堂(개성開城) → 242. 도라산道羅山(장단長湍) → 243. 대산大山(파주坡州) → 244. 독산禿山(이하 고양高陽) → 245. 해포 醢浦 → 246. 무악동봉 毋嶽東烽(한성漢城) → 247. 한성 목멱산 제2봉漢城 木覓山第二烽

간봉間烽(1)

[1] 171. 허실리許實里(강계江界) → 170. 강계江界

[2] 172. 김흘金訖(강계江界) → 강계(江界)

[3] 173. 안흥도安興道(강계江界) → 강계(江界)

[4] 174. 안명수가북安明守家北(강계江界) → 강계(江界)

[5] 175. 이현梨峴(강계江界) → 강계(江界)

[6] 176. 송봉松峰(강계江界) → 강계(江界)

[7] 177. 김성민가북金成民家北(강계江界) → 강계(江界)

[8] 178. 오리파吾里波(강계江界) → 강계(江界)

[9] 여둔대餘屯臺(강계江界 직봉. 168) → 강계(江界)

간봉間烽(2)

이봉산二峰山(창성昌城 직봉 197) → 179. 연평산延平山(이하 삭주朔州) → 180. 건전동件田洞 → 181. 오리동吾里洞 → 182. 고성두산古城頭山 → 183. 소곶所串(이하 구성龜城) → 184. 고성姑城 → 185. 농오리籠吾里(태천泰川) → 186. 율고개栗古介(이하 영변寧邊) → 187. 덕산德山 → 188. 심원산深原山 (박천博川) → 189. 성황당城隍堂(용천 龍川) → 청산靑山(안주安州 직봉 222)

■ 제4노선: 의주義州 → 해안海岸 → 한성漢城

직봉直烽

초기初起 248. 고정주古靜州(이하 의주義州) → 249. 기이성岐伊城(인 산진麟山鎭) → 250. 우리암于里巖(양하진楊下鎭) → 251. 용안산龍眼山(용 천龍川) → 252. 진곶辰串(미곶진彌串鎭) → 253. 사위포沙爲浦(이하 용천 龍川) → 254. 석을곶石乙串 → 255. 소곶산所串山(이하 철산鐵山) → 256. 취가산鷲家山 → 257. 백량산白梁山 → 258. 동소곶산東所串山(이하 선천 宣川) → 259. 해안海岸 → 260. 청암산靑庵山(이하 곽산郭山) → 261. 방 축포防築浦 → 262. 도치곶都致串(이하 정주定州) → 263. 진해곶鎭海串 → 264. 자성산慈聖山 → 265. 사음산舍音山 → 266. 사읍동음沙邑冬音 → 267. 호혈虎穴(이하 안주安州) → 268. 동을랑산冬乙郎山 → 269. 식포息浦(이 하 숙천肅川) → 270. 여을외餘乙外 → 271. 소산所山(영유永柔) → 272. 대 선곶大船串(순안順安) → 273. 불곡佛谷(이하 평양平壤) → 274. 마항馬 項 → 275. 철화鐵和 → 276. 토산兎山(증산甑山) → 277. 오곶吾串(이하 함종咸從) → 278. 조토지漕土池 → 279. 소산所山(용강龍岡) → 280. 우산 牛山(삼화三和) → 281. 금복지今卜只(장연長連) → 282. 감적산甘積山(안 악安岳) → 283. 건지산巾之山(은율殷栗) → 284. 소산所山(이하 풍천豊 川) → 285. 고리곶古里串 → 286. 올곶兀串(이하 장연長連) → 287. 송독松

蘿 → 288. 미라산彌羅山 → 289. 청석淸石 → 290. 대곶大串 → 291. 개룡산開龍山 → 292. 대점大岾(이하 옹진甕津) → 293. 검물여檢勿餘 → 294. 탄항炭項 → 295. 추치推峙(이하 강령 康寧) → 296. 구월산九月山 → 297. 견라산堅羅山 → 298. 식대산食大山 → 299. 사곶沙串(이하 해주海州) → 300. 화산花山 → 301. 남산南山 → 302. 수압도睡鴨島 → 303. 연평도延坪島 → 304. 용매龍媒 → 305. 피곶皮串 → 306. 성곶聲串(평산平山) → 307. 주지곶注之串(이하 연안延安) → 308. 정산定山 → 309. 간월산看月山 → 310. 백석산白石山 → 311. 각산角山 → 312. 봉재산鳳在山(이하 백천白川) → 313. 미라산彌羅山 → 314. 송악 성황산松嶽 城隍山(개성부開城府) → 315. 덕적산德積山(교하交河) → 316. 형제봉兄弟峰(교하交河) → 317. 고봉高峰(고양高陽) → 318. 무악서봉 毋岳西烽(한성漢城) → 319. 한성목멱산 제4봉漢城 木覓山第四烽

간봉間烽(1)

[1] 190. 용천 용호봉龍川龍虎烽 → 용안산龍眼山(직봉 251) → 본읍(本邑)

[2] 191. 선천 대목산宣川大睦山 → 동소곶산東所串山(직봉 258) → 본읍(本邑)

[3] 192. 곽산김로곶郭山金老串 → 방축포防築浦(직봉 261) → 본읍(本邑)

[4] 193. 정부고당산定州古堂山 → 도치곶都致串(직봉 262) → 본읍(本邑)

[5] 194. 가산고당현嘉山古堂峴 → 사동음沙冬音(직봉 266)

[6] 195. 안주신청산安州新靑山 → 구청산舊靑山(제3거 직봉 222) → 호혈虎穴(직봉 267)

[7] 196. 숙천마갑산肅川麻甲山 → 197. 아산牙山 → 여을외餘乙外(직봉 270)

[8] 198. 영유미두산신봉永柔米豆山新烽 → 소산所山(직봉 271)

[9] 199. 순안금강산順安金剛山 → 대선곶大船串(직봉 272)

[10] 200. 평양승령산平壤承令山 → 201. 수화산秀華山 → 불곡佛谷(직
봉 273)

[11] 202. 유산서산獻山西山 → 토산兎山(직봉 276)

[12] 203. 강서정림산江西正林山 → 204. 함종굴령산咸從 窟嶺山 → 조
토지漕土池(직봉 278)

[13] 205. 용강대덕산龍岡大德山 → 소산所山(직봉 279)

간봉間烽(2)

206. 황주비파곶黃州 琵琶串 → 207. 월호산月呼山 → 208. 소산所山 →
209. 이현梨峴 → 감적산甘積山(직봉 282) → 232. 병영兵營

간봉間烽(3)

연안각산延安 角山(직봉 311) → 210. 교동 수정산喬桐修井山 → 연안
간월延安看月(직봉 309)

■ 제5노선: 순천順天 → 한성漢城

직봉直烽

초기初起 320. 돌산도突山島(이하 순천順天) → 321. 백야곶白也串 →
322. 팔전산八田山(이하 흥양興陽) → 323. 마북산馬北山 → 324. 천등산
天登山 → 235. 장기산帳機山 → 326. 전일산全日山(이하 장흥長興) → 327.
천관산天冠山 → 328. 위포垣浦(이하 강진康津) → 329. 좌곡산佐谷山 →
330. 완도莞島 → 331. 달마산達麻山(해남海南) → 332. 관두산館頭山(해
남海南) → 333. 여귀산女貴山(이하 진도珍島) → 334. 첨찰산僉察山 → 335.
황원성黃原城(해남海南) → 336. 군산群山 → 337. 유달산鑰達山(목포진
木浦鎭) → 338. 고림산高林山 → 339. 옹산瓮山(이하 함평咸平) → 340.

해제海際 → 341. 차음산次音山(이하 영광靈光) → 342. 고도도古道島 → 343. 홍농산弘農山 → 344. 고리포古里浦(이하 무장茂長) → 345. 소응포所應浦 → 346. 월고리月古里(이하 부안扶安) → 347. 고방산古方山 → 348. 계화리界火里 → 349. 화산花山(옥구沃溝) → 350. 오성산五聖山(이하 임피臨陂) → 351. 불지산佛智山 → 352. 소방산所防山(함열咸悅) → 353. 광두원廣頭院(용안龍安) → 354. 강경대江景臺(이하 은진恩津) → 355. 황화대皇華臺 → 356. 노성산魯城山(노성魯城) → 357. 월성산月城山(이하 공주公州) → 358. 고등산高登山 → 359. 쌍령산雙嶺山 → 360. 대학산大鶴山(천안天安) → 361. 연암산燕巖山(아산牙山) → 362. 망해산望海山(직산稷山) → 363. 괴퇴곶塊台串(陽城) → 364. 흥천산興天山(수원水原) → 365. 염불산念佛山(이하 남양南陽) → 366. 해운산海雲山 → 367. 정왕산正往山(안산安山) → 368. 성산城山(인천仁川) → 369. 유곶杻串(부평富平) → 370. 백석산白石山(김포金浦) → 371. 수안산守安山(통진通津) → 372. 대모산성大母城山(이하 강화江華) → 373. 진강산鎭江山 → 374. 망산綱山 → 375. 교동규산喬桐圭山 → 376. 하음산河陰山 → 377. 남산南山(강화江華) → 378. 남산南山(통진通鎭) → 379. 냉정산冷井山(김포金浦) → 380. 개화산開花山(양천陽川) → 381. 한성목멱산 제5봉漢城 木覓山第五烽

간봉間烽(1)

[1] 순천돌산도順天 突山島(직봉 320) → 211. 순천진례산順天 進禮山 → 212. 광양건대산光陽 件對山 → 213. 순천성황당順天 城隍堂 → 214. 본읍本邑

[2] 홍양 장기산興陽 帳機山(직봉 325) → 215. 수덕산藪德山 → 동상同上

[3] 장흥전일산長興 全日山(직봉 326) → 216. 장흥 억불산長興 億佛山 → 328. 강진 수인산康津 修仁山 → 동상同上

[4] 전일산全日山(직봉 326) → 217. 보성 진흥산寶城 眞興山 → 동상
同上

[5] 진도 여귀산珍島 女貴山(직봉 333) → 218. 진도 굴라포珍島 屈羅
浦 → 동상同上

[6] 여귀산女貴山(직봉 333) → 219. 진도 상당곶珍島 上堂串 → 동상
同上

간봉間烽(2)

옥구 화산沃溝 花山(직봉 349) → 220. 운은산雲銀山(서천舒川) → 221.
칠기산漆枝山(비인庇仁) → 222. 옥미봉玉眉峰(남포藍浦) → 223. 조침산
助侵山(보령保寧) → 224. 흥양산興陽山(홍주洪州) → 225. 고산高山(결성
結城) → 226. 고구高丘(홍주洪州) → 227. 도비산島飛山(서산瑞山) → 228.
백화산白華山 → 229. 태안 주산泰安 主山 → 230. 안국산安國山(해미海
美) → 231. 고산高山(당진唐津) → 232. 창택곶倉宅串(면천沔川) → 양성
괴퇴곶陽城 塊苔串(직봉 363)

간봉間烽(3)

초기初起 233. 장봉도長烽島(이하 강화江華) → 234.보 음도甫音島 →
235. 말징도末叱島 → 강화 진망(강?)산 江華 鎭望(江?)山(직봉 373)

■ 濟州島 烽燧(『세종실록』 지리지에 의거 추가)

제주목濟州牧 1. 사라沙羅−2. 원당악元堂岳−3. 서산西山−4. 입산笠
山−5. 왕가往可−6. 도원악道圓岳−7. 고내악高內岳−8. 도내악道內岳−9.
판포板浦−10. 만조 晚早

정의현旌義縣: 11. 삼매양악三每陽岳－12. 고촌孤村－13. 자배악自盃岳－14. 달산達山－15. 남산南山－16. 패자악沛子岳－17. 성산城山－18. 수산水山

　대정현大靜縣: 19. 구산龜山－20. 호산蠔山－21. 송악松岳－22. 모슬악毛瑟岳－23. 차귀遮歸

찾아보기

한국교통사연구총서②

조선시대 경기지역의 關防과 交通 연구

초판 1쇄 인쇄일	2013년 4월 10일
초판 1쇄 발행일	2013년 4월 13일

지은이	조병로
펴낸이	정구형
출판이사	김성달
편집이사	박지연
책임편집	신수빈
편집/디자인	이하나 정유진 윤지영 이가람
마케팅	정찬용 권준기
영업관리	한미애 심소영 김소연 차용원
인쇄처	월드문화사
펴낸곳	**국학자료원**

등록일 2006 11 02 제2007-12호
서울시 강동구 성내동 447－11 현영빌딩 2층
Tel 442－4623 Fax 442－4625
www.kookhak.co.kr
kookhak2001@hanmail.net

ISBN	978-89-279-0255-3 *93900
가격	31,000원